外国货币史译丛　　　　　石俊志 主编

U0748338

Coins of Magna Graecia. The coinage of
the Greek colonies of southern Italy

希腊统治时期
南意大利货币史

A.W. 汉兹牧师（Hands，Alfred Watson）　著

黄希韦　译

中国金融出版社

责任编辑：仲　垣
责任校对：张志文
责任印制：陈晓川

图书在版编目（CIP）数据

希腊统治时期南意大利货币史／（英）A. W. 汉兹牧师
（Hands，Alfred Watson）著；黄希韦译 . —北京：中国金
融出版社，2019.4
　　（外国货币史译丛）
　　ISBN 978 - 7 - 5220 - 0066 - 4

　　Ⅰ.①希…　Ⅱ.①A…　②黄…　Ⅲ.①货币史—意大利
Ⅳ.①F825.469

中国版本图书馆 CIP 数据核字（2019）第 063159 号

希腊统治时期南意大利货币史
Xila Tongzhi Shiqi Nan Yidali Huobi Shi

出版
发行　中国金融出版社

社址　北京市丰台区益泽路 2 号
市场开发部　（010）63266347，63805472，63439533（传真）
网上书店　http：//www.chinafph.com
　　　　　　（010）63286832，63365686（传真）
读者服务部　（010）66070833，62568380
邮编　100071
经销　新华书店
印刷　保利达印务有限公司
尺寸　155 毫米 × 230 毫米
印张　29
字数　400 千
版次　2019 年 4 月第 1 版
印次　2019 年 4 月第 1 次印刷
定价　88.00 元
ISBN 978 - 7 - 5220 - 0066 - 4
如出现印装错误本社负责调换　联系电话(010)63263947

总　　序

货币史是经济史的重要组成部分。

货币史研究可以分为两种形式：一是关于古代货币本身的研究，在中国体现为《钱谱》《古泉谱》等民间著作，西方国家亦有各种《钱币目录》流传于世，这种研究被称为"钱币学"；二是关于古代货币发展历程的研究，在中国体现为历朝的《食货志》，以及近代学者撰写的货币史论著，西方国家亦有各种关于古代货币发展历程的专著。

近代数百年间，世界范围的社会史学出现了蓬勃的发展，结合古代钱币学的丰硕成果，促进了货币史学的崛起，各种货币史著作纷纷涌现，使我们能够在此基础上，开展进一步的研究。

研究货币史可以使我们同时获得两个方面的学术成果：一是货币学的学术成果；二是历史学的学术成果。研究外国货币史更可以使我们深刻了解世界各国的社会结构、历史演变和文化根源。

货币史学借助货币学与历史学学科交叉的方式，通过对古代各王朝货币状况的分析，深入探讨货币起源、货币本质、货币演变规律等货币理论，使货币理论从历史实践上获得更加坚实的基础。

此外，货币史学更重要的意义在于揭示历史真实，辨真伪，明是非，以史为鉴，面对未来。

古代各民族、各王朝的盛衰兴替，都有政治、经济、军事、文化等诸多方面的原因。然而，传统的政治精英史对于古代各民族、各王朝的败亡，多归咎于其军事失败或政治失败，很少分析其经济原因。

马克思主义主张：经济基础决定上层建筑。采取马克思主义的科学研究方法，分析古代各民族、各王朝的经济变化，才是找出其败亡原因的最佳途径。

从经济角度研究古代社会是一个比较可靠的视角。记述历史的人，大多难以摆脱其政治立场。因此，史书典籍中记载的帝王将相、社会精英们的政治、军事活动及其言论主张，多有虚假伪造。经历了后世历代王朝基于各种不同政治立场的人们的反复篡改，历史就变得更加扑朔迷离。然而，无论是伪造历史，还是篡改历史，都围绕着政治立场展开，很少在社会经济状况方面蓄意作伪。于是，从经济角度研究古代社会，我们就获得了一个比较可靠的研究视角。

无论在中国古代，还是在外国古代，货币是社会经济中枢纽带。货币发展对社会变化发挥着重要的影响作用。所以，研究外国货币史是拨开世界古代各国、各王朝盛衰兴替迷雾的"钥匙"。

然而，迄今为止，我国对世界各国货币史知之甚少，有关资料、书籍十分匮乏。为此，国民信托博士后工作站与华南理工大学货币法制史研究中心联手合作，针对世界各国货币史进行研究。在此基础上，我们邀请了一批国内金融学、法学、史学和外国语的专家学者，经过认真广泛的调查收集，筛选了一批外国货币史著作，翻译成中文，介绍给国内读者。

我们相信，这套《外国货币史译丛》的出版，对于我国货币理论研究，以及我国关于世界各国历史、政治、经济和文化的研究，具有一定的参考价值。

2017 年 4 月 16 日

导　　论

　　迄今为止，已出版的关于希腊钱币的专著均为专家所写就。笔者并非专家，却斗胆出版此领域的专著，因此，当向读者致歉，方为恰当。

　　笔者奉上此书，寄望能为那些藏书寥寥、于古典学不甚了了的读者在研修与钱币类别相关的希腊艺术与思想时提供些许裨益。南意大利希腊城邦发行的钱币或可作为一种路径，用以向一些读者介绍一个充盈着生命力、美与深邃思想的新世界，这个新世界就是希腊人的想象力的国度。

　　一枚钱币的意义及其能告诉我们的信息，远不止于对其类别、时代或重量的简单描述所传达的。如果您希望通过目录中的描述看到更多东西，那么本书试图给予的协助，或可得您青眼。人们时常忘记，两千多年前，这些钱币制造之时，人类尚处于孩提时代，艺术家们所应用的形式和理念尚在形成之中。

　　当一位古希腊人将山洪比作狂奔的公牛，并在其头脑中画出公牛以表达这一观念，他并不比小孩子在嬉戏时喊出"我是狼"或"我是熊"更为智识混乱。要理解我们的孩子及全人类的童年时代，不忘我们自己的童年时代，实为必要。

　　由此，一枚硬币变成了一座跨越时间鸿沟的桥梁，让我们借此触摸并把玩古人的作品，这些古人当年生活过的城市已成废墟；还可成为一把钥匙，妥为使用，可以为我们打开一扇扇曾被无知和无视所关闭的大门，让我们步入希腊人的想象力的仙境。

譬如一枚平淡无奇的尼亚波利钱币，所值无非四五先令。但当你理解了铭文的含义，并读过了欧里庇得斯的《酒神的女信徒》，你就能意识到这枚小小的公牛纹饰银币所给予的裨益。

想象的力量如此多姿多彩，在不同时代与不同地域又呈现出显著的差异性，因此，要揭开通向神话的线索，我们不能不借助于古希腊作家的帮助。出于这一原因，笔者认为，要阐述本书的主旨，有必要大量引用希腊作家原文的译文，而非仅仅列出参考书目，这些参考书一般读者家里也不会常备。如果有著名学者的译本，本书即予以采用，比如品达的《颂歌》即采用佩利①的英译本，保萨尼亚斯②的作品则采用弗雷泽③的译本。众多希腊钱币的收藏家和研究者并非古典学者，可是对古人的神话和民间传说兴趣盎然，本书即是为此类读者所备。如果您想要更为完备、充实的钱币描述，可以参考阿瑟·桑邦④先生的《意大利古代钱币》。

如果读者对大希腊历史一无所知，希望能快速、以英语阅读重大事件的梗概，格罗特⑤的《希腊史》第二十二章和塞沃尔⑥的《希腊史》第十二章均大有裨益。通晓法文的读者还将发现弗朗索瓦·勒诺尔芒⑦的《大希腊》一书至为引人入胜、发人深思。

南意大利城邦的造币为我们展示了希腊钱币雕模师所创造的最

---

① Frederick Apthorp Paley，公元 1815—1888 年，英国古典学者。——译者注
② 公元 2 世纪希腊旅行家、地理学家。——译者注
③ 公元 1854—1941 年，苏格兰社会人类学家，现代人类学的奠基者之一，在现代神话研究和比较宗教研究领域发展的早期阶段影响巨大。——译者注
④ 公元 1867—1947 年，法国历史学家、钱币学家。——译者注
⑤ 公元 1794—1871 年，英国古典历史学家。——译者注
⑥ 公元 1797—1875 年，英国主教、历史学家。——译者注
⑦ Francois Lenormant，公元 1837—1883 年，法国亚述学家和考古学家。——译者注

美丽的作品，以及若干有趣的设计，这些设计为大希腊的地方神话传说提供了图示。在意大利的希腊移民所取得的艺术和工艺成就令人叹为观止，却并不广为人知。然而，当我们审视若干该地区钱币，我们将更乐于认同柏拉图在《普罗泰戈拉篇》（318）中关于赫拉克利亚的艺术家宙克西帕斯的记载。彼时这位艺术家正造访雅典，据说能将自己的学生培养为出色的艺术家。这段记载展示了大希腊对雅典的影响，而雅典则是希腊文化的中心。

当我们比较这些殖民城邦的钱币与其母邦的钱币，我们发现，殖民城邦的艺术家在技法和作品的精美方面，常常超越故国的艺术家们。大希腊艺术家的地位如此显赫，他们被准许将自己的名字打制在他们所设计和制作的钱币上，这是在其他地方至为罕见的殊荣。本书列举的关于这些艺术家的信息主要来自福若先生 1905 年出版的引人入胜的著作《希腊钱币签名考》。希望了解希腊艺术学校的读者可以从肯尼斯·弗里曼先生的《古希腊学校》一书中获益匪浅。他林敦的诸多钱币上有青少年的形象，关于青少年所受的训练，弗里曼先生的书中也作了描绘。这些城邦的政体，以及从王政到贵族政体、僭主窃国，以及民主政治的兴起，可以参看弗勒①的《希腊人与罗马人的城邦》以及德·高朗日②的《古代城市》。这些作品可能已经使用大希腊钱币的照片作为插图，研究这些钱币序列将帮助读者理解和认知本文提及的政体变革。

钱币上的宗教图案昭示了各城邦彼此间的关系及其与母邦的关系。

如果我们研究这些殖民城邦，而非将我们的关注仅局限于雅典

---

① William Warde Fowler，公元 1847—1921 年，英国历史学家和鸟类学家。——译者注

② Numa Denis Fustel de Coulanges，公元 1830—1889 年，法国历史学家。——译者注

和斯巴达，我们将更加真实地领悟希腊精神的成长。

这些钱币引人入胜之处还在于其与彼时卜居大希腊的伟人们的关联：例如，克罗顿早期的阴刻设计扁平钱币与毕达哥拉斯相关，希罗多德使用过图里翁的早期钱币，他林敦的有些钱币由阿尔库塔斯①发行，巴门尼德②使用过韦利亚的钱币。有些城邦关于其创建的神话和传奇反映了对荷马史诗的热爱及其对这些城邦的教育体系的影响。

诸多钱币上有异常精美的植物、鸟类、昆虫和鱼类图案，证明彼时南意大利普遍存在的对大自然满怀爱意地研读，忒奥克里托斯③的诗歌也提供了类似的证据。

钱币上神话图案的表现手法与南意大利精美陶制花瓶上的类似。如果熟悉了钱币上的图案，你会用一种全新的兴趣去审视其他陶器和青铜器。正是在南意大利，罗马人第一次亲密接触希腊化文化，研究过罗马共和国钱币的人会记得罗马人仿制了若干希腊殖民城邦的钱币。最早发行的带有"罗马女神"（**ROMANO**）图案的钱币即由希腊艺术家制作。

钱币图案上展示给我们的神话故事大多与珀耳塞福涅④、青春女神蒂雅—赫柏⑤、塞壬海妖帕耳忒诺珀和利革亚、河神埃克罗厄斯、海神波塞冬，以及赫拉克勒斯西游故事中的其他人物有关。

---

① Archytas，公元前 428 年—公元前 347 年，毕达哥拉斯学派哲学家、数学家，曾任他林敦的将军和政治领袖。——译者注

② Parmenides，约公元前 6 世纪晚期至 5 世纪早期，"前苏格拉底"哲学家。——译者注

③ Theocritus，公元前 3 世纪叙拉古田园诗人。——译者注

④ Persephone，希腊神话中众神之王宙斯与大地女神得墨忒耳的女儿，冥界的王后。——译者注

⑤ 古希腊神话中司掌青春的女神，宙斯与赫拉之女，后来嫁给赫拉克勒斯，育有二子。——译者注

我们在他林敦钱币图案上能够发现与酒神狄俄倪索斯和伊阿科斯崇拜相关的神话或僧团的隐喻。对于英国人而言，这些移植到原住民部落中的殖民地，并在原住民中传播一个更高层级文明的历史，一定会有特别的意味。

对于囊中羞涩的收藏家而言，这一系列钱币有着独特的优势：钱币数量众多，可能只需一点代价即可购得，很多青铜币市价无非两个先令或十八便士。

本书有些章节已经出现在斯宾克出版社的《钱币学通报》中。写作这些章节时，笔者并没有遵循特别的安排或次序，全凭彼时兴之所至来选择题材。现在笔者重新安排了这些章节，将源于同一母邦的殖民城邦集结在一起。钱币学著作通常按首字母排序，但本书弃用了这种做法，因为在其所处地区历史发展的大背景中持续讲述一个城邦的故事更富趣味。由是，讲完他林敦，我们自然而然地转向由他林敦人创建的赫拉克利亚，读者读完库迈的故事后，兴趣自然传递到其子城邦尼亚波利。

本书仅描述纯粹的希腊城邦的钱币，萨莫奈人、卢卡尼亚人和布鲁提人等的半希腊城邦的钱币可能另有专著探讨，这就是为何努切里亚、佩泰利亚、佩利波利乌姆、诺拉、海利亚及卢卡尼亚和布鲁提城邦的钱币没有收录在本书中。

关于大希腊通史，下文所附大事年表对希望了解各系列货币相对古老程度将有所裨益。想为公元前 7 世纪做一个类似的年表不大可行，因为彼一时期能够告诉我们的只有文字记载。该地区最早的殖民地可以追溯至公元前 8 世纪，诸如库迈、锡巴里斯、克罗顿、他林敦和梅塔彭提翁等。公元前 7 世纪的文献从未提及钱币，似乎直到公元前 560 年钱币才出现。在此前的约 140 年中，南意大利最早的希腊殖民地并无自己的造币厂，毫无疑问，在商务中使用哥林多"飞马"钱或埃伊纳"乌龟"钱。

公元前6世纪大事年表

公元前600年　拉奥斯、波塞冬尼亚、马西利亚、卡马里纳等城邦建立。

公元前584年　富有的追求者离开锡巴里斯和锡里斯去向克里斯提尼①的女儿求婚。此一事件可见证这些城邦的财富。

公元前560年　克罗顿和洛克里之间的萨格拉战役。雅典处于僭主庇西特拉图统治之下。锡里斯和锡巴里斯出现造币厂。

公元前550年　锡里斯陷落。

克罗顿、卡乌洛尼亚、梅塔彭提翁、波塞冬尼亚、拉奥斯等城邦铸币厂开工。

公元前540年　韦利亚城邦及其造币厂创立。

公元前533年　毕达哥拉斯抵达克罗顿？(存疑)

公元前530年　他林敦和利基翁的造币厂开工。

公元前527年　雅典僭主庇西特拉图去世。

公元前510年　锡巴里斯陷落。

雅典放逐希庇亚斯②。

公元前500年　韦利亚钱币背面的狮子纹饰出现。

库迈造币厂开工。

公元前5世纪大事年表

公元前499年　小亚细亚爱奥尼亚城邦暴动。

公元前490年　马拉松战役。

---

① Cleisthenes，西基翁（Sicyon）城邦的僭主。——译者注
② 庇西特拉图之子。——译者注

公元前 480 年　波斯大王薛西斯入侵希腊。

卡乌洛尼亚、波塞冬尼亚和梅塔彭提翁阴刻设计扁平钱币时代终结。克罗顿飞鹰纹饰一面凸一面凹钱币时代终结。民主政体在大多数大希腊城邦崛起。

公元前 478 年　众多雅典人造访叙拉古僭主希隆①的宫廷。

公元前 476 年　利基翁僭主阿纳契拉斯去世，希腊人逃往尼亚波利。

公元前 460 年　尼亚波利造币厂开工。独特钱币。

公元前 450 年　尼亚波利首次大量发行钱币。

公元前 443 年　雅典人建立图里翁殖民地。

公元前 440 年　雅典臻于极盛。

公元前 436 年　他林敦推出骑士纹饰钱币。

公元前 432 年　赫拉克利亚城邦建立。

公元前 431 年　伯罗奔尼撒战争进入第一年。

公元前 430 年　拿波里、克罗顿、潘多西亚推出青铜钱币。

公元前 420 年　卢卡尼亚人入侵坎帕尼亚，攻陷卡普阿和库迈。

公元前 400 年　继海利亚和潘多西亚之后不久，波塞冬尼亚推出天后赫拉头像钱币。波塞冬尼亚、拉奥斯、图里翁、康森提亚②、利基翁、忒里那等推出青铜钱币。海利亚开始造币。坎帕尼亚钱币 **CAMPANOΣ**。

公元前 4 世纪大事年表

公元前 391 年　叙拉古僭主狄奥尼西奥斯迎娶洛克里的朵丽丝。

公元前 390 年　拉奥斯陷落。尼亚波利陷落。反叙拉古同盟。

---

① 叙拉古的希隆一世，叙拉古僭主，公元前 478 年—公元前 467 年在位。——译者注

② 今意大利南部卡拉布里亚地区科森扎（Cosenza）。——译者注

赫拉克勒斯扼死巨蛇图案钱币。

公元前 387 年　狄奥尼西奥斯在卡乌洛尼亚和利基翁获胜。

公元前 384 年　卡乌洛尼亚的迪康在体育竞技中夺魁。

公元前 380 年　阿尔库塔斯君临他林敦。

公元前 367 年　狄奥尼西奥斯去世。

公元前 356 年　布鲁提人霸权崛起。

公元前 350 年　梅塔彭提翁、韦利亚和努切里亚开始制造青铜币。

公元前 344 年　斯巴达王阿希达穆斯三世抵达他林敦。

公元前 340 年　诺拉对尼亚波利的影响。尼亚波利发行青铜币。

公元前 334 年　伊庇鲁斯国王亚历山大①抵达他林敦。

公元前 330 年　亚历山大在波塞冬尼亚附近获胜。

他林敦和赫拉克利亚制造青铜币。

公元前 302 年　克利奥尼穆斯②抵达他林敦。联邦双德拉克马制造。

公元前 300 年　洛克里开始发行青铜币。

公元前 3 世纪大事年表

公元前 300 年　波塞冬尼亚更名为帕埃斯图姆。

公元前 290 年　维纳斯城建立。

公元前 283 年　他林敦人击溃罗马舰队。

公元前 281 年　皮洛士③在意大利登陆。

联邦双德拉克马发行终结。

公元前 273 年　皮洛士离开意大利。

---

①　Alexander the Molossian，约公元前 370 年—公元前 331 年，亚历山大大帝的舅父，应他林敦之邀率军转战意大利，支援当地希腊人与蛮族作战。——译者注

②　斯巴达王子和佣兵首领。——译者注

③　Pyrrhus，伊庇鲁斯国王和名将，罗马的劲敌。——译者注

公元前 272 年　他林敦成为罗马"结盟城邦"①。

公元前 270 年　尼亚波利发行德拉克马。

公元前 268 年　罗马迪纳厄斯钱首次发行。

公元前 261 年　第一次布匿战争第一年。

公元前 260 年　迦太基人洗劫意大利城市。

公元前 241 年　第一次布匿战争最后一年。

公元前 235 年　在罗马统治下他林敦的艺术复兴。

公元前 218 年　第二次布匿战争爆发。

公元前 217 年　特拉西美诺湖战役②。

公元前 216 年　坎尼会战③。

公元前 212 年　迦太基人占领他林敦。

公元前 211 年　罗马人夺取卡普阿。

公元前 204 年　汉尼拔在克罗顿战败。

公元前 202 年　扎马战役，迦太基战败。

公元前 201 年　第二次布匿战争最后一年。

---

①　罗马治下享有最高度自治权的城邦或社区，名义上保持独立，通过条约与罗马结成永久同盟，实际上将外交权力让渡给罗马。——译者注

②　爆发于公元前 217 年 6 月第二次布匿战争期间，汉尼拔统率的迦太基军队全歼 3 万罗马大军，并击毙其主帅。——译者注

③　爆发于公元前 216 年 8 月第二次布匿战争期间，汉尼拔统率的迦太基军队全歼 6~7 万罗马大军，并击毙一名罗马执政官和 80 名元老。——译者注

目　录

希腊钱币

大希腊

于大希腊钱币的研究者而言，一个有趣的问题是，自何时起南意大利以"大希腊"闻名于世。1754 年，玛佐契指出若干原因相信其与毕达哥拉斯教团有关（赫拉克利亚碑铭）。

据称，"大希腊"的提法最早见于波利比乌斯①："先是，大希腊毕达哥拉斯社团建筑（συνέδρια）遭焚毁，其后发生了宪政变革……希腊诸邦遣使斡旋，以期结束混乱局面。"（第二部第 39 节）

这段话显然没有比下文中蒂迈欧②的片言只语更早：蒂迈欧的言论可追溯至公元前 3 世纪上半叶，而波利比乌斯的则是在公元前 170 年。

蒂迈欧引用了一句谚语"朋友有通财之义"，并补充说："这一说法源自毕达哥拉斯时代的大希腊（Μεγάλην Ἑλλάδα），毕氏说服当时居住在这一地区的人们一切公有（ἀδιανέμητα）。"（第 77 段，穆勒）

---

① Polybius，公元前 200 年—公元前 118 年，古希腊政治家和历史学家。——译者注

② Timaeus，约公元前 345 年—公元前 200 年，古希腊历史学家。——译者注

　　西姆努斯[①]和阿特纳奥斯[②]（Ⅻ，第523页）早在公元3世纪就使用过这一术语；斯特拉波（Ⅵ，第253页）[③] 也使用过这一术语，或许是引用埃福罗斯[④]；我们还可在波菲利[⑤]和杨布利科斯[⑥]在其讲述毕达哥拉斯生平的著作中也曾使用这一表述。

　　值得注意的是，西塞罗在使用"大希腊"这一表述时，其语境均与毕达哥拉斯学派相关；瓦莱里乌斯·马克西穆斯[⑦]也提到大希腊的教团。派伊[⑧]认为，这一表述之盛行，或许应归功于毕达哥拉斯学派音乐理论家、亚里士多德的弟子、生于他林敦的亚里士多塞诺斯。早期作家仅用这一表述指代南意大利希腊城邦，但叙拉古的大狄奥尼西奥斯[⑨]在使用这一表述时将西西里也涵盖其中，而后世的拉丁作家甚至将卢卡尼亚也包含在内，但忒里那一度是最北部的边境城邦。

---

　　①　Pseudo – Scymnus，公元1世纪古希腊民族志学者和地理学家。——译者注

　　②　Athenaeus，活跃于公元1世纪至2世纪的罗马帝国作家。——译者注

　　③　Strabo，公元前1世纪古希腊历史学家、地理学家。——译者注

　　④　Ephorus，约公元前400年—公元前330年，古希腊历史学家。——译者注

　　⑤　Porphyry，公元234—305年，罗马帝国新柏拉图主义哲学家。——译者注

　　⑥　Jamblichus 或 Iamblichus，公元约250—约330年，新柏拉图主义哲学家。——译者注

　　⑦　Valerius Maximus，公元1世纪罗马作家。——译者注

　　⑧　Ettore Pais，公元1856—1939年，意大利古代史学家、拉丁文金石学家、政治家。——译者注

　　⑨　Dionysius Ⅰ of Syracuse，又称大狄奥尼西奥斯（Dionysius the Elder）或狄奥尼西奥斯一世（Dionysius Ⅰ），公元前432年—公元前367年，叙拉古僭主。——译者注

他林敦

我们通常用"大不列颠"指代英属殖民地，或许就是沿用"大希腊"的典故，意为南意大利的希腊殖民地。

诸多来自这些殖民地的钱币可见于小规模的收藏，其纹饰精美，极富艺术价值，也可见证彼时的历史与宗教，耐人寻味。尽管希腊人定居意大利的进程异常缓慢，但直到公元前725年—公元前700年，其殖民地的定居才成为常态。

他林敦希腊殖民地的创建通常追溯至公元前708年。之所以首先选择他林敦的钱币，是因为相比其他地区，该城邦钱币更为完善、持续，其形制的基本特征在250余年间基本保持不变。

然而，尽管形制恒久，其细节却呈现出比其他古希腊城邦更为丰富的心态的沿革和传承，以及更多种类的铭文与图案的组合。

古时水手喜欢沿海岸线航行，以便随时可见陆地，他林敦的地理位置由此变得格外重要，因为它是漫长航线中唯一的一处安全港湾。

从阿里翁①的故事中我们可以看出，哥林多水手在同意大利和西西

---

① Arion，神话传说中的诗人和歌手，因歌声美妙，在海难中为海豚所救。——译者注

3

里贸易中经停此港；此港亦为来自推罗和迦太基的腓尼基航海者所熟知。原住民雅庇吉亚人建城于此，其城址在一条狭长呈舌状的陆地的末端，这块陆地几乎环绕着一个约六英里长、二至三英里宽的内海，城址扼守通向港湾的航道。内海盛产骨螺和其他贝类，于渔业甚为理想；四外土地肥沃，以盛产羊群和良马所知名。

当贺拉斯①想要描述一处可以让倦于经纶世务者陶然忘机于山水田园的世外桃源时，他所选的正是"拉刻代蒙人的他林敦"②（《颂歌集》，Ⅲ，Ⅴ，56），还在其诗句"拉刻代蒙人法兰托斯统治的国度"提到此地（《颂歌集》，Ⅱ，Ⅵ，11）。

与其在小亚细亚的同胞相比，西部殖民地的希腊的一个优势在于，他们并未遭逢诸如亚述或巴比伦之类的敌对强权，但殖民者们还是要同雅庇吉亚和梅萨比人等原住民族长期征战。为庆祝胜利，他们以精美的艺术品在德尔斐献祭，其中有些作品出自菲迪亚斯③的老师阿格拉德斯④之手，还有的出自欧纳塔斯⑤和卡林托斯之手，据保萨尼亚斯记载，是骏马和被俘妇女的黄铜像。

西部殖民者的民族情感要强于小亚细亚的希腊人，但他们仍无力抗拒财富与奢华的腐蚀，于是最终还是曲膝于更为质朴的罗马战士面前。

殖民地创建的传说

关于他林敦于约公元前 700 年创建的故事，保萨尼亚斯如是记载：

他林敦是拉刻代蒙人的殖民地，其创建者是斯巴达人法兰托斯。他出发创建殖民地时，德尔斐的神谕告诉他，当在无云的晴空下感受到雨

---

① Horace，公元前 65 年—公元前 8 年，罗马诗人。——译者注

② Lacedemonium Trantum，拉刻代蒙系斯巴达的别称，他林敦由斯巴达人所建，故名。——译者注

③ Pheidias，公元前 5 世纪雅典古典黄金时代最伟大的雕塑家。——译者注

④ 公元前 6 世纪晚期、5 世纪早期的古希腊雕塑家，菲迪亚斯、米隆和波留克列特斯（Polykleitos）三位大师均曾是其弟子。——译者注

⑤ Onatas，活跃于希波战争时期的雕塑家。——译者注

滴之时，他将赢得一个国度与城邦。起初，他自己并未询问神谕的意义，也没有同某个神谕的诠释者沟通，就径自率舰队远征意大利。

但尽管对原住民取得诸多胜利，他还是未能攻克任何一座城市，也未曾成为这个国度的霸主。此刻，他记起了神谕，觉得神明已预言他将徒劳无功，因为晴空之下不可能降雨。

伤恸欲绝之时，从故乡追随他而来的妻子爱抚着他，让他将头枕在她的大腿上，安慰他。深爱着他的妻子想到他功业未就，不禁悲从中来，泪如雨下，泪水溅落法兰托斯的脸上。此刻，法兰托斯终于领悟了神谕的意义，因为他妻子的名字叫爱特拉，正是"晴朗"之意。当夜他就攻占了他林敦，原住民最富庶、最伟大的城市。

据传说，英雄塔拉斯是海神波塞冬和当地一位宁芙仙子①所生之子，城邦和河流均以他命名，那条河就叫塔拉斯河。

塞尔维乌斯②是霍诺留③皇帝当国时的维吉尔作品注释者。在他为《埃涅阿斯纪》第三卷第551行所做的注释中提到这个故事，并补充了信息，说法兰托斯是赫拉克勒斯的第八代裔孙。维吉尔的诗句如下：

"接着我们就望见他林敦城所在的海湾，据说赫拉克勒斯曾到过这里。"

安条克讲述的故事

叙拉古的安条克④在谈及他林敦的建城史时说到，美西尼战争⑤之后，那些没有从军参战的拉刻代蒙人被判决为奴，贬为希洛人⑥；那些

---

① Nymph，希腊神话中的山泽仙子，通常为美丽的少女形象。——译者注
② Servius，公元4世纪罗马拉丁语文法学家。——译者注
③ Honorius，西罗马皇帝，公元393—423年在位。——译者注
④ Antiochus of Syracuse，公元前5世纪古希腊历史学家。——译者注
⑤ Messenian Wars，斯巴达与美西尼之间的战争，此处所指应为公元前735年—公元前715年的第一次美西尼战争。——译者注
⑥ Helots，又译"黑劳士"，古代斯巴达底层农奴，斯巴达人的公有"财产"。——译者注

在战争期间出生的人，则被蔑称为"私生子"，地位卑贱。但此类人人数众多，非但不思悔过，还密谋反抗自由公民。首席执政官听说了有这样一个阴谋，于是雇用了几个人，伪装支持密谋，以便刺探情报。

法兰托斯显然是密谋的领袖之一，但他同其同党的关系并不融洽。

密谋者商定，在阿密克莱①举办的海辛瑟斯②运动会闭幕时举事。届时，法兰托斯以戴上头盔为号，号令其党徒攻击自由公民。自由公民可以凭其发型分辨敌我。

公民们收到警报。一位传令官在这紧急关头走上前来宣告："别让法兰托斯戴上头盔！"发现阴谋业已暴露，有些密谋者逃之夭夭，另一些则祈求宽恕。执政官安抚众人无须恐惧，逮捕了一些人，但却派遣法兰托斯前往探索建立新的定居点。

法兰托斯请求神谕，收到神谕的如下回应：

"萨提林③及他林敦膏腴之地，吾今赐汝，为汝居所。汝当责罚雅庇吉亚人。"

于是"私生子"们追随法兰托斯前往上述地方，已定居此地的蛮夷和克里特人友善地接待了他们（斯特拉波，Ⅵ，c. 3，§2）。

斯特拉波引用的埃福罗斯讲述的故事

斯巴达王铁列克落司访问美西尼献祭时遭到美西尼人谋杀（公元前745年），斯巴达人兴师伐罪，发誓不灭美西尼绝不班师。

战争进入第十年，斯巴达人的妻子提出抗议，于是军队将不受誓言约束的最年轻的成员打发回家，同未婚女性同居，他们所生的孩子被称为"私生子"，这些非婚生子地位低下。

接下来的密谋同上文中安条克所讲述的故事一样。"私生子"们离

---

① Amyclae，位于斯巴达西南部。——译者注

② Hyacinth，希腊传说中的美少年、阿波罗的情人，在从事运动时被铁饼击中死去，阿波罗将其溅落的血迹化为风信子。为期三天的"风信子节"是古斯巴达的一个主要节日。——译者注

③ Satyrium，他林敦周边城镇。——译者注

开斯巴达，发现希腊人正同蛮夷作战，也参与到战争中，夺取了他林敦，并定居下来。

保萨尼亚斯提到战斗，安条克说斯巴达人抵达后受到善待，埃福罗斯则暗示还有其他希腊冒险家在场。

关于法兰托斯的另一个传说见于查士丁①（Ⅲ，c. Ⅳ）的《菲利比历史》，该书系由特洛古斯·庞培乌斯②的作品派生而来。根据该记载：

"他们推举法兰托斯为领袖。法兰托斯是阿拉托斯之子，当初正是阿拉托斯建议斯巴达人将年轻人派回去生子。既然他们的出生应归功于法兰托斯之父，或许他们可以将自己的希望与尊严托付给法兰托斯……（攻陷他林敦）若干年后，法兰托斯被民众起义所放逐，来到了布林迪西，被从他林敦驱逐的原住民都定居于此。临死前，法兰托斯指示他们将他的遗骨磨成粉末，偷偷撒在他林敦的市场上，因为阿波罗的神谕宣示他们当以此种方式收复自己的城市。

"就这样，凭借其被放逐的首领的足智多谋及敌人的多管闲事，"私生子"们得以确保永远拥有他林敦。他们尊法兰托斯为圣以资纪念。"

可以参看叙拉古的希罗③的类似故事（Diod.，Sicul.，Ⅺ，66）。

他林敦人有时也被称为法兰提亚人。

他林敦早期值得关注的事件之一可参见希罗多德《历史》第三部第136章，其中提到前往希腊各城邦及殖民地刺探情报的波斯间谍曾造访他林敦，彼时阿里斯托菲利底斯是他林敦的国王。这个故事的有趣之处在于揭示了当时该城的斯巴达人的统治。

阿里翁的故事也耐人寻味，因为这个故事见证了佩里安德④时代他林敦和哥林多之间的联系。

---

① Justin，公元2世纪罗马历史学家。——译者注
② Trogus Pompeius，公元前1世纪前后罗马历史学家。——译者注
③ Hiero I of Syracuse，公元前5世纪叙拉古僭主。——译者注
④ Periander，公元前7世纪哥林多僭主，古希腊"七贤"之一。——译者注

骑士

他林敦双德拉克马的正面图案总是突出一匹马和骑手，尽管会有多种不同形式。选择这一题材可能暗指与阿密克莱的海辛瑟斯节相关的古代竞技活动，该地系他林敦殖民地居民的故土，也在他林敦周边平原牧马的原住民之中受到欢迎。与竞技的关联反映在大多数图案中，其中最常见的是一个裸体男童坐在马背上，双手持王冠于马头上方，马一般是站立的，一蹄举起或四蹄着地。有时男童上方会有飞翔的胜利女神。

有些图案上，马在小步轻快跑或四蹄离地疾驰，骑手为青年，有时在马背上身体呈拱形，或左臂上系着一面小盾牌。

还有些在战争期间发行的钱币，其图案上的骑手为披挂甲胄的战士，但这些不像竞技骑手图案那么常见，大约于摩罗西亚的亚历山大王时代推出。

我们看到，军人骑手中有些是白盾兵①，以及标枪兵，后者使用飞镖从远处瞄准投射，避免与敌方短兵相接，因此，我们看到钱币图案上的骑手都携带二至三柄标枪或飞镖。

有些钱币上还能看到第二匹马，这可能就是李维提到的战士使用两匹马的习俗。

有些钱币上携带盾牌和飞镖的骑手形象可能也是军人，而不是运动员，刻画着时刻准备投入马战或步战的壮士。最近发现的一处哥林多神庙的浅浮雕上也刻画着类似形象。

在有些军事题材图案上，我们可以看到长枪兵的形象。长枪兵又名他林敦兵，艾利安②和苏伊达斯曾描述过这一兵种。

海辛瑟斯运动会每年7月在阿密克莱举办，纪念海辛瑟斯。海辛瑟斯是斯巴达王阿密克拉斯之子，他在一次铁饼比赛中被阿波罗误中而死。其时铁饼被北风神玻瑞阿斯或西风神仄费洛斯吹偏，刚好击中少年

---

① Leukaspides，马其顿步兵的一个兵种。——译者注

② Aelianus Tactitus，公元2世纪生活在罗马的希腊军事作家。——译者注

海辛瑟斯的头部，其鲜血化为风信子花，因此有些钱币上也带有风信子纹饰。运动会举办之时，风信子花在酷热的 7 月骄阳曝晒下凋零。拉刻代蒙人的阿波罗崇拜不可与多利安人的太阳神阿波罗混为一谈，因为斯巴达人的神祇与克托尼俄斯①教义的海辛瑟斯崇拜相关联。

狄奥斯库洛伊兄弟也与同一教派联系起来，品达在其尼米亚颂歌之十讲述了一个美丽的传奇，其中描述波吕丢克斯②"痛哭失声，泪如雨下"。

"父亲，克洛诺斯之子，我们的悲恸将如何终结？吾王，让我与他同死；宙斯给他选择的权利，若你希望逃脱死亡……在奥林匹斯山上与我同住……你有这样的机会，但如果你要为你的兄弟坚守……与他平等分享一切，那么为何你将余下一半的生命留在大地之下，另一半则在天国的金屋中。"

荷马提到过同样的传说（《伊利亚特》，Ⅲ，243）。

《奥德赛》第十一卷第 298 行的诗句展示了狄奥斯库洛伊兄弟与阿密克莱德克托尼俄斯教义的关联：

"我还见到廷达瑞奥斯的妻子勒达，
她为廷达瑞奥斯生育了英勇的儿子，
驯马的卡斯托尔和高贵的拳击手波吕丢克斯，
赐予生命的大地把他俩活活地收下。
他们在地下仍获得宙斯惠赐的尊荣，
轮流一个人活在世上，一个人死去，
享受神明才能享受的特殊荣誉。"③

有些传说记载，这对孪生兄弟诞生于阿密克莱，维吉尔在其《农事

---

① Chthonic，冥界诸神的统称。——译者注

② Pollux，希腊神话中宙斯与斯巴达王后丽达所生之子，与其孪生兄弟卡斯托耳并称狄奥斯库洛伊兄弟。——译者注

③ 此处选用王焕生先生汉译，《奥德赛》（希腊语、汉语对照），王焕生译，日知古典丛书，第二册，第439页，上海人民出版社，2017。——译者注

诗》（Ⅲ，89）中提及此事。

他林敦的执政官们推出狄奥斯库洛伊兄弟纹饰是为了提醒人们殖民地与拉克代蒙母邦之间的纽带，特别是当需要寻求和提供援助之时，例如在公元前 315 年发行的狄奥斯库洛伊兄弟图案金币，公元前 281 年—公元前 272 年皮洛士时代，以及公元前 272 年—公元前 235 年同罗马结盟时期。

罗马人于公元前 268 年为自己的首批迪纳厄斯钱选择了这一图案。做出这个决策的罗马人一定见过他林敦双德拉克马。

波塞冬将马赐予哥林多，他的儿子塔拉斯据信作为骑手的形象出现在若干种钱币上。他林敦又被称为"海神之城他林敦"。A. J. 埃文斯①先生至少辨认出一例钱币上的骑手形象为法兰托斯。这枚钱币约发行于公元前 334—公元前 302 年，骑手手持盾牌，盾牌上为海豚图案。骑手图案应与在他林敦克托尼俄斯神祇祭祀地点出土的献祭小陶俑相对照，这些祭祀地点位于城墙之内。参见《新近发现的他林敦陶器》（1886，p. 8，22，23）一文。这些陶俑展现了骑士图案同对已逝英雄的崇拜之间关系。这解释了为何会出现各种象征、爱奥尼亚柱冠和双耳爵②（可参见《学者期刊》，1883，p. 154）。

骑手有时被视为神祇，这一推论我们既可从狄奥斯库洛伊兄弟图案引申得来，也可参见卡尔杜奇在其对阿基诺作品（Delizie Tarantine, 1. I）的评论中引用的铭文，其中提及李维记载的一次海战胜利（Lib. XXVI，c. 39）。铭文记载了"他林敦议会和联邦（ἱππίοις θεοῖς），民主派决议、青年军的誓言所产生的部队③领袖设立年度胜利节，以荣耀海神、马神

---

① Sir Arthur John Evans，公元 1851—1941 年，英国考古学家，爱琴海青铜时代文明研究的先驱，最著名的成就是对克里特岛诺索斯（Knossos）遗址的考古发掘。——译者注

② 古希腊的一种双耳高脚容器，通常为陶制，可能用作祭祀的礼器和日常器皿，也可用以饮酒。——译者注

③ 斯巴达正规军的最小编制，由 30～50 名战士组成。——译者注

（βουλὴ καὶ ὁ Δῆμος）"。

背面图案上的海豚骑手

波鲁克斯①的《辞源》（Ⅸ，80）略早于公元177年出版，时值康茂德皇帝②当政。书中提及亚里士多德说他林敦钱币上的图案为"塔拉斯，波塞冬之子"。

上文提及保萨尼亚斯考证塔拉斯是波塞冬与一位本地山泽仙子所生之子，塞尔维乌斯则提及塔拉斯是城市的创建者，希腊殖民者来到该城。因此，最早的钱币选择这位英雄的形象作为钱币图案是有可能的。从斯特拉波的记载中我们看到，殖民者受到欢迎，在一段时期内，城邦可能是不同民族混居的。

塔拉斯之名出现在骑手图案钱币的底板上，被诠释为骑手的名字。对斯巴达殖民者而言，波塞冬之子是一个可以接受的人物形象。因为他林敦的波塞冬就是泰纳伦海角的波塞冬，代表着拉科尼亚的海上强权；此外，他林敦的波塞冬祭司被称为泰纳伦人（Ταιναρισταί），参见赫希基乌斯③《词典》"Ταιναρίας"词条，他林敦又称"海神之城他林敦"。

然而有观点认为，海豚可能代表着法兰托斯，其依据在于保萨尼亚斯的一段记载（Ⅹ，ⅩⅢ，10）：

"他林敦人又向德尔斐奉献一笔什一税，取自其从佩开提亚蛮族处夺取的战利品""献祭之物系埃伊纳雕塑家欧纳塔斯及卡林托斯的作品……包括步兵和骑士的形象，刻画雅庇吉亚王奥庇斯加入佩开提亚人一方作战……

"作品表现的场景为奥庇斯战殁，英雄塔拉斯和拉刻代蒙人法兰托

---

① Julius Pollux，公元2世纪希腊学者。——译者注

② Lucius Aurelius Commodus Antonius，罗马皇帝，公元180—192年在位。——译者注

③ Hesychius，公元五六世纪希腊语法学家。——译者注

斯站立在其倒卧的尸体之上；距离法兰托斯不远处是一头海豚。据说抵达意大利前，法兰托斯在科里撒海遭遇海难，幸得海豚救助方始回到陆地。"

"*καὶ οὐ πόρρω τοῦ Φαλάνθου δελφίς*"（一头海豚在法兰托斯不远处）字样，似乎表明保萨尼亚斯将海豚视为这位斯巴达人领袖的象征，以及他从沉船中获救。然而，保萨尼亚斯的记载并非关于钱币图案。

海豚或许是波塞冬的象征，其同法兰托斯的关联可能源于斯巴达与此词汇的古老渊源。在拉刻代蒙，这一词汇曾是波塞冬的一个别号，其词根是**Φαλ**，意味海浪上反射出的飘忽不定的粼粼波光；源自同一词根，鲸被称为**Φάλλαινα**。据司徒尼茨卡[①]教授在其著作《库瑞涅》中的考据，此推测甚为可能。若确乎如此，我们不难理解为何公元 5 世纪的贺拉斯注释者海伦纽斯·阿克隆称法兰托斯为"波塞冬之子"，可参见其对《颂歌集》第 28 首的注释，其中一个情节是一位水手与他林敦的阿尔库塔斯的对话。司徒尼茨卡教授认为，钱币上的**ΤΑΡΑΣ**（塔拉斯）字样系指代造币厂，而非图案；海豚骑手应为法兰托斯。这一观点与保萨尼亚斯的记载相吻合。

上述关于字源的释义并不一定推翻保萨尼亚斯和斯特拉波所讲述的传奇故事，因为殖民者的领袖可能冠以拉刻代蒙古老海神的名字。而且，如果当钱币图案制作之时，该名字的含义得到早期希腊殖民者的认可，我们不难理解为何此一设计能同时符合雅庇吉亚原住民和希腊殖民者的预期：在钱币上，前者看到自己的塔拉斯，后者则看到自己的法兰托斯。

我们经常能看到有些钱币图案上的海豚骑手手持作为海神标志的三叉戟，甚至其持戟的神态与风格也与描绘该位神祇的艺术作品相雷同。

---

① Franz Studniczka，公元 1860—1929 年，波兰裔德国古典考古学家。——译者注

另一个关于落水者遇海豚救济的类似故事见于希罗多德《历史》（Ⅰ，24），甚至比塔拉斯的故事更脍炙人口。莎士比亚《第十二夜》第一幕第二场中，船长安慰薇奥拉说："我瞧见您的哥哥……我见他像阿里翁骑在海豚背上似的浮沉在波浪之间，直到我的眼睛望不见他。"[1]

罗林森[2]英译希罗多德《历史》第 161 页的一处注释解释了这一故事的源起。真实情况似乎是这一传奇起源于泰纳伦一尊人像上的铭文，从铭文上可以得知该人像系由阿里翁供奉，另可参见克罗伊策[3]的"Dissert. de mythis ab atrium operibus profectis"。泰纳伦阿波罗圣殿的这尊像系他林敦人所奉献，与保萨尼亚斯记载中提到的德尔斐圣殿中供奉的类似。音乐家阿里翁可能注意到了音乐对海豚的吸引力，并在顺利完成一次旅程后向阿波罗奉上此像。波塞冬与阿波罗影响的组合昭然可见。

伊卡迪乌斯的传说

海豚骑手与阿波罗的关联或可见于塞尔维乌斯为《埃涅阿斯纪》（Ⅲ，332）所做的注释。有说法称，阿波罗的神殿中有一座祭坛，上有铭文ΠΑΤΡΙΟΥ ΑΠΟΛΛΩΝΟΣ。伊卡迪乌斯系阿波罗与一位宁芙仙子所生之子。长成后，他以自己母亲的名字将出生地命名为吕基亚，并为阿波罗建起一座圣殿，也许是为了给自己的父亲做见证，他将圣殿命名为帕塔拉。后来他在航行至意大利途中遭遇海难，据说在海豚背上获救，在帕尔纳索斯山附近登岸，为他的父亲阿波罗建起一座圣殿，并用海豚这个词将其命名为德尔福斯；他将为他父亲所建的祭坛称为"帕特里亚斯"，海豚也因此被视为阿波罗的神圣象征之一。

此地的海湾也因此得名科里撒海，或克里特人之海。

---

[1]　此处选用朱生豪先生译文。——译者注

[2]　George Rawlinson，公元 1812—1902 年，英国学者、历史学家、基督教神学家，曾将希罗多德《历史》译成英文。——译者注

[3]　Georg Friedrich Creuzer，公元 1771—1858 年，德国文献学家和考古学家。——译者注

伊卡迪乌斯的兄弟叫伊阿普斯。伊阿普斯移居意大利，他林敦周边的居民即以他的名字得名为雅庇吉亚人。这一传说反映了希腊岛民本来即有西行建立殖民地的传统，斯巴达人所取代的当地居民原本也是殖民者。

从这一后期的传说中我们看到，在萨尔维乌斯的时代，即公元5世纪初，多利安人的阿波罗神已与吕基亚人的神祇相混淆。

在皮洛士时代的减重双德拉克马钱币上，我们看到其图案上人物的姿态系直接模仿继业者们①在叙利亚和马其顿发行的若干著名钱币品类，但他林敦钱币上的人物手持头盔，而非弓或箭。人像比例同样摊薄，此外，海豚骑手的头发在后面打结，悬垂在肩上，同继业者钱币上阿波罗的发型如出一辙。

阿波罗图案最早的范例见于"胜利者"塞琉古一世②于公元前312年—公元前280年发行的钱币，后来在安条克一世③于公元前293年—公元前261年发行的钱币上成为常见样式。这些钱币上，阿波罗端坐于翁法洛斯④圣石之上，手持弓或箭。

塔拉斯手持的头盔前部有角，与"胜利者"塞琉古钱币上所见的有角亚洲式头盔类似。这些他林敦钱币上有 **ΑΠΟΛ** 字样，代表 **ΑΠΟΛΛΩΝΙΟΣ**，后者可见于某些钱币之上。这种钱币系向亚历山大大帝致敬。大帝崩殂翌年，皮洛士开始其远征。

由此可见，皮洛士晚期，海豚与阿波罗的关联得以确认，尽管其初衷无疑是皮洛士意图拉拢有助于其远征的人。

---

① Diadochi，亚历山大大帝崩殂后瓜分帝国的马其顿将领及其后继者。——译者注

② Seleukos Nikator，公元前358年—公元前281年，"继业者"之一，塞琉古帝国开国之君。——译者注

③ Antiochus Ⅰ，"胜利者"塞琉古之子。——译者注

④ omphalos，意为"肚脐"，一种用于宗教祭祀目的的圆形石器，象征大地的中心。——译者注

钱币图案所见证的神秘教义

品类繁盛的符号令此系列他林敦钱币引人入胜，可作为他林敦盛行的神秘仪轨的证据。鉴于他林敦的地理位置，这应在意料之中。与埃及和东方的商务往来，将"流浪者"（ἀγύρται）带到他林敦，这些"流浪者"声称可以从罪恶中净化人类，还带来了各种教团（θίασος），这些教团将神秘仪轨制度化，起初只是民间结社，后来则成为与国教结合的公共秘仪，同在厄琉息斯①秘仪类似。

由此，在这些钱币品类上我们看到传统的国教神祇，诸如斯巴达的阿波罗和他林敦的波塞冬，有时会带有神秘教义的象征符号，甚至会以东方神秘教义的神祇伊阿科斯的形象出现。关于这些"歌舞队"② 如何兴起和传播的故事，可以参见杰文斯③的大作《宗教史导论》，主要理念大略为感觉献祭不充分、通过献祭宴饮达成团契的需要，以及关于身故后更为光明的往生的教义。

这一宗教信仰的伟大创新肇始于公元前 6 世纪。此前所有的宗教都是部落或民族专有的，而新的理念则是任何人均可被一个宗教所接纳，加入宗教是出于自愿。新的宗师起初云游四方，教人摒弃不洁。这些宗师被称为 ἀγύρτης，即"行脚僧"，通常会携带一个柜子、一条驯服的蛇，以及若干书籍，骑着驴。

其影响所及，名为"歌舞队"（θίασος）的小团体或教团组建起来，在公元 4 世纪时地位显赫，特别是在共和制中心城邦。其成员称为"祭徒"，其仪轨称为"秘仪"。其入会仪式包含以幼鹿的皮包裹入会的新人，裸裎其身，让其卧倒，浇水覆盖其身，然后以黏土和麸皮洁净其身体，如此一番之后，新人即准备就绪，可以参与圣餐礼。这是对献祭

---

① Eleusis，位于雅典西北约 20 千米，历史上以厄琉息斯秘仪闻名，该秘仪可能传承自上古原始宗教。——译者注

② Thiasi，在祭神仪式上载歌载舞的信徒。——译者注

③ Frank Byron Jevons，公元 1958—1936 年，英国学者。——译者注

的原初神圣特性的复兴。这些仪式被称为民间秘仪，由此升级，产生出厄琉西斯的公共或国家秘仪。旧的民间秘仪并不与特定神祇崇拜和国家相关联，而是同伊阿科斯·萨巴奇奥斯或扎格瑞乌斯（Zagreus，均为酒神的别名）相关。第一个接受新教义的古老宗教是厄琉西斯的得墨忒耳（大地女神），所有已被歌舞队或伊阿科斯团队的人都被接纳入其中，无论其来自哪个希腊城邦。

伊阿科斯被称为狄俄倪索斯和珀耳塞福涅之子，珀耳塞福涅是得墨忒耳之女，冥王哈得斯之妻，赐予人们身故后更光明的来生。

据说庇西特拉图承认了新的神话，公共秘仪的流行则归功于对于更光明的未来生活的希冀。由此，旧的得墨忒耳崇拜成为新的秘仪，被接纳的祭徒来自全希腊各地。公元前 480 年，伊阿科斯秘仪的流行程度大为提升，因为萨拉米斯海战的伟大胜利即发生在伊阿科斯神像从雅典运往厄琉息斯的当天。将狄俄倪索斯为伊阿科斯之父纳入秘仪，则是因为葡萄酒象征着复生的神力。

秘仪的法器双耳爵和纺纱杆出现在公元前 473 年下半年的早期双德拉克马钱币上，但直到公元前 380 年—公元前 345 年阿尔库塔斯当政时期，才影响到通用钱币设计上。在当时的钱币上，海豚骑手手持双耳爵，而且骑手的形象也不再总是身材如运动员般健美的海神之子，而变为丰腴的酒神狄俄倪索斯之子伊阿科斯，作为秘仪中的英雄。此后一段时间，三叉戟是更常见的象征。然而在公元前 334—公元前 330 年摩罗西亚王亚历山大时期，头顶看似花朵的顶髻的丰满婴儿形象以及缠着羊毛线的纺纱杆出现在钱币上。这些形象可以与一个著名的调酒罐①上的图案相对照，格哈德②在《考古学报》上描述过该文物（1850，**XVI**,

---

① Krater，希腊的一种大型容器，用以混合酒和水。古希腊的习俗是不饮用纯酒，而是要兑水，以体现节制的美德，调酒罐即用于此目的，通常为陶制，双耳阔口。——译者注

② Friedrich Wilhelm Eduard Gerhard，公元 1795—1867 年，德国考古学家。——译者注

p. 161 seqq）。伊阿科斯的形象标志着克托尼俄斯教义对原有的波塞冬和阿波罗国家崇拜的巨大影响。

这些丰腴的人物形象或许也可同他林敦古墓出土的还愿陶俑相对照，其中有些陶俑头戴巴克斯（酒神的罗马名字）式的常青藤叶（Conf. Hellen. Jour.，1886）。

通过同样的克托尼俄斯信仰的影响，我们看到海豚骑手有着阿波罗式的发卷，手持风信子花，指代阿密克莱的运动会，或太阳神的弓箭。

符号或骑手的姿态有时暗喻当时的事件，比如，一枚钱币上他的姿态是悲伤地俯首于一顶英雄的头盔，以此纪念阿希达穆斯①之死；在同一枚钱币上，双子星则暗喻拉刻代蒙人所给予的援助。

和平时期，海豚骑手在捕鱼，战争时期，其形象则为挽弓或贯甲，并呈现战斗姿态。

在他林敦，神秘教义受到毕达哥拉斯学派的鼓励，该学派自身即是具备类似特征的教团组织。通过毕达哥拉斯学派影响，献给得墨忒耳的《荷马颂歌》中的旧教义被更改，新教义推出，声称在来生，善行将得到奖赏，恶行受到惩罚。神秘教义亦为毕达哥拉斯学派关于肉体与灵魂生命对立的学说提供了一个基础。在关于这一主题的文献中我们看到这样的传说：宙斯摧毁了提坦诸神，人类从其灰烬中诞生，善恶二元和灵肉二元可由此得到解释。

得墨忒耳和珀耳塞福涅被称为 χθόνιαι θεαί（Herod.，Ⅵ，134），即大地女神，因此，其敬拜秘仪被称为"克托尼俄斯"，意为"属于大地的"，而斯巴达旧有的海辛瑟斯阿波罗崇拜因参照了与狄奥斯库洛伊双子星相关的克托尼俄斯神秘教义，自然在斯巴达殖民地他林敦神秘教义中地位显赫。

我们在审视钱币铭文时会发现大量关于狄奥斯库洛伊双子星的内

---

① Archidamos，此处应指斯巴达王阿希达穆斯三世，公元前 338 年在援助他林敦的战争中阵亡。——译者注

容，其同地神崇拜神秘教义的关联可以解释这一现象。

简·艾伦·哈里森①（1903）的《希腊宗教研究导论》中关于神秘教义的论述至为精要，希望理解他林敦钱币所代表的理念的读者应拜读此书。

纺纱杆

公元前 530 年的一款钱币上，城邦创始人人像手持纺纱杆。在造币师看来，纺纱杆象征着什么？我们看到，有些钱币上，城邦创始人手持双耳爵，有些钱币上手持纺纱杆，还有些钱币上，一手持纺纱杆，一手持双耳爵。由此我们自然会揣测，纺纱杆是否可视为狄俄倪索斯或克托尼俄斯仪轨的一种象征，或其是否与神秘教义有任何关联。早期钱币上，纺纱杆象征贸易，而晚期钱币上是否如此则值得商榷。

如果纺纱杆是单独出现，而非与双耳爵同时出现，我们可能会认为其是城邦商业的象征。威廉·李奇微②先生在其 1892 年的专著《金属通货与重量标准的起源》中即持此观点。有些钱币上的乌蛤贝壳、骨螺和渔夫图案也同样象征着商业。然而，众所周知，双耳爵是狄俄倪索斯的象征，这自然促使我们追问其中是否包含着某种宗教或神秘意义。纺纱杆在希腊语中叫作$\dot{\eta}\lambda\alpha\varkappa\dot{\alpha}\tau\eta$，这一词汇同若干女神相关联，诸如帕拉斯③、波塞冬之妻安菲特里忒、阿波罗的母亲勒托，此外还同海仙女④和三位命运女神（统称 Parcae）相关。

---

① Jane Ellen Harrison，公元 1850—1928 年，英国古典学者、语言学家。——译者注

② William Ridgeway，公元 1858—1926 年，英国古典学者，剑桥大学迪斯尼考古讲习教授。——译者注

③ Pallas，河神特里同（Triton）之女，智慧女神雅典娜少女时代的挚友，在游戏中被误杀，雅典娜为纪念她亦采用她的名号，称帕拉斯 – 雅典娜。——译者注

④ Nereids，又译涅瑞伊得斯，海神涅柔斯（Nereus）和水仙女多里斯（Doris）所生的 50 个女儿的统称。——译者注

在早期，纺纱杆图案甫一出现时，似乎不太可能指代帕拉斯，尽管晚期的一款他林敦钱币上曾出现过帕拉斯的头像。安菲特里忒和勒托倒是同他林敦敬拜的神祇有着密切的关联，但也没有什么特别的理由让她们非得出现在钱币上。下面几首诗的段落中提及纺纱杆。品达在其第五首《奥林匹亚竞技胜利者颂》中向波塞冬祈祷："……大海之王、拥有金色纺纱杆的安菲特里忒的夫君，请赐予（我的朋友）平安的旅程，远离危险，"在第六首《尼米亚竞技胜利者颂》中，他称阿波罗之母勒托为"拥有金色纺纱杆的拉托娜①。"

活跃于公元前 140 年前后雅典希腊文语法学家阿波罗多洛斯告诉我们，特洛伊守护神像是帕拉斯手持纺纱杆和纺锤的形象，帕拉斯通常被认为是女红针黹的保护神。

在拉丁文献中，纺纱杆更通常被用作命运女神的象征，在法基欧拉提②词典中"纺纱杆""责任""纺锤""雄蕊"等词条中均引用了诸多诗人的作品。参照卡图鲁斯③关于珀琉斯和忒提斯④婚礼的作品中对纺线的描述（Ⅵ，777）。

我们不容易发现命运女神同厄琉息斯秘仪有任何关联之处。假如能发现，引入这一象征的原因就一目了然了。

爱奥尼亚柱冠可能被认为是赛跑的一种象征，因为在古希腊，跑道的终点用一个爱奥尼亚柱作为标志。我们在艾瑞克斯⑤的一款钱币上看

---

① Latona，勒托的拉丁文名字。——译者注

② Jacopo Facciolati，公元 1682—1769 年，意大利字典编纂者和文献学家。——译者注

③ Gaius Valerius Catullus，约公元前 87 年—公元前 54 年，古罗马诗人。——译者注

④ 《荷马史诗》中英雄阿喀琉斯的父母，珀琉斯为宙斯之孙、色萨利国王，忒提斯为海洋女神。——译者注

⑤ 位于西西里岛西部。——译者注

到相同的符号，柱冠上有一只鹰，据希尔①先生在《古代西西里钱币》中的解释，鹰象征着胜利，柱冠象征着跑道的终点。

艺术家的签名

他林敦双德拉克马另有一个引人入胜的特征，为其他诸多钱币品类所不具备，就是其上经常呈现雕琢钱币模具的艺术家的签名。这些签名有时可能出现在一个突出的文本框中，有时则用微缩的字母，并置于图案中的某个物品上，如头盔。对照海豚上字母**E**和**H**。我们在他林敦的一组钱币上还发现一个文本框内有**ΣΩK**字样。

当一组具备某种共同风格与构图的钱币上都有同样细小字母，我们自然会受到引导，认为这些字母是某位艺术家的签名。比如，在一些他林敦钱币上，我们看到**Λ**或**ƎΛ**签名，还有**K**和**KΛΛ**签名的，即是这种情况：后者尤其具备以极细微字母雕琢的典型特征，**A**、**API**和**ΦI**签名也是如此。

艺术家签名的另一有趣之处在于其呈现了匠人在城邦间的流动，比如我们在他林敦、梅塔彭提翁和赫拉克利亚的钱币上都发现了**AΓH**、**API**、**ΔAI**、**ƖH**、**KΛΛ**、**ΣIM**和**ΦI**签名。

图1

有时这些缩写所代表的艺术家的全名也能被发现，比如在忒里那的一款钱币上我们发现了**ΦIΛIΣTI**签名，在维利亚钱币上发现了**ΦIΛIΣTIΩN**（菲利斯提翁）签名，这很可能就是在他林敦双德拉克

---

① Sir George Francis Hill，公元 1867—1948 年，曾任大英博物馆图书馆馆长。——译者注

马上留下 **ΦI**、**ΦIΛI** 或 **ΦIΛIΣ** 签名的那位艺术家的名字。很可能是因为忒里那钱币发行之时适逢摩罗西亚王亚历山大复兴了该城邦的独立，维利亚钱币也是同一时代。

这位艺术家似乎习惯于处理更为坚硬的材质，可能是位宝石雕刻师，这一点可以从其雕刻的深度看出端倪，这种深度往往给钱币设计带来一种豪放的特征。菲利斯提翁的作品还向我们揭示另一个事实，即有时两位艺术家会合作制作一款钱币，比如我们在某些钱币上发现 **ΦI** 和 **KAΛ** 两个签名。同一种钱币上出现两位艺术家的签名或许暗示这两人之间存在某种伙伴关系，或共同任职。当出现两个名字时，其中一个通常比另一个写得更完整，这种情况下，或许后者是艺术家的名字，前者则是他的同事的名字。

造币厂主管的全名签名同艺术家的签名很容易区分开来，因为这些签名出现在主图案之下的显赫位置，而艺术家的缩写签名则出现在钱币之上，比如 **ΣA**、**EY** 或 **YƎ** 等。

当我们比较他林敦钱币同其他城邦钱币上的艺术家签名，其突出地位似乎不同寻常，有观点认为，这或许表明他林敦艺术家同时也担任造币厂的主官。

欲深入探究这一话题，可参考劳尔·罗歇特[1]的《致吕内公爵先生书简》。参看《钱币学通讯》（p8519，1905－8）；福若[2]先生《古希腊钱币上的雕模师签名》（布鲁塞尔，1903－5）。

文献

欲了解他林敦景物与现代特征，可参见弗朗索瓦·勒诺尔芒的《大希腊，风光与历史》（巴黎，1881－8），特别是第一卷第 1 页至第 114 页。第一卷共计 466 页。其他两卷讲述大希腊的其他城邦。

---

① Desire Raoul Rochette，公元 1790—1854 年，法国考古学家。——译者注
② Leonard Forrer，公元 1869—1953 年，瑞士出生的英国钱币学家和钱币商。——译者注

关于该城邦的历史、古迹和宗教，可参见鲁道夫·洛伦兹博士令人敬佩的作品：

（a）《古他林敦的起源》（柏林，1827），一本共 52 页的小册子；

（b）《古代他林敦城邦》（莱比锡，1833），共 54 页，其中涉及农业、畜牧业、渔业、印染、商业、货币、财富、风俗、奢侈品、集会结社、服饰、不道德行为、历史等。

（c）《古代他林敦的宗教画谜与艺术》（埃尔伯菲尔德，1836），31 页，趣味盎然。

关于双德拉克马钱币图案，可参见阿瑟·J. 埃文斯令人敬仰的作品《他林敦骑士》，发表于《钱币学年鉴》1889 年第三集第九卷，共 228 页，并有 11 幅插图。

关于双德拉克马，还可参见《他林敦钱币研究随笔》，收录于《钱币学回顾》，第 167 页。

关于法兰托斯名字的考据，可参见弗兰茨·司徒尼茨卡教授作品《库瑞涅，一位古希腊女神：考古与神话学研究》（1890）中的相关内容。

关于法兰托斯的故事，可参见罗雪尔①《希腊和罗马神话词典》中的相关文章。

关于城邦的创建，可参阅格夫肯②的文章《他林敦的建立》，发表于弗莱克森③《年鉴》第 39 期，1893 年，第 177～192 页。

---

① Wilhelm Heinrich Roscher，公元 1845—1923 年，德国古典学者，长于希腊和罗马神话研究。——译者注

② Karl Heirich Johannes Geffcken，公元 1861—1935 年，德国古典文献学家。——译者注

③ Carl Friedrich Wilhem Alfred Fleckeisen，公元 1820—1899 年，德国文献学家和批评家。——译者注

钱币总体分类

早期珍稀币种（公元前 530 年—公元前 436 年）

此种钱币中有四类易于辨识：

（a）扁平钱币，双面均为塔拉斯图案，但背面图案为阴刻；

（b）四类钱币，背面为阳刻，发行于公元前 520 年—公元前 475 年。

背面图案均为塔拉斯骑在海豚上。

正面：1. 车轮；2. 马头鱼尾怪；3. 塔拉斯头像；4. 萨提拉仙子头像。

（c）正面：殖民活动领袖右向坐，背面为塔拉斯骑在海豚上，公元前 473 年。

（d）正面：殖民活动领袖左向坐，背面为塔拉斯骑在海豚上，公元前 466 年。

"骑士"图案双德拉克马

此种钱币可依据重量分为两类：

第一类：重量为 123～120 格令①（折合 7.97～7.77 克）的钱币。

Ⅰ. 古风时代	公元前 450 年—公元前 420 年
Ⅱ. 过渡时代	公元前 420 年—公元前 380 年
Ⅲ. 阿尔库塔斯时代	公元前 380 年—公元前 345 年
Ⅳ. 阿希达慕斯时代	公元前 344 年—公元前 334 年
Ⅴ. 摩罗西亚王亚历山大时代	公元前 334 年—公元前 330 年
Ⅵ. 克利奥尼穆斯时代	公元前 302 年—公元前 281 年

关于上述时期钱币的独特风格可参考下文。

第二类，重量减为 102～96 格令的钱币。

---

① Grains，1 格令 = 0.065 克。——译者注

Ⅶ. 皮洛士称霸时代　　　　　公元前 281 年—公元前 272 年

Ⅷ. 罗马"结盟城邦"时代　　公元前 272 年—公元前 235 年

Ⅸ. 罗马统治时期　　　　　　公元前 235 年—公元前 228 年

Ⅹ. 迦太基占领时期　　　　　公元前 212 年—公元前 209 年

这一分类方法援引自埃文斯先生。

联邦钱币

Ⅰ. 双德拉克马，宁芙头像图案，公元前 302 年—公元前 281 年

Ⅱ. 德拉克马，猫头鹰图案，公元前 302 年—公元前 281 年

Ⅲ. 双奥波①，赫拉克勒斯图案，公元前 380 年以降

小型银币

完整标准		减重标准	
半奥波	$4\frac{4}{5} \sim 5\frac{1}{4}$ 格令	半奥波	$4 \sim 4\frac{1}{4}$ 格令
奥波	$9\frac{2}{3} \sim 10\frac{1}{2}$ 格令	奥波	$8 \sim 8\frac{1}{2}$ 格令
双奥波	$20 \sim 20\frac{5}{6}$ 格令	双奥波	$16 \sim 17$ 格令
德拉克马	$60 \sim 62\frac{1}{2}$ 格令	德拉克马	$48 \sim 51$ 格令
双德拉克马	$120 \sim 127$ 格令	双德拉克马	$96 \sim 102$ 格令
本地面值银币			
利特拉	$11\frac{3}{5} \sim 13\frac{1}{2}$ 格令	利特拉	$9\frac{3}{5} \sim 10\frac{1}{5}$ 格令
半利特拉	$5\frac{1}{2} \sim 6\frac{1}{2}$ 格令	半利特拉	$4\frac{1}{2} \sim 5$ 格令
四分之一利特拉	$2\frac{3}{4} \sim 3\frac{1}{4}$ 格令		

早期珍稀钱币

1. 公元前 530 年

如果他林敦殖民地始建于公元前 709 年，则此后 180 年中，当地公

---

① Obol，古希腊重量及钱币单位，1 奥波 =1/6 德拉克马。——译者注

民都未曾建立自己的造币厂。最有可能的情况是，他林敦最早通行的是哥林多钱币。海德①博士认为，最早的他林敦钱币出现于公元前530年，埃文斯认为是公元前550年。他林敦开始发行自己的钱币后约95年时间内，哥林多钱币依然占有优势。哥林多飞马钱在洛克里、迈斯玛②、利基翁和特里那等布鲁提城邦所仿制（海德，《钱币史》，第341页），体现了哥林多的晚期影响。

他林敦的拉刻代蒙殖民者在其最早的钱币中展示了其同梅塔彭提翁、卡乌洛尼亚、克罗顿、锡巴里斯和波塞冬尼亚等城邦的亚该亚殖民者的亲近关系。所有这些城邦发行类似的钱币：形制扁平，正背面图案相同，正面为阳刻，背面为阴刻。A. J. 埃文斯先生指出，这些钱币似乎表明，早在毕达哥拉斯周游这些城邦之前，意大利的希腊人已经懂得为了共同利益结盟。据杨布利科斯记载，公元前513年时，毕达哥拉斯57岁。如果这一记载可以采信，则他林敦开始制造钱币之时，毕氏应为30岁③，有些作家，如阿道夫·霍尔姆④认为，毕氏十年后，即公元前520年方才抵达意大利，因此，我们不能将钱币之引入南意大利归功于这位哲学家。

最早的一品钱币图案为：

（a）塔拉斯裸身骑海豚，右手置于海豚背上，左手向前伸展。海豚之下有一个贝壳。背面相同图案阴刻。双德拉克马重125格令。

（b）正面：**ƧAЯAT**（位于左向底板）。海辛瑟斯阿波罗裸身，头发向后梳，在脑后结成发髻，左膝呈跪姿，右足向前，右手持风信子花，左手持四弦玳瑁竖琴。内齿珠状装饰。背面图案相同，右向，但没

---

① Barclay Vincent Head，公元1844—1914年，英国钱币学家，曾任大英博物馆钱币和徽章部主任。——译者注

② Mesma 或 Medma，南意大利希腊城邦。——译者注

③ 此处原文似有误。一般认为毕达哥拉斯出生于公元前570年，他林敦铸币如始于公元前530年，其时毕氏应为40岁。——译者注

④ Adolf Holm，公元1830—1900年，德国历史学家。——译者注

有花朵，且竖琴内部清晰呈现；内齿射线装饰，全部阴刻。重 7.9 克，设计重量或许也是 125 格令。图示见《钱币学年鉴》1907 年第一辑图 10，文字说明见同期第 277 页，作者 M. M. P. 弗拉斯托。

他林敦制造的最后一款阴刻斯塔特，正面为浮雕阿波罗像，背面为塔拉斯骑海豚，右向，阴刻。已知此品钱币只有三枚，全部收藏于巴黎。最近一枚发现于布林迪西①已故的内维亚先生的壁橱里，现为 M. R. 詹姆森所有。

这些阴刻钱币发行时间可能甚短，但数量庞大，需要数款雕模。

2. 约公元前 528 年

从发现的实物证据我们得知，公元前 510 年锡巴里斯被摧毁前，一款钱币已发行数年。该钱币上有车轮图案，正背面均为浮雕设计。此外，带有马头鱼尾怪图案的钱币发行时间应为锡巴里斯被摧毁时，因为在 1856 年发掘的萨瓦窖藏中出土的此类钱币品相完美，未经流通，两枚宁芙头像钱币系崭新制作。出土钱币既有双德拉克马，又有奥波。

（a）正面：常见早期塔拉斯图案，下方为贝壳；背面：四辐车轮；重量：125 格令。

（b）双奥波。正面：乌蛤贝壳；背面：车轮；重量：20 格令。

奥波（？）。正面：乌蛤贝壳；背面：车轮；7 格令。

1/4 奥波（？）。正面：车轮；背面：车轮；2 格令。

（c）双德拉克马。正面：常见塔拉斯图案；背面：有翼海马；125 格令。

双奥波。正面：海豚；背面：有翼海马；20 格令。

（d）双德拉克马。常见塔拉斯图案；背面：古风头像（塔拉斯）；125 格令。

（e）双德拉克马。常见塔拉斯图案；背面：萨提拉仙子头像。

（f）德拉克马。半身马头鱼尾怪；背面：萨提拉仙子头像；61

---

① Brindisi，意大利南部港口城市。——译者注

格令。

　　（g）利特拉。乌蛤贝壳；背面：海豚，为圆环环绕；125 格令①。

　　（h）半利特拉。乌蛤贝壳；背面：海豚，为圆环环绕；5.6 格令。

　　（i）T，三星（ ⁎ ）环绕；背面：与正面图案同。

　　（j）特里亚斯或 1/4 利特拉。正背面图案同；2.8 格令。

　　萨提拉系本地宁芙仙子，其名字来自他林敦附近的萨提利翁地方，维吉尔《农事诗》第二卷第 197 行提及此处，亦可参见塞尔维乌斯的注释，以及西西里的狄奥多罗斯②著作第八卷第 21 节。保萨尼亚斯并未提及塔拉斯母亲的名字。

　　车轮系太阳神的象征，且可能揭示了毕达哥拉斯学派的影响。该图案也出现在塔那格拉③和哈尔基斯④的钱币上，以及晚些时候、约公元前 431 年的斐力亚修斯⑤钱币上。

　　这些钱币展示了公元前 520 年—公元前 500 年他林敦人在商业和艺术上所取得的长足进步。

　　3. 公元前 473 年—公元前 460 年

　　这一时期前 7 年，双德拉克马正面图案为一年轻男子形象右向坐，手持纺纱杆和双耳花瓶或双耳爵，内齿为古风扭索纹装饰；背面海豚及其裸体骑手，骑手双手向右前伸，海豚之下为一硕大乌蛤贝壳，骑手身后有 **ƧΛᏑΛꓕ** TAPAΣ 铭文（塔拉斯）。

　　公元前 466 年—公元前 460 年，钱币形制在边缘上有所更始，变为花冠，背面图案变为左向。正面人物形象曾经被诠释为象征城邦的全体公民或公民大会，铭文上常有 ἡ βουλὴ καὶ ὁ Δῆμος 字样。但这一说法

----

　　① 原文此处疑有误，应为 12.5 格令。——译者注

　　② Diodorus Siculus，公元 1 世纪希腊历史学家，著有《世界通史》（*Bibliotheca Historica*）。——译者注

　　③ Tanagra，位于今希腊中部。——译者注

　　④ Chalcis，希腊优卑亚（Euboea）岛主要城市。——译者注

　　⑤ Philus，位于希腊伯罗奔尼撒半岛。——译者注

近来被摒弃，因为该时期并无此种拟人化使用；参见关于第三时期利基翁钱币的注释。现在，这些他林敦钱币上的人物被理解为代表殖民远征领导者①或城邦创立者。

钱币形制的变化体现了发生在公元前473年的政体变革。此前他林敦奉行斯巴达式的贵族政体，但是那年城邦败于梅萨比人之手，贵族精英于是役凋零无余，于是一个民主政府得以建立。

公元前470年—公元前466年，钱币上的塔拉斯形象右手持纺纱杆，左手持杖，杖的末端夹在腋下，或右手持双耳爵，左手持纺纱杆。

4. 公元前460年—公元前420年

此时期钱币与上一时期相类，显著区别在于内齿无任何装饰，且殖民长官的形象总是左向坐。海豚骑手有时右向，有时左向。公元前436年，骑士形象钱币开始出现，但其后一段时间，原有形制钱币与新"骑士"钱同时发行。

约于公元前420年，塔拉斯形象变为盘腿趺坐，右手自双翼处持一鸽，左臂歇于椅背上。参见1907年《钱币学年鉴》，第282页和第283页。

殖民长官双德拉克马通行的时代发生了一些引人入胜的重大事件。修昔底德出生于公元前471年，此后三年，伯里克利开始步入政坛。苏格拉底生于公元前468年，七年后，伯里克利成为雅典公共事务的首脑。叙拉古僭主希隆死于公元前467年，波斯大王薛西斯死于公元前465年。公元前443年，雅典人殖民图里翁；同年，希罗多德造访该城。公元前431年，伯罗奔尼撒战争爆发。

---

① Oekist，希腊城邦指定的领导殖民活动的人，被授权选择新的定居点，并在初创时期指引殖民地事务。——译者注

带有骑士形象的双德拉克马

第一时期（公元前 436 年—公元前 420 年）

埃文斯先生将他林敦骑士双德拉克马上首次出现骑士形象的时间确定为公元前 436 年前后。是年，伊索克拉底①出生，希罗多德 48 岁，修昔底德 35 岁。五年后，伯罗奔尼撒战争爆发；七年后，柏拉图出生。

这一时期，他林敦商业臻于繁盛，从而确保当时发行钱币的形制永久固定下来。然而也必须注意到，直到公元前 420 年，原有的殖民长官左向坐姿钱币有时仍在发行。

这一时期钱币的一个显著特征是图案上马尾纤细，带有古风时代风格，马有时右向疾驰，有时左向疾驰，骑士裸身。塔拉斯右手前伸，手掌张开，左手置于海豚身上。有些钱币上带有海浪图案，有些则是乌蛤贝壳图案，还有些则有乌贼图案，铭文通常为 **ΤΑΡΑΣ**。

图 2

第二时期（公元前 480 年—公元前 380 年）②

这一时期，骑士形象钱币完全取代殖民长官坐姿钱币。

双德拉克马依旧保留了此前民主政治时期外观疏朗、尺寸略大的典型特征。铭文文字有时依然反向，如 **ЧΑΤ**、**ƷΑ9ΑΤ** 和 **ƷΟΝΙΤΝΑ9ΑΤ**。

图案有时环绕有单线条或珠状圆环围绕，马或静态，或慢跑，或疾驰。这一时期，我们第一次看到骑士形象膝盖弯曲，仿佛其坐骑良驹正在跳跃，也是看到首次骑手给处在静态的坐骑加冕。马全部呈古风风

---

① Isocrates，古希腊修辞学家、著名演说家。——译者注
② 原文疑有误，似应为公元前 420 年。——译者注

29

格。钱币背面，海豚骑手有时与第一时期的呈相同姿态，但新的表现形式出现了，例如骑手持短标枪瞄准；戴头盔，手持盾牌，或其他物品，如桨或战舰船艏装饰物。扇贝贝壳引入，以象征海洋；艺术家签名出现，如 **Λ**、**ЗΛ**、**ΛΠ**等。

图 3

在这一时期最早年份的一款钱币上，骑士头戴尖顶帽，埃文斯先生认为，这位骑士可能代表着殖民长官法兰托斯。埃文斯先生将这款钱币同两款马其顿钱币相对照，一款是阿齐拉一世的[①]，公元前 413 年—公元前 399 年在位；另一款是阿敏塔斯三世[②]，公元前 381 年之后在位。埃文斯先生列出九个不同品类的背面图案设计。

尖顶帽或许可以同他林敦出土的陶俑头相对照，参见《国际古代钱币学期刊》（插图Ⅷ，雅典，1901 年）。

第三时期（公元前 380 年—公元前 345 年）
阿尔库塔斯时代

此一时期的钱币形制见证了一段和平岁月，正面的骑士极少持武装，背面的海豚骑手似乎宁静安详，除了有时展示某些和平的技艺，如用三叉戟捕鱼，或用鱼叉瞄准下方的鱼。

此时推出的较小的银币或许见证了伟大的执政者阿尔库塔斯的政治智慧与开阔胸襟。

---

① Archelaos Ⅰ，马其顿国王，以仁慈、有作为闻名，曾改革军制、内政和商业。——译者注

② Amynthas Ⅲ，马其顿国王，腓力二世之父、亚历山大大帝之祖父，公元前 369 年前在位。——译者注

埃文斯先生指出，与传统他林敦度量衡利特拉银币并行，此时出现了阿提卡标准奥波银币作为一种联邦通货。这些银币呈现出雅典的影响，如正面的帕拉斯头像，背面的赫拉克勒斯扼死涅墨亚狮子的图案则体现了他林敦人的殖民地赫拉克利亚的影响。赫拉克利亚是意大利希腊人联邦委员会聚会之地。

图 4

这一时期，双德拉克马正面的马比例更加优美，动作呈现更广的自由度，骑士的年龄也更为多元，除了较早时期完全长成的少年，还出现了男童。

背面设计则堪称他林敦造币艺术的巅峰之作。

铭文是直截了当的 **ΤΑΡΑΣ**，从不会像较早时期一样出现反写的情况。

这些钱币的尺寸略小，更为紧凑。

本时期他林敦可能有两个造币主管部门或雕模工作室，一家所造的钱币构图紧凑，内齿为环状装饰，另一家的钱币更宽，构图更硕大，通常没有内齿。

第一家造币部门的钱币有时像是雕塑家的作品，可能是以大理石雕塑名作为蓝本，雕塑原作已失传。

第二家的钱币构图更宽、不那么紧凑，马有时体型硕大、发育良好，骑士通常呈跳跃姿态。

海豚骑手的动作也大同小异，远视线腿向前甩动，仿佛在做跳跃动作。头发的处理带有自然主义风格，有时呈现出在风中飘荡，这是这些钱币的一个鲜明特征。马鬃呈波浪状纹饰，或许是模仿青铜雕塑，比如他林敦"祭品"中的那些作品。

埃文斯先生描述了这一时期的十八款钱币。

1907 年《钱币学年鉴》第 283 页描述了本时期的一枚孤品钱币。

这一时期钱币的一个引人入胜之处还在于它们的发行者是贤主阿尔库塔斯。阿尔库塔斯不仅是享有盛名的哲学家、数学家、将军和政治家，还以诚实和美德著称。他是柏拉图的友人，当柏拉图被狄奥尼西奥斯①投入囹圄之时，正是阿尔库塔斯对这位叙拉古僭主的影响方使柏拉图幸免于难。这对著名友人之间的书简有两封为第欧根尼所收藏。阿尔库塔斯曾七次出任他林敦大都督②，尽管这一职位的任期通常只有一年。他关心自家奴隶的福祉，对待儿童，则不仅关心其教育，也重视其游戏，为此还发明了一种拨浪鼓。作为哲学家，他属于毕达哥拉斯学派。他将数学原理用于机械，本人也是位出色的机械师，他所造的飞翔的鸽子闻名遐迩。柏拉图和亚里士多德都将自己的一些观点归功于他。他的学说零星保存在斯托比亚斯③的作品中流传后世。

他后来在亚得里亚海溺水身亡，其死是贺拉斯《颂诗集》第一卷第 28 首的主题。

第四时期（公元前 344 年—公元前 334 年）

阿希达穆斯和第一次卢卡尼亚战争

由于考古发掘提供的线索，这一时期的断代可以比前一时期更精确。公元前 344 年，他林敦人面临邻邦梅萨比人的压迫，梅萨比人发动卢卡尼亚人提供协助。希腊殖民者向其母邦斯巴达求援，但援军姗姗来迟。直到公元前 338 年，斯巴达王阿希达穆斯方在他林敦登陆，并于同

---

① Dionysius，公元前 4 世纪叙拉古僭主。——译者注

② Strategos，古希腊城邦的军事和政治领袖的头衔，也是现代希腊陆军的最高军衔，等同于上将。——译者注

③ Joannes Stobaeus，公元 5 世纪马其顿学者，精选整理大量古希腊文献。——译者注

年战殁（狄奥多罗斯，XVI），其时马其顿国王腓力二世正在喀罗尼亚①征战。

为给辅助军发饷，他林敦于公元前340年发行了一款金币，代表了他林敦人所取得的最高艺术成就。这款金币不常见，因此本书不做描述，感兴趣的读者可以在海德博士和埃文斯先生作品中找到想要的一切帮助。

其中一品金币上，海神波塞冬慈爱地俯身聆听其子塔拉斯的祈请，这一精美的画面象征着城邦向斯巴达母邦求援的秦庭之哭。有些金币上有艺术家的签名，如 K 或 KAΛ，这一签名也出现在他林敦殖民地赫拉克利亚及邻邦梅塔彭提翁的钱币上。

图 5

如同此前时代的钱币雕模师受到青铜浇铸艺术的影响，本时代的雕模师似乎受到画家的影响。这一时期钱币正面的马具备完全的动态与行动的自由，骑手也更为灵动，且真实、自然。

有些钱币上的狄奥斯库洛伊双子星是母邦斯巴达的象征。海豚骑手俯首于头盔之上，埃文斯先生认为，这象征哀悼斯巴达英雄阿希达穆斯王的捐躯。

本时期的一枚孤品斯塔特可参见1907年《钱币学年鉴》第285页的描述。

① Cheronia，位于希腊玻俄提亚。公元前338年，腓力二世率马其顿军队大败雅典和底比斯联军，确立了马其顿在希腊的霸主地位。亚历山大大帝亦在此役崭露头角。——译者注

七枚一同出土的本时期斯塔特可参见 1907 年《钱币学年鉴》第 286 页、第 287 页和第 288 页的描述。同一篇文章还描述了一枚孤品双奥波，正面为雅典娜头像，背面为赫拉克勒斯和狮子。

第五时期（公元前 334 年—公元前 302 年）

从摩罗西亚的亚历山大抵达至斯巴达的克利奥尼穆斯

与卢卡尼亚人和梅萨比部落的持续战争促使他林敦人向伊庇鲁斯① 国王摩罗西亚的亚历山大求援。亚历山大是马其顿奥利匹亚丝王后的兄弟，奥利匹亚丝是亚历山大大帝的母亲。亚历山大勋业彪炳。在击败梅萨比人后，他挥师出击萨莫奈人②和卢卡尼亚人，在帕埃斯图姆③大获全胜，并于其后与罗马签订条约。但从蛮夷手中解放赫拉克利亚之后，他却将该城据为已有，因此，当公元前 330 年亚历山大战殁于布鲁提人之手时，他林敦人如释重负。此时期的钱币体现了亚历山大的影响。在金币上我们能看到马其顿风格的赫拉克勒斯头像。

亚历山大还以自己的名义发行金币和银币，这些钱币有些在他林敦制造，有些则造于梅塔彭提翁。

1907 年《钱币学年鉴》第 289 页描述了一枚亚历山大的半斯塔特金币。

双德拉克马的正面图案几乎总是骑手持长枪，枪头朝向右下方；钱币内齿为珠状环绕装饰。背面为坐鹰图案，位于右侧。公元前 334 年—公元前 330 年的所有钱币上，塔拉斯体态丰腴，或呈丰满的儿童形象，钱币上并有 **ΦΙ** 或 **ΦΙΛΙΣ** 铭文。埃文斯先生列出八种不同品类。

---

① Epirus，位于希腊西北部。——译者注
② Samnites，生活于意大利中部和南部的古代民族。——译者注
③ Paestum，位于意大利坎帕尼亚地区。——译者注

图 6

1907 年《钱币学年鉴》第 289 页描述了一款丰腴塔拉斯形象钱币。

他林敦出土的陶俑解释了塔拉斯的丰腴形象，证明其同狄俄倪索斯和婴儿时的伊阿科斯①相关，有些形象则带有阿波罗的特征。

这些钱币见证了某种他林敦克托尼俄斯密教狄俄倪索斯崇拜的普及，特别是神秘的婴儿伊阿科斯。

第六时期（公元前 320 年—公元前 281 年）
从克利奥尼穆斯到皮洛士

公元前 302 年，斯巴达王克里昂米尼二世的次子克利奥尼穆斯应他林敦人之邀约援助他林敦与卢卡尼亚人作战。（公元前 309 年）克利奥尼穆斯因天性暴虐被褫夺斯巴达王位继承权。他的庞大军力促使卢卡尼亚人求和。不过按照罗马编年史家的记载，克利奥尼穆斯似乎是被赶回自己的船上，然后扬帆向亚得里亚海航行，并未援助他林敦。他攻占了克基拉岛②，从那里出发，再次来到他林敦，但被击败，又退回克基拉。克利奥尼穆斯像对待奴隶一样对待盟友，因此，他的造访所带来的远非纾困。阿加托克利斯③攻占了克基拉岛，并为波凯提亚④人和雅庇吉亚人⑤提供船只，用以打击他林敦的商业航运。直到公元前 288 年，

---

① Iacchos，与厄琉息斯秘仪相关的一位神祇，地母得墨忒耳或其女冥后珀耳塞福涅之子。——译者注

② Corcyra，科孚（Corfu）岛，爱奥尼亚群岛第二大岛屿，今属希腊。——译者注

③ Agathocles，叙拉古僭主，公元前 317 年（或公元前 316 年）—公元前 289 年在位。——译者注

④ Peucetians，意大利南部普利亚（Puglia）地区古代民族。——译者注

⑤ Iapygians，同上。——译者注

阿加托克利斯在与布匿人作战战殁后，他林敦才算得以解脱。

公元前 292 年，罗马人建立了维纳斯城①，距他林敦只有两天行军的路程，图里人和卢卡尼亚人被迫成为罗马的同盟。公元前 283 年，他林敦人击溃罗马舰队后，罗马人被迫向皮洛士求援。

第六时期双德拉克马最突出的特征是其上的造币厂监督的全名签名，如'Ανθρως、'Αριστιας、Νικοδαμος、Νικων、Νικωττας、Φιλων等。

这些钱币背面的 ΛΥ 字样可能代表造币监督 Λυκων，其人与Δεινοκρατης轮流在底板有Σι字样的钱币正面签上自己的全名。

正面的骑手形象青春洋溢，有时外貌具有双性特征。

图 7

塔拉斯则手持三足鼎、橄榄枝、一串葡萄、双耳爵或纺纱杆；右手一侧是胜利女神，还有字母K。有些钱币上，塔拉斯手持两支标枪和一面小圆盾牌，盾牌上有字母E，底板上则有ΞOP字样。

有一款钱币背面底板上有锚和EY—AP字样。

另有一款上骑手手持大棒和双耳爵。

还有一款骑手持谷穗，有API字样，及矛头图案。

儿童图案：

儿童持纺纱杆和双耳爵，ΞOP字样；

儿童持一串葡萄，KΛH字样；

儿童持一缕头发、纺纱杆和葡萄串，AΓA字样；

① Venusia，今意大利维诺萨（Venosa）。——译者注

儿童持燃烧的火炬。

附注：正面胜利女神立于马前的图案与第四时期的类似图案不同，差异在于本时期此款钱币上没有**ΤΑΡΑΝΤΙΝΩΝ**字样。

上述钱币中的若干种，若非品相完美，可以每枚 5 先令价格购得。

图 8

减重斯塔特，第七时期（公元前 281 年—公元前 272 年）

皮洛士的统治。

皮洛士的到来对钱币的影响在于，双德拉克马钱币的重量由每枚 120～123 格令减至每枚 99～102 格令。

这些减重钱币上的大象图案显而易见，同样显而易见的是，这一时期也发行了金币，其上有伊庇鲁斯的鹰和闪电的徽记。最早的减重双德拉克马钱上出现大象花纹，表明这些钱币宅皮洛士抵达不久后开始发行。

似乎在公元前 282 年仍有为数甚少的全重双德拉克马制造，我们在其上看到皮洛士的矛头徽记。

背面在海豚下方有扇贝壳和战士雅典娜形象的利特拉银币重 12 格令，对应重 120 格令的全重双德拉克马钱。这是过渡时期的钱币，不久后，重量更轻的利特拉钱出现了，其上有皮洛士的大象徽记，在海豚下方。

1887 年，在卡拉布里亚出土了一个皮洛士时代钱币窖藏，其中包含已知的 17 个钱币品类中的 15 个，全部品相上佳。这一窖藏证明，此一时期造币活动盛极一时。或许他林敦在履行义务，为皮洛士的大军提供大笔经费。窖藏中钱币的上佳品相表明这些钱流通时间不长。

登陆时皮洛士大约 37 岁。他的父亲与上文提到的摩罗西亚的亚历山大是堂兄弟，亚历山大于公元前 326 年战殁于意大利。童年时皮洛士从卡山德①手中逃生，转战伊利里亚②。公元前 295 年，他践登伊庇鲁斯王位，一年后又成为马其顿国王。皮洛士君临伊庇鲁斯直到公元前 282 年应他林敦人之邀赴意大利对抗罗马人。他承诺召集 35 万步兵和 2 万骑兵。为了把他打发走，安提柯③为他提供船只，安条克④提供金钱，"雷电"托勒密⑤提供兵员。皮洛士的大军有 2 万步兵、3000 骑兵、2000 名弓箭手、500 名投石手，以及 50 头战象。

皮洛士将耽于逸乐的他林敦人强型编入行伍，并以属民而非盟友待之。第一场战役，皮洛士击败罗马人，兵锋所向，据罗马城一度仅有 24 英里之遥。随后他经坎帕尼亚返回他林敦的大营越冬。在他林敦，他恩准罗马战俘返乡欢度农神节⑥，节日后他们又重返战俘营。

翌年的战役胜负未分。最终，公元前 278 年，双方宣布停战，从而使皮洛士得以赶赴西西里援助当地希腊人与迦太基人作战。公元前 276 年，皮洛士重返意大利，抵达他林敦，并收复洛克里。公元前 274 年，他被罗马执政官库里乌斯·登塔图斯⑦击败，仅率少数骑兵退回他林敦，不久后即重返伊庇鲁斯，命部将米罗统率在他林敦的驻军。皮洛士

---

① Cassander，亚历山大大帝的"继业者"（Diadochi）之一，公元前 305 年—公元前 297 年为马其顿国王。——译者注

② Illyria，巴尔干半岛西部，亚得里亚海东岸。——译者注

③ 此处应指马其顿安提柯王朝的第三代君王安提柯二世（Antigonus Ⅱ），公元前 283 年—公元前 239 年在位。——译者注

④ 此处应指塞琉古帝国君王"拯救者"安条克一世（Antiochus I Soter），公元前 324 年—公元前 261 年在位。——译者注

⑤ Ptolemy Ceraunus，马其顿国王，公元前 281 年—公元前 279 年在位。——译者注

⑥ Saturnalia，古罗马年底祭祀农神萨图尔努斯（Saturnus）的盛大节日，通常在 12 月 17—24 日。——译者注

⑦ Manius Curius Dentatus，生年不详，卒于公元前 270 年，罗马名将，曾四度出任执政官。——译者注

于公元前 272 年在阿尔戈斯①战殁，系被一名妇人投掷的瓦片击中身亡的。

图 9

皮洛士统治时期发行的双德拉克马最易区分的特征或许是其徽标，战象、背面的大星、✗ 或 ✳ 花押，或骑手手中的马灯或火炬。

左向免冠狄奥斯库洛伊兄弟正面图案钱币属于本时期，应与下一时期头戴尖顶帽、右向的骑手形象加以区分。

第八时期（公元前 272 年—公元前 235 年）

他林敦作为罗马"结盟城邦"时期的钱币

这一时期的钱币显示，公元前 272 年进入该城后，罗马人并未阻止他林敦继续造币。该城一直存在一个强大的亲罗马党派，或许是因皮洛士及其部将米罗的苛政所激发。罗马执政官帕皮里乌斯兵临城下时自命为受米罗压迫的流亡公民的救星。双方签订条约（据李维记载），根据条约，亦为本时期钱币所证明，他林敦保留了像从前一样造币的权力。这一事实的一个确定的证据是 1883 年他林敦出土的一处窖藏，其中包括 1500 枚钱币，绝大多数如今珍藏在当地的博物馆。这一窖藏中的钱币几乎全部制造于皮洛士以后的时代，只有几枚是皮洛士时代的，磨损严重。

与上一时代的钱币相比，本时期的钱币形制更小，制作工艺也更加漫不经心。

这一时期钱币数量众多，说明他林敦的繁荣并未因与罗马结盟而受

① Argos，希腊城市，位于伯罗奔尼撒半岛东北部。——译者注

损。李维曾提及"皮洛士傲慢的统治"及其统治下"他林敦人受到水深火热的奴役"。一度有观点认为，自公元前268年罗马首次发行迪纳厄斯银币后，所有其结盟城邦的造币活动亦随之终结。但存世的钱币本身证明事实并非如此。这一时期钱币正面的骑士图案千篇一律，骑士是一名男童为马加冕，马处于静止状态，其远视点前腿举起。这一规律只有三个例外。

这一时期钱币上的很多标志代表造币监督，其全名出现在正面马的下方。例如，ΛΕΩΝ签名伴随的标记是狮子族徽；与之类似的是一枚公元前302年—公元前281年的钱币，其背面为雌鹿标志，标志下方为ΞΟΡ签名，代表全名ΔΟΡΚΑΣ，正是"鹿"的意思。这一时期的钱币上，我们还能看到ΔΑΙΜΑΧΟΣ的名字伴随骑手手中的火炬或δαίς。

图10

但这一图案系拷贝此前一款钱币，而这款钱币伴随的签名为ΗΡΑ或ΗΗΡΑΚΛΗΙ。在后一款钱币上我们看到ΗΡΑ的花押。可能的情况是，这位造币监督赞助火炬接力赛马，并将其子命名为Δαιμιαχός；儿子承袭造币监督后，将父亲的徽标打在钱币上，不仅指代自己的名字，也纪念父亲的业绩。

ΗΙΣΤΙΑΡ和ΗΙΣΤΙΑΡΧΟΣ名字同一串葡萄一同出现。

ΑΡΙΣΤΙΣ或ΑΡΙΣΤΙΣ之名同锚一同出现。

ΑΡΙΣΤΟΚΡΑΤΗΣ同终点柱一同出现。

出现ΗΗΡΑΚΛΗΤΟΣ名字的钱币上，海豚骑手手持花朵，底板上有香炉图案，或许暗喻海辛瑟斯崇拜。

第九时期（公元前235年—公元前228年）

罗马盟邦期间的艺术复兴

塔兰托出土的钱币窖藏中，上一时期的钱币蔚为大宗，且已流通了有些年头；但其中有很小的一组是崭新打造、没有流通过的，其展现的艺术的复兴，与上一时期的粗制滥造形成鲜明对照，应专门划分出一个类别。这一时期钱币的一个鲜明特征是，正面的骑士和背面的海豚骑手形象动感十足，活灵活现，刻工纤毫毕现，尽管失之过分纤细，本应属于一个更好的时代。其中一款钱币上艺术家的签名为ΣΩ。

形式繁复的花押是本时期钱币的另一个特征。书写形式上，我们看到波浪纹的 **A**，小字母 **o** 代替 **O**，以及圆润的 **C** 代替 **Σ**。

图11

钱币上的赛马图案可能表明本时期某些宗教庆典的伟大复兴，或许是与海辛瑟斯－阿波罗相关的庆典。赛马活动的葬仪特征可参见持火炬者在骑手中的突出地位。

这些赛马活动特别值得关注，常见的卡尔普尔尼乌斯家族迪纳厄斯银币上著名的赛马图案可能即源于此。在坎尼被俘的那位卡尔普尔尼乌斯[1]在南意大利服役期间可能在他林敦观看过此类比赛，罗马的类似比赛即是效仿他林敦模式。

在罗马钱币上我们看到海豚、火炬和作为海辛瑟斯崇拜标志的鲜

---

① Calpurnia，罗马共和国及帝国时代的一个显赫贵族氏族。文中所提到的Cal-purnius，应为 Gaius Calpurnius Piso，第二次布匿战争期间，公元前216年在坎尼被俘。坎尼战役系该战争期间也是欧洲军事史上最著名的战役之一，汉尼拔率迦太基军队全歼罗马军。——译者注

花。我们看到爱马如痴的雅庇吉亚人和梅萨比人对最初由斯巴达传来的赛马运动的影响，以及这类罗马钱币图案如何大行其道。

阿波罗运动会约于公元前 212 年在罗马推出，这一时期的流通钱币可能也被十足重量的"胜利女神"银币所取代。

第十时期（公元前 212 年—公元前 209 年）

迦太基占领期间

在罗马人与迦太基人的战争中，他林敦自然被置于军法统治之下，因此，他林敦人将汉尼拔视为解放者。李维记载，汉尼拔赋予他林敦人自由，承认他们的法律，并免除他们的贡赋。

在反罗马密谋者向汉尼拔陈情的各种冤屈中，罗马人对他林敦造币的压制无疑是其中之一。罗马钱币的贬值肯定对南意大利整体带来影响。迪纳厄斯银币的重量由 4.55 克减至 3.90 克，罗马磅阿斯铜币①的重量也被《弗拉米尼亚法》② 减至 1 盎司。

他林敦人在同伊利里库姆③的商务往来中使用旧日的胜利女神钱币体系。他们的钱币尽管仍使用过去的双德拉克马图案，但实际上只是德拉克马钱，每枚重 $53\frac{1}{2}$ 格令，或 3.46 克。图案有时复制早期钱币，但文字则体现了风格的变化。例如，我们不再能看到字母 C 代替字母 Σ，或波浪纹 Λ 代表 Λ，新的形式出现了，即直观的字母 Λ。造币监督的名字为理解城市局势的变化提供了重要线索，有些明显非希腊来源的名字出现了，如 ΣΗΡΑΜΒΟΣ 和 ΣΩΚΑΝΝΑΣ。后一个名字可能衍生自闪米特词汇 סכן，即国王的伙伴或朋友。如果我们将前一个名字变为闪米特字母，我们得出 שר，即王子，אם，即母亲，通常指代城邦，以及

---

① 罗马铜币，1 阿斯 = 1/10 迪纳厄斯。——译者注

② Lex Flaminia，公元前 232 年由时任保民官的罗马政治家 Gaius Flaminius 提出。Flaminius 后曾两度出任执政官，第二次布匿战争期间被汉尼拔击败阵亡。——译者注

③ Illyricum，罗马行省，位于亚得里亚海东岸及内陆山区。——译者注

בוץ，即细麻布。

汉尼拔需要大量金钱，很可能指派麾下的军官出任造币监督。本时期钱币上的名字并非城邦将军的名字，而是造币监督，因为我们在钱币上从未发现我们知道的城邦将军的名字，如菲利姆诺斯、尼康，或德摩柯拉特斯等。

彼时在城邦执政的是民主派，并得到旧贵族世家子弟的协助，这些贵族世家曾受到罗马人的打压。

分类帮助

当大批骑士图案他林敦双德拉克马首次呈现在研究者面前时，分类的难度立刻显现出来，如果此前没有按年代排列，则困难尤为突出。在这方面这些钱币可以同罗马共和国时代迪纳厄斯银币相对照：两种情况下，能够用以从历史角度分类的数据是重量、风格和文字。

他林敦钱币可以直观地分为两类：一类重 102 格令，另一类重量更轻。

然后还可进一步分类：一类上有造币监督的全名，另一类上只有两三个字母。

再进一步细分，可以参考下文列出的每个时代的造币监督。

有些图案或符号有显著的变化，也在下文列出。

Ⅰ．裸体骑手，马尾纤细，古风风格。塔拉斯一只手伸向前方。除了经常反向书写的 **TAPANTINΩN** 铭文，唯一的字母是 **Θ**。

Ⅱ．马依然是古风风格，但骑士持盾牌、长矛或王冠。塔拉斯持有标记，头盔、桨或盾牌，或手指指向下方。字母 **ΛE** 或 **Σ A ΛΛ** 或 **ƎΛ**，背面通常有 **TAPAΣ** 字样，有时为 **TAPANTINΩN**。

Ⅲ．骑术表演者和飞翔的胜利女神。

骑手从马上跳跃。

运动员体态的裸体男童。

塔拉斯从海豚背上跳跃。

正面字母为 **Ͱ**、**Θ**、**Γ**、**ΔOP**、**NI A**。

Ⅳ. 男童在马下方握马蹄。

胜利女神在骑手后右向飞行。

马左向腾跃，胜利女神立于马前。**TAPANTINΩN**。

戴头盔人像右向立于马后。

裸体男人像左向立于马前，马下方无文字。

塔拉斯持头盔，底板有星型图案。

通常正面或背面有一个字母如**K**、**Φ**或**Ⴜ**，有时为**ΣIM**、**ΔAI**、**KAV**、**API**或**ONA**。

Ⅴ. 公元前334年—公元前330年的所有钱币背面底板有鹰图案。

骑士矛头下指。

塔拉斯持纺纱杆、三叉戟、棕榈或弓和箭。正面频繁出现字母**ΣA**、**ΔAI**、**API**、**AⲄH**等，背面为**ΦIⲎHP**或**KΛ.ᑕOI**。

Ⅵ. 首次出现人物全名。

马左向腾跃，胜利女神立于马前，但无铭文。

丰满的塔拉斯或伊阿科斯形象，持纺纱杆、葡萄或双耳爵。塔拉斯身后有锚符号。

雌鹿和**ᑕOP**字样。

关于造币监督的名字，请参阅下文说明。

减重钱币

Ⅶ. 值得关注的正面设计包括：两个双耳瓶，出现在马下方。左向免冠狄奥斯库洛伊兄弟。骑手持火炬。裸体人像立于马前握马的额发（前文第四时期）。与此前类似图案钱币的不同之处在于马下方的 **API ΣTI Ⴆ** 及背面的大象符号。

背面塔拉斯，体态丰腴，如同伊阿科斯，持纺纱杆。底板有蛇图案。

花押**✗**和**✳**。

马下方有小型持角蹲姿人像，背面塔拉斯右手持胜利女神，左手持纺纱杆。

塔拉斯持有角头盔，底板有十二芒星。

关于造币监督的名字和字母，参见后文列表。

Ⅷ. 锚在马下方。

狄奥斯库洛伊兄弟戴尖角头盔，面向右侧。对照前文Ⅶ中提及时代的钱币上的狄奥斯库洛伊兄弟的免冠像。

马通常处于静止状态，一条腿举起。

背面的符号：猫头鹰，终点柱，公牛头，女性头像，海豚下方狮子面向左侧。

Ⅸ. 一个突出特征是正面底板上的硕大花押。

骑士身体后仰。

海豚骑手通常手持三叉戟。一款硬币上，海豚骑手右手持马头鱼尾怪，左手持三叉戟，后方底板上有牧神潘的头像。还有一款，骑手持双耳爵、丰饶之角①，后方底板上有三足鼎。

Ⅹ. 重量仅为 3.46 克或 $53\frac{1}{2}$ 格令。

币文上有非希腊化人名，如 **ΣΗΡΑΜΒΟΣ**、**ΣΩΚΑΝΝΑΣ** 等。参见币文列表。

马通常静止，塔拉斯持三叉戟。

第一时期币文（公元前 436 年—公元前 420 年）

正面	背面
无文字	ΤΑΡΑ……和Τ
无文字	ΤΑꝶΑΝΤΙΝꝹΩΝ
⊙	ΤΑΡΑΝΤΙΝꝹΩΝΗΜΙ
无文字	ΝꝹΩΝΙΤΝΑꝶΑΤ

---

① Cornucopia，古希腊神话中象征食物和丰饶，通常为羊角状。——译者注

第二时期币文（公元前 480 年①—公元前 380 年）

正面	背面
无文字	ꟼAT
ƧAꟼAƧ	ꟼ
Σ	ΤΑΡΑΣ
Σ	Σ
无文字	ƧAꟼAT
无文字	ΤΑΡΑИ
无文字	ΤΙΝΩ[Ν]
无文字	ꟼΩΝΙΤИΑꟼΑΤ
无文字	ΤΑΡΑΣ
ΛΛ	相同
ΛΛ	ΤΑΡΑΣ和Α
Λ	ΤΑΡΑΣ
无文字	ƧΩΝΙΤΝΑꟼΑΤ
Λ	ΤΑΡΑΣ和Α
无文字	ƧΑꟼΑΤ
Λ	Α和ΤΑΡΑΣ
ꓱΛ	ΤΑΡΑΣ

第三时期币文（公元前 380 年—公元前 345 年）

正面	背面
无文字	Λ
Λ	Η和Ρ
Λ	Λ
Λ	无文字
无文字	Ρ
Υ	Λ
Λ	Ǝ

---

① 原文疑有误，似应为公元前 420 年。——译者注

正面	背面
Ι	无文字
ΘPA	ΘPA
ΣΩK	ΣΩK
K和ΦI	A
K和ΦI	Ж和A
K和ΦI	K
⊦E	无文字
⊦E和HΣ	无文字
ΛP	X
AP	P
A或Γ	A
相同	P
⊦	I
Δ	K
⊦	Γ
⊦	A
Θ	Θ
Γ	无文字
Θ	无文字
Θ	O或Θ
ΔOP或AOP	无文字
NI	无文字
A	无文字

第四时期币文（公元前344年—公元前334年）

正面	背面
AP	无文字
ΣIM	⊦HP
K	Ω

续表

正面	背面
Φ	E
Φ	Γ
Φ	无文字
Ͱ	A
ΔAI	Ͱ
ΔY	V
Ɪ	Ϲ
K	Ɪ
I	K
ΤΑΡΑΝΤΙΝΩΝ（较小字体） Ͱ-A M和ΚΑΛ	ΚΑΛ
Ͱ、A，ΚΑΛ	ΦΙ
Ͱ、A，ΚΑΛ	ΑΡΙ
Ͱ、A，ΚΑΛ	ΚΑΛ
Ͱ、A，ΚΑΛ	ΟΝΑ
N和ΚΑΛ	K
ΤΑΡΑΝ和ΚΑΛ	ΚΑΛ
ΤΑΡΑΝΤΙΝΩΝ、Ͱ-Δ，ΚΑΛ	ϴΙ

第五时期币文（公元前 334 年—公元前 302 年）

正面	背面
ΣA	ΦΙ ΤΑΡΑΣ，字体非常小
ΣA	无文字
ΦΙΛΙ	ΦΙ ΤΑΡΑΣ，字体非常小
ΔAI	ΦΙ
ΔAI	ΦΗ
ΔAI	ͰΗ
ΔA……	E
ΛA	E
ͰΗΡΑ	ΦΙ
ΣA	K

续表

正面	背面
ΣΑ	Α Κ
ΣΑ	ΣΩ和点
ΣΑ	Ω Σ
ΣΑ	Α Ρ
ΣΑ	ͰΗΡ
ΣΑ	ͰΗΡ ΗΡ
ΣΑ	ͰΗΡ ꝶ
ΑΡΙ和ΕΠΑ	ΚΛ
Ι和ΑΡΙ	ΚΛ和ΕΓΑ
Α	Α或Λ
Α和ΚΑΛ	ϹΟΙ
Ι在Α之上，左向，Α右向，以及ΑΓΗ	ϹΟΙ
ΣΑ	ΣΥΜ
ΣΑ	ΚΟИ
ΑΓΗ	Φ
ΑΓΗ	ͰΗ
无文字	ͰΗ

第六时期币文（公元前 302 年—公元前 281 年）

正面	背面
ΣΑ和ΑΡΕΘΩΝ	ϹΑΣ
ꝶ和ΣΩΚΡΑΤΗΣ	ΞΟΡ或Κ
ΣΑ和ΦΙΛΙΑΡΧΟΣ	ΑΓΑ
ΛΥΚΙΑΝΟΣ	ΞΟΡ
ΑΓΩ和ΚΡΑΤΙΝΟΣ	ΞΟΡ
Α和ΣΩΚΡΑΤΗΣ	Κ
ΦΙΛΩΝ和ΕΥ	无文字
ΕΥ和ΝΩΛΙΦ	无文字

续表

正面	背面
E和ΦΙΛΟΚΛΗΣ	ΛΥ
ΑΝΘΡΩΣ	ΕΥ和ΑΡ
ΣΙ和ΔΕΙΝΟΚΡΑΤΗΣ	无文字
ΣΙ和ΛΥΚΩΝ	无文字
ΘΕ和ΑΛΕΞΑΝ	无文字
ΕΥ和ΝΙΚΩΤΤΑΣ	ΙΟΡ
ΕΥ和ΝΙΚΩΝ	ΑΡΙ
ΝΙΚΟΔΑΜΟΣ	ΙΟΡ
ΕΥ和ΑΡΙΣΤΙΑΣ	ΚΛΗ或ΚΑΝ
ΥƷ和ΝΙΚΟΔΑΜΟΣ	ΑΓΑ
ΕΥ和ΕΥΑΡΧΙΔΑ[Σ]	无文字

第七时期币文（公元前281年—公元前272年）

正面	背面
ΓΥ和ΑΡΙ ΣΤΙ Γ	ΔΙ
ΓΥ和ΣΩΣΤΡΑΤΟΣ	ΓΟΛΥ
ΕΥ和—	ΓΟΛΥ
ΕΥ和ΦΙΝΤΥΛΟΣ	ΡΟΛΥ
ΘΕ和ΑΛΕΞ	ΣΙ
ΣΙ和ΛΥΚΩΝ	ΓΥ或Υᒋ
ΓΥ和ΑΡΙΣΤΙΓ	ΔΙ
ΙΩ和ΝΕΥΜΗ	Ʀ或ΑΡΙΣ或ΓΟΛΥ
Ʀ和ΔΑΜΟΚΡΙ	无文字
ΕΥ和ΑΓΟΛΛΩ	Θ或Θ和Β
ΗΙ和ΑΓΟΛΛΩ	ΘΙ
ΗΙ和ΙΩΠΥ	⚘
Ƙ和ΣΑΛΩΝΟΣ	ΓΥ

续表

正面	背面
℞和ΣΑΛΩΝΟΣ	ΓΥ
ΙΩ和ΗΙ ΑΓΟΛΛΩ	ΑΝ或ΑΝΘ
ΕΙC和ΙΩ	ΑΝΘ
ΙΩ或ΙΑΛΟ	ΑΝΘ或ΑΝ
ΕΥ和ΙΩΠΥ	ΘΙ
Ι和ΙΩΠΥ	ΘΙ
Ⴓ ΗΡΑ	Ⴟ和Ι
Ⴑ ΗΡΑΚΛΗΙ	Ⴏ

第八时期币文（公元前272年—公元前235年）

正面	背面
ΑΡΙΣΤΙΣ	
ΦΕΙ和ΙΩΠΥΡΟΣ	
ΓΥ	ΧΡΗ（？）
⊦ΑΓΕΑC	ΠΟΛΥ
ΦΙΛΩΤΑΣ	
Νⳤ和ΦΙΛΟΚΡΑ	ΑΓΟΛ
——	ΑΡΕΥ
ΣΥ和ΔΕ及马下方的ΛΥΚΙΝΟΣ	
ΕΥ和ⴖΙΣΤΙΑΡ	
ΔΙ和ΦΙΛΟΤΑC	
ΑΓΑΘΑ	
ΡΧΟΣ	
ΦΙ和ΙΩΓΥΡΟΣ	
ΛΕΩΝ	Ⳣ
℞和ΚΥ	
ΝΩΝ	
ΕΥ和ΦΙ以及ΙΕΝΕΑΣ在下方	
前方左向ΦΙΛΟΧΡΑ以及下方Νⳤ	ΑΡΙΣΤΟ

续表

正面	背面
同	ΑΠΟΛ
ΔΙ和ΑΡΙΣΤΟΚΛΗΣ	
Ν和ΝΙΚΟΚΡΑΤΕΣ	
ΗΙ和ΦΙΛΗΜΕΝΟΣ	
ΦΙΛΙΣΚΟΣ	
ΗΗΡΑΚΛΗΤΟΣ	Ε
ΦΙ及同上	
ΔΙ及ΑΓΟΛΛΩΝΙΟΣ	
ΘΙ及ΑΡΙΣΤΟΚ或ΑΠΟΛΛΩ	
ΗΙΓΓΟΔΑ	ΔΙ
ΦΙ和ΑΡΙΣΤΟΚΡΑΤΗΣ	ΓΙ
ΦΙ和ΑΡΙΣΤΕΙΔ	ᚹP
ΕΥΝ和ΔΑΜΟΚΡΙΤΟΣ	Ⅲ
ΕΥΦ和ΑΡΙΣΤΩΝ	
Ν和ΝΙΚΟΚΡΑΤΗΣ	
ΝΙΚΥΛΟΣ	R

第九时期币文（公元前 235 年—公元前 228 年）

正面	背面
ᚹP及ΔΑΙΜΑΧ·C	Monogram和ΤΑΡΑC
ΣΩΓΥΡΙΩΝ	Ε
ΑΡΙΣΤΙΩΝ	
ΟΛΥΜΓΙΣ	ΤΑΡΑΣ
Monogram和ΟΛΥΜΡΙΣ	
R和ΑΡΙCΤΙΓΓΟC	Υ和ΤΑΡΑC
Æ和ΦΙΛΟΚΛΗΣ	
Monogram和ΣΕΝΟΚΡΑΤΗC	Monogram
Monogram和ΚΑΛΛΙΚΡΑΤΗC	ΝΕ

第十时期币文（公元前 212 年—公元前 209 年）

正面	背面
ΚΛΗ和ΣΗΡΑΜΒΟΣ	ΤΑΡΑΣ 🔯
ΞΩ和ΣΩΓΕΝΗΣ	
ΚΡΙΤΟΣ	ΕΚ和 ⚲
ΦΙ和ΦΙΛΙΑΡΧΟΣ	
ΣΩΚΑΝΝΑΣ	ΤΑΡΑΣ
ΣΩΚΡΑΤΗΣ	
ΣΩΚΑΝΝΑΣ	

联邦双德拉克马，公元前 302 年—公元前 281 年

属于意大利联邦钱币系列的双德拉克马重约 116 格令。

正面为他林敦的骑马男童为静立的马加冕图案。

背面为女性头像，据信代表塔拉斯之母萨提拉。

尽管常见的海豚图案因与他林敦的关联太过明显而弃用，但所选用的上述图案过去在他林敦使用过，且代表他林敦的神话，此次又重新使用。

这些钱币在城邦之外流通，这一点确定无疑，因为它们从未在他林敦自身出土，亦不见于约公元前 310 年埋藏的贝内文托窖藏。大多数此类钱币要晚于公元前 281 年皮洛士来临之时，但却是此时期开始发行的。

第六时期的德拉克马：自克利奥尼穆斯至皮洛士，公元前 302 年—公元前 281 年

本时期推出的德拉克马使用减重标准，但这一标准直到下一时期的第二年才开始用于双德拉克马。

正面：右侧为戴头盔的帕拉斯头像，头盔有饰冠，并装饰以海妖斯库拉投掷石块的画面。荷马史诗《奥德赛》中称斯库拉的母亲是可怕的怪兽克拉泰伊思，但后来的传说则说她的父亲是原始海神福耳库斯，

母亲是主管魔法和巫术的黑月女神赫卡忒[1]，或女妖克拉泰伊思，或掠食儿童的半人半蛇女妖拉弥亚，另有传说则称她是波塞冬之子特里同或波塞冬本尊和女妖克拉泰伊思所生的女儿。头盔的形制所讲述的故事则可能是奥维德《变形记》（XIII，732；XIV，40）中提到的相同的传说。根据这一传说，斯库拉本是位美丽的少女，常与海中的宁芙仙子一同嬉戏。英俊的渔夫格劳科斯爱上了斯库拉，祈求魔法女神基尔克让她也爱上自己。女神妒火中烧，在斯库拉沐浴的清泉中投下了魔力药草，将她的下半身变成了海洋怪兽的尾巴。据说因为斯库拉偷窃了巨人革律翁的牛，赫拉克勒斯将她杀死，但福耳库斯又使她复活，这就是为什么在很多背面有赫拉克勒斯图案的钱币上，正面往往会出现斯库拉。

背面图案为左侧闭翼猫头鹰，坐于橄榄树杈之上，其左侧底板上，猫头鹰后方有 **TAP** 字样，右侧有 字样。

有些品类上，右侧并非字母，而是大棒图案和 **IOP** 字样。

对于第六时期的双德拉克马而言，字母 **IOP** 有些不同寻常。在南意大利奥瑞雅发现的一处钱币窖藏，可追溯至约公元前 300 年—公元前 281 年，其中出土了带有 **IOP** 签名的德拉克马。

德拉克马的发行可能同意大利联盟通货有所关联：我们可能还记得，带有赫拉克勒斯图案的双奥波钱作为联邦通货发行，也使用减重标准。

这些双奥波钱重约 16 格令，刚好相当于 **IOP** 签名德拉克马钱的1/3。

周边城邦，特别是赫拉克利亚，可能先于他林敦降低双德拉克马标准，这些较小的钱币在他林敦城墙之外流通。

第七时期的德拉克马，公元前 281 年—公元前 272 年

Ⅰ．正面：右向帕拉头斯头像，头盔上有斯库拉图案。

---

① Hecate，提坦女神，主管暗夜、巫术、魔法、招魂术等。——译者注

背面：猫头鹰右向，双翼闭合，侧坐于橄榄枝上。左向文字
NEYMHNIOΣ，右向为API。

同样的名字也出现于该时期的双德拉克马上。

Ⅱ. 同一图案。左向底板文字为NEYMHNIOΣ，右向为ΓOΛY。

Ⅲ. 同一图案。右向文字为[ΣΩ]ΣΤΡΑΤΟΣ，ΓOΛY，底板为EY。

同样的文字也出现在该时期的双德拉克马上。

Ⅳ. 同一图案。左向底板文字为ΙΑΛO，右向为AN。

同样的文字也出现在该时期的双德拉克马上。

Ⅴ. 同样的图案，但帕拉斯头盔上为Ⅰ字样，猫头鹰左向，右向底
板有ΤΑΡΑΣ字样。

底板左向为Ꝩ，猫头鹰下方为ʌ/。

在这一时期的一品双德拉克马上我们发现ΙΩ字样。

ΑΓOΛΛΩ ANΘ，即同样的签名。

Ⅵ. 正面：左向帕拉斯头像，头盔上为斯库拉图案，但头发下垂，
下方为EY字样。

背面：猫头鹰展翅立于闪电之上。

上方底板铭文为ΤΑΡΑΝΤΙΝΩΝ，右向底板为Ω。

闪电图案也出现在这一时期的双德拉克马上。

正面：帕拉斯头像，同上文Ⅰ。

背面猫头鹰正脸，展翅立于一条蛇之上。

上方底板铭文为ΤΑΡΑΝΤΙΝΩΝ，右向底板文字为ΣO或ΣΩΣ，
左向底板文字为ΔΙ。

第八时期的德拉克马，公元前272年—公元前235年

正面：除一款外，均为常见帕拉斯头像，头盔为斯库拉图案，右向。

Ⅰ. 背面：猫头鹰右向，双翼闭合，立于橄榄枝上，
ΑΡΙΣΤΟΚΡΑΤΗΣ签名，右向为终点柱。

这一币文与符号也出现在本时期的双德拉克马上。

Ⅱ. 背面：同上。

左向底板有 HΗΡΑΚΛΗΤΟΣ 签名，及橄榄枝上生出的花朵。对比同一时期双德拉克马上的类似符号和签名。

Ⅲ. 背面：同上，但猫头鹰坐于闪电上。左向底板签名为 HΙΣΤΙΑΡΧΟΣ，右向为 EY 和一串葡萄。对比同一时期双德拉克马上的类似符号和签名。

Ⅳ. 背面：同上，但猫头鹰坐于锚上。左向底板签名 APICTIC，右向为 TA。同样名字出现在本时期的一款双德拉克马上，该双德拉克马有 ΑΡΙΣΤΙΣ 和符号锚。

Ⅴ. 背面：同上，但猫头鹰坐于牛头骨装饰上。右向底板签名为 TAP 和 ΛΕΩΝ，同样的名字也出现在本时期的一款双德拉克马上。

Ⅵ. 背面：同上，但猫头鹰坐于爱奥尼亚柱冠之上。左向底板签名 NIKOKPATHΣ，右向为 TAP 和 AN。同样的名字出现在本时期的一款双德拉克马上，该双德拉克马有爱奥尼亚柱冠符号和 N 字样。

Ⅶ. 背面：同上，但猫头鹰坐于闪电上。该款钱币上的帕拉斯头像转向左侧。左向底板为燃烧的火炬图案，右向为 TAP 字样。同样的符号出现在本时期的双德拉克马上。

小型银币

双奥波、奥波和半奥波三个系列的小型银币均采用优卑亚－阿提卡标准。此外，还有利特拉银币，采用原有的西西里和意大利标准。这些钱币可以根据重量、风格和形制加以区分。上述三类银币必须归于一类一并考察。其重量很少与我们预期相符，差异程度令人震惊。

图案形制一般分为

双奥波：赫拉克勒斯像

奥波：双柄杯

利特拉：乌蛤贝壳

重量比例分别为：

双奥波：1/6 双德拉克马

奥波：1/12 双德拉克马

利特拉：1/10 双德拉克马

双奥波：早期

大英博物馆收藏的早期双奥波银币重量不到早期最重的双德拉克马的 1/6，通常仅重 20 格令，其图案为乌蛤贝壳和四轮条车轮，后来为利特拉银币所采用。公元前 500 年—公元前 478 年的叙拉古早期奥波银币的背面也是使用同样的车轮图案。

阿尔库塔斯时代的双奥波，公元前 380 年—公元前 345 年

这一时期，一位在钱币上的签名为 **Φ|** 的艺术家似乎推出了一款新的双奥波银币，重量最高可达 22.5 格令。埃文斯博士指出：

"几乎无可置疑的是，在他林敦殖民地推出的这款有着赫拉克勒斯和狮子高贵图案的钱币，应当归功于这位艺术家。他在同一时代赫拉克利亚、图里翁、忒里那和尼亚波利钱币上的签名为 **Φ**。普尔先生认为，这位艺术家代表了将雅典艺术传统向意大利的大地移花接木的进程（1883，p. 269. seq.）……"

图 12

在梅利亚钱币上，英雄站在一个底座之上，显然表明这一设计的蓝本来自一座雕塑，希克斯先生的观点颇为可信（XIV，p. 142. seq.）：他认为，这一图案的原型可追溯至米隆①的一组青铜雕塑。

这些赫拉克勒斯图案双奥波银币极为常见，已发现的数量庞大，可能是他林敦水产市场上的常用通货，也在城邦周边的村镇居民中广泛使

---

① Myron of Eleutherae，活跃于公元前 5 世纪中期的雅典雕塑大师，《掷铁饼者》的原创作者。——译者注

用，其流通范围甚至远达萨莫奈。其设计来自赫拉克利亚，该城为意大利希腊人联盟大会的召集地，因此，这一钱币可能是联邦的单一通货，而非城邦钱币。到罗马时代，双奥波被视同与塞斯特提①等价，被称为"制钱"，基本等价于 10 盎司青铜（$2\frac{1}{2}$ 阿斯，每阿斯为 4 盎司）。此外，这些奥波上通常有 5 个原点，标示其价值。由此，双奥波等价于 10 罗马盎司，10 罗马盎司在阿普利亚被称为"制钱"。波鲁克斯告诉我们，亚里士多德曾言及这样一种制钱，其图案为塔拉斯骑海豚。但波鲁克斯并未言明该"制钱"系指双德拉克马，且海豚图案确实也见于较早时期的小型银币。利特拉也被称为"制钱"。

赫拉克勒斯图案双奥波的分类，公元前 235 年—公元前 228 年

大英博物馆收藏的这一时期双奥波银币有 10 种不同的赫拉克勒斯大战涅墨亚狮子背面图案。

1. 正面：帕拉斯头像，头戴带冠饰的头盔，右向（7.6～15.5 格令）。

背面：赫拉克勒斯左向坐，右手持大棒，左侧底板有 **TAPANT** 字样。

2. 正面同上（17.1 格令）。

背面：赫拉克勒斯坐在狮子身上，手持单柄杯和大棒。

3. 正面：帕拉斯头像，左向，戴哥林多式头盔（16.2 格令）。

背面：赫拉克勒斯单膝置于狮子背上攻击狮子，狮子左向，转头面向英雄。

4. 正面：此系列上的帕拉斯头像极度多变，大英博物馆收藏中可以分出八类不同的正面图案。背面图案为该系列的分类依据。

背面：赫拉克勒斯与狮子搏斗，其臂后向下垂，持大棒。有些钱币制作精美。

---

① Sestertius，复数为 sestertii，罗马共和国时代为小型银币，帝国时代为青铜币，约相当于 1/4 迪纳厄斯。——译者注

5. 正面：帕拉斯头像，头盔有斯库拉装饰，雕琢精细。

背面：赫拉克勒斯呈跪姿，臂膀围绕狮颈，扼杀狮子。

有些品类图案精美。

6. 本系列有多种不同的正面设计，四种帕拉斯头像，两种赫拉克勒斯。

背面：赫拉克勒斯右向立，扼杀站立的狮子；英雄背后通常为大棒，但下列图案也有发现：弓和箭；公牛头；闪电；弓和大棒，以及船舻装饰①。

又及：有两例赫拉克勒斯左向立。

本系列正面图案可分为六类：

（a）3/4 脸赫拉克勒斯头像，披挂狮子皮。

（b）赫拉克勒斯侧向，面向右方，披挂狮子皮。

（c）帕拉斯头像，常见斯库拉装饰头盔，左向或右向。

（d）帕拉斯头像，头盔无装饰，右向。

（e）帕拉斯头像，戴哥林多式头盔，面向左方。

（f）帕拉斯胸像，正脸，戴三冠哥林多式头盔。

7. 正面：帕拉斯头像，常见斯库拉图案。

背面：赫拉克勒斯单腿抬起，扼杀狮子。大英博物馆仅存一品。

8. 正面：赫拉克勒斯侧脸头像，戴狮子皮。帕拉斯头像，戴冠饰头盔，上有花环，面向右侧。帕拉斯头像面向左侧，品相不完美。

背面：赫拉克勒斯，跪姿，大棒举过头顶击打狮子，或向左侧底板举起。

9. 正面：3/4 脸帕拉斯头像，戴哥林多式头盔。

背面：赫拉克勒斯杀死安泰俄斯②。

---

① Aplustre，古希腊和罗马舰船尾部翘起的装饰性末端，通常为鸟羽状。——译者注

② Antaeus，巨人，地母盖亚和海神波塞冬之子，只要双脚站在大地上即有无穷无尽的力量。后被赫拉克勒斯举在半空扼死。——译者注

10. 帕拉斯头像面向右侧，头戴哥林多式头盔。

赫拉克勒斯驯服一匹马，底板有 Υ 图案。

奥波

海德博士认为（Hist. Num.，第 56 页），1 奥波应等于 1/12 双德拉克马，因此，其重量在全重标准下应为 $9\frac{2}{3}$ ~ $10\frac{1}{2}$ 格令，在减重标准下应为 8 ~ $8\frac{1}{2}$ 格令。

奥波银币上常见的图案为双柄杯和三个小球。

贺拉斯《赞歌》第一卷第九首第八行中提到双柄杯：

"奉上更醇厚的四年陈佳酿，斟在萨宾的双柄杯中。"

在公元前 272 年左右，奥波的重量在 $6\frac{1}{2}$ ~ $7\frac{1}{2}$ 格令，通常有下列字母中的一种：ΔΙ、Ρ、𝔎、ΦΙ、Ε、Δ、ΗΡ∶Φ。

双柄杯（δίωτος）有时也被称为双耳爵。

大英博物馆收藏有下述品类：

双耳爵及背面女性头像。

双耳爵及背面牛头骨装饰。

双耳爵及背面 X 型交叉的字母 B。

还有一种奥波银币正背面均有马头图案，通常带有字母 Ν、Ε、ΦΙ、𝔎、Δ、Ρ。

马头有时有辔，另一些品类上则没有。大英博物馆藏品中有些重量为 7.7 格令。

下述关于新出土小型银币窖藏的记录出自埃文斯博士。

1883 年出土的一个窖藏发现 1500 枚他林敦钱币，其中 1032 枚为双德拉克马，其余为利特拉、半利特拉、德拉克马、双奥波、奥波，以及半奥波。

这些小型银币上的字母指代造币负责人，比如利特拉和双奥波上的 ΣΥ、利特拉和双奥波上的 ΔΙ 等。花押 𝔎 出现在利特拉、半利特拉、双奥波和奥波上。所有这些签名也见于公元前 272 年这一时期的双德拉克马上。

这一窖藏中并未出现带有两个马头的双奥波银币，但带有一个马头的奥波银币数量庞大。正面为乌蛤贝壳、背面为海豚的利特拉银币重 $9\frac{1}{2}$ 格令，带有 **E**、**Я**、**ΔI**、**ΦI**、**犬** 等字样；有些钱币上有胜利女神翱翔于海豚上方。半利特拉为同样图案，重 $4\frac{1}{2}$ 格令，带有 **E**、**犬**、**ΘI**、**T**、**ΦI** 等字样。

大英博物馆收藏的小型银币中尚有下列图案难以归类：

1. 正面为腾跃的马，背面为塔拉斯骑海豚，15.6 格令。

2. 正背面为双马头，背对背，15.5 格令。

3. 正面为双马头，背对背，背面

4. 正面为双马头面对面，背面为双马头并排，14 格令。

5. 正背面均为双马头并排。

6. 正面为弓和大棒在圆环内。背面为花环围绕的纺纱杆。

7. 正面为女性头像，背面为海豚，10 格令。

8. 正背面均为一张桌子，10.8 格令。

9. 正面为赫拉克勒斯头像，背面为海豚，5.5 格令。

10. 正面为新月，背面点，3.5 格令。

11. 正面为花瓶，背面为花环，3.5 格令。

上述钱币中有些带有二、三、四个小点，因此难以归类，有些可能是残缺的利特拉，但现在几乎无法为它们命名。

利特拉

"利特拉"一词据信是拉丁语"秤"的西西里 – 希腊语形式。

在希腊人到来前，西西里已经有自己的计重标准，基准是 1 磅或曰 1 "利特拉"青铜。在当时的西西里和意大利本土，青铜是当地贸易的本位金属。

1 利特拉青铜价值等于 $13\frac{1}{2}$ 金衡格令，因此，这一重量被称为"利特拉"，希腊语为 νόμος，罗马人将其塞斯特提钱称为"制钱"，其词源即上述希腊词汇衍生而来。利特拉无法与早期爱琴海钱币在重量上对应换算，但优卑亚－阿提卡标准推出后，利特拉被当作重 135 格令的双德拉克马的十分之一使用。尽管他林敦双德拉克马实际重量从未超过 127 格令，早期利特拉银币还是保持其原有的 13.5 格令重量。

南意大利古代钱币的故事再现了当时各民族为争夺这片膏腴之地的所有权所展开的斗争。利特拉一词正是主要使用青铜通货的原住民族所留下的一条痕迹。最早的希腊入侵者自优卑亚岛的哈尔基斯扬帆远航，并带来了埃伊纳标准。他们的第一个定居点在那不勒斯湾北岸，被命名为库迈，以纪念优卑亚岛的库梅。为确保其船只得以安全通过墨西拿海峡，他们在海峡两岸均建立了殖民地。埃伊纳标准或许并非在他们出发的港口所通行，但可能在使用哈尔基斯港、以航海为业的海岛希腊人中最为流行。但不久后，约于公元前 6 世纪中叶，这一标准为优卑亚－阿提卡标准所取代。直到优卑亚－阿提卡标准推出后，利特拉钱才能按这一标准等比例换算使用。

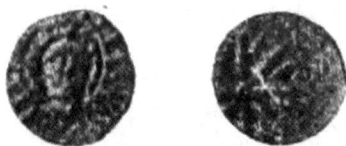

图 13

G. F. 希尔先生在其《古代西西里钱币》一书第 43 页列出了利特拉对西西里的优卑亚－阿提卡标准钱币的换算表：

优卑亚－阿提卡名称	西西里名称	重量
十德拉克马钱	当五十利特拉钱	675 格令
四德拉克马钱	当二十利特拉钱	270 格令

续表

优卑亚－阿提卡名称	西西里名称	重量
双德拉克马钱	当十利特拉钱	135 格令
德拉克马钱	当五利特拉钱	67.5 格令
——	利特拉	13.5 格令
奥波		11.5 格令

公元前 6 世纪中期在叙拉古推出。

下列为以格令为单位的重量对比：

	雅典	哥林多	他林敦	意大利
双德拉克马	134 格令	88 格令	125 格令	83 格令
德拉克马	67 格令	43 格令	62 格令	41 格令
奥波	11 格令		10 格令	

早期利特拉

叙拉古的早期利特拉使用乌贼图案。

1. 最早的他林敦利特拉正面为乌蛤贝壳图案，背面为四轮条车轮。大英博物馆收藏的他林敦利特拉重量分别为：11.1 格令、10.8 格令和11.6 格令。

一款同样图案的半利特拉重量为 6.5 格令，特别小的此类钱币重量仅为 1.8 格令和 1.7 格令。

2. 正面同上，背面 ΤΑΡΑΣ 字样，海豚面向右侧，乌蛤贝壳之下，无内齿；重 12.5 格令。此类钱币中有些有 ΤΑΡΑ 字样，有些在海豚下方有字母 Σ，有些则是 Λ 或 Μ。此类钱币中半利特拉重 5.6 格令或 5.5 格令。同样图案的硬币中小些的仅重 2.8 格令或 2.5 格令，可能是四分之一利特拉。

3. 正面：乌蛤贝壳，无内齿。

背面：塔拉斯头像面向右侧，头发在脑后结成发髻，无内齿。

重：13.1 格令、10.8 格令、13.3 格令、11.4 格令、11 格令、8.9

格令。

半利特拉重量仅为 5.1 格令。

4. 正面：乌蛤贝壳。

背面：赫拉克勒斯头像面向右方，着狮子皮。重 13.4 格令。

5. 正面：乌蛤贝壳，无内齿。

背面：女性头像面向左侧，戴冕，卷发。

重：10.6 格令，10.3 格令（头像右向）。

减重标准

6. 正面：乌蛤贝壳，无内齿。

（a）背面：塔拉斯裸体坐于海豚上，左向，持丰饶之角和棕榈；下方 **ΦI** 字样。这一签名于公元前 344 年—公元前 302 年也出现在双德拉克马上。重 9.5 格令。半利特拉重 4.2 格令，也有 **ΦI** 签名。

（b）背面：塔拉斯裸身侧骑海豚，面向左侧，持双耳爵和丰饶之角。**ΥΙ** 和 **Я** 字样，重 9 格令。

（c）背面：同上，但纺纱杆代替了丰饶之角。重 9 格令。

7. 正面：贝壳。

背面：海豚面向左侧；上方胜利女神尼姬持花环，左向翱翔。重 10.1 格令。

本款钱币已发现的有如下标志：

标志	重量	时代
闪电	9.9 格令	Ⅶ
三足鼎	10 格令和 11 格令	Ⅵ
葡萄 AΓ	12 格令	Ⅵ 和 Ⅶ
丰饶之角	10.8 格令	Ⅵ 和 Ⅶ
双耳瓶	8.3 格令	Ⅶ
大象	8.7 格令	Ⅶ
矛头 AΓ	12.5 格令	Ⅶ
丰饶之角和 ΓO	9.6 格令	Ⅶ
猫头鹰 ΗΗΓ	11.7 格令	Ⅷ

标志	重量	时代
猫头鹰 Γ	10.1 格令	Ⅷ
猫头鹰 ΦⅠ	9.5 格令	Ⅷ
玫瑰 Ρ	10 格令和 8 格令	Ⅷ
大麦粒 ΣΥ	11.1 格令	Ⅷ
五边宙斯盾	11.2 格令	？
蚂蚁 Σ	11.4 格令	？
大棒 ΔΑ	10.1 格令	？

半利特拉

正面：乌蛤贝壳		
背面：海豚，右向	下方猫头鹰，右向	4.9 格令
	蜜蜂	6.1 格令
	船艉装饰	3.9 格令
	大棒 ΔΑ	5.6 格令
	女性头像 ΔⅠ	3.7 格令
	ΦⅠ	5.1 格令

下列关于公元前 281 年—公元前 272 年的利特拉的记述引自埃文斯先生的《他林敦的骑士》。

正面：常见扇贝壳图案。

背面：海豚，下方为战神雅典娜①形象和 Δ 签名。

重量 12 格令，对应全重双德拉克马的 120 格令重量。

减重利特拉重 8.7 格令。

正面：贝壳。背面：海豚，下方为大象。

9.5 格令为常见重量，对应减重标准的双德拉克马，这也是他林敦

---

① Promachos，意为"在前线战斗"，雅典娜的别名之一，表明雅典娜引领战士投入战斗的战神地位。——译者注

窨藏出土的利特拉银币的平均重量。有些钱币上有 **Ŗ** 花押，其人可能就是在后期双德拉克马上签名的那位阿瑞斯提波斯。

埃文斯还提到其他背面图案的利特拉，比如一串葡萄在字母 **AΓ** 之间，一头回首的牝鹿，一个矛头，一只马头鱼尾怪等。

他林敦的青铜钱币

有几种他林敦铜币颇为常见，但鉴于已知的铜钱只有 11 种，还是值得描述所有这些钱币的设计并讲述其通常已知的历史。大多数青铜钱币体量甚微，其图案亦无足观，无非是模仿上文描述过的银币。

桑邦先生考证，他林敦最早推出青铜钱币的时间应在公元前 330 年。其作品名为《南意大利古代钱币考》，1863 年出版于那不勒斯。

公元前 330 年恰逢摩罗西亚的亚历山大王抵达他林敦四年之后。海德博士在《钱币史》第 56 页则将其出现时间确定为公元前 300 年，亦即克利奥尼穆斯自斯巴达抵达他林敦后不久。

米歇尔·P. 弗拉斯托[1]先生在《国际钱币学考古期刊》发表文章，将青铜钱币出现的最早时间追溯至公元前 281 年，即皮洛士统治时期。这一结论源自其对钱币的词法学和金石学研究。他认为，铜币上的宙斯头像原型为伊庇鲁斯王亚历山大金币上的宙斯像。

如果仔细比对铜币和皮洛士打造的金币，我们会发现二者的形制颇为类似。

从最晚期的青铜币判断，青铜币的发行一直持续至公元前 209 年，其时城邦的财富已被剥夺，落入罗马人之手。

第一类：公元前 281 年，直径：$\frac{3}{4}$英寸

（a）正面：宙斯头像，戴花冠，右向。

背面：**TARANTINΩN**，胜利女神右向站立，着奇同[2]，右手持

---

① Michel P. Vlasto，法国钱币收藏家。——译者注

② Chiton，古希腊常见服饰，通常为矩形羊毛或亚麻面料，贴身包裹。——译者注

闪电，左手抓住衣褶，并轻触闪电底部。

（b）正面：图案同上，有点状内齿环绕。

背面：人物同（a），但双手持王冠。

（c）正面同（b），但清晰不及。

背面：胜利女神右向站，右手为一奖杯加冕，左手提衣褶。

（d）正面同（c）。

背面同上，但胜利女神双手持盾，欲将其放置于左侧的奖杯之上。

这些钱币上的宙斯头像足堪位居彼时艺术概念的最佳范例之列。胜利女神手持作为伊庇鲁斯王公徽记的闪电，昭显他林敦人对皮洛士慷慨驰援的感恩之心。女神像的表现手法细致入微，格调高雅。

上文（c）和（d）两个系列可能发行于皮洛士统治后期，因其显现出的风格滑坡，与同属后期的双德拉克马的情况如出一辙。

胜利女神图案也见于布鲁提人的钱币，可能系效仿叙拉古僭主阿加托克利斯所造之精美的四德拉克马钱，该钱币可参见海德博士《钱币史》第 159 页图 107 所示。

第二类：公元前 281 年—公元前 272 年，直径：$\frac{5}{8}$ 英寸

正面为戴哥林多式头盔的帕拉斯头像，面向右侧，头盔上装饰为有翼的马头鱼尾怪。

背面：赫拉克勒斯裸体站立在右侧，正在扼杀位于左侧的涅墨亚狮子；底板有时有大棒，或 **TAPAN** 字样。

第三类：直径：$\frac{3}{4}$ 英寸

正面：戴哥林多式头盔的帕拉斯头像，面向右侧，头盔上为狮鹫[①]装饰；珠状内齿。

背面：赫拉克勒斯裸体左向坐于岩石上，狮子皮搭在双膝上；右手持双柄杯，左手持大棒。有些钱币上底板有 **ΦI** 字样，有些有 **EY** 字样，

---

① Griffin，希腊神话中的神奇生物，鹰头狮身鹰翼。——译者注

还有**TAPANTINΩN**字样的。

约公元前 212 年—公元前 209 年

正面：帕拉斯戴无装饰哥林多式头盔，无内齿。

背面：同上，但更粗糙，图案和边缘之间有**TARANTI**刻记，英雄身后有一张弓。

这类钱币的背面图案与克罗顿在约公元前 390 年发行的一款精美的双德拉克马银币有相似之处，且尽管他林敦双奥波上赫拉克勒斯的姿态更多变，但只在极罕见的几品钱币上赫拉克勒斯呈小憩状。本款铜币可能系模仿这些罕见的双奥波。**EY**和**ΦI**币文表明，这些铜币与带有同样签名的同期双德拉克马可能出自相同的造币机构。

第四类：公元前 281 年—公元前 272 年，完整直径：$\frac{1}{2}$英寸

正面：双耳杯位于左侧字母**TA**之间，右侧为牛头骨装饰。

背面：双耳杯位于两个八芒星之间。双耳杯图案也见于同期的一款奥波钱。两颗八芒星无疑表明双耳杯象征巨爵星座，或双子座——与双子座相关的狄奥斯库洛伊崇拜在他林敦盛极一时。

第五类：公元前 281 年—公元前 272 年，直径：近$\frac{1}{6}$英寸

正面：戴头盔的帕拉斯，面向右侧，珠状内齿。

背面：两弯新月，背对背。底板有四个小点。

背面图案设计似乎也有天文学的象征意义，四个小圆球或圆点可能象征星体。这一设计也见于半利特拉银币。

第六类：公元前 281 年—公元前 228 年，直径近$\frac{5}{8}$英寸

正面：贝壳。

背面：塔拉斯左向骑海豚，右手持双耳杯，左手持丰饶之角。有些品类上，海豚下方底板上有字母**B**（这一字母也出现在第七时期的一款双德拉克马上，**TAPAN**）。

第七类：公元前 281 年—公元前 228 年，直径：$\frac{7}{16}$英寸（近半英寸）

正面：贝壳。

背面：两只海豚并排向山岭游泳。这些铜币最为常见，且似乎流行了很久。其构图颇为粗糙。

第八类：公元前 212 年—公元前 209 年

正面：贝壳。

背面：软体动物。

第九类：公元前 212 年—公元前 209 年，直径：略小于$\frac{1}{6}$英寸

正面：有翼马头鱼尾怪前部，面向右侧。

背面：马前部，戴笼头，面向右侧。

第十类：公元前 212 年—公元前 209 年，直径：$\frac{3}{8}$英寸

正面：帕拉斯头像，戴哥林多式头盔，面向右方。

背面：双耳杯，左侧为一片常青藤叶。

第十一类：公元前 212 年—公元前 209 年

正面：阿尔忒弥斯①胸像，携箭囊。（？）

背面：星和新月，底板字母 TA。

后四种铜币构图粗疏，同同期银币的情形类似，代表了那个时代的特征。

---

① Artemis，宙斯和勒托佂女，阿波罗的孪生姐姐，月亮和狩猎女神。——译者注

梅塔彭提翁

梅塔彭提翁，他林敦的宿敌，毕达哥拉斯埋骨之所，如今风流云散，唯其钱币，曾流通于城中谷物市场，其精美的匠心依然保留完好，诚如泰奥菲尔·戈蒂耶①诗中所云：

"一切如过眼云烟，

唯有顽强的艺术永恒不朽；

一尊胸像

比城市更历久常在。"

这些钱币中，有些带有精美的头像，也让我们想起埃雷迪亚②《锦幡集》中的诗句：

"时光流逝，万物消亡。大理石销蚀

阿格里真托③仅余幻影，叙拉古

在天空蔚蓝的庇佑下沉睡。

---

① Pierre Jules Theophile Gautier，公元 1811—1872 年，法国诗人、小说家、戏剧家。——译者注

② Jose‐Maria de Heredia，公元 1842—1905 年，出生于古巴的法国诗人。本章引用的诗句出自《古币》(*Medaille Antique*)。——译者注

③ Agrigento，位于西西里西南海岸，以众多希腊神庙遗迹闻名。——译者注

唯有坚硬的金属，为爱所驯服

白银徽章，依然如鲜花般盛放，

西西里处女不朽的美丽。"

尽管这些白银肖像是理想化的，但它们展示出梅塔彭提翁、尼亚波利和其他意大利城邦的少女不让西西里专美于前，西西里艺术家基蒙亦曾在南意大利进行创作。

图 14

正如雅典钱币以其猫头鹰图案闻名，埃伊纳钱币以乌龟图案众所周知，梅塔彭提翁钱币更著名的特征是其大麦穗图案，而非其少女头像。正如他林敦的钱币与阿尔库塔斯及试图保卫城邦，但终究徒劳无功的雇佣军关联紧密，梅塔彭提翁与毕达哥拉斯、其追随者莱西斯和菲洛劳斯，以及同一批雇佣军有所关联。

在宗教方面，梅塔彭提翁敬拜得墨忒耳和阿波罗，这一点钱币提供了证据。钱币同时见证着关于赫拉克勒斯和特洛伊难民的早期神话。

梅塔彭提翁钱币有出众的艺术价值，很多艺术家也曾为他林敦的造币厂工作，其设计的多样性则胜于他林敦的钱币雕模师。在简要讲述城邦的历史之前，我们先引述斯特拉波文献中的相关内容。无论何等枯燥乏味，斯特拉波的记载是我们今天所拥有的知识的古代来源，如不涉猎，恐难服众。

斯特拉波文献，第六卷第一章第十五节

"下一个要讲述的是梅塔彭提翁，距赫拉克利亚港 140 斯泰特①。

---

① Stadion 或 stadium，复数 stadia，古希腊和罗马的距离单位，1 斯泰特≈185 米。——译者注

据说涅斯托耳①统率的皮洛斯人自伊利翁凯旋后定居此地。定居者在农耕方面大获成功，竟可在德尔斐以黄金做丰收献祭：这一说法是从他们定期向涅琉斯的后裔②献祭这一事实引申而来的，但它后来被萨莫奈人摧毁（此处"它"可能指城邦本身，也可能指献祭）。安条克说，在此地荒废后，某些亚该亚人受锡巴里斯的亚该亚人差遣定居于此。他还说，之所以差遣这些人，系出于亚该亚人对他林敦人的憎恶，因为他林敦人原本来自拉科尼亚③，亚该亚人抢先定居就是为防范他林敦人占有这块临近他们的国度。这两座城市中，梅塔彭提翁地理位置距他林敦更近（锡里斯则更远），新来者更喜欢占据梅塔彭提翁。这一选择系出于锡巴里斯人的建议，因为如果他们占据了梅塔彭提翁，也可将锡里斯一并据为己有，但如果他们选择锡里斯，梅塔彭提翁就会被与其接壤的他林敦人所占领。

"但在同他林敦人及居住在更远处的奥诺羁利亚人④进行战争之后，他们达成协议，为自己保留了当时意大利与雅庇吉亚之间的一块国土。

"这也是传说中梅塔彭托斯、被关押的梅兰尼佩及其子玻俄托斯⑤的历险故事发生的地方。

"安条克认为，梅塔彭提翁城邦原本叫作梅塔邦，后来才改名；梅兰尼佩的故事并非发生在这里，而是在狄欧斯。关于这点，他认为诗人阿希奥斯有诗为证——'美丽的梅兰尼佩在狄欧斯的殿堂生下波俄托

---

① Nestor，《荷马史诗》中的希腊英雄，皮洛斯（Pylos）国王，年高德劭，以睿智闻名，1939年开始发掘的"涅斯托耳王宫"（Palace of Nestor）是关于迈锡尼文明的最重大考古发现之一。伊利翁（Ilium）是特洛伊的别称。——译者注

② Neleidae，波塞冬之子涅琉斯（Neleus）的后裔，通常指涅琉斯之子涅斯托耳，或涅斯托尔之子安提洛科斯（Antilochus）。——译者注

③ Laconia，拉刻代蒙（Lacedaemoina）的别名，即斯巴达。——译者注

④ Oenotrians，源于希腊的南意大利古代民族。——译者注

⑤ Boeotus，希腊神话中，梅兰尼佩与海神波塞冬生有二子：埃俄罗斯（Aeolus）和玻俄托斯（Boeotus），后嫁与伊卡利亚（Icaria，爱琴海岛屿）国王梅塔彭托斯。——译者注

斯'，这说明传说中的女主人公是被带去狄欧斯，而非梅塔邦。

"埃福罗斯说，德尔斐附近克瑞萨城邦的僭主道琉斯是梅塔彭提翁的建立者。

"然而另有一个传说称，留奇伯受亚该亚人委派协助建立一个殖民地。他请求他林敦人允许他在此地停留一天一夜，但却不想离开。于是，人家白天问他何时离开，他就回答他获准停留到夜间，而夜间问他，他则答曰他获准停留到次日白昼。"

"黄金丰收"，可能是指一笔带有大麦穗纹样的钱币。

涅琉斯的后裔指涅琉斯的十二个儿子，其中除了涅斯托耳，都被赫拉克勒斯所杀。文中提到的祭祀仪轨当指对逝去弟兄的追思。参见荷马《伊利亚特》第十一卷第 690 行，及保萨尼亚斯，第二卷第十八章第七节，及第四卷第三章第三节。

历史概述

如同针对所有希腊城邦一样，研读梅塔彭提翁的历史，当先了解传奇故事，回溯至史前时代。大希腊所有城邦的传奇故事均指向英雄与半神时代南意大利与希腊的早期关联。

东部的希腊人认同阿尔戈英雄探寻金羊毛的传奇，西部希腊人则认同赫拉克勒斯的伟业与特洛伊英雄凯旋的故事。西部的传奇经由安条克、埃弗罗斯、斯特拉波、狄奥多罗斯等史家的记述流传至今，对于钱币学家理解梅塔彭提翁钱币上的赫拉克勒斯的表现形式、阿波罗祭坛和留奇伯头像，特别有意义。

从他林敦疆域所处的那块平原的西部边缘延伸到西部的高山，高山俯瞰大海，海湾转头向南，在这里，我们今天还能看到硕果仅存的几个多立克柱，是梅塔彭提翁古城仅余的遗踪。这座古城曾屹立与两条河流之间的肥沃平原上，东边的那条叫卡苏恩托河①，流缓而深，穿过平原，西边的那条叫布拉达努斯河，不时怒涛奔涌，恰似山洪，时而消失

---

① Casuentus，今意大利南部巴森托河（Basento）。——译者注

在湿地中，时而在峻峭的两岸之间喷薄而出。当地的原住民据说是佩拉斯吉人①的一支奥诺羯利亚人，他们与最早的希腊定居者和平相处。在荷马时代，他们的城邦名为阿吕柏。《伊利亚特》第二卷第 856 行清点参战希腊各邦时提到：

"奥狄奥斯和埃皮斯特罗福斯把哈利宗人

从遥远的阿吕柏带来，那地方出产银矿。"②

《奥德赛》最后一卷中，俄底修斯声称"我来自是阿吕柏，家居华美的宅邸。"

优斯塔修斯③在其注释中说："阿吕柏即梅塔彭提翁，意大利城邦，《伊利亚特》第 857 行提及。"

阿吕柏后来更名为梅塔博斯，希腊名梅塔彭提翁即由此衍生而来。阿里巴斯与赫拉克勒斯的传奇有所关联，据说赫拉克勒斯带着革律翁牛群④凯旋时曾造访该城。阿波罗多洛斯讲述的故事提到，赫拉克勒斯到访期间，一个那孩出生在阿里巴斯，他被命名为梅塔博斯，以纪念这位英雄带来的牛群。

勒诺尔芒认为，阿吕柏这个名字的词根可能源于疟疾的拟人化名称，反映了早期定居者在通过排水和农业生产使该地适于居住前，同疟疾的斗争。

勒诺尔芒还认为，早期诸多钱币上出现的蚱蜢图案代表着一种破坏性的力量，阿吕柏其名就是指蚱蜢。奥诺羯利亚人显然只同西西里有贸易往来，从未试图远航至哥林多。

---

① Pelasgian，古典时代希腊作家对希腊和爱琴海原住民族的统称。——译者注

② 此处选用罗念生先生汉译，《伊利亚特》（希腊语、汉语对照），罗念生、王焕生译，日知古典丛书，上海人民出版社，2017。第一册，第 129 页。——译者注

③ 此处应指"帖撒罗尼迦的优斯塔修斯"（Eustathius of Thessalonica），12 世纪希腊学者，东正教帖撒罗尼迦大主教，曾注释《荷马史诗》。——译者注

④ Greyon，赫拉克勒斯十二伟业之一，牵回巨人革律翁放牧的牛群。——译者注

希腊传说

从意大利神话转向希腊传说，我们首先来看看狄奥多罗斯所讲述的梅兰尼佩的故事。欧里庇得斯曾据此创作过一部戏剧，现已失传。波塞冬爱上了埃俄罗斯的美丽女儿梅兰尼佩。为躲避其父的愤怒，梅兰尼佩逃亡至梅塔彭提翁，得到意大利英雄梅塔博斯的庇护，生下她与波塞冬的一对孪生子。梅塔博斯收养了这对孪生子，其中一位后来在伊奥利亚列岛①建国，今名利帕里，另一位名叫波俄托斯，回到希腊，玻俄提亚之名即来源于他（保萨尼亚斯，第九卷，1.1）。

这是一个过渡性的神话，体现了佩拉斯吉和希腊的观念。更彻底的希腊式的神话则是河神埃克罗厄斯的故事，本书将在关于尼亚波利钱币的相关章节详述。梅塔彭提翁的一种钱币上描绘了河神，其上的铭文也提到为敬拜河神举办的运动会。

勒诺尔芒将这一名字同逃离特洛伊的难民的希腊传说联系起来，因为在特里弗利亚②曾有一条河叫埃克罗厄斯，从卢卡伊翁山③奔流而下。

特洛伊首领们的颠沛流离是南意大利众多希腊城邦传奇的主题。

在梅塔彭提翁，公民们在雅典娜神庙展示埃佩奥斯④在特洛伊制作木马所用的工具，且每年都要向涅琉斯的子嗣献祭（查士丁，XX）。他们声称，一队随涅斯托耳出征特洛伊的皮洛斯人在战后定居于此。

此地希腊城邦的建立时间约在公元前700年或公元前690年，因此，关于同特洛伊相关联的传说不足为信，而关于城邦创建者来自德尔斐附近的克瑞萨的说法，如同埃弗罗斯所讲述的，又为斯特拉波所转述的，则可能更真实，因为当时克瑞萨颇为强盛。

---

① Aeolian，位于西西里岛北侧的火山群岛。——译者注
② Triphylia，古地名，在伯罗奔尼撒半岛。——译者注
③ Lykaion，或拉丁语名 Lyceus，位于希腊阿卡迪亚（Arcadia），曾是祭祀宙斯的圣山。——译者注
④ 希腊战士，特洛伊木马的建造者，《奥德赛》中提到"这匹木马，是雅典娜指点埃佩奥斯制成"。——译者注

公元前 670 年前后，梅塔博斯古城在一次山间部落的袭击中被摧毁，斯特罗波认为这个山间部落可能是萨宾人。

这一地点太有价值，注定不会长久荒废，其西边锡巴里斯的亚该亚人和东边他林敦的多利安人均觊觎此地。

公元前 668 年，第二次美西尼战争后，留奇伯统率一队亚该亚人逃离伯罗奔尼撒。斯特拉波讲述了留奇伯的策略。他以诡计结束了战争，为亚该亚人赢得巨大优势，多利安人将其边界划定在布拉达努斯河。至此，本来在伊拉①被征服的这批人在意大利一雪前耻。

梅塔彭提翁最早的造币活动据信始于公元前 550 年，即亚该亚人的殖民地建立 118 年之后。

城邦历史上的下一个大事件是公元前 510 年，克罗顿、锡巴里斯和梅塔彭提翁联军摧毁了爱奥尼亚人的城邦锡里斯。

城邦遭洗劫之时，50 位青年和祭司一道在城邦雅典娜神殿惨遭屠戮。据说神像不忍目击屠杀场面，转过头去。战后发生的社会纠纷、疾病和其他问题让人们反思自己因亵渎圣殿在遭受惩罚。

克罗顿人遣使至德尔斐请求指点迷津，神谕女②命他们为女神和被屠杀的青年造像，克罗顿人遵命而行，梅塔彭提翁人也亦步亦趋。唯有锡巴里斯人对神谕置若罔闻，并为此付出代价。

记载中的下一个大事件，是锡里斯陷落后不久，毕达哥拉斯抵达梅塔彭提翁。城邦公民以崇高礼遇欢迎这位哲学家，称他的寓所为得墨忒耳圣殿，他所居住的街道也被重新命名为缪斯街。他甚至被认为是阿波罗转世。然而他的敌人也从克罗顿追击至此，他死于住宅失火。他的弟子阿里忒阿斯承继其学说，也受到迷信般的敬拜。希罗多德记载（Ⅳ，15），他化身乌鸦追随阿波罗左右。在其死后或失踪后，梅塔彭提翁人

---

① Ira 或 Eira，位于伯罗奔尼撒半岛，第二次美西尼战争中美西尼人最后的要塞，固守十年后终被斯巴达人攻陷，留在当地的美西尼人均沦为斯巴达人的"黑劳士"（Helot，斯巴人共有的国家奴隶或农奴）。——译者注

② Paythian，德尔斐阿波罗圣殿的女性大祭司。——译者注

遣使至德尔斐，然后遵从神谕在广场上阿波罗神像旁为阿里忒阿斯也立了一尊像，以青铜桂冠围绕，据说这尊像具备超自然功力。

阿里忒阿斯意图在梅塔彭提翁传播阿波罗崇拜，他在当地公民面前宣称自己从前是普罗科内索斯岛的阿里忒阿斯，以变形闻名的凯斯特罗比奥斯之子①。

希罗多德这样记述他的故事（Ⅳ，15）：

"梅塔彭提翁人说，阿里忒阿斯本人出现在他们国度，呼吁他们为阿波罗建一座祭坛，其位置应靠近一座有罗科内索斯岛的阿里忒阿斯之名的塑像，因为他说，在所有意大利城邦中，阿波罗只造访了他们的国度，而他本人，如今是阿里忒阿斯，陪同阿波罗；他随侍阿波罗时化身为乌鸦。说完这番话后，他就消失了。

"梅塔彭提翁人说，他们随即遣人前往德尔斐，请教神明这个人的显灵有何意味。神谕女告诫他们遵从神谕，因为如果他们恪守神谕，将会得到裨益。他们对神谕恭奉如仪。一座有阿里忒阿斯名字的雕像在阿波罗圣像附近树立，四周遍植月桂。雕像矗立于公共广场上。这些就是阿里忒阿斯的故事。"

对于我们来说，这个故事的有趣之处在于，钱币的背面图案讲述了这个故事。

阿特那奥斯②讲述了一个故事：公元前354年，色萨利名妓法萨莉亚来到梅塔彭提翁。其时正值第三次神圣战争③期间，而法萨莉亚则是

① Ceystrobius，普罗科内索斯（Proconnesus）岛的阿里忒阿斯，传说中公元前7世纪的诗人和魔法师。普罗科内索斯岛即马尔马拉岛（Marmarla Island），今属土耳其。——译者注

② Atheneus，公元2世纪和3世纪生活在埃及的希腊文法学家和修辞学家。——译者注

③ The Third Sacred War，公元前356年—公元前346年，即福基斯人与近邻同盟（Amphictyonic League）之间的战争，马其顿国王腓力二世率同盟军队击败福基斯人，奠定了马其顿的霸业。期间，福基斯人曾占领的了德尔斐圣地，掠夺阿波罗圣殿宝藏以充军费。——译者注

福基斯人的首领菲勒罗斯的情妇，菲勒罗斯则是奥诺马尔库斯①的兄弟。法萨莉亚竟然胆敢头戴从德尔斐圣殿劫掠的金桂冠招摇过市（狄奥多罗斯，XVI，35－38－61；保萨尼亚斯，X，46）。她周围的青年被这种渎神行为所激怒，在市场上将她杀死。普鲁塔克在《不再以言语表述的德尔斐神谕》第八章中说，法萨莉亚在阿波罗神坛前起舞时，金冠掉落，市场上的青年立刻涌上前去争抢，于是法萨莉亚就在混乱的争斗中被杀了。

公元前 480 年—公元前 350 年

自公元前 480 年起的 130 年中，城邦的财富与实力增长，其艺术的兴盛亦可从其最后 50 年发行的精美的钱币图案中管窥一斑。公元前 473 年，其邻邦他林敦被卢卡尼亚人击败。公元前 415 年，梅塔彭提翁派出 300 名弓箭手和两艘三列桨座战船协助雅典领袖德摩斯悌尼②和攸里梅敦③远征叙拉古。可能就是在这一时期梅塔彭提翁公民向德尔斐献祭"黄金丰收"。在此期间，毕达哥拉斯教团的贵族统治终结，莱西斯和菲洛劳斯④逃亡希腊。菲洛劳斯是苏格拉底的同龄人。苏格拉底生于公元前 468 年，殁于公元前 399 年。莱西斯则逃往忒拜，成为伊巴密浓达⑤的导师。

当公元前 413 年雅典的霸权在叙拉古城下折戟沉沙之时，梅塔彭提翁失去了它所曾信赖的支援，也逐渐丧失其独立。他林敦则于公元前 380 年—公元前 345 年在阿尔塔库尔斯领导下蒸蒸日上。

---

① Onomarchus，福基斯首领，后被腓力二世俘获处死。——译者注

② Demosthenes，伯罗奔尼撒战争期间的雅典将军，公元前 413 年卒于西西里远征。——译者注

③ Eurymedon，伯罗奔尼撒战争期间的雅典将军，公元前 413 年卒于西西里远征。——译者注

④ Philolaus，均为哲学家、毕达哥拉斯的弟子。——译者注

⑤ Epaminondas，忒拜的将军和政治家，以睿智和美德著称，曾创新步兵战法，大败斯巴达，建立忒拜的霸业，其军事革新对马其顿王腓力二世影响深远。——译者注

公元前356年，布鲁提崛起为一个强盛的国家，蚕食希腊城邦的领地，他林敦无力抵御。希腊人因其内耗和奢华的生活方式受到极大削弱，原有的联邦同盟无能为力。

图15

公元前350年—公元前330年

公元前350年前后，留奇伯的头像出现在斯塔特钱的背面，这或许代表着当地公民向母邦求援的呼声。300多年前，公元前668年，留奇伯率亚该亚殖民者抵达该地。

公元前334年，他林敦人向斯巴达国王阿希达慕斯求援。阿希达慕斯于公元前338年在他林敦登陆，同年在同梅萨比人的战斗中阵亡。公元前334年，伊庇鲁斯国王摩罗西亚的亚历山大，即马其顿亚历山大大帝之母奥林匹亚丝王后的兄弟，抵达他林敦。亚历山大更为成功。他在帕埃斯图姆击败萨莫奈人和卢卡尼亚人，并在赫拉克利亚定居下来，直到公元前330年去世。

在此期间，在他林敦制造钱币的同一批艺术家也为梅塔彭提翁效力，比如，在两座城邦的钱币上，我们都能看到**K**或**KAΛ**签名。

公元前330年—公元前250年

本时期，他林敦造币艺术滑坡，珀耳塞福涅头发披散脑后头像的钱币同较早时期的钱币相比，质量甚为粗劣。

公元前281年，他林敦钱币的重量标准减轻了，但这一时期梅塔彭提翁斯塔特的重量依然保持在119～126格令。

公元前302年，克利奥尼穆斯自斯巴达来此，援助抗击卢卡尼亚人的战争，但基本上毫无裨益。他死于公元前288年。

公元前 283 年，他林敦击溃罗马舰队，并被迫向皮洛士求援，皮洛士和亚历山大是表亲。公元前 278 年，皮洛士抵达西西里，在当地停留两年，随即经梅塔彭提翁返回他林敦，并于公元前 264 年离开意大利。罗马的势力逐渐坐大，于公元前 272 年击败卢卡尼亚人。梅塔彭提翁曾给予皮洛士积极的支持，但其屈从于罗马统治的具体时间已不可考。坎尼战役后，梅塔彭提翁是最早投入汉尼拔阵营的城邦之一（李维，XXⅡ，61）。

汉尼拔占领了梅塔彭提翁，直至梅陶罗河①战役失利后被迫撤出意大利。撤退时，他带走了城邦的居民，以使其免遭罗马的报复。

城邦自此一蹶不振，从未从这一打击中恢复过来，但仍持续存在，西塞罗曾造访该城（《论至善与至恶》，V，2）。保萨尼亚斯（Ⅶ，19）告诉我们，在他的时代，这座城市已仅余断井残垣，此后似乎就消失无踪了。

如今平原上仍有人居住的地方是一处小环礁对面的海滨之塔，曾是这座著名城邦的海港所在地。

图　案

大麦穗

选择大麦穗作为钱币图案，无疑是因为城邦周边肥沃的平原盛产大麦。很多城邦都选择本地著名的自然物产作为钱币图案，比如库迈的贻贝贝壳、纳克索斯的葡萄酒罐、塞利农特的野生欧芹、优卑亚的奶牛、考瑞希亚的乌贼、昔兰尼加的罗盘草等。然而，当选择一个与某位神祇的头像相匹配的图案一并使用时，我们自然揣度，选择该图案的造币总

---

① 公元前 207 年罗马军队击败从西班牙驰援的汉尼拔的弟弟哈斯德鲁巴（Hasdrubal），使兄弟二人会师的战略构想破灭，孤军作战的汉尼拔最后只得选择撤军回非洲。——译者注

监自然会受到宗教影响。

得墨忒耳头像经常出现在这些梅塔彭提翁钱币的正面。有些作家认为，得墨忒耳之名同大麦一词的克里特语词根δηαί有所关联。

动词δαίνυμι意为"喂养"，因此，得墨忒耳这个名字自然最适合为人类提供食物的神祇。得墨忒耳的神话很早即由迈加拉和哥林多殖民者带到西西里和南意大利。赫希俄德赞颂这一神话的诗篇即便在当时也算得上古老，在大希腊必然广为人知。品达在其第一首《涅墨亚颂歌》中亦提到"肥沃的西西里，丰饶大地上最丰饶的国度。"

普林尼在其《自然史》第十八卷（c. Ⅶ）中说，大麦是人类最古老的食物。在瑞士发现的石器时代的湖畔定居点遗址中发现了三个品种的大麦，其中，小粒六棱大麦，拉丁文名 Hordeum hexastichum sanctum，就是出现在钱币上的品种。

普林尼引述米南德①的陈述作为权威论据称，雅典的角斗士获得的主要食物是大麦，因此被称为"吃大麦的人"。普林尼的书中还记载了烹饪大麦的各种方法。

尽管因缺少麸质，大麦不能像小麦一样制成面包，但其仍营养丰富，特别是磷酸含量较高，因此，对于克罗顿和梅塔彭提翁的运动员而言，不失为相当优质的食物。

我们现代人可能会感觉有些奇怪，明明有小麦，为何运动员要以大麦为食，但《皇家农业学会期刊》上的一篇文章证明，钱币上刻画的确实是大麦，而非小麦。参见《英格兰皇家农业学会期刊》第三辑第二部分第十一卷第 194 页。第 195 页中有图示比较梅塔彭提翁钱币图案上的大麦穗与宽穗六棱大麦（Pyramidatum Keke 品种）的相似之处。

另一幅插图展示了一枚卡姆罗多努（今科尔切斯特）钱币上有类似的大麦穗图案，但刻画得没那么精确。"我们从苏黎世大学的汉斯·辛兹博士处收到已故奥斯瓦尔德·席尔教授的一篇论文，其中包含他在

---

① Menander，公元前 342 年—公元前 291 年，雅典剧作家。——译者注

罗本豪森湖畔史前定居地发掘时发现的若干大麦穗和大麦粒的图示，制作及其精细。"大麦几乎毫无疑问是我们人类最早栽培的作物。

据赫克尔[1]新近关于小麦的考证，瑞士湖畔的史前定居者种植颗粒上有须的斯佩尔特小麦，这种小麦古埃及人也种植，且在整个罗马帝国境内司空见惯。

珀耳塞福涅头像

梅塔彭提翁钱币上的珀耳塞福涅经常并非作为得墨忒耳的女儿来呈现，而是作为冥王黑帝斯的王后，荷马称坟墓为"珀耳塞福涅的房子"（《奥德赛》第 491 行）。

作为克托尼俄斯诸神（θεοὶ χθόνιοι）的一员，珀耳塞福涅在南意大利受到希腊人的敬拜，特别是在梅塔彭提翁。

关于它同冥王婚事及在冥界称尊的神话与梅塔彭提翁周边平原的大麦种植有着密切的关联。她的故事是关于灵魂永生的美丽隐喻，圣保罗在写下"你所种的，若不死就不能生"（《哥林多前书》第十五章第 36 节）之时不太可能对这一故事一无所知。使徒保罗的这一理念可能来自他的导师耶稣基督（《约翰福音》第十二章第 24 节）："一粒麦子不落在地里死了，仍旧是一粒；若是死了，就结出许多子粒来。"[2]

由此古希腊人如此诠释这一故事，我们可以从陵墓纪念碑上的珀耳塞福涅的呈现方式和关于秘仪的记载得窥一斑。

被接纳加入秘仪的人认为珀耳塞福涅是伊阿科斯之母，伊阿科斯的形象经常出现在他林敦双德拉克马上。

勒诺尔芒在其《大希腊》一书中提出，克托尼俄斯诸神崇拜大行其道可能是因为平原地势卑湿，疟疾肆虐，且这位女神被认为不但统治冥界，又具备普渡地上众生的法力。这种观念得到与女神头像一同出土

---

[1] Ernst Heinrich Philipp August Haeckel，公元 1834—1919 年，德国动物学家。——译者注

[2] 以上《圣经》译文从和合本。——译者注

的铭文记载的别名的支持。

即便是死亡的阴影，希腊人也处理得美轮美奂，教义中较光明的那一面在这些别名中得到体现，雪莱在《冥神之歌》也有提及，使用带有精美的女神头像的人们自然也不会忘记。我们今天了解这个故事主要是通过在学校里研读奥维德的《变形记》（Lib. V），以及《岁时记》第四卷。

蚱蜢

在所有看似蚱蜢的动物中，我们的英国农夫认得其中一种是危害农作物的害虫，就是蝼蛄，学名欧洲蝼蛄。这种蝼蛄生活在地下，在谷类作物根部之间凿洞而居，并以作物根部为食，尤其是当它们还很小，看上去就像黑蚂蚁的时候。有些此类生物出现在钱币背面大麦叶子上，如果不仅仅是装饰，那么这一图案可能象征着破坏的力量。勒诺尔芒先生认为，阿吕柏这个名字也象征着疟疾的破坏性力量，并坚称蚱蜢也叫这个名字，尽管他并未提供任何参考文献或证据。参见《大希腊》第128页："因为希腊人有时用阿吕柏这个词指代蚱蜢。"另一种破坏性的动物——老鼠有时也出现在大麦穗的下方。

留奇伯

留奇伯这个名字在希腊人当中很常见，罗雪尔的《词典》中就收录了不少于15位名叫留奇伯的人。梅塔彭提翁钱币上的留奇伯通常被认为斯特拉波关于城邦记载中的那位亚该亚人的领袖，即罗雪尔《词典》中的第九位留奇伯。但罗雪尔没有提到其他作者关于这个人的记载。R. H. 克劳森先生在其1839年发表的《埃涅阿斯与家宅保护神》第459页中说，他认为钱币上的英雄形象与狄俄墨德斯①如出一辙，并认为钱币上的名字归于亚该亚人的领袖在时间上是错误的。克劳森主张，钱币上的头像代表了城邦的一位创建者，因此，他认为这位英雄应属于比亚该亚人定居该地更早的时代。

---

① Diomedes，传说中的阿尔戈斯国王，特洛伊战争中的希腊英雄。——译者注

特洛伊战争的故事在梅塔彭提翁耳熟能详，特别是同皮洛斯人相关的内容。此外，狄俄墨德斯在南意大利广受崇敬，在阿谷里帕、梅塔彭提翁、图里和其他城邦都矗立着这位英雄的塑像。

狄俄墨德斯的铠甲据说珍藏在阿普利亚地区卢卡利亚城的雅典娜神庙中，他的金链则展示在普策提亚的阿尔忒弥斯神庙中。在临近的他林敦，狄奥斯库洛伊兄弟受到人们敬拜，他们有时也被称为留奇伯伊。

在品达的第六首《奥林匹克颂歌》中，"白驹"同得墨忒耳女儿的节日相关联；白驹也是其他神话英雄的标志，如品达诗中骑白驹的卡德摩斯①，以及伊阿宋君主宫殿中的"白驹"（品达IX，品达IV）。

这个名字如此含混不清，我们可以想象它也可能同阿波罗崇拜相关，阿波罗也被称为 **Λύχειος**（吕西奥斯）或 **Λυχηγενής**（吕塞盖内斯）（《伊利亚特》第四卷第 101 行和第 119 行）。这一题目尚未得到充分研究，我们无法确定梅塔彭提翁钱币图案的确切含义。

阿波罗

阿波罗的形象出现在公元前 480 年—公元前 400 年发行的斯塔特钱上，其呈现为向左方站立，裸体，右手持月桂主枝或月桂树，左手持弓。

有些品类的钱币上还有祭坛图案。

另有一款钱币，其上阿波罗呈坐姿，着齐拉缪斯短披风，弹奏里拉琴，前面有月桂树。其后，公元前 400 年—公元前 350 年，他的头像出现在钱币背面，并有 **ΑΓΟΛ** 铭文。

据传，阿波罗崇拜系由哲学家毕达哥拉斯于公元前 530 年带到南意大利的，其后约 50 年，出现了最早的带有阿波罗形象的钱币。选择这一钱币图案，是由毕达哥拉斯学派的门徒在其创始人去世后过了一代人

---

① Cadmeahs，希腊神话中的英雄，原为腓尼基王子，创建忒拜城并成为国王。——译者注

作出的决定。克罗顿人将其视为要么是极北之地的阿波罗①之子，要么就是这位神祇的化身。

阿波罗对极北之地神奇民族情有独钟，品达在其《皮提亚运动会颂歌》②中颂赞这个民族的健康与喜乐。他们的国度位于北方，据信盛产黄金，黄金由狮鹫守护。梅塔彭提翁的造币人在有些钱币的背面刻画了一个狮鹫标志，可能就是援引这个传说。毕达哥拉斯显然信奉一位超越希腊神话中所有众神的神祇。缪勒认为，阿波罗崇拜同自然崇拜没有关联。

如果这位阿波罗是"抵御邪恶之神"（Απέλλων），其崇拜系由德尔斐移植到克里特，那么这一教派契合了梅塔彭提翁人防范疟疾的想法，正如勒诺尔芒先生所言。

阿波罗手中的弓证明其同克里特的阿波罗的关联，月桂主枝则是同德尔斐之间的关联。毕达哥拉斯赋予了南意大利所有希腊教派中最崇高、最尊贵的一个。从艾利安、第欧根尼·拉尔修③及杨布利科斯等诸家的文献我们得知，新成员加入这一崇高的教团的入会仪式同敬拜阿波罗的仪轨存在关联。

牧羊人阿波罗

梅塔彭提翁钱币上有一位少年的头像，这位少年头戴装饰有公羊角的头饰。有观点认为，这个少年代表作为畜群保护神的阿波罗。荷马在《伊利亚特》（第二十一卷第488行）中讲述，宙斯命阿波罗在伊达山④

---

① Hyperborean Apollo，希腊神话中极北地区的神话国度，意为"北风神鞭长莫及之地"，阿波罗会在那里过冬。——译者注
② Pythian Games，古希腊四大泛希腊运动会之一，每四年在德尔斐举办，以荣耀阿波罗。——译者注
③ Diogenes Laertius，活跃于公元前3世纪，为希腊哲学家作传。——译者注
④ Mount Ida，古希腊有两座伊达山，一处在克里特，另一处在小亚细亚、特洛伊附近，此处指后者。——译者注

的山谷看护拉奥墨冬①的牛群，献给赫耳墨斯的《荷马颂歌》中也提到诸神的畜群由阿波罗看护。欧里庇得斯的剧作《阿尔刻提斯》第一句台词就是关于阿波罗看护牛群的。

图 16

品达在其第九首《皮提亚运动会颂歌》中讲述了这个神话。他说，这位神祇同利比亚②所生的儿子将是"神圣的阿波罗，挚爱人类，解危济困，善抚羊群，有人称他为阿戈柔斯和诺弥俄斯③，也有人称他为阿瑞斯泰俄斯④"。维吉尔曾歌咏"牧者阿瑞斯泰俄斯"（《农事诗》，Ⅳ，317）。在另一处，维吉尔歌咏作为牧羊人的阿波罗，第三首《农事诗》开篇为："还有你，伟大的牧神帕勒斯，应当被颂赞，我们为你歌唱，记录在此。"⑤ 钱币头像上有公羊角装饰让我们想起这些及其他相关记述。

赫拉克勒斯

几乎与裸体阿波罗持月桂枝站像钱币同时，梅塔彭提翁的造币总监推出了双德拉克马钱，图案为赫拉克勒斯裸体站立，大棒搭在肩上，以及另一种钱币，图案为这位英雄在一处圣坛献祭。这些钱币据信发行于公元前 480 年前后。正是在这一时期，从前仅有的大麦穗图案开始出现改变。

---

① Laomedon，特洛伊国王。——译者注

② Lybia，古希腊神话人物，埃及公主，利比亚地名即源于她。——译者注

③ Agreus 和 Nomius，希腊神话中的两位牧神。——译者注

④ Aristaeus，阿波罗之子，以擅长养蜂著称。——译者注

⑤ Pales，罗马神话中牧人和畜群的保护神。——译者注

有些执政官意图纪念年城邦的古老神话，另一些则希望向人民推广新的阿波罗崇拜。传说赫拉克勒斯从遥远的西部返乡途中，曾带着革律翁的牛群造访梅塔彭提翁。这个故事是西西里的狄奥多罗斯在奥古斯都大帝时代讲述的，且他的作品是关于这一传说的唯一权威来源。荷马和赫希俄德在讲述赫拉克勒斯的十二伟业时均未曾提及此事，而选中这个故事的可能是亚历山大学派。生于公元前480年的欧里庇得斯提到过这个故事，因此，这个故事在此以前应已经流传，欧里庇得斯才能将其作为著名的传奇故事提及。

埃克罗厄斯

大约与阿波罗和赫拉克勒斯裸像出现在梅塔彭提翁斯塔特钱币上同一时期，另一种图案设计追忆了最早的殖民者的神话故事。梅塔彭提翁所在的平原在布拉达努斯河和卡苏恩托河之间，最早的殖民者认为这两条河处于河神的影响之下，这位河神的希腊名字叫埃克罗厄斯。关于其所指代的古国的传奇，我们在尼亚波利一章埃克罗厄斯一节再详加探讨。

正面：**META**文字和大麦穗。

背面：河神埃克罗厄斯以人形出现，有须髯，长着公牛耳和公牛角，正脸，站立，持浅底碗和长芦苇。币文为**ΑΨΕΛΟϟΟ ΑΕΛΟΦΝ**。有时底板上有海豚图案。斯塔特。

币文显示，同尼亚波利一样，梅塔彭提翁也举办荣耀这位河神的运动会。这些钱币极为珍稀，大英博物馆没有收藏，在巴黎有一枚。

宙斯

公元前400年—公元前350年梅塔彭提翁艺术兴盛，期间一个精美的宙斯头像出现在一些双德拉克马上，有时有币文**ΕΛΕΥΘΕΡΙΟΣ**。

有些古代作家认为宙斯是得墨忒耳的兄弟和珀耳塞福涅的父亲，也同黑暗女神勒托生下阿波罗。因此，在为荣耀其姐妹和妻子或子女而奉献的钱币上出现他的头像也就不足为奇了。

ΕΛΕΥΘΕΡΙΟΣ币文的本意可能是将宙斯描绘成无止境赐予丰厚

赏赐的神祇。亚里士多德的《尼各马可伦理学》（Ethics Nice. Ⅳ I. I. zen）。在此意义上，这个别名非常契合宙斯作为谷物赐予者得墨忒耳丈夫的身份。

宙斯－阿蒙

公元前400年—公元前350年，类似宙斯－阿蒙的须髯头像出现在赫克塔伊或六分之一斯塔特钱币上。

这款钱币显然是与有公羊角青年头像图案的海克泰同时发行的。如果我们的观点正确，即钱币上的有角蓄须头像确系宙斯－阿蒙，我们可以由此引申出该钱币系纪念关于赫拉克勒斯的一个传说。赫拉克勒斯的传奇故事在梅塔彭提翁广受敬畏。其中一个故事讲述，赫拉克勒斯在极度干渴之时向宙斯吁求，一头公羊以蹄刨地，告知赫拉克勒斯水源之所在。关于这个故事，可参见塞尔维乌斯《〈埃涅阿斯纪〉评论》1680年版第四卷第196章第680页。如果此一观念来自希腊，而非埃及，其所指代的可能是另外一个希罗多德（Ⅱ，42）讲述的有关这类头饰的故事：赫拉克拉斯欲见宙斯，宙斯砍下一头公羊的头，将其举在面前，将羊皮披在身上，以这副打扮接见赫拉克勒斯。

有观点认为，毕达哥拉斯的部分理念源自埃及。无论如何，这一钱币设计可能表明对埃及传说的了解。

埃克尔[①]在《古代钱币知识》第一卷第一章第155页指出，梅塔彭提翁钱币上出现宙斯－阿蒙头像不足为奇，因为厄利斯人对这位神祇怀有特别的崇敬。

希罗多德说，宙斯－阿蒙敬拜仪轨系由一位埃及女祭司传入；保萨尼亚斯在著作中记述了厄里斯人中流传的这一教义。在玻俄提亚的忒拜有一座阿蒙神庙，内有品达奉献的一尊雕塑。

尼姬

公元前330年—公元前300年发行的部分斯塔特上有**NIKA**字样，

---

① Joseph Hilarius Eckhel，公元1737—1798年，奥地利钱币学家。——译者注

以及一尊面向左侧的女性头像，头戴装饰有橄榄桂冠的御冕，御冕尾部有两条宽阔的丝带；头像颈部前方有 **Σ** 字样。背面为常见的大麦穗图案。在《大英博物馆藏品目录》第 136 项，该品钱币被称为"尼姬头像"。

另一款（第 141 项）在目录中的名称为"**NIKA**，尼姬头像，右向；着御冕，御冕系在前方，后部饰有三颗星，耳环及项链"。

橄榄桂冠表明头像为 Νίκη Αθηνᾶ πολιάς（胜利女神 - 城邦雅典娜），索福克勒斯在《菲洛克忒忒斯》中曾提及这位女神："愿始终庇佑我胜利女神雅典娜，众城邦的保护神，引领我们。"

欧里庇得斯的《伊翁》中呼喊这位女神"ὦ πότνια Νίκα"（胜利女神），阿里斯托芬在《吕西斯特拉特》第 326 行提到同一位女神。

这一图案展示给我们的到底是尼姬，抑或是胜利女神雅典娜，又或者"胜利"系珀耳塞福涅的别名，因为珀耳塞福涅每年重返阳间也寓示着战胜死亡？如果最后一种说法可信，这同用于雅典娜的别名 **ΗΥΓΙΕΙΑ** 有可比之处。

德·吕内公爵①将 **NIKA** 币文解读为代表胜利女神，并指出，这种情形在布鲁提人当中及在卢卡尼亚颇为常见。问题是，"胜利"到底是说战争，还是运动会？

鉴于钱币发行时间并无关于战争胜利的记载，"胜利"可能是指体育竞技。在毕达哥拉斯教团同人眼中，体育竞技有着非常重要的意义。

健康女神许癸厄亚

许癸厄亚在这个币文上或许意味着健康的赐予者，这一头衔不仅是医神阿斯克勒庇俄斯②之女，还用作雅典娜的别名，参见保萨尼亚斯 LXXⅢ.4，"但在狄特里菲斯像附近还有神像，以及许癸厄亚，传说中阿

---

① 此处应指 Honore Theodoric d'Albert de Luynes，第八代德·吕内公爵，法国贵族、学者、收藏家，曾在梅塔彭提翁遗址进行考古发掘。——译者注

② Aesculapius，阿波罗之子，医疗之神，手持蛇杖。——译者注

斯克勒庇俄斯之女，以及雅典娜，同样也被称为许癸厄亚。"在埃斯库罗斯的《复仇女神》丁道夫①编辑版535行，我们读到 ὑγίεια φρενῶν 作为雅典娜的一个名字。

这些钱币上，许癸厄亚之名同珀耳塞福涅头像一同出现，对这片人们对疟疾充满恐惧的土地来说倒是恰如其分，且珀耳塞福涅女神在当地又被称为 Σωτηρία（索忒莉娅，司安全、保护、拯救的女神）。

《大英博物馆目录》（第62项）是一款斯塔特，头像颈部底座有 ϜΥΓΙΕΙΑ 币文，头像被称为许癸厄亚头像。

至尊

大英博物馆收藏中没有此类钱币，但德国《钱币学期刊》Ⅱ，2记录了一款。这一头衔通常用于宙斯，比如在荷马《伊利亚特》中。如果我们认为这一币文是称呼珀耳塞福涅的，刚好与品达在第一首《涅墨亚颂歌》第20行中使用这一次会的方法相吻合：ἀριστεύοισαν εὐκάρπου χθονὸς，"所有沃土中最美丽的、无可比拟的"。

和谐

这一词汇究竟是指"和谐"，即同拉丁语中的和谐女神孔科耳狄亚指代同一理念，还是表达毕达哥拉斯教团希冀达到的理想的心智境界，并归功于城邦守护女神的一种品质？

鉴于这些钱币上的其他文字似乎都在表述女神珀耳塞福涅的某种影响，那么，这枚钱币上出现另一位不同的神祇，或类似罗马帝国时期钱币上的拟人化处理，似乎不太可能。

如果我们将 ὁμόνοια 看作 ἁρμονία 的同义词，后者在《荷马史诗》中用来表述联盟或约法（《伊利亚特》，22，253），埃斯库罗斯用来描述和谐的政体（《被缚的普罗米修斯》，551），希波克拉底等人用来指代躯体的和谐，那么，我们就能理解毕达哥拉斯学派使用这个词汇最有可

---

① Karl Wihelm Dindorf，公元1802—1883年，德国古典学者。——译者注

能用心何在。这个词汇所包含的是这座城市的伟大导师所创建的教团的至高理想。

索忒莉娅

$\Sigma\omega\tau\acute{\eta}\rho$一词经常用作诸神的别名，比如埃斯库罗斯《祈援女》第982行"奥林匹斯诸神是我们的救主"，以及索福克勒斯《菲洛克忒忒斯》第738行"他们（诸神）将作为我们的救主降临"。超乎一切，这一尊号特别用以指代宙斯，比如品达《奥林匹克颂歌》Ⅴ-39，"宙斯，端坐顶峰的守护之神"。

古希腊的一个习俗是宴会上要将第三杯酒敬献给宙斯，称颂其为$\Delta\iota\grave{o}\varsigma\ \sigma\omega\tau\eta\rho\acute{\iota}o\upsilon\ \sigma\pi o\nu\delta\acute{\eta}\ \tau\rho\acute{\iota}\tau o\upsilon\ \varkappa\rho\alpha\tau\tilde{\eta}\rho o\varsigma$（索福克勒斯《戏剧残篇》357），谚语$\tau\grave{o}\ \tau\rho\acute{\iota}\tau o\nu\ \tau\tilde{\omega}\ \sigma\omega\tau\tilde{\eta}\rho\iota$即由此衍生而来。

在埃斯库罗斯《阿伽门农》第512行，这一别名也用来指代阿波罗，也用于赫耳墨斯、阿斯克勒庇俄斯、机缘女神泰姬等，而且绝对也用作任何守护神祇的尊号（希罗多德，《历史》，Ⅷ，138）。在梅塔彭提翁的这些钱币上，这一尊号或许是指代城邦的守护女神珀耳塞福涅，参见《大英博物馆目录》（第144项）。

女神头像几乎完整正面，头上戴有大麦花冠。

艺术家的签名

除了在西西里和南意大利，钱币上甚少出现艺术家的签名。希腊本土钱币上从未发现有签名，在克里特已知的只有两个签名，小亚细亚的一枚钱币上发现过一个签名。最早的签名可追溯至约公元前440年，叙拉古的欧迈尼斯或许是首位获准在其作品上留下自己签名的艺术家，此后不久，客蒙亦在叙拉古、梅塔彭提翁和梅萨纳的造币厂获得同样特权。

梅塔彭提翁钱币上共出现八位艺术家的签名，即阿波罗尼奥斯、阿里斯提博斯、阿里斯托采尼斯、卡××、客蒙、波罗××、斯普罗××，以及菲利斯提昂。当在以同一风格打造的若干品类钱币上均发现异常细小字体的签名时，我们有强烈的理由认为这是雕模师的签名。造币厂总监的名字字体通常更大且加重，而且并不置于钱币上的相同位置。

艺术家的签名要么在头像颈部底座，要么在头盔上，要么在装饰物上，要么在叶子下方，而造币总监的名字则出现在底板上。

有些签名被所有钱币学权威认同属于艺术家，但有些签名则被一些学者认为存疑或否定。如 **AΓH**（**APH** 或 **AΠH**）签名，冯·萨莱特博士①否定，但桑邦博士和 H. 布鲁恩②博士则认为是艺术家签名；再如 **APIΣTH** 和 **AYΓI** 也遭到冯·萨莱特博士的否定。

有些艺术家为多家造币厂工作，比如签名为 **KAΛ** 的艺术家就曾在梅塔彭提翁、赫拉克利亚、他林敦和图里翁留下印记。

阿里斯托采尼斯曾为梅塔彭提翁、赫拉克利亚和他林敦工作，阿波罗尼奥斯为梅塔彭提翁和他林敦制作钱币，著名的客蒙，其作品则见于叙拉古、梅塔彭提翁、他林敦，以及图里翁。

福若先生提醒我们，在这些艺术作品上："你能感受到真正的大师之作所散发的那种赤子之心，个性化的诗意，以及真正的艺术。这是古典式优雅的胜利。致力于达到的目的：极致的简约与极致的丰富的结合。"③

ΛΓ—AΓOΛ（阿波罗尼奥斯）

米歇尔·P. 弗拉斯托先生已经作出一个结论性的判断，即梅塔彭提翁和他林敦钱币上的这些字母确实代表一位艺术家——雕模师的名字。他指出叫这个名字的有两位艺术家，第一位活跃于公元前 4 世纪下半叶，另一位则活跃于公元前 281 年之后。

第一位艺术家的作品见于一品精美的梅塔彭提翁斯塔特，上有得墨忒耳头像，在右侧底板上有微缩字母 **AΓO**。钱币背面大麦穗下方有一

---

① Alfred von Sallet，公元 1842—1897 年，德国钱币学家。——译者注

② Heinrich von Brunn，公元 1822—1894 年，德国考古学家。——译者注

③ 原文为法文，"on y ressent cet accent de sincerite emue, de poesie personelle et d'art veritable qui emane des vrais chefs – d'oeuvre. la triomphe la grace antique. point d'effort: l'extreme simplicite s'allie a l'extreme richesse."——译者注

只老鼠，叶子下有字母 **Φ**（《大英博物馆目录》，第 124 项）。

福若先生的著作第 35 页列出一枚颈部之下有 **ΑΓ** 签名的类似钱币的图示。这枚钱币没有上一款那么完美，可能是大师的一位门徒的作品。另一枚类似的钱币（《大英博物馆目录》，第 122 项），签名字母 **Α** 在颈部右侧，**Γ** 在左侧。

这位艺术家制作的另一款精美的钱币可参见福若先生的著作（第 37 页），其呈现了得墨忒耳的头像，几乎完整正脸，微缩签名出现在右侧底板上。

阿波罗头像颈部下方也出现过 **ΑΓΟΛ** 签名，但有观点认为这是指神祇的名字，而不是艺术家的，因为我们见到本时期钱币上出现神祇名字的类似情况。

ΑΡΙΣΤ（阿里斯提博斯）

在公元前 400 年—公元前 350 年的一品梅塔彭提翁双德拉克马上，**ΑΡΙΣΤ** 签名出现在正面女神头像颈部下方。颈部之后有 **ΣΘΑΤ** 字样；背面是常规的有老鼠的图案。

布鲁恩、冯·萨莱特和其他学者考证，**ΑΡΙΣΤΙΠΠ**、**ΑΡΙΣΤΙΠ**、**ΑΡΙΣΤΙ** 等是造币总监，而非艺术家的签名。福若先生在其著作第 42 页和第 43 页列出两枚有 **ΑΡΙΣΤΙ** 签名的钱币，彼此风格大相径庭。

ΑΡΙΣΤΟΞΕ（阿里斯托采尼斯）

约公元前 400 年—公元前 350 年，一位名叫阿里斯托采尼斯的艺术家在梅塔彭提翁红极一时，其签名的作品配得上最好的时代。

ΑΡΙΣΤΟ 签名出现在钱币正面女神颈部下方，还有一款钱币，签名呈 △PIΣTO，在女神头像后方。图示可参见福若先生著作第 48 页、第 49 页和第 50 页。《大英博物馆目录》第 74 项收录的一款钱币，**ΑΡΙΣΤΟ** 签名在颈部下方。这些微缩的签名属于艺术家毫无疑义，其风格在所有钱币上也是统一的。

ΚΑΛ

签名为 **ΚΑΛ** 的艺术家是阿里斯托采尼斯的同事，他们接替了菲里斯提奥诺斯出任雕模师。菲里斯提奥诺斯在钱币上的签名为**Φ**。

签名为**ΚΑΛ**的艺术家兴盛于公元前345年前后，设计了赫拉克勒斯扼死狮子的图案。他似乎不停歇地在梅塔彭提翁、图里翁和他林敦三城间巡游。

他最后的作品是梅塔彭提翁发行的戴桂冠宙斯头像的钱币，其时正值伊庇鲁斯的亚历山大客居该城。

微缩字体的**ΚΑΛ**签名在一款得墨忒耳头像钱币上出现在背面公牛头骨装饰上，该钱币另有**ΔΑΜΑΤΗΡ**币文。还出现在另一款有鸽子或蛇符号的钱币上，以及一款没有符号的钱币上。

有这一签名的另一款梅塔彭提翁钱币上是少年狄俄倪索斯头像，3/4脸，面向左侧，头戴常青藤冠冕。

另有一款宙斯戴像树叶皇冠头像图案钱币，其中有些背面为孔雀头和**ΚΑΛ**签名。

一款青年英雄头像钱币上可见字母**Κ**，该款钱币上有**ΘΑΡΡΑΓΟΡΑΣ**币文，背面有**ΟΝΑ**字样。这表明字母**Κ**代表**ΚΑΛ**，因为我们在他林敦的钱币上发现了**ΟΝΑ**和**ΚΑΛ**两个签名。

字母**Κ**还出现在另一款梅塔彭提翁钱币上，其图案为**ΔΑΜΑΤΗΡ**头像，面向左侧，头戴大麦花冠，背面有**ΑΡΧΙΜ**签名。

ΚΙΜΩΝ（基蒙）

ΚΙΜΩΝ签名属于一位广受崇敬的叙拉古艺术家，这位艺术家也曾为梅塔彭提翁工作。

在伽汝奇①的《古代意大利钱币》中，我们可以看到一枚钱币，上有珀耳塞福涅头像，面向右方，颈部后方是他的签名。

ΠΟΛΥ签名

海德博士、希尔先生、安霍夫－布鲁默②和冯·萨莱特先生均认同

---

① Raffaele Garrucci，公元1812—1885年，意大利艺术史学家。——译者注

② Friedrich Imhoof-Blumer，公元1838—1920年，瑞士钱币学家。——译者注

梅塔彭提翁钱币上的字母 **ΠΟΛΥ** 系一位艺术家的签名。这一签名出现在珀耳塞福涅头像颈部下半部，这款钱币的图示可参见伽汝奇著作，另一有款现存大英博物馆（《大英博物馆目录》意大利部分，第 250 页，第 93 项）。

同样的签名还出现在阿波罗头像下方，安霍夫－布鲁默博士认为，这一签名的艺术家与签名为 **ΑΠΟ** 的阿波罗尼奥斯是同一人。

Σ 签名

这一字母经常出现在梅塔彭提翁钱币上，可能是一位艺术家的签名。

ΣΠΛΥ（公元前 400 年—公元前 350 年）

这一签名出现在一款梅塔彭提翁双德拉克马上，该钱币上为戴桂冠的阿波罗头像，面向右方，结发。签名在头像颈部下方，其下有字母 **Σ**。背面为大麦穗，以及猫头鹰左向飞翔图案（《大英博物馆目录》第 95 项和第 96 项）。没有任何希腊名字以这些字母开头，如果这不是一个异族人的名字，那可能就是拼写错误。

菲利斯提昂（Φ、ΦΙ、ΦΙΛΙΣ）（公元前 340 年—公元前 315 年）

钱币背面为得墨忒耳头像，面向右侧，戴面纱和大麦冠冕，背面为常规的大麦穗图案，以及一只老鼠，在一片叶子下面有 **Φ** 签名。诸多钱币上都有 **Φ** 签名，最有可能系菲利斯提昂的缩写，比如一枚背面为大麦穗和双耳罐图案的钱币（《大英博物馆目录》第 114 项，另参见第 125 项）。

菲利斯提昂（公元前 350 年—公元前 300 年）

这个名字也出现在一款留奇伯头像钱币上，与三角形图案装饰相关联。另一款正面为 3/4 脸狄俄倪索斯头像，有 **ΚΑΛ** 签名。参见该款钱币背面图案。

币制

南意大利早期亚该亚城邦采用哥林多的钱币标准和进位体系，有所减轻。由此我们或许可以推测，意大利城邦与东方的绝大多数贸易往来

经由哥林多，而不是经梅塔彭提翁至米利都①的长途航线，因为航海者
经由哥林多前往小亚细亚一路，陆地始终在视线之内。毫无疑问，造币
的技艺系由哥林多传入大希腊，因为哥林多质地扁平的双翼飞马珀伽索
斯图案斯塔特显然显然成为当地货币的蓝本，他们还效仿了背面阴刻图
案，这是哥林多钱币的风格。三分法埃维亚标准也是从哥林多引进的。
这一标准系由轻量亚述－巴比伦金弥那②衍生而来。该标准中，一舍客
勒折合 130 格令，可能是从萨摩斯岛引进的。在约 270 年的时间中，哥
林多钱币是南意大利流通的唯一通货。梅塔彭提翁约于公元前 550 年开
始造币，而哥林多造币则始于公元前 626 年。

梅塔彭提翁最早的钱币分为：

钱币	重量（格令）
斯塔特	126
1/3 斯塔特	42
1/6 斯塔特	21
1/12 斯塔特	11

这些斯塔特等分钱币具体叫什么名字我们不得而知，但既然重量一
度为 11 格令的西西里利特拉一定广为人知，那么，1/12 斯塔特很可能
被称为利特拉；如果确系如此，那么 1/6 斯塔特应该叫四半利特拉，
1/3斯塔特叫三利特拉。

然而，无论如何，哥林多对梅塔彭提翁的影响与西西里的影响分庭
抗礼，而哥林多的小面值钱币名为奥波和德拉克马，如果 1/12 斯塔特
被称为奥波，则 1/6 斯塔特应称为四半奥波，1/3 斯塔特称为德拉
克马。

ΟΒΟΛΟΣ一词确实出现在梅塔彭提翁的某些青铜币上，但其价值

---

① Miletus，小亚细亚古希腊城邦，其遗址在今土耳其安纳托利亚西海
岸。——译者注

② mina，古代近东重量标准和货币名称，1 弥那 =50 舍客勒。——译者注

恐怕不及 11 格令白银。青铜币似乎只是记账货币，这个币文到底何指很难理解。

第一类　公元前 550 年—公元前 480 年

图 17

已发现的最早时期的斯塔特有三种不同尺寸，但重量大致相同，在 117 ~ 129 格令。常见重量为 126 格令。

（a）最早的钱币直径约为 $1\frac{1}{16}$ 英寸，非常薄，偏平，比一般希腊钱币圆得多。

正面：一穗大麦，珠状内齿，有或没有边线，或珠状内齿在凸起的边缘上。

背面：同样图案，阴刻。

币文为古风字体，**MET**，或 **NETA**，或 **NE—TA**，或 **NFTAΓ**，或同样文字反向书写。

大英博物馆收藏的此类最早期钱币中，有一枚在图案的右侧有一只蚱蜢。

我们发现，有时这些图案直接打制在哥林多飞马钱上，大英博物馆收藏的一枚此类钱币上，飞马珀伽索斯的翅膀清晰可见。

（b）略晚发行的钱币只是尺寸略小，质地略厚。

直径约为 15/16 英寸，重 120 ~ 126 格令。

（c）本时期临近终结时，同等重量钱币的质地更厚了，而直径则缩小至 3/4 英寸，正背面图案与上文（a）和（b）相同。

面值

1/3：正常重量应为 42 格令，但已知品类重量在 38 ~ 40 格令。

1/6：正常重量为 21 格令。

正面：一穗大麦。

背面：正脸公牛头，阴刻。

1/12：正常重量为 11 格令。

（a）正背面同斯塔特。

（b）正面：大麦穗。

背面：阴刻谷物，图案两侧字母 **O**，正背面均有。

公牛头

有传说称最早的定居者来自福基斯，有观点认为，公牛头是指代这一起源：福基斯的钱币上也有公牛头。

保萨尼亚斯记载，普拉提亚人以牛向阿波罗献祭。

第二类

正面：大麦穗，**META**。

背面：五颗谷粒呈星状排列。大英博物馆仅藏有一品，重 124.4 格令。质地厚实，图案突出，为珍稀的钱币。

第三类　公元前 480 年—公元前 400 年

这一时期的斯塔特重 121～125 格令。

1. 正面：大麦穗，同早期钱币；**META**；边缘突起，有珠状内齿。

背面：阿波罗裸像，面向左侧站立，右手持月桂树或月桂主枝，左手持弓。

2. 同 1，但阿波罗左侧增加了一个祭坛，祭坛上安放月桂主枝。

3. 正面同 1。

背面：裸身赫拉克勒斯左向站立，大棒搭在肩上。

4. 正面同 1。

背面：裸身赫拉克勒斯在祭坛献祭，其伸出的右臂上方有一物体，《大英博物馆目录》称是公牛头骨装饰（第 51 项）。

5. 正面：大麦穗；**META**。

背面：河神埃克罗厄斯拟人化形象，有须髯，公牛角和公牛耳，正脸，站立，持浅底碗和长芦苇，币文为 **AYEVOƧO AEOΛON**。

这些钱币可能是荣耀埃克罗厄斯运动会的奖品。

6. 正面：大麦穗；**META**。

背面：坐姿阿波罗，着齐拉缪斯短披风，弹奏里拉琴，前有月桂树。

第四类　面值

1. 正面：大麦穗；**META**。

背面：阿波罗右向站立，正脸，头发结成发髻，右手放在臀部，左手持弓。所有这些元素均在一个月桂花环之内。

大英博物馆的这款钱币重 55.7 格令，或许是重量不足的半斯塔特。

2. 正面：大麦穗。

背面：河神埃克罗厄斯头像，人头牛身侧像。

这是一款赫克塔伊，即 1/6 斯塔特，重量 11.3～12.3 格令不等。

第五类　公元前 400 年—公元前 350 年

正是在这一时期，钱币雕模师的技艺臻于完美。

1. 正面：各类不同女性侧向头像，通常面向右方，但大英博物馆有六品面向左方，也属这一系列，有些是这一系列的早期品类，有些则属晚期。

海德博士评论道："这些钱币上无数种不同头像，展现出纯粹与极致的美，让人叹为观止。"

有些头像配有文字，说明钱币所要尊奉的神祇的名字或尊号，如 **ΔAMATHR**（得墨忒耳）、**AΠOΛ**（阿波罗）、**APIΣTE**（至尊）、**ΗYΓEIA**（许癸厄亚）、**ΗOMONOIA**（和谐）等。

有得墨忒耳头像的由 **KAΛ** 签名。

背面：大麦穗；**META**；有时还有一个其他符号，如鸟、骨螺贝壳、花瓶、金银花花朵、蝗虫、罂粟果实、飞翔的猫头鹰，有时还有艺术家的签名。

2. 正面：赫拉克勒斯头像，戴狮子皮头饰。

背面：大麦穗；**META**；蝗虫。

3. 正面：少年男性头像，戴山羊皮头饰，有山羊角和山羊耳。海德博士认为，这一形象代表着"利比亚的狄俄倪索斯，或阿波罗－卡尼厄斯，畜群的保护神"。

图 18

4. 正面：宙斯头像，有时有**ΕΛΕΥΘΕΡΙΟΣ**字样。

面值

图 19

1/6：正面：有角少年头像。

背面：大麦穗。

正面：须髯有角头像，可能是宙斯－阿蒙。

背面：大麦穗。

第六类　公元前 350 年—公元前 330 年

这一时期的钱币显示，本城公民变革币制，与图里翁同化，将过去的三分法和六分法改为二分法和四分法。

1. 四德拉克马或双斯塔特，重 240 格令。

正面：有须髯的英雄留奇伯头像，戴哥林多式头盔。符号：后方山羊前半身，头盔上的胜利女神尼姬，乘坐飞驰的驷马战车，合叶上方为有弯曲翅膀的海马；后方：奔跑的狮子的半身，面向右方，其前方为签名**ΑΓΗ**，珠状内齿。

背面：大麦穗；**ΜΕΤΑΠΟΝΤΙΝΩΝ**。

造币总监姓名缩写：**ΑΜΙ**。

图20

2. 斯塔特，重122格令。

正面：戴哥林多式头盔的留奇伯，仅展现出少许胡须，**ΘΑΡΡΑΓΟΡΑΣ**。

3. 半斯塔特，重62格令。

正面：阿波罗站像，持弓。

背面：大麦穗，整体围绕在橄榄花环之内，**ΜΕΤΑ**。

4. 正面：猫头鹰在橄榄枝上，**ΣΙ**。

背面：大麦穗，**ΜΕΤΑ**。49格令。

第七类　公元前330年—公元前300年

梅塔彭提翁并未像他林敦一样发行减重标准的钱币，可能的原因是，在其于略早于公元前300年被卢卡尼亚人攻占后，该城邦没有再发行钱币。

1. 斯塔特。正面：珀耳塞福涅头像，一缕长发飘逸在脑后，头像一般面向右方。与早期品类相比，该款钱币风格颇为低劣。重120～126格令。

2. 同一位女神，头发梳拢。

3. 同一位女神，戴束发带。

4. 同一位女神，面纱垂落，戴头盔。

5. 同一位女神，戴发网。

6. 同一位女神，头发遮盖。

7. 同一位女神，正脸，向右偏，戴金银花和大麦花冠，有时上方有ΣΩTHPIA文字。

8. 尼姬头像，戴花冠束发带的胜利女神。

9. 尼姬头像，戴装饰有星星的束发带。

背面：大麦穗以及一个符号，如犁、蚂蚁、丰饶之角、双耳罐、葡萄藤枝、蝉、星、尼姬、萨提尔①、钳子、狮鹫、钉耙、阿尔忒弥斯、大棒、闪电、牛头骨、树叶、赫耳墨斯的商神杖、三足鼎、老鼠等。

面值

半斯塔特，重49～56格令。

正面：戴有翼头盔的帕拉斯。

背面：大麦穗；符号：大棒；ΛYK花押。

双奥波。重21格令。

1. 正面：得墨忒耳头像，头发悬垂。

背面：大麦穗。符号：犁。

2. 正面：戴哥林多式头盔的帕拉斯，METAΓONTI。

背面：大麦穗，以及作为符号的犁、丰饶之角等。

青铜钱币

邻邦他林敦推出青铜币时间在约公元前330年，即摩罗西亚的亚历山大抵达后不久，梅塔彭提翁和赫拉克利亚推出铜币的时间当也在此时。海德博士将尼亚波利最早推出青铜币的时间追溯至公元前40年，但另有观点认为该城邦早在约公元前430年即出现最早的青铜币。梅塔彭提翁受希腊的影响要强于意大利的影响。早于梅塔彭提翁一个世纪，克罗顿已使用青铜币。越往北，青铜越易获得，罗马使用青铜币的时间要早于使用银币。

---

① Satyr，希腊神话中的精灵，人形，山羊角和山羊尾，以酗酒和淫荡闻名。——译者注

梅塔彭提翁的所有铜币均尺寸小，最大的直径才 7/8 英寸，最小的只有 0.4 英寸。较大的铜币叫奥博利，某些钱币上会出现这一词汇。

1. 奥博利。约公元前 330 年，直径 0.85 英寸或 7/8 英寸。

赫耳墨斯面向左方，戴宽边帽，着短披风，右臂伸展，左手持商神杖，左侧底板有 **EY** 字样，所有图案围绕在精细的小圆点组成的圆环内。

背面：**ME. οBOΛOS**，大麦穗。

2. 尺寸比上一款略小，约公元前 330 年。

正面：珀耳塞福涅头像，面向右方。

不同品类上女神头像头饰有所不同，如上文斯塔特钱。

背面：**OBOΛOΣ**。大麦穗，有时有符号，同斯塔特。

3. 直径：0.65 英寸或近 11/16 英寸。

某些钱币图案同 2，年代同 2。

4. 直径：0.65 英寸。

正面：戴哥林多式头盔的帕拉斯，面向右方。

背面：大麦穗，即无法辨识的币文。

5. 直径：0.55 英寸或 5/8 英寸。

正面：珀耳塞福涅头像，面向右侧，戴谷物冠冕。

背面：**META**，大麦穗。

6. 直径：同 5。

正面：赫拉克勒斯头像，戴狮子皮。公元前 3 世纪。

背面：**META**，大麦穗。

7. 直径：0.55 英寸。

正面：右向宙斯头像。公元前 3 世纪。

背面：两个大麦穗。

8. 直径：0.55 英寸。

正面：有须髯戴头盔头像。约公元前 300 年。

背面：**M—E**，一枚大麦粒。

9. 直径：约半英寸。

正面：面具，面向右方，头发梳拢。

背面：一枚大麦粒。

10. 直径：0.45 英寸。

正面：珀耳塞福涅头像，面向左方，长发垂落。

背面：一枚大麦粒，**ME**和**A⅂**。

11. 直径：约半英寸。公元前 3 世纪。

正面：三足鼎。

背面：大麦粒。

12. 直径：半英寸。

正面：赫耳墨斯头像。约公元前 300 年。

背面：三枚大麦粒呈星状排列，有**M—E**文字。

13. 直径：约半英寸。

正面：戴头盔的帕拉斯头像，右向。

背面：同 12，但有苍蝇符号。

14. 直径：约半英寸。

正面：太阳神赫利俄斯胸像，散发光芒。约公元前 300 年。

背面：同 12。符号：燃烧的火炬。

15. 直径：0.5 英寸。

正面：无须髯男性头像，戴公羊角头饰。

背面：**META**，大麦穗。符号：修枝刀。

16. 直径：约半英寸。

正面：珀耳塞福涅头像。约公元前 3 世纪。

背面：大麦穗。

17. 直径：0.65 英寸，近 3/4 英寸。

正面：鹰，面向左方，展翅。

背面：大麦穗和闪电。

18. 直径：0.55 英寸。

正面：战神雅典娜。约公元前 300 年。

背面：**META**。猫头鹰在大麦穗上。

19. 直径：0.45 英寸。

正面：阿尔忒弥斯头像，头发挽成发髻，弓和箭囊挎在肩上。

背面：**META**。大麦穗上。底板上有双耳瓶。

20. 直径：0.65 英寸。

正面：留奇伯头像，右向，有须髯，戴有冠饰的哥林多式头盔。

背面：**META**。珀耳塞福涅正面像，戴大麦花冠，左手持长火炬，火炬顶端有十字形物件，左手放在臀部。

21. 直径：0.65 英寸。

正面：有须髯男性头像，右向，周围环绕花冠或御冕。

背面：大麦穗。铭文不详。

22. 直径：0.6 英寸。

正面：得墨忒耳胸像，右向，戴束发带和面纱。

背面：**META**。大麦穗。

23. 直径：0.65 英寸。

正面：珀耳塞福涅头像，右向，戴大麦花冠、耳环、项链。有珠状内齿。

背面：**META**。两颗大麦穗，右侧的有叶子，叶子上一只鸽子，翅膀部分张开。

24. 直径：0.65 英寸。

正面：狄俄倪索斯头像，左向，常青藤花冠环绕。

背面：**META**。大麦穗，右侧有叶子，叶子上有短火炬，火炬顶端有十字形物件。

25. 直径：0.4 英寸。

正面：宙斯头像，右向，戴桂冠。

背面：同 24，但火炬更长。

26. 直径：0.4 英寸。

正面：赫耳墨斯头像，右向，戴宽边帽。

背面：**ME**，在有翼的赫耳墨斯商神杖之上，商神杖之下为**TA**。

27. 直径：0.45 英寸。

正面：潘神头像，右向，有角，戴花冠。

背面：**META**。大麦穗，右侧有叶，叶上有不明物体。

28. 直径：0.35 英寸。

正面：潘神头像，无花冠。

背面：**E**。一枚大麦粒。

以上品类有很多如果品相不太完美，可能所费不过 1~5 先令。

锡里斯和皮克索斯^①

普通的钱币收藏者对锡里斯钱币兴味索然，因为该城邦钱币极为珍稀，只有一流大博物馆才有收藏。但不为占有的贪欲所羁绊的研究者却可以自由的心态，将斯特拉波与阿特纳奥斯的文字，在自己的意念中编织成美丽的图画，神游这古城。

这座早已失落的古城所发行的钱币，是薄薄的圆盘状银片，其形制同锡巴里斯的完全相同，唯一不同的只是币文。因此，我们并无特殊的理由抱憾于其稀缺，或我们无法亲身拥有一枚。

锡里斯的具体位置迄今尚未为考古发现所确定，但我们知道其位于锡里斯河口附近的肥沃平原上。这条河如今的名字叫西诺河，已经因为疟疾而荒废了。这座城市起初由佩拉斯吉的奥诺羯利亚人部落考奈人所建，其名字源于某位土著统治者的女儿或妻子的名字，或者源于其所在的河流的名字。我们将看到，斯特拉波讲述了一个定居于此的特洛伊人的传奇故事，但也记载了来自科洛封^②的爱奥尼亚殖民者从考奈人手中

---

① Pixus 或 Pixous，在今意大利南部坎帕尼亚大区。——译者注
② 小亚细亚西海岸爱奥尼亚联盟十二城邦之一，位于今土耳其安纳托利亚。——译者注

夺取该城。鉴于爱奥尼亚人当时文明程度甚高，他们可能与特洛伊人比邻而居。阿特纳奥斯告诉我们，这座城市首先由来自特洛伊的移民所占据，随后成为科洛封的殖民地，科洛封临近以佛所，关于这点，他援引蒂迈欧[①]和亚里士多德作为权威来源。蒂迈欧是西西里人，他记述的南意大利历史直至公元前 264 年。他告诉我们，锡里斯人像锡巴里斯人一样穷奢极欲，穿色彩绚丽的服饰，以及昂贵的腰带。

阿特纳奥斯还引用帕罗斯的阿尔塞罗库斯[②]的诗句。阿尔塞罗库斯曾于公元前 690 年—公元前 680 年造访锡里斯[③]，并如此描述该地："锡里斯河畔的这座城，没有何处比她更美，没有何处比她更令人渴求、热爱。"

斯特拉波在其著作第四卷中记载了一则关于特洛伊人占领该城的传说："他们指着矗立在那里的特洛伊雅典娜神像，作为特洛伊人殖民该地的证据。他们还讲述了关于神像为何闭上双眼的传说：爱奥尼亚人攻陷特洛伊后，祈援者逃入女神的圣殿寻求庇护，但被爱奥尼亚人掳走。"尽管我们只知道锡里斯这个名字，但斯特拉波告诉我们，爱奥尼亚人将其更名为波利昂。希罗多德记录了另一个有趣的故事，讲述公元前 595 年—公元前 580 年锡里斯的财富与奢华。在描述向西基翁僭主克里斯提尼的女儿求婚的人时，希罗多德说："来自意大利的有锡巴里斯的斯敏丢瑞德斯和锡里斯的达马索斯，阿缪瑞斯之子。"

这位阿缪瑞斯因谚语"智者疯狂"而闻名。

阿特纳奥斯告诉我们，阿缪瑞斯同他人一道请求德尔斐的神谕他们

---

① Timacus，此人应与柏拉图对话《蒂迈欧篇》中蒂迈欧为同一人，系来自南意大利洛克里的贵族，曾在其母邦出任要职，并可能是一位毕达哥拉斯学派哲学家。——译者注

② Archilochus，公元前 680 年—公元前 645 年，生于爱琴海上的帕罗斯岛，古希腊最早的抒情诗人，与荷马齐名。——译者注

③ 此处疑有误，与历史记载的阿尔塞罗库斯生卒年代不符。——译者注

的繁荣还能持续多久。修达斯①和优斯塔修斯也曾提及阿缪瑞斯。

锡里斯招来梅塔彭提翁、锡巴里斯和克罗顿三个亚该亚人殖民地的嫉恨。亚该亚人结成反爱奥尼亚殖民地联盟，于公元前550年前后攻陷锡里斯。查士丁记载，锡里斯城邦被摧毁，居民被放逐。

约70年后，地米斯托克利②威吓尤利比亚德③称，他将率领雅典人到锡里斯，在那里建立殖民地，可见当时这边土地还无人定居（希罗多德，VIII，62）。

皮克索斯

从锡里斯穿越地峡前往拉奥斯和皮克索斯的贸易通道或许是锡里斯繁荣的原因之一。皮克索斯的城址据说现在叫波利卡斯特罗，在卢卡尼亚西海岸，临拉奥斯湾，据拉奥斯约20英里。从锡里斯到此地约50英里，经行尼鲁卢姆，从而避开两侧较高的山脉。斯特拉波谈及皮克索斯：

"从帕立马鲁斯继续向前，就是皮克索斯海角、港口和河流，三者都叫同一个名字。这一殖民地由当时西西里墨西拿的僭主米库托斯所建立。但前往当地的人，除了极少数，都弃城而逃。"

斯特拉波还提到，公元前471年，即锡里斯陷落近80年后，重新定居其旧城废墟的企图终归失败。可能的情况是，皮克索斯也是沦陷于摧毁其母邦的同一股势力。

钱币

大英博物馆收藏有两款锡里斯钱币。

---

① Suidas，此处疑指 Suidas Thessalius，古希腊历史学界，曾著有色萨利的历史。——译者注

② Themistocles，公元前524年—公元前459年，雅典政治家、军事家，公元前480年，在萨拉米斯海战中指挥希腊舰队大败波斯海军，成为第二次希波战争的转折点，并开创雅典黄金时代。后遭雅典放逐，流亡波斯，客死小亚细亚。——译者注

③ Eurybiades，斯巴达将领，在第二次希波战争期间曾指挥希腊海军。——译者注

1. 正面：MONƧꟼƧM反向书写。一头公牛站立在小点组成的虚线上，面向右方，回首咬自己的背部；珠状虚线边缘。

背面：图案同正面，阴刻，方向相反；花冠边缘，阴刻，ᒥVXOEM。

2. 正面：OM类似图案

ƝƧꟼƧM：边缘凸起，上有小点。

背面：XVᒥ，类似图案：边缘为阴刻射线。

字母M是Σ的旧体字。

字母Ƨ是I的旧体字。

字母ꟼ是P的旧体字。

锡巴里斯

锡巴里斯的公民以沉湎于奢靡和放纵恶名昭彰，关于他们的堕落的故事在此后的各个时代都被用作反面典型。

锡巴里斯差不多正好位于克罗顿和他林敦中间，临近大海湾的岸线，傲然矗立，是南意大利最古老的城邦。希俄斯岛的西姆努斯①在其地理诗中提到，锡巴里斯建城于公元前 720 年，比克罗顿有人定居早十年，比他林敦建城早十二年，比盖吉兹登上吕底亚王位早四年②，比希西家③在耶路撒冷加冕晚七年④。

据斯特拉波记载，锡巴里斯的创建者是亚该亚海利基的一位公民。他率领一队亚该亚人和特罗曾人来到此地，但不久后者就被打发走了，城邦完全由亚该亚人占有。同大希腊其他城邦的人一样，锡巴里斯人也

---

① Scymnus of Chios，公元前 2 世纪希腊地理学家。——译者注
② 其故事可参见希罗多德《历史》及柏拉图《理想国》。——译者注
③ Hezekiah，其故事可参见《圣经·旧约·列王纪下》。——译者注
④ 此处疑有误，一般认为希西家登上王位的时间为公元前 716 年或公元前 715 年。——译者注

声称其建立者是特洛伊战争的英雄。公元 3 世纪的地理学家索理努斯①称，锡巴里斯的创建者是小埃阿斯的一个儿子，但他只是在记录一种无法证明的说法。

肥沃的土壤并非该城公民财富的唯一来源。他们明智地鼓励移民，并使居住于锡巴里斯和拉奥斯之间北岸的奥诺羯利亚人俯首称臣，从而赢得了一条长约40英里的通过地峡的内陆商道。斯库拉和卡律布狄斯②之间凶险的航道，以及更凶险的迦太基海盗的劫掠，使得来自哥林多和米利都的商人选择经行锡巴里斯的商道运送货物。正是因为商道的繁荣，锡巴里斯发展得比其他任何南意大利城邦都更为富庶、强大。锡巴里斯人声称，他们统治着 25 个藩属城邦，拥有多达 30 万人的军队。这可能言过其实，所谓藩属城邦有些可能无非是主道路沿线的奥诺羯利亚人村庄或要塞。

城邦公民强大，足以建立波塞冬尼亚、拉奥斯、斯基多罗斯等殖民地。城市本身据说周长 50 斯泰特，在宗教游行时，有不少于 500 名骑士策马驶向神殿。希罗多德为我们讲述了一个故事，关于某位公民的奢华与财富。这位公民是向西基翁僭主克里斯提尼的女儿求婚的追求者之一。阿特纳奥斯、狄奥多罗斯和苏伊达斯均曾提及该城公民的奢侈，关于他们来自米利都的精美羊毛服饰，关于锡巴里斯的阿尔基蒙内斯为还愿向拉吉尼亚的赫拉③供奉的价格昂贵的袍子。

历史对于繁盛的城邦通常保持缄默，因此，我们自然对锡巴里斯孤陋寡闻，直到其陷落前不久。希罗多德不经意地提到了斯敏丢瑞德斯的

----

① Gaius Julius Solinus，公元 3 世纪早期的拉丁语语法学家和词典编纂者。——译者注

② Charybdis，希腊神话中，斯库拉是吞噬水手的女海妖，卡律布狄斯是她对面的大旋涡，分守墨西拿海峡两侧，船只经行时唯有严格恪守中道方能安全通过，稍有偏离则船毁人亡。《奥德赛》中俄底修斯曾经受此考验。——译者注

③ Lacinian Hera，克罗顿和阿格里真托的赫拉神殿均富有盛名，遗址至今犹存。——译者注

时代，即约公元前 580 年—公元前 560 年，其时锡巴里斯正处于其权势的巅峰，其造币也始于那时。公元前 500 年—公元前 480 年发行的钱币显示当时锡巴里斯与克罗顿之间的商业联盟。

内部的政治纷争最终给城邦带来灭顶之灾：寡头党被一个名为泰吕斯的人领导的民主派所推翻，被放逐的一派逃亡克罗顿。泰吕斯要求克罗顿人将这些难民引渡给他，战争由此爆发。公元前 510 年，锡巴里斯人在特拉伊思河畔被彻底击败。克罗顿人让克拉提斯河水改道，以水淹彻底摧毁锡巴里斯。参见意大利国家科学院《考古挖掘新闻》中卡瓦拉里[1]的论述（罗马，1879）。

即便在其繁盛时期，锡巴里斯发行的钱币依然稀少，由此我们推断，在其商业活动的第一个世纪，交易不适用钱币作为媒介。哥林多钱币可能在短期内使用。无论如何，应该就是从哥林多商人那里锡巴里斯人学会了造币的好处。古城的遗址如今只剩下一片疟疾肆虐的荒凉的沼泽地，只有野生动物出没。凯派尔·克莱文[2]在文章中曾提及，当溪流水位低落时可以清晰地看到河床上的一段古城墙。

另参见狄奥多罗斯的希隆传记第 454 页。

在公元前 478 年—公元前 466 年，希隆派遣泰荣远征意大利，对抗锡巴里斯人，这说明锡巴里斯人并未被彻底击垮。

返乡　公元前 453 年—公元前 448 年

公元前 510 年，惨败后的幸存者逃亡到拉奥斯和斯基多罗斯，后者可能是今天的萨普里，波利卡斯特罗以东 6 英里的一个渔村。57 年后，这些流亡者的后裔试图光复自己父辈的故城。公元前 453 年，他们开始在尽可能靠近故址的地方建设新城。五年或六年后，克罗顿人将他们赶走，但这段时间内，锡巴里斯人还是取得了一定的繁荣，建了造币厂，

---

① 此处应指 Francesco Saverio Cavallari，公元 1809—1896 年，意大利建筑师、画家、教授、考古学家。——译者注

② The Honourable Richard Keppel Craven，公元 1779—1851 年，英国旅行家。——译者注

发行小型银币，其时代只能追溯到这段时间。与此同时，他们也和波塞冬尼亚联盟发行钱币。

如果这些钱币上没有**ΜΟΓ**文字，我们可能会推测这些后一个时期的钱币全部是在帕埃斯图姆打造的，因为二者的制作工艺和设计如此相似。粗陋的图案见证了这座新城邦的贫困。

特拉伊思河上的图里和锡巴里斯　公元前 443 年

逃离了他们重建后又被摧毁的城邦的废墟，流亡的锡巴里斯人向斯巴达人求救，但并不成功；他们又向雅典人求援。这回他们的祈请得到了回应。伯里克利派出一批殖民者，由蓝庞和色诺克里托斯统率。这批人来自诸多城邦，雅典人占比很小。普鲁塔克在其伯里克利传记中讲述了派遣殖民者的故事。他调派"其他人前往意大利，在锡巴里斯定居，将其更名为图里。如此这般，他将城中一群无用之人清理出去，这些人无所事事时就会寻衅滋事；为最贫乏的人群提供供养，同时像派遣驻屯军一样在盟邦周边广设殖民地，从而让其盟邦心怀敬畏。"

然而，这些人当中有两位名人，即历史学家希罗多德，以及演说家吕西阿斯。起初，这些新来的殖民者试图定居在锡巴里斯古城旧址附近，但在公元前 448 年，遵从神谕，他们远迁至一个新的地点，此地有一处泉水，名为图里亚。

或许是慑于雅典的威名和强权，克罗顿人似乎没有去骚扰这些新殖民者。不久之后，锡巴里斯人傲慢地要求占据所有重要职位，并要求得到政治特权，结果又被驱逐，被迫在特拉伊思河岸，即他们的祖先惨败的地点建设新城。克罗顿人对他们未加干涉，因为图里人已与克罗顿签订了和平条约。锡巴里斯人的这个最后的家园似乎也未持续很多年，但还是足够长到可以设立铸币厂，发行小型银币，其图案与图里的钱币类似，但有**ΣΥΒΑ**币文，表明图里的这个可怜巴巴的郊区依然高傲地使用着故城的名号。将城邦由锡巴里斯更名为图里或许是与克罗顿人达成的一种协议，因为克罗顿人反对重建一座曾与之为敌的城邦。

锡巴里斯人最后的家园被原住民摧毁，这些原住民后来也协助摧毁了克罗顿。狄奥多罗斯称这些原住民部落为布鲁提人，但这种说法有时序错误，因为当时卢卡尼亚人中的萨贝利①部落向南挺进，而直到公元前 356 年布鲁提人才称为一支公认的强权。或许狄奥多罗斯知道布鲁提人有卢卡尼亚血统，因此用后来才有的名字来称呼卢卡尼亚人。

钱币

锡巴里斯仅有十款钱币，均是银币，其中四种属于古城，三种属于公元前 448 年被摧毁的那座城邦，另外三种属于被卢卡尼亚人摧毁的那座。

最早的钱币属于大希腊诸多城邦中常见的那种扁平阴刻钱币，关于这种钱币本书将在关于克罗顿的一章中详加探讨。在毕达哥拉斯教团最早的日子里，克罗顿和锡巴里斯的公民友好相处，很有可能我们会在这些扁平钱币上看到教团影响的证据。当锡巴里斯的政权还控制在寡头手中时，两城保持着原有的友好关系，当民主运动推翻旧日统治者时，后者也选择克罗顿作为避难所。第一座城邦的钱币的特色是公牛图案，第二城邦是波塞冬，第三城邦是帕拉斯·雅典娜。第二城邦和第三城邦的钱币只有奥波和德拉克马，工艺粗劣，正如我们想象中贫困的殖民者所使用的。

图　案

公牛图案

在关于尼亚波利钱币上的公牛图案的章节中，我们解释，公牛象征着一种大自然的力量，即澎湃的河流的洪荒之力。克拉提斯河是南意大利最重要的河流之一，早期的亚该亚殖民者用自己家乡附近的一条河流为它命名。同所有发源于山间、流经平原的河流一样，克拉提斯河同样

---

① Sabellian，罗马崛起前生活在今意大利中部和南部的古代民族，包括萨宾人。一说萨贝利人即萨莫奈人。——译者注

会狂暴地泛滥和改道。锡巴里斯繁盛之时，这条河无疑被大坝和堤岸所约束，克罗顿人当然也想到通过破坏这些人为的约束来摧毁这座城市。城邦繁荣之时，钱币上公牛的姿态与河流受到约束的平静力量保持和谐：公牛回首，仿佛在平静地舔舐自己的背部。毫无疑问，在设计图案时，艺术家安排的公牛的姿态的思路，使其恰好契合所要填充的圆形表面；后来的艺术家在设计公牛俯首驰突图案时，也同等出色地达到了同样目的。值得一提的是，俯首驰突姿态与河流改变后的状态保持一致。没有了旧堤坝的约束，河流狂暴地从城市的废墟中冲过。新的图案象征着城邦的新名字图里翁，新旧城邦间的关联记录在对索福克勒斯剧作《大埃阿斯》所做的注疏中（第212行）："说吧！因为狂热的埃阿斯俘获了你，陷入情网，与你共度良宵。"

注释为："**Θούριος, ὁ ὁρμητικός, Θούριον δὲ οὐδετέρως πόλις ἡκαὶ Σύβαρις**（Thourios 意为狂暴，但用作中性形式时，指代锡巴里斯城邦）。"埃克尔曾引用这段话，参见其著作第一卷第163页。

狄奥多罗斯和斯特拉波说，来自雅典的殖民者在其附近定居的那个喷泉名叫图里亚，**τὴν δὲ πόλιν εἰς ἕτερον τόπον μετέθηκαν πλησίον καὶ Θουρίους προσηγόρευσαν ἀπὸ κρήνης ὁμωνύμου**。

波塞冬图案

锡巴里斯的人后裔在公元前453年第一次试图重建其先人的城邦时，为他们当时发行的德拉克马钱选定了新的图案：正面为波塞冬，背面是鸽子。

正如公元前443年以后图里翁钱币上的雅典娜头像见证了雅典殖民者在该地的影响力，公元前453年钱币上的波塞冬形象见证了当时锡巴里斯人的殖民地波塞冬尼昂所给予的帮助。波塞冬尼昂此时已更名为帕埃斯图姆。希罗多德在《历史》第六卷中提及锡巴里斯人于公元前510年战败后定居于拉奥斯和斯基多罗斯，并未提及波塞冬尼亚，但这些钱币正面该城居民的确在公元前453年伸出援手。帕埃斯图姆钱币正面是同样的波塞冬形象，持同样姿态，背面则是公牛。

至于为何这一神祇形象最适合公元前 453 年钱币的额外原因，可能只是现代人的臆想。

传说在阿波罗的协助下，波塞冬帮助拉奥墨冬建起特洛伊的城墙。《伊利亚特》第七卷第 452 行描述波塞冬就希腊人挖掘的城墙和战壕祈请宙斯："使人们蔑视特洛伊城，那是我与福玻斯费尽心力为伟大的拉奥墨冬所建。"

拉奥墨冬拒绝按照约定付给波塞冬报酬，使得波塞冬转而帮助希腊人，因此，虔诚的埃涅阿斯被扔到海浪中。但阿波罗反对波塞冬，这一点《伊利亚特》第二十卷提到："海神波塞冬的对手是远射神福玻斯·阿波罗。"这些诗句将波塞冬筑城与阿波罗的对抗连接起来，而阿波罗则是克罗顿人尊奉的神祇。这显示了锡巴里斯人选择波塞冬作为钱币正面图案实在再恰当不过。

没有神祇比波塞冬更适合像锡巴里斯人这样的人群，正如格莱斯顿[①]对这位神祇的描述："所有缺乏更高品德的神祇中，波塞冬最为引人注目。他淫荡、睚眦必报、固执己见、特立独行，却又奸狡诡谲，连宙斯都无法完全控制他。"这段话倒像是评价那些将他的形象用在钱币上的锡巴里斯人。

鸟类图案

关于这一图案如何解释，或许永远也给不出令人满意的解释，但依旧是个耐人寻味的问题。有些钱币上的鸟的形象很明确是鸽子，而另一些则像鹰。那一时期的艺术家在钱币上留下的鸟类形象中有颇多粗陋，以至于我们无法确知他们想要呈现的到底是什么鸟类。如果我们认为他们想表现的是鹰，就不难理解其象征意义：鹰属于宙斯。鸽子通常被视为阿芙洛狄忒的圣鸟，但这位女神似乎对大希腊诸城邦没什么影响。拉奥斯钱币上的一只类似的鸟被认为是乌鸦。

---

① William Ewart Gladstone，公元 1809—1898 年，英国政治家，曾四度出任首相。——译者注

乌鸦的寓意可能暗指阿里忒阿斯化身乌鸦随侍阿波罗，参见希罗多德《历史》第四卷第 15 章。

这些钱币上，鸟与波塞冬存在关联，因此，我们在荷马时代的神话和传说中去寻找这些神祇间的关联。唯一将这些神祇关联起来的神话似乎将阿芙洛狄忒与波塞冬之妻安菲特里忒混淆起来。据记载（《神谱》，930），洛得是波塞冬和安菲特里忒之女，却被注解品达《奥林匹克颂歌》第七首第 24 行的人说成了"阿芙洛狄忒和波塞冬之女"。

史密斯①《古典词典》第一卷第 228 页阿芙洛狄忒词条将此解释归因于品达（《皮提亚运动会颂歌》，Ⅷ，24），但显然这是个错误。关于波塞冬与阿芙洛狄忒关联的说法都没有足够充分的依据可以让我们将神话同锡巴里斯钱币上出现的鸽子联系起来。

阿芙洛狄忒崇拜是在旧希腊世界的东部发展起来的，我们一般并不期待在西部看到这位女神的标志。大英博物馆收藏的波塞冬尼亚钱币没有一枚有鸽子图案，但我听说存世的该城一枚青铜币上，波塞冬一手持闪电，一手持鸽子。这可能是将宙斯和阿芙洛狄忒的特性融合进来形成一个组合神祇的例证。锡巴里斯人选择这一标志同选择波塞冬是相符的，应为在荷马的传奇中，波塞冬的品格同阿芙洛狄忒一样邪恶。

格莱斯顿说："她因其肉欲的天性及软弱和怯懦变得可憎、可鄙。"

这正是锡巴里斯人崇尚的理想，使得他们的名字成了一种绰号和指责。

第一时期：公元前 510 年之前

本时期的钱币包括重约 126 格令的斯塔特，重约 42 格令的 1/3 斯塔特，重约 21 格令的 1/6 斯塔特和重约 10 格令的 1/12 斯塔特。

---

① 此处应指 Sir William Smith，公元 1813—1893 年，英国字典编纂家。——译者注

图 21

另有一款背面有阴刻双耳杯图案的 1/6 斯塔特，海德博士在《钱币史》中将其归入本时期，但《大英博物馆目录》和展柜将其归为第二时期。

海德博士的分类如下：

Ⅰ. 斯塔特。直径：1.2（英寸）；重量：126 格令。

正面：**VM** 刻记，字母 **M** 名为 San，公元前 443 年后写作 **Σ**。

图案为一头公牛左向站立在一条由小点组成的虚线上，回首舔或咬自己的背部，珠状虚线边饰。

背面：与正面类似图案，但阴刻，方向相反，阴刻内齿。

有些钱币为阴刻射线内齿，另有些公牛站在双虚线上，还有站在类似射线内齿的短线组成的虚线上。

Ⅱ. 1/3 斯塔特。直径：0.75（英寸）；重：42 格令。

正背面同斯塔特。

Ⅲ. 1/6 斯塔特。直径：0.45（英寸）；重：21 格令。

正面：同斯塔特，公牛向左前行或向右站立。

背面：阴刻双耳杯，阴刻射线内齿。

Ⅳ. 1/12 斯塔特。直径：0.3（英寸）；重：10 格令，但磨损的钱币重 7 格令，有些重 6.9 格令。

正面：同斯塔特。

背面：无图案。字母 **M** 填充底板。

如果最小的钱币叫奥波，那么 1/6 斯塔特可能叫德拉克马①，1/3

---

① 此处疑原文有误，似应为双德拉克马。——译者注

叫四德拉克马，斯塔特叫十二德拉克马。但我们不知道这些钱币在锡巴里斯以何为名。

第二时期：公元前 453 年—公元前 448 年

第二时期钱币的艺术价值逊于第一时期，且只包含 1/6 斯塔特或曰德拉克马以及小型钱币，重约 6 格令，可能是奥波。

Ⅰ. 直径：0.4（英寸）；重：20 格令。

图 22

正面：**VM** 或 **ABVM**。裸体波塞冬右向前行，以三叉戟攻击，左臂伸展。

背面：一只鸽子或乌鸦，左向或右向，有时有花环。

Ⅱ. 直径：0.4（英寸）；重：20 格令。

正面：无文字。波塞冬右向前行，以三叉戟攻击，短披风垂在双臂上，左臂伸展。珠状虚线内齿。

图 23

背面：**VM** 或 **BYM**。公牛左向前行。

背面有些图案有变化，**ABYM** 字样，公牛右向，站在一条实线上，实线下为虚线。

Ⅲ. 直径：0.25（英寸）；重：6.2 格令。

正面：同 Ⅱ，珠状内齿。

背面：公牛左向站立，珠状内齿。

第三时期：公元前 443 年之后

本时期钱币区别于此前时期的一个显著特征是正面的帕拉斯头像。

Ⅰ. 直径：0.6（英寸）；重：40 格令。

正面：帕拉斯头像，右向，戴有冠饰的雅典式头盔，饰有橄榄花冠。

背面：刻记 **ΣYBAPI** 币文。

图 24

公牛右向站立，回首舔舐自己背部，同最早时期钱币图案。

Ⅱ. 直径：0.55（英寸）；重：35.9 格令。

正面：类似上文 Ⅰ。

背面：图案上方底板刻证 **ΣYBAPI** 币文。

公牛向右方俯首站立或行走。

刻记上为一条鱼，朝向右方。

Ⅲ. 直径：0.3（英寸）；重：6.3 格令。

正面：类似 Ⅰ 和 Ⅱ。

背面：图案上方底板有 **ΣYBA** 币文。

公牛头向右。

有些钱币上有 **MY** 币文。

联盟钱币

在第二时期有联合发行的钱币，其图案类似第三时期，正面有 **VM** 币文，背面币文为 **ΓOM**。

已知没有锡巴里斯发行的青铜币。

拉奥斯

这个城邦的钱币远非常见，将其纳入本书是因其同锡巴里斯钱币的联系。拉奥斯钱币也属早期扁平钱币，阴刻背面图案，同毕达哥拉斯教团有关联，并具备与此类型钱币类似的图案。

该城邦的青铜钱币也趣味盎然，因其正面图案展现了一个未解之谜：正面呈现的是看似阿芙洛狄忒的头像，但阿芙洛狄忒崇拜在南意大利极为罕见。

背面的乌鸦图案提出了另一个问题，可能象征着某个当地的传奇故事，而这个故事没有被古代作者记录下来。

乌鸦有时同阿波罗有所关联，但同女神头像一同出现则提出了一个问题，需要以独创性的思维来加以探寻。

拉奥斯是锡巴里斯人建立的殖民地，其选址系为了在商路北端设立一个港口，正是通过这条商路，商品从南部的港口运往锡巴里斯。北部的港口设在一条名为拉奥斯的小河的河口，该河亦是卢卡尼亚人和布鲁提人国度间的分界线。该殖民地建立的时间不见于史传，但从其钱币质地推断，当早于公元前 550 年。因其钱币的形制系属南意大利最早期的类型，通常与伟大的毕达哥拉斯教团的影响存在一定关联。钱币上的公牛图案与其母邦相类，不同之处在于，拉奥斯钱币上的公牛长着人首。

拉奥斯城邦似乎并未产生什么有名望的人物，亦未曾成为什么名人的定居之所。其公民大概也与锡巴里斯人相近，富有，阴柔，结果在公元前390年为朴实、阳刚的卢卡尼亚人所征服。其后，该城可能处于卢卡尼亚人的统治之下，因为我们发现了一些小型青铜币，上有卢卡尼亚人的名字。

出现在这些铜钱上的字母 **ΣΤΛ** 和 **ΟΨΙ** 可能代表史蒂纽斯或史塔蒂留斯，普林尼和瓦莱里乌斯·马克西穆斯均曾提及此人，称其为卢卡尼亚部落的领袖，其时卢卡尼亚人正围攻图里翁。

平民护民官埃利乌斯曾专门提议一条法案反对史塔蒂留斯，为此心怀感激的图里人向其奉上一顶金冠。

斯特拉波言及拉奥斯城邦在他的时代尚存，但在普林尼之前即已沦为废墟。拉奥斯河仍保持其旧名，在今天的意大利语中被称为拉奥或莱诺河。河流依旧壮观，但其注入的海湾，在古代拉奥斯城邦繁荣之日曾名为拉奥斯湾，今天则名为波利卡斯特罗湾。

从斯特拉波的记述中我们得知：

"皮克索斯之后是拉奥斯湾、拉奥斯河和拉奥斯城，这是卢卡尼亚人最后一座城池，城址略高于海，是锡巴里斯人的一个殖民地，距埃利亚400斯泰特。"更确切的距离是50英里。

在拉奥斯附近可以看到德拉古的坟墓，德拉古是尤利西斯的同伴之一。一个关于意大利希腊人命运的预言提到他：

"某一天，在龙①的石头坟墓周围，

"一支强大的军队将遭遇自己的末日。"

在这个预言煽动下，意大利的希腊人向拉奥斯进军，结果被卢卡尼亚人击败。

在约公元前390年，这个预言变成了现实。

希腊联盟以图里翁人为首。

---

① Draco 是拉丁语"龙"。

西西里的狄奥多罗斯记录了他们的冒进及其军队的悲惨结局。作为攻守同盟的缔约方，图里翁人有义务援助拉奥斯的公民，但他们本应该等待更多援兵。卢卡尼亚人退入一条岩石密布的峡谷，让图里翁人掉进了伏击圈。据说有1万希腊人在战斗中惨遭屠戮，因为卢卡尼亚人起初拒绝宽恕希腊人。很多人泅水逃命，被一支来自利基翁的舰队救起。幸存者希望这是友军的舰队，但登船后才发现舰队属于他们的敌人狄奥尼西奥斯，指挥舰队的是他的兄弟莱普提诺斯。莱普提诺斯说服卢卡尼亚人在收到每人一弥那白银后饶这些人不死。

希罗多德讲述（Ⅵ，21），在公元前494年，"当米利都人在波斯人手中受难之时，居住在拉奥斯和斯基多罗斯的锡巴里斯人并未表现出同等的同情。此前锡巴里斯被克罗顿人攻陷时，米利都人不分长幼均剔去头发，展现出深切的悲悼，因为两城之间以深切的友谊为纽带，这在我们所知的任何两个城邦间是绝无仅有的。"

第一时期：公元前550年—公元前500年

该城最早的钱币形制与锡巴里斯类似，薄薄的碟子状钱币，正背面图案相同，但背面为阴刻。

图案为人首公牛身像，站立，回首张望，牛尾下垂，处于放松状态。李奇微先生提出的，公牛图案象征着牛类贸易，但公牛长着人首，证明这一说法不成立。

币文是分开的，一半在正面，一半在背面。乔治·麦克唐纳先生在其著作《钱币图案》第131页中指出，"只有将两面一同观察，对于该种钱币的研究才算完备。"正面的币文为**NAΣ**，背面为**NOM**，有时文字反向书写。币文**ΛΑΙΝΟΣ**是拉奥斯人的单数阳性形式，或许也指**ΣΤΑΤΗΡ**，如我们所理解的。这些最早的斯塔特本来重126格令，但许多钱币重量仅为120～123格令。钱币边缘突起，上有小点，围绕图案，刻记线与边缘线类似。

图25

第二时期：约公元前 500 年—公元前 450 年

这些钱币正背面图案均为浮雕，币文 **ƧΛ∧** 反向书写，正背面同。

正面：人首公牛，回首。

背面：人首公牛，但不回首。

这些斯塔特重量同第一时期。

大英博物馆收藏一枚钱币背面有 **ƧΛ∧** 字样，公牛望着前方，边缘平坦无装饰。正面为 **MON** 字样，公牛回首，边缘有珠状内齿。

另一枚钱币背面有 **ᚹ◇M** 币文，正面为 **▶Ƨᚹ**。

这枚钱币正面边缘无装饰。

1/3 斯塔特重约 42 格令，钱币实物通常重 39 格令。

正面：人首公牛，右向；刻记为大麦粒。公牛上方为 **ƧΛ∧** 币文。

背面：图案同正面，公牛左向，币文同正面。

1/6 斯塔特，重 21 格令，实物通常重 17 格令。

正面：公牛左向，回首。

背面：一颗硕大的橡实，直立。

青铜钱币

第三时期：公元前 400 年—公元前 350 年

《钱币学年鉴》第三编，第十七卷，第 97 页记载：

"大英博物馆 1896 年购置的希腊钱币。"

1. 正面：女性头像，右向，戴桃金娘花冠、耳环和项链。头发卷起，以线固定；下方疑似 **ΔEP** 币文（造币监督的名字）。

图 26

背面：左侧底板有 **ΛΑΙΝΩΝ** 字样，一只乌鸦右向站立，右侧底板上为扭转的公牛头。

整个图案环形阴刻。

购自邦伯理，1896 年 6 月，第 119 批。

花环几乎肯定为桃金娘，因此，女神为阿芙洛狄忒。

2. 直径：0.8 英寸。正面：女神头像，磨损严重，但款式精细，戴发带。

造币监督的名字可能是 **EYΘYMOY**，但几乎不可辨识。

背面：**ΛΑΙΝΩΝ**。一只乌鸦右向站立，作为标记在一只公羊头之前。

币文和乌鸦背部之间有造币监督的名字 **ΣΤΕΑ**，但难以辨识。

3. 直径：0.75 英寸。正面：**ΛΑΙΝΩΝ**。女神头像，海豚围绕。

背面：乌鸦右向站立；符号：鹿头在前方，上方有一颗星。

造币监督的名字 **MI-BE** 分布在星两侧。

4. 直径：0.55 英寸。**ΛΑ**。女神头像，戴发带。珠状内齿。

背面：乌鸦右向。

造币监督的名字 **KO-MO**。

5. 直径：0.6 英寸。**ΛΑ**。得墨忒耳胸像（?），正脸，双肩上衣物悬垂。

背面：两只乌鸦相对走过彼此，双翼闭合步行。

6. 直径：0.5 英寸。正面：年轻的河神头像，面向右侧，有角，头发向后飘散。可能是拉奥斯河河神。珠状内齿。

7. 直径$\frac{3}{4}$英寸。正面：狄俄倪索斯头像，朝向右侧，头戴常青藤花冠。

正面：乌鸦面向右方。币文 **ΣTA—OΨI**。

背面：朝向相反方向的两只乌鸦。

图 27

前部一个公羊头，面向右方。

8. 直径：1/2 英寸。正面：戴狮子皮的赫拉克勒斯头像。珠状内齿。

背面：同 6。后部，**ΣTA**，前部 **OΨ**。

9. 直径。正面：女性头像，头发卷起。

背面：乌鸦。币文 **EY—BI**。

青铜币少有品相上乘的，实际上，头像所代表的女神到底是谁之所以难以判断，很大程度上应归咎于钱币的保存状况。如果我们将一枚品相完好的钱币识别为代表阿芙洛狄忒，极有可能其他头像也代表同一位女神，因为它们高度类似，但品相破败，难以看清其冠冕上究竟是哪一种叶子。

如果头像被识别为赫拉，那么也恰好与我们的预想相符，因为距离此地不远，希拉罗斯河岸上就有一座赫拉 - 阿瑞雅神庙，且在公元前 4 世纪早期，这位女神的头像出现在波塞冬尼亚的钱币上，然而其头像通常为正脸，而非侧像。

得墨忒耳头像出现在帕埃斯图姆的黄铜币上，如果我们在拉奥斯的钱币上也发现这位女神的头像，不足为奇。

得墨忒耳之女珀耳塞福涅的头像作为钱币图案也容易理解。

至于乌鸦，我们可参考 G. 麦克唐纳先生的观点（《钱币图案》，第108 页）。他提及一个失传的传奇故事，他认为门黛①钱币上的乌鸦应来自这个传说："这可能是诺法人讲给保萨尼亚斯的一个故事……保萨尼亚斯说这个故事不值得重复，因此就没有记录。"（保萨尼亚斯，Ⅱ，38，3）

是否存在一种可能，乌鸦与希罗多德讲述的阿里忒阿斯化身乌鸦随侍阿波罗的故事有所关联？

这只乌鸦或渡鸦可能是阿波罗的一个象征。

---

① Mende，疑应指位于马其顿哈尔基季基（Chalcidice）半岛的一个城邦。——译者注

波塞冬尼亚

拉奥斯和波塞冬尼亚都是由来自锡巴里斯的殖民者所创建，创建的时间约为公元前 600 年，时值锡巴里斯的繁荣臻于鼎盛。有证据显示，创建波塞冬尼亚的是多利安人，由特罗曾来到锡巴里斯，又被该城的亚该亚党人所驱逐。

亚里士多德在其《政治学》中讲述了他们被驱逐的故事。索理努斯在公元 240 年关于地理的著作中也称波塞冬尼亚为一个多利安殖民地。钱币上字母的形状也证明该殖民地的多利安起源。希腊字母古代形式对照表可参见达伦贝尔和萨格里奥的《古希腊和罗马词典》第199 页①。

在波塞冬尼亚的钱币上，我们发现了字母**M**，希罗多德称这是多利安字母（Ⅰ，139）。在谈及波斯人的姓名时，他说，"它们（指波斯人的名字）都是以同一个字母结尾，这个字母多利安人称为**M**，发音为'桑'，爱奥尼亚人则称为'西格玛'"。

---

① Charles Victor Darember，公元 1817—1872 年，法国古典语言学家；Edmond Saglio，公元 1828—1911 年，法国考古学家。二人合著有《古希腊和罗马词典》（Dictionnaire des Antiquites Grecques et Romaines）。——译者注

锡巴里斯的商品在经过陆路运输后，再经北方港口海运，波塞冬尼亚是这些北方港口之一，因此其商业也繁盛一时。

在其成长的第一世纪，几乎没什么重大事件记载下来，但希罗多德还是提到，在约公元前540年，当地的一位公民游说阿吉拉人殖民韦利亚。

城邦历史上最重大的事件是公元前510年锡巴里斯流亡者在其故土沦陷后涌入波塞冬尼亚，这一事件也导致了城邦币制的变革，因此引起我们的兴趣。麦克唐纳先生在其《钱币图案》一书中指出，正是在此事件不久之后，波塞冬尼亚斯塔特钱币的背面出现公牛图案。

公民人数的大幅增长可能开辟了全新贸易往来，导致重量标准的变革，从坎帕尼亚标准转而采用亚该亚标准。

锡巴里斯人涌入的一个结果是，在锡巴里斯人于公元前452年建立的新城中，自公元前452年—公元前448年，波塞冬尼亚钱币对当地的流通货币施加的影响力。

公元前510年后，波塞冬尼亚的繁荣持续了一个世纪多一点。在此期间，卢卡尼亚人的实力持续增长，超过了希腊人。

南意大利更古老的原住民族奥诺羯利亚人不那么尚武，以更开放的心态接纳希腊文明，但来自萨莫奈人国土更偏北地方的卢卡尼亚人对希腊人的影响则没那么心甘情愿。

约公元前420年，卢卡尼亚人征服了坎帕尼亚；从公元前410年—公元前400年，他们又开始蚕食南部城邦。波塞冬尼亚地理位置更靠近北部，因此首先沦陷于卢卡尼亚人，比拉奥斯公元前390年陷落还早几年。阿塞诺多罗斯[1]引述亚里士多塞诺斯称，卢卡尼亚人并未摧毁波塞冬尼亚，也没有驱逐当地的希腊人，但迫使希腊人臣服于其统治。

据李维记载（Ⅷ，c.17），伊庇鲁斯王亚历山大"在波塞冬尼亚周

---

[1] Athenodorus，不知具体何指，疑为斯多噶派哲学家 Athenodorus Cananites，奥古斯都大帝的业师，与斯特拉波友情甚笃。——译者注

边地区发动攻击",击败了萨莫奈人和卢卡尼亚人。这一胜利发生在公元前330年,其结果是在短期内波塞冬尼亚摆脱了卢卡尼亚人的强权统治,但亚历山大之死(李维描写得很生动形象)使该城重新落入卢卡尼亚人之手。

我们不大容易想象皮洛士霸业的鼎盛时代该城邦的情况,但我们知道,皮洛士于公元前273年离开意大利后,罗马人占据了该城,并在当地建立了一个殖民地,将其更名为帕埃斯图姆,这个名字流传后世。

第二次布匿战争的整个过程中,帕埃斯图姆一直对罗马忠贞不渝。公元前300年—公元前268年,当地的卢卡尼亚统治者,或许还有罗马人,发行重111格令的斯塔特,直到著名的迪纳厄斯钱开始发行。公元前268年后,在帕埃斯图姆只有青铜币还在打制,已知约有12种不同类型。

该城的日渐没落据信应归咎于疟疾。曾经流经其城墙下的溪流大约于此时开始被阻断,变为死水,疟疾即源于死水。其整个城墙今日仍可循踪探幽,其四门的废墟即便在今天仍历历可见。

考虑到该城居民的先人来自特罗曾,其选择波塞冬作为新殖民地尊奉的神祇应在意料之中。保萨尼亚斯(Ⅱ,XXX,s.6)记载,特罗增最早的君主之一是波塞冬之子。在其当国期间,波塞冬曾与雅典娜争雄。根据宙斯的意志,两位神祇同意分享此地子民的敬拜,由此结束争议。然而特罗增的古代钱币最早的只能追溯至公元前430年,其一面为三叉戟图案,另一面为雅典娜的头像。

后世一位名为埃提乌斯的人建立了一座城邦,名为波塞冬尼亚。斯特拉波(Ⅸ,第373页)也说特罗增一度名为波塞冬尼亚。其早期的君王为爱奥尼亚人,但多利安人到来之后,他们从阿尔戈斯派出殖民者同爱奥尼亚人混居。

我们已看到《荷马史诗》对大希腊公民的影响,因此,我们或许也能领会在选择一位神祇庇佑建立一座新城时,考虑选择波塞冬是何等恰如其分,因为据说他曾帮助阿波罗修建特洛伊的城墙,并厌憎希腊人对其成果的破坏（《伊利亚特》第十二卷17、28，第21卷443）。

波塞冬的品格此前已有评论，荷马展示给我们的是其缺乏高尚的情操。格莱斯顿称波塞冬表现出来的是"淫荡、睚眦必报、固执己见、特立独行，却又奸狡诡谲"。如果我们相信人是将自己的品行赋予他们所敬拜的神祇，那么波塞冬尼亚一定不是一个宜居的城市。

钱币图案的宗教动机昭然若揭，而且绝不可能如李奇微先生所主张的那样代表一个易货贸易单位。我们很自然会问，钱币上的神祇形象是否参照了某个著名的雕塑，但我们无法指明那一座现存的雕塑是钱币图案的蓝本。麦克唐纳先生（《钱币图案》，第97页）认为这一图案最有可能源自波提蒂亚①城的一尊雕塑，希罗多德曾经提及（Ⅷ，129）这尊雕像。

波塞冬尼亚钱币上的波塞冬形象是我们已知的这位神祇最古老的表现形式之一，他手持三叉戟尤为值得关注，因为最古老的波塞冬形象中有非常多是手持权杖，且同宙斯的权杖非常相似，我们经常难以判断所呈现的神祇形象到底是哪一位。或许山地的原住民自然会认为最高的神祇是天空之神，其声如雷，而海岸的居民则自然将目光投向大海，叹服于其神秘的力量与美丽，将其视为最高神祇神力的展示，在风暴中颤栗于神祇的震怒。有说法称，"波塞冬其实就是宙斯的海洋属性"，在一首《俄耳甫斯颂歌》②中，波塞冬被称为大海的宙斯。

当我们考虑到在希腊本土波塞冬崇拜与狄俄倪索斯和得墨忒耳崇拜之间的关系，我们会发现波塞冬崇拜同大希腊其他城邦的宗教崇拜比表面上看起来的更加和谐一致。在特罗增，波塞冬首先被尊为植被之神，其神庙与"立法者得墨忒耳"的神庙连在一起。普鲁塔克称波塞冬为

---

① Botidaea，位于马其顿哈尔基季基（Chalcidice）半岛，由哥林多殖民者创建。——译者注

② Orphic Hymns，87首宗教短诗，创作于希腊化时代晚期或罗马早期，基于俄耳甫斯教派（Orphism）教派的信仰体系。俄耳甫斯教派是一个神秘主义教派，自称其教义传承自神话传说中的音乐家、诗人和英雄俄耳甫斯（Orpheus）。——译者注

得墨忒耳神庙的分享者。优斯塔修斯记载，在厄琉息斯的得墨忒耳花园节庆典中也会举办一场荣耀波塞冬的宗教游行，在从雅典出发的神道上有一个祭坛，在这个祭坛上，波塞冬和得墨忒耳及珀耳塞福涅母女分享荣耀。他的名字可能同 πόσις、ποτόν 及 ποταμός 相关，而且显然在有些地区，他也被尊奉为一位淡水之神。同这一观念相匹配，他的一个尊号是植被之神，普鲁塔克记载在雅典和克罗增，他都享有这一尊号。

基齐库斯①人衔德尔斐神谕之命，将波塞冬纳入 Γῆ καρποφόρος② 献祭中。如果赫希基乌斯的记载可信，在狄俄倪索斯的 προτρύγαια 节日中，波塞冬也有份。

作为淡水之神，波塞冬被称为 Νυμφαγέτης，所以很自然，有些钱币上会出现宁芙的形象，以荣耀波塞冬崇拜。如果我们了解波塞冬不仅是海神，而且是河流与泉水之神，那么第二时期钱币背面的公牛图案也就很自然，也易于理解，这一图案将在尼亚波利钱币的注释中详加解读。

关于向波塞冬祷告的一段祈祷文，我们可以参看阿里斯托芬的《骑士》：

"骑士之神波塞冬啊，你多么喜欢马儿嘶鸣，铜蹄儿踢达左向；你多么喜欢看三层桨的快船，青色的船头，船上载着雇佣兵；你多么喜欢看年轻人竞赛，在车上出风头，闯下祸事；克洛诺斯之子，手持金叉的神，海豚的保护者！"③

无论其同淡水的关联如何密切，波塞冬君临海洋的权柄才是艺术和文学中关于他最常见的题材。

---

① Cyzicus, 今土耳其安纳托利亚马尔马拉海东北海岸贝尔吉斯省（Balıkesir Province）。——译者注
② Carpophorus, 结果实者，得墨忒耳和珀耳塞福涅的一个尊号。——译者注
③ 此段引用罗念生先生译文。《罗念生译古希腊戏剧》，人民文学出版社，2015 年 4 月第 1 版，2015 年 4 月第一次印刷，ISBN978-7-02-009906-1，第 304 页。——译者注

我们在斯特拉波或保萨尼亚斯作品中读到的波塞冬神像都要晚于波塞冬尼亚较早时期的钱币。著作中提及这些艺术作品之处都过于简略，没有具体描述，我们无法从中想象这些作品的样子。

从这些记述中我们找不到任何关于三叉戟或权杖的信息。

《希腊研究期刊》（第八辑，第 19 页）发表 H. B. 沃尔特斯①先生的文章《波塞冬的三叉戟》，展示了三叉戟的演变过程。沃尔特斯先生认为，三叉戟是从权杖的三尖花状顶饰演进而来，在最早期的花瓶画和还愿牌匾上可以见到宙斯和波塞冬均持有此类权杖。

1879 年，在距哥林多卫城西南侧约 1.5 英里处发现了一堆陶制牌匾残片。

这些牌匾（πινάκιον 或 πινακίς，源自 πίναξ）或还愿板制作于公元前 650 年至公元前 550 年，现珍藏于大英博物馆。

对于我们而言，这些文物的一个特别有趣之处在于其保留了许多用于还愿的波塞冬形象。还愿板上的权杖，其花卉装饰极富多样性，具体图示可参见富特文格勒②1886 年的著作《古代纪念碑》（第一卷表 7）。

其中有些权杖上的花卉装饰看上去同三叉戟颇为类似，沃尔特斯先生认为，三叉戟可能是从这些旧形制的权杖演变而来，并被采用作为海神的特征。或许从花卉到三叉戟的演变可以从某些图画或雕塑中看出些端倪。在艺术作品中，金枪鱼常被用作海神的象征，而渔民真是使用三股鱼叉来捕捉金枪鱼。留西波斯③亲手创作的图案不可能提出三叉戟，因为这位雕塑家生活的年代距离最早的波塞冬钱币发行时间晚了 200

---

① Henry Beauchamp Walters，公元 1867—1944 年，英国考古学家。——译者注

② Furtwangler，此处应指德国考古学家和艺术史学家 Adolf Furtwangler，公元 1853—1907 年，伟大指挥家威尔海姆·富特文格勒（Wilhelm Furtwangler）的父亲。他的孙子、威尔海姆之子 Andreas Furtwangler 也是考古学家和钱币学家。——译者注

③ Lysippus，又作 Lysippos，公元前 4 世纪古希腊伟大雕塑家，是古典时代向希腊化时代过渡时期承上启下的大师。曾任亚历山大大帝的御用雕塑师。威尼斯圣马可大教堂的青铜骏马据传是他的作品。——译者注

年，但克里昂忒斯①的一幅画作还有其他诸多已经失传的画作据说描绘了海神手捧一条金枪鱼。普林尼提到克里昂忒斯发明了白描画法。既然加入鱼元素，下一步似乎很自然即采用三叉戟和鱼叉作为海神的权杖。

对于印度艺术的研究者而言，类似的从花朵到矛头的转换也耳熟能详，奥尼尔先生在《众神之夜》中曾提及。有观点不赞同花朵演进为三叉戟的理论，应为我们在荷马的《伊利亚特》中读到三叉戟作为波塞冬的象征，而荷马史诗的历史远远早于描绘海神的任何艺术作品，那么这种反对意见的价值取决于 τρίαινα 一词的意义，这个词出现在《奥德赛》第四卷第 506 行及《伊利亚特》第十二卷第 27 行。如果在荷马的时代，波塞冬权杖上顶端还是三朵尖形的花，那么它可能依然被称为 Τρίαινα。

伊壁鸠鲁使用 τριανο-ειστής 一词指代有三个尖形状的原子，这种用法见于普鲁塔克的《哲学家的教条》，系引述伊壁鸠鲁。

诸多描绘波塞冬的早期艺术作品提及他对马的威力，于是很自然，波塞冬尼亚的艺术家在其钱币上将波塞冬呈现为身着骑士的披风或披肩，名为"齐拉缪斯"（χλαμύς）。钱币上垂在海神双臂的衣襻被称为"翼"（πτερά 或 πτέρυγες）。

对服装的描述可参见贝克尔②的《查瑞克利》（第 420 页）。多数情况下，服装的面料为羊毛，颜色则取决于穿着者的级别和职务。猎人和渔夫的服装通常颜色暗淡，以避免被其猎物发现。花瓶、钱币和雕塑呈现给我们许多种不同的穿衣方式。

研究波塞冬崇拜对历史学家颇富价值，但对古代宗教理念的研究者而言价值则没那么大，因为不像某些更高层次的奥利匹斯诸神崇拜，波塞冬崇拜缺乏灵性与伦理上的意义。

波塞冬崇拜出现较早，但没有像其他教派一样演进，而且也不像其

① Kleanthes，又作 Cleanthes，哥林多艺术家，生平不详。——译者注
② Wilhem Adolf Becker，公元 1796—1846 年，德国古典学者。——译者注

他教派一样同国家的进步有所关联。但钱币学研究者可以通过观察钱币所提供的证据来复原希腊部落的迁徙，并从钱币图案中推导某种教义的扩散。特别参见 L. H. 法内尔①的《希腊人国家的宗教崇拜》。

钱币说明

波塞冬尼亚钱币可分为四个序列：（1）公元前 550 年—公元前 480 年发行的钱币。（2）锡巴里斯沦陷后发行的钱币。（3）卢卡尼亚人发行的钱币。（4）帕埃斯图姆罗马殖民地的青铜钱币。

第一序列的尺寸、形制和重量标准同其他序列相比迥然有异，易于区分。

图 28

第一序列钱币沿用坎帕尼亚标准，斯塔特重约 118 格令，其形制同其他受毕达哥拉斯教团影响的城邦的早期钱币相类。其正背面图案相同，但反面人物形象呈现为背影，特别注意海神背上垂下的齐拉缪斯的背影。

附注：波塞冬尼亚斯塔特和辅币价格通常在每枚 10 先令以上。

麦克唐纳先生指出（《钱币图案》，第 14 页），这一序列南意大利扁平钱币重量标准上的差异证伪了一个观点，即当时各城邦为便利汇兑达成了一个货币协议。

至于形制的类似只是特定地区自然形成的造币传统。

第二时期公元前 480 年—公元前 400 年

第二序列采用亚该亚重量标准，斯塔特重 126 格令，1/3 斯塔特重

① Lewis Richard Farnell，公元 1856—1934 年，英国古典学者，曾任牛津大学校长。——译者注

42 格令，1/6 斯塔特重 21 格令，1/12 斯塔特重 11 格令。

图 29

其形制厚实、紧凑，双面图案均为浮雕。正面图案效仿上述序列
（1），但背面则是一头公牛，走向站立，头部为侧像。

公牛被认为是海神波塞冬的象征。

在约公元前 400 年，或比城邦陷落略早几年，推出的一款新图案，
即赫拉－阿瑞雅正脸头像。在城邦附近希拉罗斯河岸上有一座神庙敬拜
这位女神。这一图案为菲斯忒利亚、海利亚和尼亚波利的造币艺术家所
仿效。背面图案同以往相同，还是公牛。

属于这一时期的青铜币同斯塔特银币类似，背面为公牛图案。

第三时期

第三时期的钱币非常珍惜，大英博物馆馆藏中这一时期的银币缺
如，但卢卡尼亚统治时期发行的青铜币可见三个品类。那时推出的两个
新图案是狄奥斯库洛伊兄弟头像和海豚。有些钱币上，海豚背上有裸体
男童厄洛斯[1]。

狄奥斯库洛伊兄弟暗示着什么影响因素？这些神祇于公元前 498 年—
公元前 496 年引入罗马，并为在那场战中被征服的拉丁民族所敬奉。他
们是由萨莫奈人或卢卡尼亚人的影响引入波塞冬尼亚的吗？狄奥斯库洛
伊兄弟被尊为海上旅行者的保护神，传说波塞冬赐予他们驾驭风与海浪
的神力，还可能帮助沉船的水手。欧里庇得斯的《海伦》提到他们从
宙斯那里为水手送去和畅的煦风，《荷马颂歌》则言及狄奥斯库洛伊兄

---

[1] Eros，小爱神，即罗马神话中的丘比特（Cupid）。——译者注

弟驯服风暴云。

作为海神的象征之一，海豚频繁地同波塞冬一同出现，因此，其作为钱币图案不足为奇，但骑海豚的男童则带来了一个不那么容易解答的问题。

公元前 76 年，L. 卢克瑞修斯·特里奥①推出一款著名的迪纳厄斯钱，其正面为尼普顿②头像，脑后有三叉戟，背面为海豚，朝向右方，海豚背上为有翼的丘比特。另一枚约公元前 49 年由曼琉斯·考狄乌斯·鲁弗斯在东方发行的迪纳厄斯钱，正面为"改变心意的维纳斯"，背面为海豚，朝向右方，有翼的丘比特骑在海豚背上。

我们很自然会推测这些晚期钱币可能效仿波塞冬尼亚的设计，或者暗示波塞冬与阿芙洛狄忒之间存在某种关联。我们在一些钱币上发现了鸟类图案，类似阿芙洛狄忒的鸽子，可能暗示南意大利希腊人意识中这些神祇之间同样的关联。

在奥弗贝克③卷帙浩繁的著作中，第八辑图 7 为我们展示了一个极富趣味的设计，其中阿芙洛狄忒、波塞冬、厄洛斯和阿弥墨涅④一道呈现。这一设计出现在一个调酒罐上，现藏于维也纳，与兰贝格伯爵⑤收藏的花瓶一道由拉保德⑥出版。阿弥墨涅的故事也出现在 1790 年出土于

①　L. Lucretius Trio，罗马钱币制造者。——译者注

②　Neptune，罗马神话中的海神。——译者注

③　Johannes Adolph Overbeck，公元 1826—1895 年，德国考古学家和艺术史学家。——译者注

④　Amymone，希腊神话中埃及国王达奈俄斯（Danaus）之女，波塞冬的情人。——译者注

⑤　Anton Franz de Paula Graf von Lamberg‑Sprinzenstein，公元 1740—1822 年，奥地利外交官和艺术品收藏家，在那不勒斯担任外交官期间收藏了超过 500 件古希腊花瓶，捐献给维也纳艺术历史博物馆（Kunsthistorosches Museum）。其绘画收藏，包括提香、伦勃朗、委拉斯凯兹等大师的画作，捐献给维也纳艺术学院。——译者注

⑥　Louis‑Joseph‑Alexandre de Laborde 伯爵，公元 1773—1842 年，法国文物鉴定家、政治家、作家。——译者注

那不勒斯的一个花瓶上。

海豚既是波塞冬的象征，也是阿芙洛狄忒的象征，这位女神正是从大海上的泡沫中诞生。我们看到，在一款罗马共和国时代的迪纳厄斯钱上，正面为尼普顿头像，背面为海豚，还有一款正面为维纳斯头像，背面也是海豚图案。

在巴黎卢浮宫有一尊海上维纳斯雕塑，有翼的厄洛斯骑在海豚上伴随在她身旁（第156号）。凯勒兄弟青铜雕塑中有一尊维纳斯，创作于1687年，系模仿克里昂米尼①的作品，其中伴随阿弗洛狄忒的是两个丘比特在海豚背上。

第四时期

第四时期，也是最后时期的钱币全部为铜钱，可分为两个序列：带有ΓΑΙΣ币文和价值标记的钱币，以及PAES币文和价值标记的钱币。

钱币上使用了下列神祇的头像：波塞冬、阿尔忒弥斯、狄俄倪索斯，以及得墨忒耳。

最后两位神祇在南意大利耳熟能详，香火鼎盛，罗马的造币长官沿用这些神祇只是有一个例证证明罗马人对他们所统治的被征服民族的开明政策，其通常的做法是沿用和敬拜所有被征服民族的神祇。

阿尔忒弥斯可能是阿卡迪亚的宁芙们的女神，其盛典通常位于河边，经常与河神，如阿尔甫斯②相关联，鱼是这位女神的圣物。

对这样一位女神的崇拜同波塞冬崇拜要比同阿波罗之姊阿尔忒弥斯崇拜更匹配。

这些罗马殖民地铜钱包括如下面值：半阿斯、1/3阿斯、1/4阿斯、

————————

① Cleomenes，古希腊雕塑家，生平不详，老普林尼曾提到他创作的一组缪斯。此处提到的雕塑作品应为著名的"美第奇的维纳斯"（Venus de Medici），系古希腊的一尊青铜雕塑的罗马时代的大理石复制品，现珍藏于佛罗伦萨乌菲齐美术馆。纽约大都会艺术博物馆也有一尊同一题材的罗马复制品。——译者注

② Alpheus，伯罗奔尼撒半岛中部的一条河流和这条河流河神的名字。——译者注

1/6 阿斯、1/12 阿斯，以及 1/24 阿斯，均有 **ᴦ𝖠𝖨𝖲** 币文，以及相应的价值标记。

还有半阿斯、1/3 阿斯、1/6 阿斯，以及 1/24 阿斯，有 **PAES** 币文和相应价值标记。其保存状况通常不太好，因此，或许经过长时间使用。

这最后一个序列，即带有 **PAE** 币文和相应价值标记的，一直沿用至提比略①皇帝的时代。

有些钱币上有 **P·S·S·C** 字样，代表 Paeste Signatum Senatus Consulto（元老院谕旨特许帕埃斯图姆制造）。

这是罗马元老院赋予的一项罕见的特权，为何如此还没有得到解答。

第一时期的钱币：公元前 550 年—公元前 480 年

波塞冬尼亚最早发行的钱币采用坎帕尼亚标准，该标准系由腓尼基标准衍生而来。

在众多坎帕尼亚城邦中，双德拉克马重约 7.41 克，或 114.35 格令，而腓尼基皇家常规减重标准下，1 舍客勒重 7.46 ~ 7.48 克，或 115.12 ~ 115.43 格令，二者几乎完全相对应。很多最早期的波塞冬尼亚双德拉克马重 115.1 ~ 116 格令。

这些钱币形制扁平，薄且圆，与受毕达哥拉斯教团影响的城邦的钱币类似，其背面图案系阴刻的正面图案的背影。

币文通常为反向书写的 **MOᴦ**，但后期有些也写作 **ᴦOM**。中间的字母有时写成方形或菱形 **◇**。同样币文在背面重复出现，但有些钱币上，正面币文为 **ᴦOM**，背面为 **MOᴦ**。有些钱币正面中间字母为 **O**，背面则为 **◇**；还有些恰好相反，正面中间字母为菱形 **◇**，背面为 **O**。

所有钱币上的图案均为波塞冬像，戴头盔，向右方前行；除搭在背

---

① Tiberius，公元前 42 年—公元前 37 年，罗马帝国第二任皇帝，公元 14—37 年在位。——译者注

上和臂上的齐拉缪斯短披风全身赤裸；右臂举起，准备使用三叉戟攻击；左臂在前方伸展。眼睛以古风方式呈现，头盔形制各异。背面为同样图案阴刻，但呈现为从另一侧观看的样子，齐拉缪斯在人像前面，而非后面。

钱币的直径通常为 1.1 英寸，重量为 112~116 格令。

其不同品类如下：

Ⅰ. 神祇的头发结成发髻，一侧为正式的下垂卷发，另一侧立起。

齐拉缪斯衣襟为尖状。

三叉戟有装饰。

正面边缘为线状，包含小点；背面边缘为花冠状内齿。

Ⅱ. 同样图案，但发髻两侧头发均为正式的下垂卷发。

Ⅲ. 同样图案，但神像前方有海马，朝向右方，无翼。

Ⅳ. 同样图案，但三叉戟和齐拉缪斯无装饰。齐拉缪斯衣襟为方形。

Ⅴ. 同样图案，但神像左手持项链。边缘为大圆点，内无内齿。

Ⅵ. 正面图案和内齿类似，但背面为射线内齿。

第一时期的德拉克马

现存德拉克马重 50 格令至最高 59 格令，直径 7/8 英寸。

图 30

图案同斯塔特。

有些钱币上齐拉缪斯衣襟为尖状，有些为方形。边缘有时有珠状内齿，有时无内齿。

有些钱币上，底板上可见海怪符号，但一般没有符号。币文通常正

面为 ΓΟΜ，背面为 ΜΟΠ。形制同斯塔特，背面也是阴刻。

第二时期：公元前 450 年—公元前 400 年

同上一时期的相比，这一时期的钱币重量增加了，直径减小了，质地更为厚实，因此，两者非常易于区分。其重量标准采用南意大利各亚该亚城邦、锡巴里斯和克罗顿的标准，双德拉克马重 126 格令，即比旧坎帕尼亚标准的钱币重了 8 格令。

这一时期钱币的艺术风格通常不那么精细，但有些钱币制作得比常见的情况要精细得多。

这一时期钱币的正面图案同第一时期类似，但搭在波塞冬手臂上的齐拉缪斯的方形衣襟底部并不在一条水平线上，而是左襟比右襟挂得要低些，衣褶也表现得更精细。

币文也很多变化，我们发现了 ΓΟΜΕ、ƸƎΜΟϺ、ΓΟΜΕϺƊΑ—ΝϾΑΤΑΜ、ƊƸƎΝƵ、ΓΟΜΕϾ、ΓΟΜΕΙΔ、ΓΟΜΕϾƊ、ΓΟϾΕΙΔΑ，或加一个 Ν。

这一时期钱币的形状并非总像一般情况下那么圆，椭圆形钱币颇为常见，在这些钱币上，神像总是打制在椭圆的中心，这样波塞冬的头和脚从来不必裁剪。然而很多钱币还是如那个时代所曾见的那么圆。

有些钱币正面图案底板上出现了字母 Α、Δ 和 Θ。

大英博物馆馆藏的两枚钱币上，正面底板右侧有一个海怪头，左侧为橄榄枝。

背面为公牛图案，通常为向左行走，但也有些品类公牛朝向右方。

公牛头为侧像，头并非低垂，像要冲撞的样子，且尾巴总是下垂，像是在休息。背面图案为浮雕，打制在圆形下沉表面上。

在椭圆形钱币上，公牛身体的长度总是沿着椭圆的长轴展开，圆形下沉区域因为椭圆缺乏空间，在上面或下面有所剪切。

小型银币

已发现的小型银币有三种尺寸，最大的直径 0.45 英寸或 0.5 英寸，重 16～20 格令。

这些可能是 1/6 斯塔特，重量应为 21 格令；我们可以猜测它们是双奥波，因其重量几乎同阿提卡双奥波一致。

图 31

第二类直径为 0.35 ~ 0.4 英寸，重 19.6 格令。这些或许也是 1/6 斯塔特，可能属于晚期，尺寸和重量均有所减轻。

第三类直径约 0.25 英寸，重 6.9 格令。这些或许是奥波，尽管我们预期奥波应重 11 格令。

如果这些是 1/12 斯塔特，其重量应为 $10\frac{1}{3}$ 格令。

这些钱币风格多样，有些属于早期，有些则相当晚。

图案全部相同。

图 32

正面：波塞冬有时裸体，有时着齐拉缪斯短披风，以三叉戟攻击。币文 ΓΟΣΕΙ 或 ΓΟΣΕ，或 ΜΟΠ 或 ΓϘΜ。

背面：公牛，朝向左方，有时上方有海豚。

无内齿，或小点内齿，或边缘缺失。

大英博物馆收藏的一枚小型银币具有不同的图案（《目录》，第 20 项）。其重量为 8.7 格令，直径 0.3 英寸。

正面：波塞冬单膝下跪，朝向右方，着尖状衣襟齐拉缪斯，垂在双肩上，以三叉戟攻击，左臂伸展；珠状内齿。

143

背面只有字母**ᴏ7**。

青铜钱币（第二时期）

1. 直径：1.7 英寸。正面：波塞冬，同银币。

背面：公牛图案，下方横条上为**ΓΟΣΕΙΔΑ**币文。

2. 直径：0.5 英寸或 0.55 英寸。正面：波塞冬，同银币。

背面：公牛冲抵，上方底板通常有符号，如海豚、大棒、闪电、赫耳墨斯商神杖等。

这一时期的青铜币图案类似银币，许多城邦都是如此，青铜币图案的变化通常是后来引入的。

帕埃斯图姆

第三时期　公元前 300 年—公元前 268 年

桑邦记录了一枚斯塔特银币，重 111 格令。

正面：**ΓΑΙΣΤΑΝΟ**。年轻的河神头像，有角，戴芦苇冠；背后为天鹅。

背面：骑在马背上的狄奥斯库洛伊兄弟。

大英博物馆收藏有这一时期的几品青铜币。

图 33

1. 直径：0.75 英寸。正面：波塞冬头像，桂冠，朝向右方。

背面：**ΓΑΙΣΤΑΝΟ**，厄洛斯（？）裸身坐在海豚上，朝向左方，持花环和三叉戟。

2. 同样图案，直径 0.8 英寸。

3. 正面：直径 0.5 英寸。波塞冬头像，朝向右方，戴御冕；珠状内齿。

背面：**ΓAI**。海豚朝向右侧。珠状内齿。

4. 直径 0.45 英寸。正面：狄奥斯库洛伊兄弟头像，右向。珠状内齿。

背面：**Γ**，海豚左向。无内齿。

图里翁

对于所有喜爱希罗多德讲述的迷人的故事的人而言，图里翁的最早期钱币一定特别有趣，因为这位史学之父在润色和重写那些后人喜闻乐见的篇章的岁月中，使用的正是这些钱币。

热爱伯里克利和菲迪亚斯时代的艺术的人可以通过观赏雕模师的艺术来遥想，如果不是雅典人出于保守意识坚持保留其著名钱币的古风图案，即便是在造币艺术已经超越了早期阶段之时，雅典的钱币可能会是什么样子。

喜欢神话的人对钱币图案也会有兴趣，因其保留了本地的雅典娜 – 斯库莱特利亚崇拜的记忆。如果你对在古老的希腊造币厂工作的艺术家感兴趣，那么你将在本城邦的钱币上发现数量超乎寻常的艺术家的签名，这些艺术家的名望不仅限于一座城邦，其作品在诸多城邦有迹可循。

城邦自身的故事对研究殖民地的历史有着重大意义，因为在这座城邦我们会发现城镇常见布局的一个案例，如同我们熟悉澳大利亚和新西兰一样。

少有城市的钱币像图里翁钱币一样与众多名人存在关联，因此，当我们观察这一城邦的钱币时，尽管图案的变化并不多，我们还是被引导到众多令人愉悦的、有趣的研究题目。

图里翁钱币同上文描述的更古老的大希腊城邦的差异在于，图里翁未曾有过大型扁平背面阴刻钱币。这一殖民地创建于公元前 443 年，晚于扁平钱币的时代。殖民地起源的故事在上文锡巴里斯相关章节中已有所涉及，并引用了普鲁塔克关于伯里克利在其中所扮演的角色的描述。

图里翁城址据说距锡巴里斯的废墟约 6 英里，在克拉提斯河右岸的高地上，在此地河流流入平原，而今只剩下几处不那么重要的废墟。

关于这座城邦最早的描绘来自西西里的狄奥多罗斯。狄奥多罗斯与奥古斯都大帝生活在同一时代，保留了诸多前代作者留下的信息。他告诉我们，图里翁的城市规划极为规则，四条宽阔的大街将城市等分，四条街的名字分别为赫拉克勒斯、阿芙洛狄忒、奥林匹斯山的宙斯，以及狄俄倪索斯，三条路横穿这四条大街，分别名为赫拉、图里亚和图里那。

英国殖民者可以将图里翁同新西兰和澳大利亚的众多城市作个对比。正如克赖斯特彻奇的主要街道以英格兰的大教堂命名，在图里翁，主要街道均以其母邦的主要宗教崇拜命名。图里翁的建设由希波达莫斯负责规划和监理。希波达莫斯是米利都人，曾规划设计了比雷埃夫斯，后来又规划设计了罗得。他的雄心在于不仅要成为一名建筑师，还要成为政治家和哲学家。据推测，他是阿里斯托芬的喜剧《鸟》中的戏谑对象之一。他的一些哲学理念由斯托比亚斯①保存下来，看来他的理念源于毕达哥拉斯。

领导最早的定居者的是一批非常出色的人物，其中蓝庞是总司令，色诺克里托斯是他的副手。蓝庞据说拥有预言的神力，能预见未来，还能诠释神谕。阿里斯托芬在《鸟》中也暗指了他。

然而这些名人中最出类拔萃者当属历史学家希罗多德。当时希罗多

---

① Joannes Stobaeus，活跃于公元 5 世纪，马其顿人，整理和编纂了大量希腊哲学家的著作。——译者注

德 40 岁左右，已经完成了自己的旅行，并写下了一些让他名垂青史的著作。他已在雅典生活了三年，与城中最负盛名的男人和女人为友，包括伯里克利、阿斯帕齐娅①、修昔底德、达蒙②、菲迪亚斯、普罗泰戈拉③、芝诺④、克拉提努斯⑤、欧里庇得斯，以及索福克勒斯。

他会动心加入殖民者，可能是希望找到一处安静的地方润色并完成自己的伟大作品，还有部分原因是雅典米贵，居大不易。

证据显示，希罗多德从此生活在图里翁，只是在公元前 430 年一次远行雅典，以及若干次在大希腊短途旅行，约于公元前 420 年花甲之年仙逝于图里翁，很幸运地避开了其后城邦内部雅典党和斯巴达党之间日趋尖锐的争斗（普林尼《自然史》，XII，IV，8）。

另一位陪同希罗多德前往图里翁的名人是演说家吕西阿斯，他当时还是个才满 15 岁的少年。待到雅典人在西西里战败时，他大约 45 岁时和 300 名其他雅典人一道被驱逐，回到雅典。他一定拥有大笔图里翁钱币，因此可以不计代价地帮助色拉西布洛斯⑥重返雅典。

这批著名的殖民者中还有斯巴达将军克利安德里达斯。他加入一个雅典的殖民地是因为他被指控收受伯里克利的贿赂，撤回了在阿提卡的斯巴达军队。显然他在同卢卡尼亚人的争斗中战功彪炳，于是，当其后图里翁人和他林敦人交战时，他受命出任图里翁军队的将军。

哲学家普罗泰戈拉可能也造访过图里翁，我们从柏拉图的记载中看到，普罗泰戈拉长期不在雅典，还访问过西西里。公元 2 世纪，第欧根

---

① Aspasia，公元前 470 年—公元前 400 年，伯里克利的情妇、雅典社交场的名媛。——译者注

② Damon，雅典乐理学家，伯里克利的老师和顾问。——译者注

③ Protagoras，诡辩派哲学家，柏拉图《普罗泰戈拉篇》提到他。——译者注

④ Zeno of Elea，公元前 490 年—公元前 430 年，哲学家。——译者注

⑤ Cratinus，公元前 519 年—公元前 422 年，戏剧作家。——译者注

⑥ Thrasybulus，公元前 440 年—公元前 388 年，雅典将军、民主派领袖，伯罗奔尼撒战争后领导雅典重建民主政体。——译者注

尼·拉尔修写道普罗泰戈拉是图里翁的立法者。

在其草创初期，图里翁的另一位名声显赫的访客是西西里的恩培多克勒①，他是辩才无碍的演说家，也是自然科学研究者。

图里翁的政体为民主制。狄奥多罗斯关于该城邦法律系卡伦达斯②制定的说法恐怕并不正确，因为建城时卡伦达斯墓木已拱，且卡氏反对民主制度。

殖民者们面临的最早的麻烦是由锡巴里斯人的傲慢与鲁莽导致的，结果锡巴里斯人最终要么被杀，要么被驱逐。然而，鉴于该城居民来自众多不同城邦，拉帮结派在所难免，社区的和平因派别之争进一步遭到破坏。

城邦分为十个部落，其中三个来自伯罗奔尼撒，即阿卡迪亚人、亚该亚人和爱利亚人；三个来自希腊中部，即玻俄提亚人、近邻同盟各城邦人③和多利安人；四个来自雅典及其藩属，即爱奥尼亚人、雅典人、埃维亚人和群岛联盟④人。

所有政治纷争中尤以雅典和斯巴达党派的支持者之间的最为严重。

德摩斯悌尼和攸里梅敦在图里翁受到雅典人党的欢迎，还得到了700名重装步兵和300名投枪兵协助作战。这一争端促使图里翁公民遣使往德尔斐请求神谕告知究竟谁应被尊为城邦的创立者，他们得到的回复是，城邦是由阿波罗本尊所创建。

反雅典党暴动的始作俑者是罗德岛人多利奥斯，迪亚戈拉斯⑤

---

① Empedocles，公元前490年—公元前430年，前苏格拉底哲学家，西西里阿克拉加斯（Akragas）城邦公民。——译者注

② Charondas，西西里卡塔尼亚的立法者，生平不详，据传是毕达哥拉斯的弟子。——译者注

③ Amphictyonic，由雅典、色萨利等十二个毗邻城邦组成的宗教性组织。——译者注

④ Nesiotic，爱琴海上基克拉泽斯（Cyclades）群岛各城邦组成的联盟。——译者注

⑤ Diagoras，公元前5世纪的著名拳击手、奥运会冠军。——译者注

之子。

多利奥斯曾被雅典党人放逐，因此对城邦心怀恨意。他是一位颇负盛名的运动员，曾在公元前432年、公元前428年和公元前424年的奥运会上荣膺自由搏击奖牌。

斯巴达势力可能给图里翁的法律带来变革，变为卡伦达斯所创立的体系。但贵族们专擅权势，底层阶级忍无可忍，拒绝同卢卡尼亚人作战，直到其冤屈得以伸张。他们效仿罗马平民撤离城市，在圣山安营扎寨的策略①。

现在我们来谈谈图里翁同大希腊其他城邦的联系。

驱逐锡巴里斯人后，图里翁马上同克罗顿结成友好同盟。图里翁同其他城邦的第一件争议，如希罗多德记载，是公元前430年前后关于锡里斯故址肥沃土地的归属权。锡里斯是爱奥尼亚人所建立的殖民地，为梅塔彭提翁、锡巴里斯和克罗顿的亚该亚公民所摧毁。他林敦人对锡里斯故地提出主权要求，而图里翁的雅典党人也力主占有该地。

公元前432年，双方争议得到解决，解决的方式是在老锡里斯沿河上游几英里的地方建立一座新城，名为赫拉克利亚。赫拉克利亚成为 πανήγυρις，即南意大利希腊人大会的聚会之所。这一大会起初带有宗教性质，后来政治色彩则超过了宗教性质。

公元前390年，即罗马被高卢人攻陷那一年，以图里翁为首的希腊联军与卢卡尼亚人会战于拉奥斯，结果希腊人惨遭败绩，据说阵亡的希腊将士达上万人。

大狄奥尼西奥斯的压迫削弱了希腊人，使卢卡尼亚人的胜利成为可能。

有些战场上的幸存者泅渡到狄奥尼西奥斯的战舰上寻求庇护。出于人道主义，狄奥尼西奥斯的兄弟莱普提诺斯居间达成和平，挽救这些幸

---

① 公元前494年的第一次和平撤离运动。为争取政治权利，平民和平撤离罗马前往圣山，最后贵族和平民通过谈判和平解决争议，建立保民官制度。——译者注

存者的生命。不久之后，因其行为触怒其兄，莱普提诺斯与其女婿菲利斯托斯一道流亡图里翁寻求庇护，直到重新赢得其兄的青睐，被召回叙拉古，并官复原职。这场惨败之后 47 年，即公元前 343 年，罗马人发动了对萨莫奈人的第一次战争。

公元前 332 年，卢卡尼亚人与伊庇鲁斯的亚历山大作战，后者曾与罗马签订条约，并希望将联盟的中心从赫拉克利亚迁往图里翁。

从李维的记载中我们得知，公元前 301 年，图里翁为克利奥尼穆斯所占据，当时克氏正在意大利海岸从事海盗劫掠活动，罗马的援兵来得太晚，未及解救图里翁免遭沦陷。不久之后，当卢卡尼亚人兵锋所向威胁图里翁之时，图里翁人忆及罗马曾施以援手，于是又做秦庭之哭，向罗马乞援。

图里翁的祈请达到罗马时，正值罗马平民出走贾尼科洛山，因此没有派出援兵，卢卡尼亚人在图里翁属土肆虐无忌。公元前 284 年，罗马护民官埃利乌斯提出并通过了一项法案反对卢卡尼亚人的头领史蒂纽斯·史塔蒂留斯（普林尼《自然史》，34）。为了向埃利乌斯的帮助表达感激之情，图里翁人为他献上一尊雕塑和一顶金冠。

两年后，罗马执政官"独眼龙"法布里修斯①对拉卡尼亚人和布鲁提人连战连捷，解图里翁之围，逐走史塔蒂留斯。心怀感恩的图里翁公民再次为其救星立像。

为确保图里翁的安全，罗马派遣瓦莱里乌斯指挥一支舰队驶往克拉提斯河口。舰队的若干舰只继续驶向他林敦，结果被他林敦人所摧毁，瓦莱里乌斯本人被杀。

阿庇安②记载，因其偏袒罗马而未向希腊城邦求援，他林敦对图里

---

① Gaius Fabricius Luscinus Monocularis（"独眼龙"），曾两度出任罗马执政官，以端方正直、不受贿买著称。——译者注

② Appian of Alexandria，拉丁文名 Appianus Alexandrinus，公元 95—165 年，历史学家，希腊裔罗马公民，生于埃及亚历山大里亚，活跃于图拉真、哈德良和安东尼皇帝在位时期，著有《罗马史》（Historia Romana）。——译者注

翁人征收税赋，并向图里翁派遣军队。城邦陷落之时，罗马驻军被允许撤离，但城邦遭到洗劫，城中公卿巨室尽遭放逐。罗马人遣博斯图缪斯①奉使前往要求他林敦人作出解释，遭到他林敦人羞辱；罗马人于是遣埃米里乌斯②兴师问罪。随后，公元前 278 年—公元前 275 年，皮洛士转战意大利，其后他林敦由罗马驻军守卫。皮洛士导致他林敦、赫拉克利亚和图里翁斯塔特改变重量标准。公元前 278 年—公元前 268 年，图里翁发行了新图案的钱币，公元前 268 年后不再发行银币。

　　罗马人于公元前 269 年开始发行其著名的迪纳厄斯银币，其图案见证了大希腊钱币的影响。

　　坎尼会战后，图里翁人加入迦太基阵营，但公元前 213 年又重归罗马羽翼（李维，XXV，1）。公元前 212 年，他们再度发动反罗马暴动，迎迦太基将领汉诺入城。公元前 210 年，在阿忒拉城被毁后，汉尼拔将该城居民迁至图里翁；六年后，又将 3500 名公民迁往克罗顿。

　　公元前 194 年，图里翁成为享有拉丁公民权③的罗马殖民地，拥有 3000 名步兵和 300 名骑士，城市名字也改为考皮阿，指代该地肥沃的土壤。

　　公元前 194 年起，考皮阿发行罗马重量标准 1/24 阿斯青铜币。

　　该钱币背面的丰饶之角图案于公元前 82 年被苏拉④所仿制，用以制造钱币，给他从东方返回意大利的部队发放军饷。

---

　　① Lucius Postumius Albinus，殁于公元前 216 年，公元前 3 世纪罗马将军，曾三次当选执政官。公元前 216 年在同高卢波伊（Boii）部落作战中阵亡，波伊人将其首级以黄金包裹，制成饮器。——译者注

　　② Lucius Aemilius Paullus，殁于公元前 216 年，两次当选罗马执政官。第二次布匿战争中，在坎尼会战中阵亡。——译者注

　　③ Ius Latii 或 ius Latinum，罗马人给予被征服地区居民的公民权，介于完整的罗马公民权和无公民权之间，因最早授予诸拉丁部落，故名。具体包括贸易权（ius commercii）、婚姻权（ius connubii），以及迁徙权（ius migrationis）。——译者注

　　④ Lucius Cornelius Sulla Felix，公元前 133 年—公元前 78 年，罗马将军和政治家，曾两度出任执政官，并曾任独裁者。——译者注

图案

从图里翁最早的钱币图案看,很可能第一批殖民者毫不延迟地建立起造币厂,其风格为雅典式,菲迪亚斯流派。

雅典娜头像摆脱了雅典钱币的古风风格,但保留了头盔下波浪卷发。这正是我们希冀这一时期雅典钱币应有的样子。钱币正面,女神的雅典式头盔上装饰的并非呆板的叶子,而是充满艺术格调的橄榄叶组成一顶冠冕。

背面图案无疑选择了向他们求援的城邦的公民的传统图案:锡巴里斯典型的公牛图案得以保留,这是细节做了改变。此外,鉴于城邦的得名来自其附近奔涌的图里泉,冲击的公牛适合表达为新殖民地名字的含义,令人赞叹。提铭上添加的鱼可能只是代表城市得名的水系的符号。背面图案的含义在锡巴里斯相关章节已经作出诠释。

第一时期技艺精湛的钱币中,我们发现有些雅典娜头盔上有海妖斯库拉形象作为装饰。

一般认为,这些钱币应追溯至公元前390年之后的时期,但从很多头盔上带有斯库拉形象的钱币的风格看,这一图案的引入可能要早于这一时期。

要解释为何图里翁钱币不采用雅典图案,我们自然从该城邦的政治纠纷着眼。建立伊始,城邦公民即陷入政争之中。雅典党和亚该亚或斯巴达党轮替主政,斯库拉图案可能就是后者添加的。

有些钱币上有橄榄花冠,另一些头盔上有斯库拉装饰,这两种图案显然处于同一位艺术家之手,因为在钱币背面我们看到一个符号:一只鸟举起双翼,双翼上各有一个字母Φ。艺术风格是相同的,同一位艺术家设计了这两种图案。

如果橄榄花环装饰的头盔系为雅典党所采用,那么我们推测,雅典人在西西里战败后,该钱币图案也随之消失,公元前413年后,头盔总是以斯库拉形象装饰。

钱币的分类

若干时期的钱币正面图案迥然有异,因此,我们只需将具有类似正面图案的钱币时间顺序排列，而无须考虑制作工艺风格，或背面图案。用这种方法分类并非不可能。

第一时期：公元前 440 年—公元前 420 年

最早的钱币上，公牛尾巴下垂行走，略微低头，侧像。钱币正面，雅典娜头盔既有以橄榄花环装饰的，也有以斯库拉形象装饰的，斯库拉右手放在臀部，左手举起至眉。还有使用狮鹫图案代替斯库拉的。

第二时期：公元前 420 年—公元前 410 年

这些钱币上，公牛的尾巴拂在背上，右蹄举起，头部尽管仍是侧像，但垂得更低，鼻子几乎触到左腿膝盖，左腿支撑其前部全部重量。

这一时期钱币的正面图案同第一时期的类似。

第三时期：公元前 410 年—公元前 400 年

这一时期钱币上的公牛头转过 3/4 面向观察者。这一图案似乎是效仿公元前 404 年来翁悌尼和卡塔纳①的联盟钱币。波塞冬尼亚于公元前 400 年发行的钱币上有冲刺的公牛图案，似乎也是效仿图里翁的这一图案。

图 34

第四时期

第四时期钱币上的公牛头为正脸，公牛上方有字母 **ΣΙM**，提铭上为飞翔的丘比特。

下述分类来自埃文斯博士发表于《钱币学年鉴》上的文章（1896 年，第三辑，第 16 卷）。

---

① Leontini 和 Catana，二者均位于西西里岛。——译者注

斯库拉图案

荷马在《奥德赛》第十二卷中所描述的斯库拉是一个可怕的怪物，有 12 只足，6 个非常长的脖颈，每个颈上都有一个丑陋的头颅，头上有三排牙齿；其身体藏在洞穴中，颈部伸出洞穴，捕食海豚和海狗，甚至有着青色船头的舰船上的水手。它是不是一头章鱼？但雅典娜头盔上的斯库拉并不像这样的怪兽。

斯特拉波在其著作第一卷中评论道，关于斯库拉样貌描述的这一部分有一个自然的解释："意大利沿岸的金枪鱼群无法抵达西西里，在海峡中，他们被体型更大的鱼类如海豚、角鲨等所捕杀，剑鱼和角鲨主要以金枪鱼为食。"荷马关于斯库拉习性的描述让斯特拉波联想起用鱼叉猎杀剑鱼的危险活动。有些钱币上的斯库拉图案有三叉戟出现，让我们想起斯特拉波的这段描述。

钱币图案所表达的这一传说另见于奥维德《变形记》（XIII，732）：

"另一只（斯库拉）可怕的凸起的大肚子周围环绕着恶犬。这怪兽有一张处女的脸庞，（如果诗人未曾将所有的信息包裹在虚构故事中）它确曾是位处女。"关于她容颜尽毁的故事，塞尔维乌斯在注释维吉尔时提及（《埃涅阿斯纪》，III）。然而关于这个传奇故事最完整的记述见于奥维德《变形记》第十四卷。

"女神（基尔克）对他（格劳克斯）大为震怒，然而出于爱情，不能、也不愿伤害他，于是将怒火转向她（斯库拉），因为斯库拉得到格劳克斯的青睐，而女神却因自己求爱遭拒而被触怒。女神立即将几种以可怕的后果著称的药草研磨在一起，研磨时又混入了赫卡忒的魔咒。披上绿衣，在一群俯首帖耳的野兽簇拥下，女神从她的殿堂中出发，前往利基翁，其地位于赞克雷①岩石的正对面。在那里，她进入湍急的水流中，在水面上如履平地，并以干燥的双脚搅动海面。有一小片水面旋转，形成一个拱形的凹陷，这是斯库拉喜欢的小憩之处。当太阳升上中

---

① Zancle，今西西里岛墨西拿（Messina）。——译者注

天，物体的影子变得很小时，海面和空中都燥热难耐，斯库拉就归隐于此处。在斯库拉到来之前，女神将魔药倒入水中。她将从毒药草根部榨出的汁液洒入水中，轻启朱唇，唱了三九二十七遍魔法之歌，加了新词，让魔力更暗黑。斯库拉来了，身体进入水中一半时，看到自己的下肢变成了狂吠的怪物。起初，她不相信这是自己的身体，想要逃开，试着将它们赶走。她害怕这些可怕的血盆大口，但却摆脱不掉。她试着寻找自己的大腿、小腿和双脚，却发现它们都变成了地狱恶犬的爪牙。恶犬的疯狂不间断，怪兽的背部附着在她变形了的下体，她的身体变得臃肿……斯库拉一直待在同一个地方，当机会一出现，出于对基尔克的仇恨，她夺走了尤利西斯的同伴。"

"不久之后，这同一位（斯库拉）如果没有变成石头，还想击沉特洛伊船只。她所变成的岩石至今仍露出水面。"

最早的斯库拉图案描绘的是这位仙女在其身体变形之际试图摆脱恶犬，她的左手在恐惧中举至眉梢。

在上文介绍图里翁简史时提到了雅典党与其反对派之间的争执，如果试图解释钱币正面不同图案的原因，我们自然在这些政治争端中找寻不同图案的起源。雅典党倾向于选择最接近雅典钱币的图案，而殖民党则选择某种本地元素。因此，或许我们可以推断，橄榄花冠是雅典党当政时的钱币图案，而斯库拉图案钱币发行之时则是殖民党占了上风。斯库拉图案出现的时间大约是在公元前 432 年赫拉克利亚建城之时，赫拉克利亚也为本城邦的钱币选择了同样的图案。

图 35

根据奥维德的传奇故事，仙女试图挣脱其妒火中烧的情敌附着在她身体上的恶犬，象征着殖民地居民试图摆脱雅典人影响的斗争。

正面斯库拉图案

Ⅰ. 斯库拉右手置于臀部，左手举至头部。

这一图案钱币上的字母包括：

正面：**ΙΔ；Φ；Ε；Κ；Ξ；Μ；Γ**。

背面：**ΘΟΥΡΙΩΝ；ℛ；ΘΟΥΡΙΩΝ ΗΡΑ；ΘΟVΡΙ ΕΥ**。

公牛冲羝并踏步，或在更早期钱币上行走。雅典娜头像即有左向也有右向的。

四德拉克马平均重 244 格令，双德拉克马平均重 115～122 格令。

盔顶冠饰不像橄榄花环图案钱币上的那么坚硬，且冠饰越不坚硬，钱币的时代似乎越晚。在这方面，这一系列钱币上的冠饰多种多样。

双德拉克马上的公牛与四德拉克马的类似，根据时代不同有所变化。

Ⅱ. 斯库拉右臂持桨，狗在前方。

这些钱币上没有字母。

女神的头发为波浪式卷发，向后飘扬，头盔上的冠饰不再是坚硬上指，而是卷曲的。

公牛冲羝并踏步。

Ⅲ. 斯库拉左手擎岩石欲掷。

这一图案钱币上的字母包括：

正面：**ΣΑΝ；ΣΙ**，背面为**ΝΙ；Α**，背面为**ΣΙ**。

背面：**Φ；ΙΓ；Σ；ΔΙ**和**ΔΙΩ**。

Φ，背面为**ΘΕ；ΕΥ**，背面为**ΘΕ；ΚΑΛ**，背面为$\begin{array}{c}\textbf{ΣΙ}\\\textbf{ΚΑΛ}\end{array}$

ΣΩ，背面为同样字母及**ΦΙ**；其下为**ΔΙ**。

Τ，背面为**ΕΥΦΑ；Κ**，背面为**ΕΥ**。

背面：**ΣΙΜ；ΗΡΑ；ΘΕ；ΦΑ；ΘΟΡΙΩΝΦΡΥ；ΔΑ；ΕΥΦΑ；ΘΟV ΕΥ ΦΡ；ΓΑϞ**。

头盔上的冠饰垂至颈部，呈略带卷曲的长尾状；冠饰前部坚硬直立。头盔护颈下露出常规的波浪卷发。

女神头像总是转向右侧。

有些双德拉克马上，雅典娜的头发为旧式的四波浪卷，如同雅典钱币上的样式。

Ⅳ. 斯库拉和两只海狗，其手臂环绕一只一条狗的颈部。

公牛背上有字母 **K**，以及头盔护颈处有字母 **K**（劳尔·罗歇特收藏），公牛背有字母 **ⵌ**（L. 福若，第 306 页）。

头盔冠饰坚硬，直至接近颈部。

女神前额的头发为雅典的老式四波浪卷。

公牛踏步、冲羝。

Ⅴ. 斯库拉右手持三叉戟，海狗跑在前面。

这些钱币上的字母包括：

正面：**Γ**，对应背面为 **A**；**K**，对应背面为 **ΘΟΥΡΙΩΝ**；**ΣΩ**，对应背面为 **ΣΩΓ**。

背面：**Ι**；**ΕΥΦΑ**；**ⵁΡ K**；**ΝΥ**；**ΣΟΣ**；**ΣΩ**；**ΣΩ ‹Α**；**Ωⵌ**；**ΣΩΞΕ**；**ΘΟΥΡΙΩΝ**。

女神束发，头发在头盔护颈下飘扬，这种发式为这一时期所独有。上文Ⅲ中有些品类女神也是以同样款式束发。

雅典娜额发为后期的小波浪卷样式。

堕落时代的艺术。

Ⅵ. 斯库拉持桨或橹，搭在左肩上，海狗在前方。背面文字包括 **ΘΟΥΡΙΩΝ**、**ΕΥ**、**ΘΟΥΡΙΩΝ ΙΚ**（福若，第 252 页）。

头盔冠饰顶部坚硬，但尾部飘逸，类似 Ⅱ。

雅典娜额发为旧式雅典波浪卷。

公牛踏步。

Ⅶ. 头盔上以狮鹫装饰，而非斯库拉。

这些钱币上的字母包括：

正面：**Ⅎ**，对应背面为 **H PA**；**ΣI**，对应背面为 **ΘOYPIΩN**，及**ΕΥΦΑ ΔΑ**。

背面：**ΕΥΦΑ**；**ΕΥ Φ**；**Υ ΦΡ**；**ΘOYPIΩN**。

雅典娜头像总是转向右方。

头盔非常类似Ⅲ。

大英博物馆的一枚早期钱币（第 48 号）上有一只有翼海马，公牛行走，呈早期样式。

双德拉克马上有阿波罗头像，工艺漫不经心，戴花冠，面向右方，背面为公牛冲羝、踏步，上方底板有字母**API**和棕榈枝。

其款式显示，这些钱币一定是在图里翁造币厂关闭前几年发行的。

奥波

大英博物馆收藏的奥波全部为晚期钱币，即公元前 300 年后发行的。其正面为常规的雅典娜头像，头盔上为斯库拉图案（上文Ⅰ、Ⅲ、Ⅴ）。有些最晚时代的钱币上头盔有翼，有些头盔则朴素无华，带有长尾冠饰，还有些头盔上装饰有狮鹫图案。

> 较晚时代的四德拉克马，品相较好的，可以 5 英镑左右价格购得，双德拉克马可以 10 先令购得，较小面值的约 5 先令。但早期的、更富艺术价值的钱币价格要高得多，且依据其价值售卖。

关于艺术家及官员签名的注释

《钱币学年鉴》1883 年第三辑第三卷收录了一篇题为《雅典钱币雕模师在意大利》的文章，作者为雷金纳德·斯图亚特·普尔①。文章特别分析了一组钱币，其风格与常见的西部艺术流派的宝石雕刻师差异显著。

这种风格带有雕塑的影响，特别是希腊流派的雕塑艺术。图里翁钱

---

① Reginald Stuart Poole，公元 1832—1895 年，英国考古学家、钱币学家、东方学家。——译者注

币堪称这种艺术风格的典范。忒里那钱币则提供了进一步的例证。

普尔指出，希腊艺术家仿制了精美的叙拉古四德拉克马的图案，"同为他们所钦羡与效仿的原作相比，其力度、简约与纯粹尤胜一筹。"签名为**Φ**的图里翁钱币与同样签名的忒里那钱币惊人地相似。签名为**ΦΡΥ**的钱币则与**Φ**签名钱币风格有异。可以推测，**ΦΡΥ**与**Φ**合作，并将名字写得更完整些以便于区分。在忒里那，**Φ**被认为是代表**ΦΙΛΙΣ**。

福若先生的《希腊钱币上的雕模师签名考》是一部引人入胜的著作，其中第27页提到，字母**A**、**Δ**、**E**、**K**、**M**、**Φ**和**VE**等频繁地出现在图里翁的某些钱币上，通常位于背面公牛图案的背部。一般认为这些都是艺术家的签名。图示选用了一枚斯库拉图案钱币，可见公牛背部的字母**A**。

哥本哈根的 M. G. 飞利浦森的一枚钱币上，帕拉斯头像后有字母**A**在上，**☉**在下。

公牛上的字母经常在钱币正面重复。

公牛背上有**V̄E**签名的一枚钱币曾被安霍夫－布鲁默博士收藏，这枚钱币上同时还有艺术家**ΙΣΤΟΡΟΣ**（希斯托洛斯）的签名。已知诸多钱币上有双重签名。在某些情况下，其中一个签名可能是造币总监的，另一个则是雕模师的。其中产生的一个问题是，图里翁钱币上的字母**A**是否代表赫拉克利亚的**ΑΡΙΣΤΟΞΕΝΟΣ**（阿里斯托塞诺斯）？

一枚橄榄花环装饰头盔图案钱币上的正面找到了字母**B**，一枚上文Ⅱ类型的斯库拉图案钱币的正面有字母**Δ**。

德·吕内公爵收藏中的一枚精美的四德拉克马（约公元前360年—公元前350年），在公牛下方的底板或横线上出现了全名**ΙΣΤΟΡΟΣ**。头盔装饰有上文Ⅰ类型的斯库拉图案，公牛背上有字母**E**。这是双重签名的一个例子。

一枚第Ⅳ类斯库拉图案钱币上公牛背上有字母**K**。

字母**K**还见于一枚斯库拉持三叉戟图案的钱币上。

有几品钱币上，字母**K**代替岩石置于斯库拉手中，这些钱币的提铭上有海豚图案。海豚图案是他林敦的标志，因此，这位艺术家有可能就是他林敦的**ΚΑΛ**。

一枚类别Ⅰ斯库拉图案钱币上，正背面均有字母**Μ**，可能是艺术家**ΜΟΛΟΣΣΟΣ**（摩洛索斯）名字的缩写。下列作者均认同这是一位雕模师的名字：劳尔·罗歇特、冯·萨莱特、布鲁恩、海德、埃文斯，以及布朗歇[1]。在发现的一批公元前430年—公元前420年的他林敦钱币中，其中有几枚**ΜΟΛΟΣΣΟΣ**签名的图里翁钱币引人注目。这位艺术家的作品要逊于**ΦΡΥ**签名的作品，可以看作模仿弗里基洛斯[2]的作品。雅典娜头盔装饰有类别Ⅰ斯库拉图案。

弗里德兰德尔[3]发表的一枚图里翁双德拉克马（《考古学期刊》，1847年）上有艺术家**ΝΙΚΑΝΔΡΟΣ**（尼康德洛斯）的签名，第Ⅳ类斯库拉图案（公元前490年—公元前350年）。

这位艺术家活跃的时代或许介于希斯托罗斯和摩洛索斯之间，因其艺术风格体现了两者间的过渡，但距离摩洛索斯更近一些（《钱币学年鉴》1849年，第137~138页）。

冯·萨莱特喜欢尼康多洛斯的风格甚于摩洛索斯。我们一定不要将他同活跃于公元前300年的同名宝石雕刻师混淆起来。

ΙΣΤΟΡΟΣ签名的钱币属类别Ⅱ斯库拉图案，**ΝΙΚΑΝΔΡΟΣ**和**ΦΡΥ**则属类别Ⅲ。

ΜΟΛΟΣΣΟΣ的作品体现了从类别Ⅱ到类别Ⅲ的完全转换，因此，其作品当完成于公元前404年之前[4]，与最优秀的西西里艺术家同时代，公元前404年—公元前338年。

Φ制作的双德拉克马属类别Ⅰ，不晚于公元前420年。

---

① Jules Adrien Blanchet，公元1866—1957年，法国钱币学家。——译者注

② Phrygillos，活跃于公元前5世纪的叙拉古钱币雕模师。——译者注

③ Eduard Julius Theodor Julius Friedlander，公元1813—1884年，德国钱币学家。——译者注

④ 原文疑似有误，似应为公元前404年之后。——译者注

关于 **Φ** 签名，富特文格勒指出，制作这款雕模的极有可能与在同一风格的忒里那钱币上签名的是同一位艺术家，其个性鲜明地体现在钱币上。他一定是菲迪亚斯的一位弟子。

提铭上的 $_*^*$ 符号

总体而言，在较早的钱币上，提铭上有金枪鱼符号，但在后期的钱币上，提铭上则为有翼海马、细小的驷马并排战车、有翼飞马、有八束光芒的星星、海豚、长矛、两只海豚会面等符号。

在公牛背上，我们还看到胜利女神面向右方飞翔、牛背上的火炬、提铭上的鱼等符号。

这些或许是造币总监的符号，但鱼符号似乎是指斯库拉图案和斯特拉波的记载。

青铜钱币

海德博士在《钱币史》中指出，图里翁的青铜钱币开始于约公元前 400 年。

第一个百年中，青铜货币的图案与银币的相同，其直径分别为 0.9 英寸、0.6 英寸或 0.5 英寸。

约公元前 4 世纪中期，青铜币的尺寸和重量突然显著增加。

同一时期在西西里，青铜钱币的重量也显著增加。

在最后一个时期，即公元前 300 年—公元前 269 年，旧图案不再发行，替代它们的是关于阿波罗和阿尔忒弥斯崇拜的新图案。

早期

1. 正面：直径 0.6 英寸或 0.5 英寸。雅典娜头像，戴装饰有橄榄花冠的头盔。

背面：**ΘΟΥΡΙΩΝ**。公牛俯首，朝向右方行走。

有些钱币上，公牛上方有字母 **T**。

2. 正面：直径 0.7 英寸和 0.5 英寸。雅典娜头像，头盔上有有翼海马装饰；**ΘΟΥΡΙΩ**；提铭上为鱼。

背面：公牛尾巴上扬，冲羝。有些钱币上公牛上方有字母 **H**。

3. 正面：直径 0.9 英寸。雅典娜头像，头盔上的装饰为斯库拉投掷岩石。

背面：同 2。提铭上为金枪鱼。

4. 正面：直径 0.9 英寸。雅典娜头像，头盔上装饰有斯库拉持三叉戟。

背面：同 2。上方有字母 **AP**，下方为 **IГ**。

5. 正面：直径 0.45 英寸。雅典娜戴五图案装饰的有冠饰头盔。

背面无币文。公牛图案同 2。

6. 正面：直径 0.7 英寸。雅典娜戴装饰有橄榄花冠的头盔。

背面：**ΘOYP**。公牛朝向右方站立，回首咬自己的背部，同锡巴里斯钱币图案。提铭上为金枪鱼。

7. 正面：直径 0.5 英寸和 0.45 英寸。雅典娜戴有翼和冠饰的雅典式头盔。

背面：公牛尾巴竖立，冲羝，有些钱币上有 **HPA** 字样，另一些则是 **ΣI**，及右向飞行的胜利女神尼姬为公牛加冕。

8. 直径 0.6 英寸。雅典娜戴有冠饰的哥林多式头盔，珠状内齿。

背面：**ΘOYP**。公牛，前蹄抬起，冲羝；提铭上有 **AГΣΣΩ** 或 **RIΣΣΩΦI** 字样。

9. 正面：直径 1.15 英寸。雅典娜，头盔上有斯库拉投掷石块图案。

背面：公牛尾巴竖起，冲羝。**ΘOYPIΩN**，仅余痕迹。

10. 正面：直径 0.45 英寸。雅典娜戴有冠饰的无图案头盔。

背面：**ΘOY**，有缀饰的牛头骨装饰。

较晚时代图案

11. 正面：直径 0.45 英寸。戴狮子皮的青年赫拉克勒斯头像。

背面：**ΘOY** 字样。奔驰的公牛的前部，朝向右方；**ΣΩ**。

12. 正面：直径 0.5 英寸，女性头像朝向右方，戴花冠和特殊的发网，一束头发露在发网外。

背面：提铭上有ΘOY字样，类似第 11 项，但有尼姬为公牛加冕。

13. 正面：直径 0.7 英寸。阿波罗头像，左向，戴桂冠，长发。

背面：ΘOYPIΩN。有颈和三个把手的三足镬。

14. 正面：直径 0.65 英寸，同 13。

背面：ΘOYPIΩN。五弦里拉琴。ÆE花押。

15. 正面：直径 0.6 英寸。同 13。

背面：ΘOYPIΩN。有翼闪电；下方有Ɛ字样。

16. 正面：直径 0.9 英寸。同 13。

背面：ΘOYPIΩN。阿尔忒弥斯右向行走，右手持火炬，左手持两支飞镖，脚旁有一条狗，正背面均有珠状内齿。

17. 正面：直径 0.65 英寸。阿尔忒弥斯头像，戴御冕，肩背箭囊。

背面：ΘOYPIΩN KΛE ΩN。阿波罗裸体，持拨片和里拉琴。

18. 正面：直径 0.5 英寸。阿波罗头像，戴桂冠，短发。

背面：ΘOY。马右向疾驰，下方字母Ʀ（？）。

19. 正面：直径 0.5 英寸。阿波罗头像，戴桂冠，长发，头像后有字母Ʀ。

背面：ΘOY。丰饶之角。左侧底板字母Ω，下方ΦI；有些左侧底板上有ΣΩ字样。

有些常见青铜币所费无非几个先令。

赫拉克利亚

在关于图里翁钱币的章节中我们谈及该城邦的雅典殖民者对锡里斯的原爱奥尼亚人殖民地提出继承权主张。

希罗多德（Ⅷ，62）记载，地米斯托克利威吓尤利比亚德，声称如果后者不听从他的建议，"我们将携家人登船，前往意大利的锡里斯，那里在古代曾是我们的属地，其神谕宣示，它命中注定由我们建立。"

希罗多德是图里翁殖民者中的一员，这一古老的权利主张可能是他告知该城邦公民的。我们已经提及，这一权利主张遭到他林敦人的抵制，双方的争议最终通过建立一座名为赫拉克利亚的新城得以解决。狄奥多罗斯将新城建立的年份追溯至公元前432年，即图里翁建城后又过了14年。从狄奥多罗斯（Ⅻ，36）和李维（Ⅷ，24）的记载中我们推测，该城邦系由他林敦人所建，但斯特拉波引述叙拉古（Ⅵ，第264页）的安条克告诉我们，图里翁人也参与其中。然而从该城的历史看，他林敦人大权独揽，并保卫该城免遭梅萨比人的侵袭。

据希罗多德记载（Ⅶ，170），梅萨比人的祖先源自克里特，其语言似乎与希腊人的语言存在亲缘关系。他们在某种程度上与雅庇吉亚人血脉相通，并以其久负盛名的良驹和出众的骑术声名远播。

赫拉克利亚的公民以文化见长，柏拉图在其关于毕达哥拉斯的著作中（318，8）提到赫拉克利亚的留基博斯到访雅典。他是位盛名宿著的艺术家，众多怀抱着画家梦想的青年均渴望得到他的教诲。该城的另一位公民在雅典求学于伊索克拉底①。这位弟子成为赫拉克利亚僭主后，伊索克拉底曾致信于他，送信的是另一位旧日的学生奥图克拉特。

阿尔库塔斯统治他林敦期间，即公元前380—公元前345年，南意大利希腊人大会在赫拉克利亚召开，这一时期，赫拉克利亚的繁荣臻于极盛。

约公元前331年，伊庇鲁斯的亚历山大在与他林敦人反目后占领了赫拉克利亚，并下令希腊人大会改在图里翁召开。亚历山大之死的血腥细节由李维记录下来（Ⅷ，24）。

约公元前290年，罗马人在赫拉克利亚以北约70英里处的维纳斯城建立了自己的殖民地，并且图里翁人和卢卡尼亚人与罗马结盟。公元前281年，皮洛士抵达意大利，其入侵的一个后果是，双德拉克马的重量由120～123格令减至99～102格令。抵达意大利后不久，皮洛士在赫拉克利亚附近击败罗马执政官拉埃维努斯②。截至当时，赫拉克利亚公民一直与他林敦人和卢卡尼亚人结盟对抗罗马人。但在公元前278年，他们与罗马达成了一个条件最优厚的联盟，西塞罗称为"双方平等基础上的条约"（《为巴尔布斯辩护》）。自那时起，赫拉克利亚得以幸免于周边其他希腊城邦所经历的没落，在很多年里一直维系着某种程度的繁荣。

赫拉克利亚持续发行钱币，直至公元前268年。此后，首次发行于公元前269年的罗马迪纳厄斯新币取代了希腊钱币。

尽管今天赫拉克利亚连一个有点重要意义的废墟也荡然无存，但许多古建筑的基址尚存，位于一个名为波利考洛的农场附近，距离大海约3英里，靠近阿基瑞斯，又名阿格瑞河的右岸。

---

① Isocrates，公元前436年—公元前338年，雅典雄辩家。——译者注
② Publius Valerius Laevinus，公元前280年任罗马执政官。——译者注

该地发现的最有名、最重要的文物是"赫拉克利亚铜表法",内含有关赫拉克利亚城市规制的拉丁文铭文,现珍藏于那不勒斯博物馆。这是公元前45年颁布的《尤里乌斯自治城市法》的复制版。两块青铜板的背后是古老得多的希腊文铭文,但重要性不大。

对于钱币学家而言,这些青铜板也不无意义。伯克①主编的《希腊文铭文大全》第5774页第123行的内容为白银和青铜制钱的区别。白银制钱为双奥波,系若干城市,特别是他林敦和赫拉克利亚的记账单位。参见海德博士《钱币史》,第55页,内含一些有趣的细节。

赫拉克利亚的钱币雕模师

对于研究过周边城邦钱币的读者而言,下列艺术家的名字应该已耳熟能详。我们不仅在赫拉克利亚的钱币上见到过 **ΑΡΙΣΤΟΞΕΝΟΣ**(阿里斯托泽诺斯),在他林敦和梅塔彭提翁的钱币上也见过。

签名**Κ**,可能是**ΚΑΛ**缩写的简略形式,见于赫拉克利亚、他林敦和图里翁,**ΚΑΛ**页可见于所有这些城邦的钱币。

签名**Φ**见于赫拉克利亚、尼亚波利、潘多西亚、他林敦,以及忒里那和韦利亚钱币上。

全名签名**ΦΙΛΙΣΤΙΩΝ**可见于赫拉克利亚、梅塔彭提翁和他林敦钱币。

福若先生《希腊钱币上的雕模师签名考》第46页有一幅插图,系公元前380年左右的一枚双德拉克马,上有艺术家阿里斯托泽诺斯的签名。签名出现在正面雅典娜的头盔上,头盔的装饰为斯库拉投掷石块;也出现在背面:背面的图案为赫拉克勒斯与狮子搏斗,艺术家的签名即位于赫拉克勒斯两脚之间。

这位艺术家似乎是唯一一位在钱币正背面都留下签名的,但叙拉古钱币除外。

---

① August Boeckh,公元1785—1867年,德国古典学者、文物鉴定家。——译者注

在正面，阿里斯托泽诺斯不仅在头盔上留下全名，还在底板上留下字母 **A**，可能因为他身兼雕模师和造币总监二职于一身，两个职务均需签名。上述钱币属安霍夫－布鲁默博士收藏（柏林博物馆）。

柏林博物馆的另一枚双德拉克马上的签名只是字母 **A**，还有一件正反两面均有字母 **A** 签名。

大英博物馆有一枚双德拉克马，正面为雅典娜头像，头盔上的装饰为斯库拉投掷岩石，底板上有 **Δ—K—Φ** 字样，背面图案为赫拉克勒斯与狮子搏斗，左侧有 **KAΛ** 签名。

字母 **Δ** 无疑是一位造币总监名字的首字母，因为钱币两面显然出于同一位艺术家之手。

这位艺术家在赫拉克利亚钱币上的签名为 **KAΛ**，是艺术家菲里斯提奥诺斯的继任者，公元前 345—公元前 334 年在赫拉克利亚从事造币工作。

福若先生著作第 179 页有图示，展示的系大英博物馆收藏的两枚钱币，藏品第 28 号和第 29 号。

正面为雅典娜头像，头盔上的装饰为斯库拉投掷岩石，头像前的签名为 **Δ K Φ**，**KAΛ** 签名出现在背面，其后为赫拉克勒斯与狮子搏斗的图案。大英博物馆的另一枚钱币上，字母 **K** 出现在正面，背面为 **AΘA**。大英博物馆第 33 号藏品。这枚钱币正面为雅典娜头像，戴哥林多式头盔，头盔上有斯库拉装饰，背面为赫拉克勒斯正面像，站立，裸体，反手持大棒，狮子皮搭在左臂上。

某些赫拉克利亚钱币上可见 **Σ** 签名和 **Φ** 签名在一起。图示请参见福若先生著作第 284 页，以及《大英博物馆目录》第 12 号和第 13 号。

现在我们探讨一位在其作品上签名为 **Φ** 的艺术家，**Φ** 可能是菲利斯提昂的首字母。

图 36

1883 年《钱币学年鉴》刊载了《雅典钱币雕模师在意大利》一文，从中我们注意到，正是这位艺术家将菲迪亚斯艺术风格介绍到南意大利，该风格与大希腊艺术家的风格形成强烈对比。富特文格勒在《代表作》插图Ⅵ中展示了这位艺术家的作品。

在 1883 年的《钱币学年鉴》中，斯图亚特·普尔认为，签名为 **Φ** 的艺术家与签名为 **ΦΙ**、**ΦΙΛΙΣΤΙ** 及 **ΦΙΛΙΣΤΙΩΝ** 的均系同一人，但埃文斯博士在《他林敦的骑士》第 110 页反驳了这一观点。富特文格勒教授指出，在式里那钱币上签名为 **ΦΙΛΙΣ** 的艺术家，其风格与签名为 **Φ** 的艺术家绝对不同，而且时代要晚得多。

福若先生著作第 332 页有一枚双德拉克马的图示，正面为雅典娜头像，头盔上装饰有马头鱼尾怪图案，其后为 **Σ** 签名；背面为常规的赫拉克勒斯搏击狮子图案，赫拉克勒斯双腿之间有 **Φ** 签名，时代为约公元前380—公元前 300 年（《大英博物馆目录》，第 12 号）。这枚钱币上，字母 **Σ** 可能是艺术家的签名。

Φ 签名也见于一品半德拉克马（《大英博物馆目录》，第 6 号），正面为有须髯的赫拉克勒斯头像，面向右方，背面为向右方奔跑的狮子。

图 37

签名为**ΦΙΛΙΣΤΙΩΝ**全称的艺术家似乎活跃于公元前 344—公元前 332 年，是他引入了哥林多式头盔。

这些签名一定要与可能代表菲洛科勒斯的**ΦΙ**、**ΦΙΛΩ**及**ΦΙΛΟ**签名认真加以区分。

ΦΙΛΟ签名的双德拉克马，正面为雅典娜头像，面向左方，戴哥林多式头盔，头盔上有狮鹫装饰，背面为赫拉克勒斯裸体站像，反手持大棒，狮子皮搭在左臂上。福若先生著作第 350 页有该款钱币的图示（《大英博物馆目录》第 45 号，公元前 380 年—公元前 300 年）。

ΦΙΛΩ签名出现在一枚类似图案钱币上，只是雅典娜头像面向右方（《大英博物馆目录》，第 50 号）。

赫拉克勒斯搏击狮子图案

东部的赫拉克勒斯搏击狮子图案通常呈现为一个男人手擎狮子，但赫拉克利亚的图案与此毫无关联。希腊关于这一题材的最早呈现方式是，英雄与狮子分开，挥舞大棒，如同公元前 7 世纪的早期哥林多花瓶所展示的。在公元前 6 世纪的花瓶上，宝剑代替了大棒。关于黑釉人像花瓶的常见图案，请参见大英博物馆《花瓶篇》第二册第 13 页往后。

始于公元前 5 世纪，终于公元前 4 世纪末，是希腊艺术的巅峰时代。这一时期，旧的图案演进为新的设计，钱币图案似乎就是效仿这一新设计（格哈德《伊特鲁里亚古镜》133，《萨布洛夫①收藏》148）。

这一设计的一个精美的范例是一尊私人收藏的青铜像，与双德拉克马图案设计完全类似，甚至展现出大棒在人像身后，英雄的右臂环绕狮子颈部，同钱币上的一样。

尽管这一设计既然能赋予钱币雕模师以灵感，想必是复制自某个著名的雕塑作品，然而我们穷观坟典，想从描述伟大艺术作品的古代文献

---

① Peter Alexandrovich Saburov，公元 1835—1918 年，俄国外交官和收藏家，其收藏的古希腊花瓶和其他文物后出售给柏林文物收藏（Antikensannlung Berlin，世界现存最重要的古典艺术收藏之一），由富特文格勒编制目录。——译者注

中找到关于这一大师之作的只言片语，却遍寻不得。

有观点认为，这一设计复制自米隆在玻俄提亚的一组作品。米隆是阿尔戈斯的阿格拉达斯的弟子，阿格拉达斯活跃于公元前 500 年—公元前 440 年（参见福若先生作品，第 10 页，145，《钱币学通信》1907 年 10 月）。

双奥波上的赫拉克勒斯跪姿像让我们想起一些古代花瓶上这位英雄的画像。

在大英博物馆青铜器馆展柜 A 陈列着一个青铜镜盒，以浅浮雕手法描绘英雄与狮子搏斗，在设计上与钱币图案甚为近似，但在这个青铜镜盒上，狮子位于左侧，赫拉克勒斯转身迎战狮子，实际上设计是反向的。

传说中赫拉克勒斯在阿尔戈利斯的涅墨亚山谷杀死狮子，此地在哥林多西南约 10 英里处，菲洛斯和克里欧尼之间。

赫希俄德在《神谱》第 327 页、阿波罗多洛斯[①]在《书库》第五章第 1 节，以及《埃涅阿斯纪》的注疏者塞尔维乌斯却说："涅墨亚森林临近忒拜"，这有点莫名其妙。

亚历山大里亚学派的后期学者将十二伟业归功于赫拉克勒斯，击杀涅墨亚狮子是十二伟业的第一项。赫拉克勒斯受欧律斯透斯[②]差遣去杀死狮子，行至克里欧尼，在那里受到一位名叫莫洛克斯的穷人的接待。赫拉克勒斯发现莫洛克斯正打算向宙斯献祭，就说服他等赫拉克勒斯回来后再献祭。莫洛克斯等了 30 天，打算献祭时，刚好赫拉克勒斯及时返回。

忒奥克里托斯（XXV）记载，英雄与狮子的搏斗发生在光天化日

---

① Apollodorus of Athens，公元前 180 年—公元前 120 年，古希腊学者和语法学家。《书库》（Library，或古希腊文名 Bibliotheca）记录希腊神话，系后人对他的模仿和伪托，其真实作者不可知，一般称为"假阿波罗多洛斯"（Pseudo – Apollodorus）。——译者注

② Eurystheus，传说中迈锡尼国王。——译者注

之下，但也有人说英雄是在狮子的巢穴中杀死它的。A. 朗①译成英文的"金色宝库丛书"《忒奥克里托斯、比翁和莫斯霍斯》② 中可以找到关于这场战斗的惟妙惟肖的描述，从第 140 页开始。

有说法称，涅墨亚运动会就是为纪念赫拉克勒斯对阵狮子的伟大胜利所举办的，但这种说法并未得到广泛接受。保萨尼亚斯告诉我们，他造访该地时，涅墨亚宙斯神庙依然值得一游，但其屋顶已经塌陷，且雕塑已不觅踪影。如果能考据出原来的雕塑究竟是宙斯神像，还是赫拉克勒斯和狮子，倒是件趣事（保萨尼亚斯，Ⅱ，ⅩⅤ）。亚该亚族裔的希腊殖民者采用赫拉克勒斯图案再自然不过，这一阿尔戈利斯传奇会让很多人思念起他们离开的故国。

忒奥克里托斯诗歌翻译，《田园诗》第二十五

创作于公元前 280 年—公元前 260 年

"欧律斯透斯交给我的第一项任务，是让我杀死这可怕的猛兽。于是我带着屈伸自如的良弓，装满利矢的箭囊，踏上征程。在另一只手上，我提着硕大的哨棒。说起这哨棒，我在赫利孔圣山找到一株浓荫蔽日的野生橄榄树，将它连根拔起，未曾剥去树皮，制成这平衡良好的大棒。我来到这狮子巢穴所在的地方，握住弓，将弓弦挂在弯曲的弓稍上，立即将利箭搭在弦上。然后我放眼四望，寻觅这肆虐的猛兽，如果凑巧我或许可以看到他，或他窥见我。已是正午，我尚不曾见到这猛兽的踪迹，亦未曾听到他的咆哮。此处不见人迹，没有人牵牛人在遍布犁沟的田野上耕作，没有人可以让我问询，恐惧的阴影让人们都躲在家中。然而我不曾止步不前，而是跋涉穿过丛林密布的山丘，直到我看到这猛兽，瞬间充满力量。已是黄昏，这猛兽餍足了血肉，走在归穴的路上，坚硬的鬃毛满是杀戮之气，他狂野的脸，他的前胸，他的舌，还在

---

①　Andrew Long，公元 1844—1912 年，苏格兰诗人、小说家、文艺批评家，以收集民间传说和童话知名。——译者注

②　Bion of Smyrna，活跃于公元前 100 年前后的古希腊田园诗人；Moschus，生于叙拉古，活跃于公元前 2 世纪前后，古希腊田园诗人。——译者注

不停地舔着须髯密布的下巴。我立即藏身于阴暗的灌木丛中，在丛林密布的山丘，等待他走近。他走得更近了，我向他的左肋放箭，但利剑却未能穿透他的皮肉，弹了回来，掉落在青翠的草地上。这时他迅速地从地上扬起棕色的狮头，惊讶地四处寻觅，张开血盆大口，露出嗜血成性的利齿。此时，懊恼于上一箭徒劳无功，我再度弯弓搭箭，射向他前胸的正中，肺所在的部位。但即便是这一箭依然徒劳无功，未能穿透他的皮肉，落在他的足前。我恼羞成怒，第三次准备拉弓，但这狂野的猛兽的目光捕捉到了我的行藏。他用自己的长尾抽打腹部，准备迎战。他的颈部为愤怒所包裹，低垂的前额上棕色的鬃毛耸立；他的脊背弯成弓形，全部的力量从腰部和腹部集中起来。当一个技艺娴熟的造车匠人先用火烤成熟的无花果树枝，再将其弯曲，制成战车车轴的辋，此时无花果树枝从他手中飞出去，弹得很远。就像这样，暴怒的狮子从远处一跃而至，急切地要将我变成他的腹中餐。这时，我用一只手向前方刺出我的箭，将披风折在肩上，用另一只手举起久经战阵的大棒，击打他的头顶，打在这贪得无厌的猛兽怒发上指的头上，甚至连野橄榄木制成的大棒也开裂了。他的飞跃停住了，落在我的面前，以颤抖的四足站在地上，晃着头，黑暗在他双眼中聚集，他的大脑因我的重击在头骨中震颤。看到他因我的打击眩晕，担心他转过身去重新调整呼吸，我扑向他，一把抓住他坚实的颈部。我将弓和箭囊扔到地上，用全部的力量扼住他，从后面牢牢抓住他，以防他用利爪撕扯我的皮肉，跳到他身上，用我的双足将他的后腿踩在地上，用他的体侧护住我的大腿，直到完全压住他的双肩，然后将他举到半空，他终于窒息了——地狱带走了这可怖的怪兽。

"此时我开始想如何剥下这怪兽的皮。这是项艰难的任务，因为这狮子皮刀枪不入，我试过用钢铁、石头和其他利器，都不能伤其分毫。此时，有一个神明讲一个妙法送入我脑中，就是用狮子自己的利爪切割他的皮。用这种方法，我迅速剥下狮子皮，将其披在身上，保护我在战斗中不受伤害。

"朋友，曾伤及无数人畜的涅墨亚狮子就这样死在我的手上。"

钱币分类

第一时期（公元前 380 年之前）

在最初 50 年中，赫拉克利亚似乎没有发行任何比双奥波价值更高的钱币。毫无疑问，在大额交易中该城公民使用他林敦和图里翁的双德拉克马。联邦双德拉克马，其图案为他林敦设计的，包含男童骑手为静止的马加冕，以及一个女性头像，可能是塔拉斯之母萨提拉，直到公元前 302 年—公元前 281 年方才发行。最早的赫拉克利亚双奥波没有仿效任何他林敦钱币设计，我们从未发现海扇贝壳或车轮图案，但重量似乎相同，或许约为 20 格令，许多实物平均重量为 19 格令。

1. 正面：赫拉克勒斯头像，披挂狮子皮，面向右方。

背面：**HE** 或 **EH**，奔跑的狮子。

2. 正面：类似 1。

背面：赫拉克勒斯右膝跪地，左膝举起，与狮子搏斗，右手持大棒，**HE** 签名。

第二时期（公元前 380 年—公元前 300 年）

公元前 380 年，希腊城邦联盟在赫拉克利亚召开大会，他林敦的阿尔库塔斯任大会主席。当地造币厂也首次发行了双德拉克马，其图案显然也特意选择了雅典党和亚该亚党双方的标识，正面为雅典娜头像，背面为赫拉克勒斯像，赫拉克勒斯像可能是模仿克罗顿于公元前 420 年—公元前 390 年发行的双德拉克马。

1. 正面：雅典娜免冠头像，以橄榄束发，从后向上束起。头像周围环绕神盾，边缘为蛇型装饰。

背面：**HEPAKΛEIΩN**，带或不带 **Ⱶ**，赫拉克勒斯裸体坐于一堆岩石上，以左肘支撑身体，右臂伸展，手中持酒杯。

2. 正面：雅典娜头像，面向右方，戴雅典式头盔，头盔上装饰以有翼马头鱼尾怪。头盔鬃状冠饰前部坚硬，后部为长尾型；头盔护颈下露出的女神头发，发型类似某些图里翁钱币图案。

背面：币文同 1。

赫拉克勒斯裸体，面向右方站立，扼杀狮子，其身后有大棒，在有些钱币上还有一个符号，诸如海扇贝壳、大棒、张开的弓、谷穗，或一个字母，比如 **Σ**。

一般认为，这一设计是由在作品上签名为 **Φ** 的艺术家引入的，系模仿他林敦双奥波。

3. 正面：雅典娜正脸头像，戴有冠饰的头盔。

背面：与 2 类似。

4. 正面：雅典娜头像，3/4 脸，面向右方，戴有冠饰的头盔。

背面：赫拉克勒斯，裸体，面向右侧站立，右手举起大棒，以左手扼死狮子。

5. 正面：雅典娜头像，戴耳环、项链，以及有冠饰的雅典式头盔，头盔上的装饰图案为斯库拉投掷岩石。前方底板有 **ΔΚΦ**，珠状内齿。

背面：**ΗΡΑΚΛΗΙΩΝ**。赫拉克勒斯，裸体，面向右方，以双臂扼杀狮子。背后为 **ΚΑΛ** 和大棒，两腿之间为猫头鹰，面向右侧。

变种：正面同，但斯库拉投掷的不是岩石，而是看似章鱼。

背面：类似，但在左侧底板为大棒，大棒上为张开的弓。

6. 正面：常规斯库拉图案，同 5。

背面：赫拉克勒斯站立，正面，裸体，右臂放在大棒柄上放松，大棒直立在地上。左臂上披着狮子皮，左手持弓。左侧底板上飞翔的胜利女神为英雄加冕。右侧底板上有字母 **Σ**。

不同钱币上符号各不相同，有鸟、猫头鹰、调酒罐，或单柄花瓶。

7. 正面：类似 4，但头发更长。

背面：赫拉克勒斯，裸体，正面，倚在大棒上，但与 6 不同，其右臂肘部外翻，而非内翻。底板上为双耳爵。

德拉克马

正面：雅典娜头像，面朝右侧，戴雅典式头盔，头盔上为斯库拉投掷石块装饰。头盔冠饰下部为尾状，但尾部开始部位要高一些。

背面：猫头鹰双翼合拢静坐，前方有橄榄枝，橄榄枝和猫头鹰之间为玫瑰。

对比这一设计与他林敦公元前302年—公元前281年发行的类似图案德拉克马。

这一款德拉克马或许与意大利希腊人同盟的联邦通货有关联。

大英博物馆收藏的一枚此类钱币重48格令。

第二时期的双奥波

双奥波的重量在16格令至20格令不等。

1. 正面：雅典娜头像，面向右方，戴雅典式头盔，头盔上为有翼马头鱼尾怪装饰。

背面：赫拉克勒斯面向右方，跪姿，右臂环绕狮颈。

2. 正面：类似1。

背面：类似1，但区别在于，赫拉克勒斯右臂掣向后方，有些钱币上可见其手中的大棒。

3. 正面：雅典娜头像，戴头盔，头盔上有马头鱼尾怪装饰，前方底板有ϹΕΡΤ字样。

背面：赫拉克勒斯（同2）右膝跪地。狮子上方底板有ΑΠΟΛ字样。

4. 正面：雅典娜头像，头盔装饰有斯库拉，左向和右向均有。

背面：赫拉克勒斯站立，右臂环绕狮颈，扼死狮子。

奥波

1. 重6.5格令。正面：大麦粒，大麦粒上方为猫头鹰，相对于大麦粒的比例非常小，双臂伸展。边缘有小圆点。

背面：犁，朝向右方，上方ΗΗΡΑ字样。

2. 重6.5格令和9.3格令。正面：女性头像，戴御冕，在神盾上，边缘为蛇。

背面：大棒和上弦的弓呈对角线交叉，周边有5个圆点。

我们猜测钱币原本应重达 10 格令。

第三时期（公元前 300 年—公元前 268 年）

这一时期，在钱币正面，哥林多式头盔取代了雅典式头盔。当时来自哥林多的军队前来援助南意大利的希腊人，这一变化或许反映了这些军队的影响。

1. 正面：雅典娜头像，戴有冠饰的哥林多式头盔，头盔无装饰，冠饰下方呈尾状。

背面：赫拉克勒斯裸体正面站像，右手挂在大棒手柄上，右肘外翻，狮子皮搭在左臂，左手持弓和两支箭。

2. 正面：类似 1，但头盔上有斯库拉投掷石块装饰，在头盔上部。

背面：类似 1，但右肘靠近躯干。左侧底板上有展翅的猫头鹰。

3、正面：戴哥林多式头盔的雅典娜头像，面向左侧，头盔上部有有翼的马头鱼尾怪装饰，⊢HPAKΛEIΩN币文。

背面：赫拉克勒斯 3/4 侧面站像，朝向右方，右臂肘部外翻，类似 1。右侧底板有飞翔的尼姬女神，左侧为ΦIΛO签名。

4. 正面：AΓAΣIΔAM，图案同 3，后有花押。

背面：⊢HPAKΛEIΩN，赫拉克勒斯裸体站立，面向左侧，右手挂在大棒手柄上，右肘靠近身体，左手持丰饶之角。狮子皮垂于左臂，并以斜挎右肩的背带悬挂。左侧底板有飞翔的胜利女神，女神上方有⊢A字样。

5. 正面：⊢HPAKΛEIΩN。哥林多头盔上有狮鹫装饰。

背面：赫拉克勒斯，裸体，面向左方站立，右手伸展，持花瓶，左手持大棒，狮子皮搭在左臂上。右侧底板有闪电符号，左侧有祭坛。

6. 正面：⊢HPAKΛEI。图案同 5。后有⊢A字样。

背面：赫拉克勒斯 3/4 侧面站像，面向左方，躯干后仰，右手持酒杯，左手持大棒，狮子皮搭在左臂。

7. 正面：哥林多头盔上装饰有斯库拉投掷石块图案，后有⊢A字样。

背面：赫拉克勒斯正面裸体，但头转向右侧，右手举过头部，看似在给自己加冕，左手挂大棒。狮子皮垂在左肩，背带斜挎在右肩上。

左侧底板上有船艉装饰，右侧为**ΦΙΛΩ**字样。

青铜钱币

1. 直径 0.75 英寸。正面：珀耳塞福涅头像，面向左方，有大麦花环环绕；珠状内齿。

背面：大麦穗，右侧有叶，**HPAKΛEIΩN**币文。

2. 直径 0.75 英寸。正面：两尊赫拉克勒斯像，面向左侧，每个右手均持有浅底碗，左手握大棒，大棒搭在肩上，狮子皮下垂。

提铭处为**HPAKΛEIΩN**币文。

背面：帕拉斯面向左侧站立，着长款奇同，外罩双层小披风或双层小斗篷。戴头盔，右手持浅底碗，碗置于燃烧的祭坛上方，以左手倚长矛，身后为盾牌和火炬，火炬顶端有十字形物件。

3. 直径 0.65 英寸。正面：雅典娜头像，戴头盔，饰以橄榄花环，身后有弓，装在鞬中。

背面：**ⱵHPA ΚΛEIΩN**币文。裸体赫拉克勒斯，面向左侧站立，右手持浅底碗，左手持大棒和狮子皮。

4. 直径 0.55 英寸。雅典娜胸像，正脸，戴三冠头盔，长矛在右侧。

背面：**ⱵHPA ΚΛEIΩN**币文。胜利纪念碑，上面饰以胸甲、长矛、盾牌、头盔，以及胫甲。

5. 直径 0.5 英寸。正面：雅典娜头像，戴有冠饰的雅典式头盔，饰以橄榄花环；后方为盾牌；珠状内齿。

背面：**ⱵHPA ΚΛEIΩN**币文。赫拉克勒斯裸体，左向站立，右手持浅底碗，左手持大棒和狮子皮，大棒搭在肩上。右侧底板上有一个用于农耕劳作的四齿叉。

6. 直径 0.45 英寸。正面**ⱵHPA**币文。猫头鹰坐在闪电上，面向右侧。

背面：疾驰的马的前部，朝向右侧。

7. 直径0.6英寸。正面：雅典娜头像，右向，戴有冠饰的哥林多式头盔。珠状内齿。

背面：ͰHPAKΛEIΩ(N)币文。一个水中神仙，可能是格劳克斯，面向右侧，戎装，包括头盔、盾牌和长矛。无内齿。

8. 直径0.5英寸。无须髯的赫拉克勒斯头像，右向，戴狮子皮。

背面：HPAKΛEIΩN币文。币文上方为装在鞬中的弓。币文下方为大棒，朝向右方。

9. 直径0.4英寸。正面：无须髯的赫拉克勒斯头像，右向，戴花环。

背面ͰH币文。张开的弓和大棒，左向。附有背带的鞬。

10. 直径0.55英寸。正面：单柄花瓶，左向。

背面：箭囊，附有背带；箭；构图呈Ω形。

最后一例不能确定是否造于赫拉克利亚。

韦利亚

　　韦利亚钱币作为希腊艺术的样本实至名归，但其得享盛名更因为它们同爱利亚学派的伟大思想家与先师们之间的关联。作为韦利亚的公民，大师们一定使用过这些钱币。正如我们会将图里翁钱币同希罗多德、克罗顿钱币同毕达哥拉斯联系在一起，韦利亚钱币也一定会让我们联想到色诺芬尼①、巴门尼德②、芝诺等。率先讲授原子论的留基伯③可能也是韦利亚人。至公元 2 世纪临近尾声时，第欧根尼·拉尔修称韦利亚为"一座贫困的城市，但懂得如何哺育出色的人物"。这些人物何等伟大，我们今天比当年第欧根尼更能参详。关于这些钱币的艺术价值，我们则可通过福若先生引人入胜的《希腊钱币上的雕模师签名考》窥见端倪。在书中，福若先生列出在该城邦钱币上发现的 15 位艺术家的缩写签名，以及 3 位知名艺术家的全名，即赫拉克勒得斯、克利奥多罗斯，以及菲利斯提昂。

---

① Xenophanes，约公元前 570—公元前 475 年，哲学家、神学家、诗人、社会和宗教批评家。——译者注

② Parmenides，约公元前 515—公元前 445 年，哲学家，爱利亚学派创始人。——译者注

③ Leucippus，公元前 5 世纪哲学家，率先提出了原子论。——译者注

鉴于这其中有些艺术家的名字也出现在大希腊其他城邦的钱币上，我们或可将其视为韦利亚与南意大利其他伟大城邦交流的凭证。菲利斯提昂不仅供职于韦利亚，亦曾供职于赫拉克利亚、梅塔彭提翁和他林敦；缩写⊙也出现在他林敦和梅塔彭提翁钱币上。

这些古老城邦中有许多以建立在英雄的陵墓附近而知名，与之类似，韦利亚亦以临近派利努鲁斯的埋骨之所而闻名。派利努鲁斯是埃涅阿斯忠诚的舵手。塞尔维乌斯（维吉尔《埃涅阿斯纪》，Ⅵ，477）记载，"为瘟疫所苦的卢卡尼亚人收到一条神谕，指示他们平复派利努鲁斯的亡灵，于是他们在距离维利乌姆不远处的树林中建起了一座陵墓和纪念碑。"

这可能是一座废弃了的卢卡尼亚城市的传说，在这座城市的故址，希腊人建立了韦利亚。

埃涅阿斯以这样的言辞慰藉他的舵手的亡灵："但这将抚慰你的痛苦，周围的城镇和无论远近的人们，为你的亡灵所驱使，年复一年地在你的坟墓献上四时供奉，这片土地将永远冠以派利努鲁斯之名。"

据斯特拉波记载，韦利亚位于波斯冬尼乌姆海湾以南的一个海湾：

"一个海湾，海湾上所建的城市，福凯亚①人称为'叙埃雷'，Υελη，其他人称为'埃雷'，Ελλη，今天的人们则称为'爱利亚'，毕达哥拉斯学派哲学家巴门尼德和芝诺即出生在此地。窃以为，正是因为这些先贤的教诲，加之此前的善治，此邦政治井然有序，由此得以成功抗击卢卡尼亚人和波塞冬尼亚人，尽管其幅员逼仄，人口稀少。此邦土地贫瘠，因此，其民被迫主要以海上贸易为业，并从事腌制鱼类和其他类似职业。安条克言及，居鲁士麾下将军哈尔帕哥斯攻陷福凯亚之时，城中富户挈妇将雏，在克瑞翁提阿德斯率领下扬帆出海，首先抵达

---

① Phocaea，爱奥尼亚城邦，位于今土耳其安纳托利亚西岸。——译者注

库尔诺斯①和马西利亚②，从那里被驱逐后，他们建立了爱利亚，有人说该城邦得名于埃利斯河。城邦距离波塞冬尼亚约 200 斯泰特。"也就是约 20 英里。

在斯特拉波这段关于爱利亚城邦的记述中，我们注意到他漫不经心地将几位哲学家说成是毕达哥拉斯学派，且其信息来自安条克，而非希罗多德。

爱利亚建城者来自福凯亚，该城系小亚细亚爱奥尼亚城邦中最北端的一个，距士麦那③约 200 斯泰特。我们可以从希罗多德的注疏中最为生动地遥想韦利亚建城的场景，见《历史》第一卷《克利俄》第一章 163 和 164。

希罗多德写道："在希腊人中，福凯亚人最早从事远洋航行，他们发现了亚得里亚海和第勒尼安海，以及伊比利亚和塔尔提索斯。他们航海所用的不是商船，而是配有 50 只桨的桨帆船。"

他接着又讲述了他们如何用塔尔提索斯国王赠予的金钱修建福凯亚的城墙。

"福凯亚人的城墙就这样修筑起来。哈尔帕哥斯率军前来进攻，包围了福凯亚，但首先向他们提出了投降条件。憎恶奴役的福凯亚人称他们需要一天时间详加考虑……趁此间歇期间，福凯亚人将 50 只桨的帆船放下大海，将他们的妻子、子女和财物装上船，还将神庙中的神像以及除了青铜、石头和绘画之外的供奉也装上船，然后他们自己也登船，向着希俄斯岛扬帆起航，波斯人所占领的只是一座被居民放弃了的空城。希俄斯人拒绝将一些临近的岛屿卖给他们，于是他们继续航行到库尔诺斯。在那里，他们遵从二十年前神祇的谕旨建起一座城邦，名为阿拉利亚……他们将灼热的铁块投入福凯亚附近的大海，发誓除非铁块重

---

① Cyrnos，今法国科西嘉岛。——译者注

② Massillia，今法国马赛。——译者注

③ Smyrna，今土耳其伊兹密尔（Izmir）。——译者注

新复出海面，否则绝不返回福凯亚……

"抵达库尔诺斯后，他们同当地原有的定居者一起生活了 5 年，但他们蹂躏周边邻邦的领土。为此，第勒尼安人和迦太基人联合起来同他们作战，双方各派出 60 艘战船……福凯亚人惨胜①，因为他们自己也损失了 40 艘战舰，幸存的 20 艘船艏变钝了，丧失了战斗能力。

"他们返航回到阿拉利亚，将妇女、儿童和能装得下的所有财物载运上船，离开库尔诺斯，驶向利基翁。

"被捣毁的舰船上的人落到敌人手中，敌人将他们押解上岸，用石头砸死……

"但其他逃亡利基翁的人又离开那里，在奥诺羯利亚人的领土上取得了一座城镇，如今这座城镇叫叙埃雷。他们之所以殖民这座城镇，是因为某个波塞冬尼亚人告诉他们，阿波罗的神谕指示他们的是建立奉祀英雄库尔诺斯的仪轨，而不是要他们在库尔诺斯岛上建立殖民地。"

库尔诺斯是科西嘉的旧名，后来称为 Κορσίς 和 Κορσίχα，名为阿拉利亚的第一座殖民地位于该岛东海岸。

斯特拉波提到韦利亚城邦政治清明，这与斯珀西波斯②的记载相符。斯珀西波斯的记载收录在第欧根尼·拉尔修的著作，称该城邦公民每年都要求城邦的执政官立誓恪守巴门尼德制定的律法。

关于城邦后期的历史，我们凭借罗马史家如李维、瓦莱里乌斯·马克西穆斯③和西塞罗等。第欧根尼·拉尔修记载了一个事件，展示上文提到的善治也会有失败之时。这是个不见于史传的故事，讲述芝诺被一

① 英文为"Cadmean Victory"，古希腊文 καδμειανικη，指两败俱伤的胜利，其典故指忒拜的创立者、腓尼基王子卡德摩斯遣人取水，取水者被守护水源的恶龙全部杀死。——译者注

② Speusippus，公元前 408 年—公元前 339 年，古希腊哲学家，柏拉图的外甥，柏拉图逝世后主持柏拉图学院（Academeia）。——译者注

③ Valerius Maximus，罗马作家，记录历史上的奇闻轶事，生活在提比略皇帝时代。——译者注

个名叫奈阿尔楚斯或狄奥墨冬的僭主杀害。

城邦何时与罗马结盟已不可考，但应该较早，足以让其得到这一新兴强权的保护，幸免于蛮族的蹂躏。

西塞罗和瓦莱里乌斯·马克西穆斯告诉我们，罗马过去正是从韦利亚和尼亚波利招募刻瑞斯①女神的女祭司（《为巴尔布斯辩护》，24）。西塞罗还提到韦利亚是"结盟城邦"的一个著名案例。

公元前391年，叙拉古的狄奥尼西奥斯从与迦太基在西西里的争斗中脱身出来，得以将其目光投向南意大利的希腊城邦。通过迎娶洛克里的朵丽丝，他确保了与洛克里人的同盟关系。利基翁曾与他敌对，成为叙拉古流亡者的避难所。尽管面临来自卢卡尼亚人的压力，意大利的希腊城邦还是结成一个同盟对抗狄奥尼西奥斯，而狄奥尼西奥斯则与卢卡尼亚人结盟。不久后，公元前387年，卡乌洛尼亚、希波尼昂，以及利基翁均沦陷于狄奥尼西奥斯之手。他绥靖雅典人，雅典人将城邦的自由交给了他。公元前367年，狄奥尼西奥斯去世，他的儿子小狄奥尼西奥斯继位，其实尚不足而立之年。

柏拉图与两任僭主的交游，来自南意大利城邦的哲学家在叙拉古受到善待。没有任何韦利亚遭受围攻的记载，以及韦利亚人与雅典人的友好关系，均可解释为何韦利亚得以幸免于叙拉古军队对南意大利城邦的侵扰。

将钱币图案的变革与该城邦任何已知的事件联系起来似乎不太可能，但主要变化似乎发生在如下时间节点：约公元前500年，即城邦建立后约40年，当时推出的钱币设计一直沿用至公元前400年，但在这100年中，其风格有重大改进。

第一变化发生于约公元前400年，狮子在雄鹿上的装饰性图案于此时推出。这刚好是在僭主狄奥尼西奥斯导致的艰难时世之前。

---

① Ceres，古罗马神话中掌管农业和谷物的女神，与希腊神话中的得墨忒耳相对应。——译者注

青铜钱币约于公元前350年推出，发行了约100年。公元前268年后，即罗马币制确立之后，银币不再发行。

韦利亚如今尚存的遗迹属于罗马时代，位于低矮的丘陵之上，丘陵在距大海约1.5英里处拔地而起，靠近阿伦托河。城墙的走向今日仍可觅踪，周遭不过2英里。在其繁荣之日，其郊区可能一直延伸至人工港，如今港口所在之处空余一个泥潭。河流本身在临近河口处水面宽阔，水流较深，彼时当足堪舳舻泊靠。高架引水渠及水库部分尚存，见证着古代韦利亚人的活力与荣华。

斯特拉波提到两位韦利亚公民，即巴门尼德和芝诺。若能领会这两位先贤的伟大，我们对韦利亚钱币的兴趣也将得以深化。

先人关于奥利匹斯诸神的观念，如荷马和赫希俄德所描绘的，为这两位伟大的思想家所扬弃。取而代之，他们提出了一切皆一和神明一统的新理念。他们两位的导师色诺芬尼出生于以弗所附近的科洛封，距离母邦福凯亚以南约50英里。福凯亚弃城的经历他当有记忆。同小亚细亚的许多希腊人一样，色诺芬尼买舟出海，前往西部的殖民地，在西西里生活了一段时间，之后抵达韦利亚。在那里，他首先力争倡导神超越人形人性的理念，教导神是赋予世界活力的力量。他的伟大的弟子巴门尼德在韦利亚建城约30年后出生在该地。同其导师色诺芬尼一样，巴门尼德也以韵文或诗体形式讲授其理念。其哲理诗《论自然》以六步格写就，残篇尚存。

这些断简残篇显示，他只是位贫寒的诗人，尽管也是位伟大、严肃的思想家，其诗作的引言是一篇优美的寓言。

他描述自己被引导到由黑暗通向光明的大道上，来到智慧殿堂的大门前，正义为他打开大门的扃闭，向他展示真理的不变之心。

他的学说自然遭到强烈反弹，那个时代的段子手们对他百般嘲讽，是他的弟子芝诺给段子手们应有的回击。芝诺是韦利亚本地人，他将导师的学说发扬光大，主要贡献在于他意识到辞令的力量，一般认为，逻辑，或曰 ἡ διαλεχτιϰὴ τέχνη，"辩证的能力"，是他发明的。

对芝诺而言，语言与哲学的关系就像可感知的客体和数字对他的前辈和毕达哥拉斯学派一样。我们的语言体现了我们的智识功能的原理。数学的发明我们当感激东方，而逻辑学则应归功于韦利亚的希腊人。

柏拉图为我们讲述了巴门尼德和芝诺造访雅典的故事，当时巴门尼德年约 60 岁，芝诺约 40 岁。那年苏格拉底约 20 岁，考虑到苏格拉底生于公元前 469 年，则两人到访雅典应在公元前 450 年前后。这两位韦利亚人对苏格拉底和柏拉图的深远影响显而易见，这一点我们可以从柏拉图在《对话录》中提到他们之处窥见端倪，而通过柏拉图的记述，整个世界从中受惠。从钱币学家的视角看，巴门尼德和芝诺的雅典之行同样值得关注，因为这一事件见证了韦利亚与雅典间的商业关系或友好往来，这种关系的一个表象是韦利亚的诸多钱币背面会出现雅典的猫头鹰图案，正面则会出现帕拉斯头像。

狮子图案

韦利亚的建城者一定熟悉许多小亚细亚城邦的币制，因此可能看到过狮子头像作为钱币图案。比如萨摩斯岛的琥珀金①钱币上有狮子的正脸头像，这种钱币在福凯亚人背井离乡之前已经使用了很久。

他们可能也见过克尼多斯②钱币上的狮子前半身图案，以及吕底亚钱币上的狮子头和公牛头图案。当时在小亚细亚，狮子或许不是什么珍稀动物，一直到西边阿坎瑟斯③都还有狮子出没，薛西斯从阿坎瑟斯出发远征塞尔马④时，就曾因狮子的攻击损失了一些骆驼。阿坎瑟斯钱币上的图案为狮子吞噬公牛，其出现略晚于福凯亚弃城事件，但这一图案可能系模仿更古老的宝石雕刻，这些宝石雕刻可能为福凯亚人所熟识。

大英博物馆收藏的一枚源自小亚细亚的琥珀金钱币，其图案为两头

---

① electrum，一种天然的金银合金，最早的钱币即由吕底亚人用琥珀金打造。——译者注

② Cnidus 或 Knidos，位于小亚细亚西南海岸，今土耳其境内。——译者注

③ Acanthus，位于今希腊马其顿中部。——译者注

④ Therma，位于今希腊塞萨洛尼基附近。——译者注

以后腿站立的狮子，看上去也像宝石雕刻图案。

特米拉钱币的狮子头像图案出现在福凯亚弃城之后。

在希腊世界的西部，我们在西西里李昂蒂尼的钱币上发现了狮子图案。李昂蒂尼是来自纳索斯的哈尔基斯人所建立的殖民地。

但是，海德博士将这些钱币断代为公元前 500 年以后，或许略晚于韦利亚的钱币。不久后，西西里的赞克雷或丹克雷采用了类似的钱币图案。但这些钱币上，狮子头像系正脸，与利基翁在公元前 466 年采用的图案非常近似。

显然，在西部，韦利亚的公民是最早采用狮子头像作为钱币图案的。这一设计无疑源自东方，可能模仿了某些更早的设计。

至于其象征意义，可能狮子图案在所有年代都流行的共同原因，即它是百兽之王，强大，果敢，象征实力和霸业。

韦利亚最早的钱币正面为狮子的前半身吞噬一头猎物，但在约公元前 500 年，第二种图案推出后，狮子图案立即转移到钱币的背面，同梅塔彭提翁的大麦穗图案和克罗顿的三足鼎图案处理方式类似。

狮子头是城邦的徽标，旧的象征符号重要地位的下降，可能是因为钱币同宗教信仰的关联，因为钱币的正面图案通常是城邦所尊崇的神祇。

铭文或币文通常放在钱币的背面，讲解城邦徽标的含义，因此，在早期福凯亚钱币上，铭文出现在印鉴之下，用字母 ⊙ 代替 Φ。狮子头像属于早期的纹章系列，而非晚期的宗教图案。韦利亚最早的正面图案中，我们发现了一个河流宁芙仙子的头像，以及一个名字，据斯特拉波记载，可能由河流的名字派生而来。这个名字出现在钱币正面，可能就是宁芙的名字。同时，它也是城邦的名字，但城邦的名字通常出现在钱币的背面，而我们在背面却没有发现这个名字，因此，将其视为宁芙的名字，方才能解释它不合常理的位置。

有观点认为，克尼多斯钱币上的阿芙洛狄忒头像是所有钱币中最早使用的神祇头像。克尼多斯在福凯亚以南 240 英里，长于航海的福凯亚人对此地肯定知之甚详。此外，克尼多斯钱币的背面图案刚好是狮子头像。

雅典四德拉克马也是最早使用神祇头像作为正面图案的钱币之一，比韦利亚钱币早 50 年。

据海德博士考据，库迈的帕拉斯头像钱币可追溯至公元前 490 年前后，比韦利亚正面头像钱的出现晚约 10 年。显然，是韦利亚的公民将在钱币正面使用图像图案的传统引入大希腊的。

这一时期，宗教对雕塑的影响非常深远，钱币雕模师的技艺同雕塑家的技艺则也是密不可分。

狮子跳跃着扑向雄鹿的精美设计可能来自当时甚为流行的一种装饰性图案。我们看到各种动物群组图案，比如母牛为小牛哺乳，这一图案不仅出现在克基拉及其殖民地，也出现在优卑亚和其他地区，而且其历史要远比钱币雕模艺术古老得多。

狮子跳跃扑向公牛的图案来自一个有亲缘关系的起源，这一图案可见于阿坎瑟斯钱币，也见于迈锡尼的宝石雕刻，以及来自斯巴达的一块象牙牌，穆瑞①在《希腊雕塑史》中描述了这块牙牌。

基利家大数城②波斯总督马宙斯③发行的钱币也采用同样的雄鹿和狮子图案，但其发行在公元前 362 年之后。

最早的钱币上的狮子图案是首批殖民者从小亚细亚带来的标志，但他们是否同东方的某种宗教崇拜有所关联？狮子是瑞亚④的圣物，瑞亚

---

① Alexander Stuart Murray，公元 1841—1904 年，苏格兰考古学家，以在塞浦路斯的考古发现闻名。——译者注

② Tarsus，位于今土耳其安纳托利亚半岛东南部，使徒保罗的出生地。——译者注

③ Mazeus，波斯阿契美尼德王朝贵族从，曾在波斯大王阿尔塔薛西斯三世、大流士三世，以及亚历山大大帝麾下供职。——译者注

④ Rhea，希腊神话中十二位提坦巨神之一，时光女神，第二代神后，宙斯之母。——译者注

是众神之母，是大地的神祇，选择狮子作为圣物，显然是因为狮子是大地上各种生物中最强大的一种。

在奥维德《变形记》（Ⅹ，696）讲述了库柏勒①将破坏一处洞窟的人变成狮子，以报复亵渎圣地的罪行。

梅塔彭提翁敬拜的得墨忒耳是瑞亚的女儿，据说她曾净化狄俄倪索斯，并向他传授秘仪。

欧里庇得斯的剧本《海伦》（第1300～1310行）显示得墨忒耳与其母经常被混淆，他林敦公民尊奉其子萨巴最俄斯②显示这一教派在大希腊并非默默无闻。

像福凯亚这样一个以海军著称的城邦没有选择波塞冬作为自己的神祇，这第一眼看起来有点不可思议。但在小亚细亚，希腊人将波塞冬传入沿海城邦之前，母神崇拜可能已经根深蒂固，加之在宗教方面人们天性趋于保守，因此，福凯亚人在此影响下，还是保留了东方的古老宗教。

韦利亚钱币

Ⅰ．正面：狮子前部朝向右侧，卧在猎物上。深浮雕，鬃毛以常规线条表现，转头，正脸呈现，双耳和双眼俱全。

背面：锯齿状方形纹样，以凸起的交叉线分割，两个四分之一有一半为锯齿状，另两个全部为锯齿状。

重61.2格令或60.2格令，直径略大于1/2英寸。

在马赛发现了大量同类图案但尺寸小得多的钱币，有些直径仅3/16英寸，其他直径为3/8英寸。

最小的重量仅为7.5格令。

这些被归类为韦利亚钱币，但其上并无铭文。

---

① Cybele，小亚细亚弗里吉亚人（Phrygians）信奉的地母。——译者注
② Sabazius，原为弗里吉亚和色雷斯的骑士神和天父神，后与狄俄倪索斯混淆，成为酒神的化身之一。——译者注

Ⅱ. 正面：狮子面向右侧，正在弹跳，有时上方底板有字母**B**或**B**。下雕模为常见正面图案①。

图38

背面：**VEΛH**字样在宁芙头像下方，无装饰的束发带，无耳环或项链，但有些钱币上能看到项链，上雕模。

重115～123格令，直径0.8英寸或0.75英寸。

Ⅲ. 正面：**YEΛ——**或**YEΛH**。宁芙头像，戴细巧的发箍，头发向后梳拢，为常规线条。通常面向左侧。

背面：狮子面向右侧匍匐，昂首。

重118格令，直径0.75英寸。

Ⅳ. 德拉克马。正面：宁芙头像，类似Ⅲ。

背面：**YEΛH**。猫头鹰面向右侧，立于橄榄枝上，地板上有字母**Δ**或**E**或**K**，或无字母。

重60格令，直径0.6英寸或0.55英寸。

Ⅴ. 德拉克马。正面：帕拉斯头像，长发，戴无冠饰的雅典式头盔，一侧有蛇，有时头像后方有字母**Γ**，或**Δ**，或**E**。

背面：**YEΛH**。猫头鹰面向右侧，前有橄榄枝，有时有币文**ƎIΛƆ**或**ƆEΛIE**。

重59格令，直径0.6英寸。

---

① 古希腊打制钱币的工艺，雕模分为两部分，分别为正背面图案，作为钱坯的金属板夹在两部分雕模中间，雕模固定在铁砧上，以锤子击打雕模上部，制成钱币。承受锤子击打的部分称为上雕模（upper die），通常为钱币背面图案，靠近铁砧固定的部分为下雕模（lower die），通常为图案更加繁复的正面。——译者注

Ⅵ. 德拉克马。正面：宁芙头像，通常面向左侧，头发向后梳成三个发辫。

背面：猫头鹰站立，双翼合拢，面向左侧和右侧的均有发现。同Ⅳ的差异在于，此类钱币上的橄榄枝要比Ⅳ大得多。

Ⅶ. 艺术的极盛时代。

正面：狮子面向右侧匍匐；提铭上为猫头鹰，面向右侧；珠状内齿。

背面：宁芙头像，面向右侧，头发呈波浪状发卷，戴耳环和项链；前有葡萄藤枝，枝上有葡萄叶和成串的葡萄；字母 **Φ**。

重 115.6 格令，直径 0.8 英寸。

Ⅷ. 德拉克马。正面：帕拉斯头像，面向右侧，戴有冠饰的雅典式头盔，盔上有橄榄桂冠装饰；上方有字母 **Δ**。

背面：**YEΛH**。猫头鹰面向右侧，立于橄榄枝上。

重 59.9 格令，直径 0.65 英寸。

图 39

Ⅸ. 双德拉克马。正面：帕拉斯头像，面向左侧，头盔同Ⅷ；后方为猫头鹰，面向左侧。

背面：**…HT EΩ**。狮子抓住雄鹿，面向左侧或右侧。

重 117~119 格令，直径 0.85 英寸。

Ⅹ. 正面与Ⅸ类似。

背面：**YEΛHTΩN**，狮子在倒下的雄鹿一侧，抓住雄鹿的咽喉。

正面：类似，但头盔兜盖处无装饰，有时后方有字母 **T** 或 **Θ**。

背面：狮子面向右侧行走。

提铭上的币文为**ΥΕΛΗΤΩΝ**，边缘无装饰，提铭上猫头鹰向右方飞翔。

有些钱币上，猫头鹰位于狮子上方。有些钱币上有字母**Θ**，或**Φ**，或**Χ**。

图 40

Ⅻ. 正面：同Ⅸ、Ⅹ、Ⅺ。[①]

背面：狮子向左侧奔跑，右爪举起，提铭上有**ΥΕΛΗΤΩΝ**币文。

ⅩⅢ. 正面：帕拉斯头像，戴有冠饰的雅典式头盔，以橄榄桂冠装饰。

背面：狮子面向右侧匍匐，上方底板有币文。

ⅩⅣ. 正面：同ⅩⅢ，后方有**Ⅺ**字样。

背面：狮子，身朝左侧，回首，左前爪抓住公羊头，下方有**Ⅺ**字样；边缘无装饰；提铭上有**ΥΗΛΗΤΩΝ**币文。

重 113.8 格令，直径 0.83 英寸。

ⅩⅤ. 正面：女性神祇，3/4 脸，朝向左侧，长发，戴耳环和弗里吉亚头盔，头盔上有铭文**ΚΛΕΥΔΩΡΟΥ**。

背面：狮子朝向左侧，左前爪抓住猎物，正在吞噬；后腿之间有**Ⅺ**字样；边缘无装饰。

重 116.7 格令，直径 0.75 英寸。

ⅩⅥ. 正面：帕拉斯头像，比Ⅷ小，戴弗里吉亚头盔，头盔上有女性半人半马怪，布匹垂于人马怪左臂，后方有**Ⅺ**字样。

---

① 原文无Ⅺ，疑有误。——译者注

背面：…**ΩN**字样。狮子朝向右方，抓住雄鹿；下方有**ΦΙ**字样，珠状内齿。

重117.2格令，直径0.85英寸。

XVII. 正面：类似XVI，有时有**ꓘE**字样。

背面：提铭上有**ΥΕΛΗΤΩΝ**铭文；狮子朝向左侧，吞噬猎物；各种字母，如**ꓘ**、**ꓘE**、**Θ**、**Φ**和**ꓘE**等。

XVIII. 正面：帕拉斯头像，戴头盔，头盔上装饰有四马战车，以及兜盖处的狮鹫图案，冠饰下的带子上有铭文**ΦΙΛΙΣΤΙΩΝΟΣ**。

图41

背面：**ΥΕΛΗΤΩΝ**，狮子向右方行走。

提铭上有**Φ Ι**字样及葡萄藤和蛇。

重114.1格令，直径0.85英寸。

图42

XIX. 正面：帕拉斯头像，戴哥林多式头盔，冠饰下的带子上有铭文**ΦΙΛΙΣΤΙΩΝΟΣ**。

背面：狮子站在动物尸体骨骼上啃食猎物，上方尼姬持花冠，向左侧飞翔，提铭上有**ΥΕΛΗΤΩΝ**字样，狮子后方有字母**Φ Ι**。

重113.2格令，直径0.9英寸。

图 43

XX．正面：帕拉斯头像，戴雅典式头盔，字母 **Φ**、**K**、**AΗ**、**Γ**、**Æ**、**Δ** 等。

背面：狮子向左侧或右侧行走，提铭上有 **YEΛHTωN** 字样，底板上有字母 **ΦI**。各种符号。

小型银币

XXI．正面：女性头像，戴束发带、耳环和项链；后方有字母 **☉**；珠状内齿。

背面：**YEΛH**，猫头鹰面向右方，双翼张开；右侧底板有 **Σ** 或 **X**。

重 15.3 格令，直径 0.45 英寸。

青铜币

Ⅰ．直径 0.85 英寸。正面：帕拉斯头像，戴弗里吉亚头盔，以橄榄叶装饰。

背面：狮子前部，吞噬公羊头；上方底板有字母 **ΦA**。

Ⅱ．直径 0.6 英寸或 0.55 英寸。正面：青年赫拉克勒斯头像。

背面：**YEΛH**；猫头鹰在橄榄枝上，面向左侧或右侧，有时双翼张开。

Ⅲ．直径 0.55 英寸。正面：波塞冬头像，戴御冕和桂冠。

背面：猫头鹰正脸，双翼张开，**A P**。

Ⅳ．直径 0.4 英寸。正面：宁芙头像，戴宽幅御冕。

背面：猫头鹰正脸，双翼闭合，**ЯP·YEΛH**。

Ⅴ．直径 0.35 英寸。正面：珀耳塞福涅头像，戴谷物叶子花冠。

背面：同Ⅳ。

Ⅵ. 直径 0.55 英寸。正面：赫拉克勒斯头像，戴狮子皮。

背面：ΥΕΛΗ；猫头鹰正脸，双臂张开，ϚΛ。

Ⅶ. 直径 0.4 英寸。正面：帕拉斯头像，戴有冠饰的哥林多式头盔。

背面：猫头鹰面向右侧；ΥΕΛΗ ΤΩΝ。

Ⅷ. 直径 0.4 英寸。正面：帕拉斯头像，戴有冠饰的雅典式头盔。

背面：猫头鹰面向右侧；ΥΕΛΗ。

Ⅸ. 直径 0.5 英寸。正面：帕拉斯（？）头像，戴有冠饰的雅典式头盔，头发为正式的卷发。

背面：Υ Ε Λ Η。三足鼎，不同钱币有所变化。

这些铜币通常品相保存得不够完好。

克罗顿

本城邦的钱币与传说为南意大利希腊人早期定居地的通史提供了最为完备的注脚，其所具备特殊意义还在于其同毕达哥拉斯教团的关联。克罗顿早期历史中的传奇故事，与本书在探讨梅塔彭提翁钱币时提到的故事相同。然而，克罗顿之名的来源却不为这些早期神话故事的构建者所知。现在的观点是，这一名字来源于词根 χόροτς（花园），在拉丁语中写作 hortus，在撒克逊语言中则为 geard。诸多古代城市的名字均来源于这一词根，比如伊特鲁里亚①的科尔托纳②，克里特的格尔提纳，密细亚③的科尔托努姆或库尔托尼翁、玻俄提亚的库尔托尼、阿卡迪亚的考利托斯等。克罗顿的古老传奇最知名的记述出自奥维德和斯特拉波笔下，引用他们原著来讲述，庶几完美地呈现。

---

① Etruria，位于今意大利中部和科西嘉岛的古代文明，始于公元前 12 世纪，公元前 6 世纪臻于极盛，对罗马早期发展影响深远，后逐步被罗马吞并、同化。——译者注

② Cortona，位于今意大利托斯卡纳。——译者注

③ Mysia，位于今土耳其安纳托利亚西北部，马尔马拉海南岸。——译者注

奥维德

在《变形记》第十五卷，奥维德讲述了努玛①来到接待过赫拉克勒斯的城市，询问究竟是何人在意大利海岸建立起一座希腊城邦。当地一位对过往掌故并非无知的长者答道：

据说，朱庇特②的儿子赫拉克勒斯赶着一大群从大海里抓到的伊比利亚牛群，一路顺利，来到了拉奇尼亚海滨。他把牛群放在嫩草地上吃草，自己则来到了克罗顿的家，受到热情接待，在旅途劳顿后终于得以休息。临别时，他说："在你孙子那一代，此地将建起一座城邦。"他的预言成真了。

有个人叫慕斯克洛斯，是阿尔戈斯人阿勒蒙之子，在他那一代人中，独得众神青睐。

一天，正当他酣睡之际，手持大棒的赫拉克勒斯来到他身边，俯视着他，对他说：起来，离开你的故土，到遥远的地方找寻那从岩石上流过的埃萨尔河，并威胁他，如果不从命，将会产生严重的后果。

描述了他一路上经历种种艰难险阻后，奥维德继续讲述：

他发现了命中注定要定居的埃萨尔河口，在河口附近，他还发现了埋葬着克罗顿神圣遗骸的坟墓。遵照神谕，他在这块土地上建造了一座城，用埋葬在此地的人的名字将这城命名为克罗顿。

斯特拉波

第一座（希腊人城邦）是克罗顿，距离拉奇尼亚和埃萨罗斯河150斯泰特。那里还有一座避风港，以及另一条河流，名叫内阿伊托斯河，这一名字据说来源于下列情形——传说有些亚该亚人与围攻特洛伊的舰

---

① Numa Pompilius，公元前753年—公元前673年，传说中罗马的第二任国王，罗慕洛的继承者。——译者注

② Jupiter，罗马神话中的众神之王，相当于希腊神话中的宙斯。——译者注

队走失，来到了此地。他们下船去勘探该国度的情形，舰队中与他们同行的特洛伊妇女注意到男人们都走了，自己也倦于羁旅，于是放火烧船，迫使男人们听从她们。而且，据说此地土壤异常肥沃。

不久后更多人纷至沓来，这些人希望同自己的本国人聚族而居，于是建立了若干定居点。这些居住点大多得名于特洛伊人，比如内阿伊托斯河名字的含义就是放火烧船。

但叙拉古的安条克（约公元前425年）讲述，神谕命令亚该亚人建立克罗顿。慕斯克洛斯前往此地勘探，发现锡巴里斯已经在旁边一条同名河流上建立起来。他考虑了一下，回去请示神祇是否可以允许他另建一座城。但神谕回答他，还称呼他的外号，这个外号来源于他的残疾，因为他是个驼背：

"驼背的慕斯克洛斯啊！与其为你自己另找一个地方，还不如接受那已经赐予你的。"于是他返回，建立了克罗顿，在建城的过程中得到了叙拉古的建立者阿基阿斯的协助，后者在前往叙拉古殖民地的途中刚好经停克罗顿。此前雅庇吉亚人占有这片土地，埃福罗斯曾提到此事（约公元前341年）。

城邦下大力气培养军事纪律和体育锻炼，在某届奥运会上，7名获得奖牌的摔跤选手全部是克罗顿人。当时的一个说法是，克罗顿名落孙山的摔跤手，在希腊其他地方足可称雄。还有另外一句俗语，"比克罗顿还宜居"，形容某个地方就像克罗顿盛产摔跤高手一样，能养育众多体格强健的人，证明本地有益健康。克罗顿出了众多奥运健儿，尽管此地有人定居的时间并不长，因为众多公民在萨格拉斯河殒命。此地毕达哥拉斯学派成员的数量也有助于城邦之声名远播，此外还有米罗，当时最声名显赫的摔跤手，他与毕达哥拉斯私交甚笃。毕达哥拉斯也曾长期卜居于此。

特洛伊妇女放火烧船的传说算不上信史，但公元前710年—公元前700年希腊人向意大利南部海岸大规模迁移却是历史事实。

慕斯克洛斯没有被尊为城邦的创始人，部分原因在于，当时常见的做法是找到一位神祇，至少是半神，作为创始人。之所以选择赫拉克勒斯，可能是应为慕斯克洛斯出自赫拉克勒斯的后裔一族。

如果斯特拉波讲述的关于阿基阿斯在前往叙拉古途中来到克罗顿的故事是说他造访克罗顿是在建立叙拉古之前，那么这不大可能是史实，因为到公元前710年时，叙拉古建城已经24年了。

维吉尔的注疏者塞尔维乌斯收集了一些传说，与奥维德和斯特拉波的记载有所差异，但同克罗顿钱币图案难以建立关联，对我们意义不大。

忒奥克里托斯第四篇《颂歌》中提到的牧羊人一定使用过克罗顿的钱币，其中考汝冬说："不，大地作证，有时我带她（小牝牛）到埃萨罗斯河岸边吃草，还给她大把的新鲜草料。"

考汝冬还谈到内阿伊托斯河："那里美好的畜群茁壮生长，红色的羊角芹，菊苣，芬芳的菖蒲"，然后再一次"我为克罗顿唱一首赞歌，还要赞美黎明前的拉奇尼亚。"叙拉古诗人忒奥克里托斯在约公元前290年—公元前260年这样赞美克罗顿的美景，尽管当时城中只有一半地方有人居住，且罗马人统治着这片美丽的国度。

克罗顿建立在一座平原上，平原从北到南长13千米，西临高山，东濒大海。海岸形成一个浅海湾，海湾的出入口在东北方向，拉奇尼亚海角是其南方的屏障，也是通向广阔的他林敦海湾的航道的末端。

埃萨罗斯河靠近平原的南部边缘流过，河水清澈，略有曲折，诸如大海。德·吕内公爵认为，河流的名字与埃萨尔有关，埃萨尔是伊特鲁里亚语"神"的意思。

当代的一个古老传说将其与一位猎人的名字联系起来，这位猎人在追逐一头母鹿时溺毙于河中。这个传说可以比拟特罗增王萨隆的故事，这位国王在追逐一头阿尔忒弥斯女神的神圣母鹿时溺毙，萨罗尼克湾就是用他的名字命名的。

对我们来说，这个传说在钱币学研究方面有一定意义，因为克罗顿在公元前370年—公元前330年发行的银币上使用了年轻猎手埃萨罗斯的头像。他的头像还出现在青铜币上，头上装饰有小角。

距埃萨罗斯河口约 1/3 英里处，一道狭长的陆地延伸到海面，形成一个细长的避风港，克罗顿最初的城址即选在避风港周边的陆地上。

克罗顿繁荣的来源之一就是这个避风港或港口。此港虽小，却是他林敦和西西里之间的最佳港口，成为大量商业活动的中心。

此地也出产白银。今天，在韦尔奇诺附近，古代银矿遗踪依然历历可见。因此，克罗顿钱币产量异常可观，其流传至今的钱币体现着纯熟的技艺。

城邦建立后的最初两个世纪中，锡巴里斯人还被当作盟友。因为在希腊人当中，亚该亚人比其他支派更擅长与他人和平共处。

希腊人并未忘却他们彼此之间的世仇，当希腊殖民者从原住民手中夺取了其城邦周边的土地后，希腊人中的不同支派，多利安人和亚该亚人，又开始一轮新的、灾难性的争斗。

锡巴里斯和他林敦征战，克罗顿同洛克里为敌。然而当锡巴里斯和克罗顿作战时，好似兄弟阋墙，却非要杀得你死我活。冲突的起因是觊觎亚该亚土地上的霸权。

勒诺尔芒援引特洛古斯·庞培乌斯的缩写者查士丁的记载推断萨格拉斯战役发生的时间。他和海讷①及格罗特均赞同，萨格拉斯战役发生于公元前 560 年，且毕达哥拉斯能取得重大影响，亦可归因于其在克罗顿惨败后重新鼓舞人心。

洛克里人前往斯巴达求援，带回消息称狄奥斯库洛伊兄弟与他们一道返回。克罗顿人遣使至德尔斐请求神谕。神谕称，要赢得战争不能凭借军事力量，而要凭借向神明祈祷，于是他们许愿将战利品的十分之一奉献给神明；但洛克里人听到了这个消息，许诺献给神明九分之一。

洛克里人所战胜的，与其说是训练有素的克罗顿运动健儿，毋宁说

---

① 此处应指 Christian Gottlob Heyne，公元 1729—1812 年，德国古典学者和考古学家，曾长期任职于哥廷根州立暨大学图书馆。——译者注

是被他们的克罗顿主子强迫参战的佩拉斯吉人和奥诺羯利亚人，而洛克里人的素质则比较均一，都是坚韧的多利安战士，为自己的生存而战。

洛克里人挑选的战场是一处类似温泉关的狭窄隘口。胜利完全出乎意料，日后被归功于狄奥斯库洛伊兄弟。60 年后，罗马人在勒吉鲁斯湖战役①后也将胜利归功于同样的神明庇佑。

据说阿喀琉斯和海伦治愈了克罗顿人领袖的伤口。他们将其送往希梅拉②，拜会诗人斯特西克鲁斯③。这位诗人曾因藐视海伦双目失明。诗人写了一首翻案诗，又复明了。这位诗人殁于公元前 556 年，他的翻案诗证明勒诺尔芒对战役时间的推断是正确的。

不久后，约公元前 550 年，意大利的亚该亚人城邦结成联盟，在锡巴里斯领导下，攻占了锡里斯。真正的动机是洛克里人为锡里斯雪中送炭。

像斯巴达一样，克罗顿以促进体育运动著称。公元前 588 年—公元前 480 年，克罗顿公民在奥运会上屡屡夺魁，那时该城邦尚未开设造币厂。克罗顿人尤为擅长的运动是摔跤，米罗早年是少年组摔跤冠军，后来又在公元前 532 年—公元前 526 年蝉联六届冠军。体育运动方面的成就证明该城的闲适生活与贵族政体，以及该城有益于健康的环境。但体育方面的成就绝非城邦公民的唯一诉求。伟大哲学家毕达哥拉斯的言传身教促使公民们追寻更高远的目标，城邦在医学、文学、数学、哲学和宗教等方面均成就斐然。

大约在公元前 530 年，毕达哥拉斯成为克罗顿城邦的公民。

南意大利对于小亚细亚的希腊人来说就像今天美洲之于欧洲一样。

---

① Lake Regillus，公元前 496 年，创建伊始的罗马共和国在此役击败拉丁同盟，粉碎了王政复辟企图。传说狄奥斯库洛伊兄弟化身为两名青年骑士与罗马人并肩作战。——译者注

② Himera，位于西西里岛北岸。——译者注

③ Stesichorus，公元前 630 年—公元前 556 年，被认为是西方第一位伟大的抒情诗人。——译者注

萨摩斯和克罗顿之间的双边关系至为友善，毕达哥拉斯就出生在萨摩斯。

这位伟人的影响特别见于教育和政治，而在宗教方面并未有引入什么新的仪轨，而是致力于深化原有形式下表述的真理的理念，并将这些理念同道德行为更密切地联系起来。他憎恶提升下层阶级的地位，但致力于女性的尊严与地位提升。

他摒弃了爱奥尼亚先贤的唯物主义，建立起"秩序"和"数字"的理想原则。他的关于"中庸"和"和谐"的理念，包括灵魂和身体的纯洁，超越了此前只追求外在净化的教海。他还从东方引入了灵魂不朽及轮回的观念，并从埃及引进了死后审判的教义。他的影响的效果之一是战胜富有且奢侈的锡巴里斯公民。商业上的竞争可能是导致双方最终斗争的动因。

勒诺尔芒指出，正是毕达哥拉斯制定了币制，并在南意大利希腊城邦传播开来。唯一的例外是洛克里，该城邦拒绝接受毕达哥拉斯的教义。这位哲学家也并未忘却早年在他父亲的艺术工作室学到的教海。他的影响如此之大，使这一商务上的重大变革得以迅速完成。他的弟子们用以调解争议的说法 αὐτὸς ἔφα （拉丁语 "ipse dixit"，"他自己说的"，意为未经证实的观点和主张）也广为人知。

在其领袖去世后的艰难时世中，毕达哥拉斯学派的成员摒弃了旧有的寡头主义原则，转变为开明的保守派，希望他们或许能从民粹主义煽动分子手中解救民主制。他们统治时期，整个大希腊达到繁荣的顶峰。

梅塔彭提翁、克罗顿、锡巴里斯、锡里斯、卡乌洛尼亚、皮克索斯、拉奥斯等亚该亚人城邦采用哥林多标准。扁平的形制并非唯一值得关注之处。特别之处在于背面的图案以一种奇怪的方式做成正面图案的背影。G. F. 希尔先生在其近期的著作《历史上的希腊钱币》指出，如果我们试图透过钱币从后面看正面图案，未免失于天真。如果具备任何实际功用，那么扁平形制和这种特殊的处理方式应该沿用下去，但其持续时间只是在毕达哥拉斯教团拥有强大影响力之时。

据信，毕达哥拉斯抵达克罗顿的时间应为公元前 533 年或公元前
529 年。希尔先生在上述著作中说："是否存在一种可能，即这是一种
笨拙的做法，企图通过呈现前后两种视角，表达毕达哥拉斯体系中特别
强调的十组对比？ τὸ οὖν δεξιὸν καὶ ἄνω καὶ ἔμπροσθεν ἀγαθὸν ἐκάλουν,
τὸ δὲ ἀριστερὸν καὶ κάτω καὶ ὄπισθεν κακὸν ἔλεγον（亚里士多
德，《论天》）。我们不禁要问，为何要费这么大力气毫无必要地去呈现什么
是 κακόν？答案是，在这一体系中，在内涵层面上完整地呈现客体并非不必
要：ἐκ τούτων γὰρ（τῶν στοιχείων）ὡς ἐνυπαρχόντων συνεστάναι καὶ
πεπλάσθαι φασὶ τὴν οὐσίαν（亚里士多德，《形而上学》，I. 5. 986 b 9）。
请注意，扁平钱币的特殊之处强调我们看到的是同一个事物的前后两
面，用这种方式表达显然比大多数钱币两面都用浮雕来呈现的表达方式
更得体。"

加德纳先生[①]在《钱币图案》第 86 页说，在意大利，金属敲花技
法在碗和三足鼎装饰中极为常见。他指出，制作克罗顿的这些钱币，
"必须使用两个精心制作的完全不同的冲模，钱坯必须精确地放在两个
冲模之间。"

麦克唐纳先生近期发表的一篇关于希腊钱币图案的作品第 12 页包
含了关于此系列早期钱币的有趣评论。

"有理论称，所有发行扁平早期钱币的城邦发行的是一个大联盟的
通用钱币，但不同城邦均打制钱币这一事实与这一理论相悖。比较克罗
顿和忒梅萨、锡里斯与皮克索斯的钱币，这些钱币上没有表明大希腊身
份的图案。但在其他我们确切地知道是联邦或政治联盟的共同货币的例
子中，其特征是均可识别图案代表的身份。比如玻俄提亚各城邦的钱币

---

① 此处应指 Percy Gardner，公元 1846—1937 年，英国古典考古学家和钱币学
家。——译者注

上都有埃阿科斯①家族的盾徽，显然使这些钱币成为联邦通货。

"此外，大希腊城邦间通行着三种衡制，而衡制的统一要比图案的统一更重要。其相似性应该只是同一地区中自然而然发生的。其流行可能还有部分原因在于，一面阴刻的钱币便于装运或贮藏。"

尽管我们可能得放弃这些扁平钱币代表一个货币联盟的想法，但我们仍能在其奇怪的形制中看出毕达哥拉斯教团的影响。

叙拉古的狄奥尼西奥斯一世最终终结了克罗顿的繁华，并摧毁了南意大利的希腊人社区，卢卡尼亚人应邀为狄奥尼西奥斯提供援助。希腊殖民者曾帮助狄奥尼西奥斯对抗迦太基，但在公元前 405 年，叙拉古爆发反抗僭主统治的起义时，在叙拉古服务的希腊补充军返乡。这种开小差行径引发了叙拉古与意大利希腊人之间的敌对。随后，公元前 397 年，叙拉古与迦太基人的大战役爆发了。

担心狄奥尼西奥斯发动攻击，克罗顿、卡乌洛尼亚和图里翁结成同盟，同盟的总部设在克罗顿的同盟者宙斯神殿。神庙建筑系模仿亚该亚的埃吉拉的神庙。

利基翁和他林敦加入了同盟，主要为了对抗卢卡尼亚人。这一同盟体现在钱币上的赫拉克勒斯扼死巨蛇的图案上：一条蛇代表狄奥尼西奥斯，另一条蛇代表卢卡尼亚人。

公元前 391 年，克罗顿人援助利基翁人抗击狄奥尼西奥斯。翌年，他们又调遣 25000 人的大军驰援卡乌洛尼亚，结果遭到败绩，卡乌洛尼亚、希波尼昂和斯库雷提翁均被捣毁。利基翁于公元前 387 年陷落。

公元前 368 年，克罗顿在一次奇袭中失守，其后 12 年，城邦一直在征服者的奴役中苟且偷生，城中巨室望族要么被处死，要么被放逐。

卢卡尼亚人在这片土地上大获全胜。狄奥尼西奥斯死后，克罗顿重新赢得自由。他林敦的阿尔库塔斯给予他们援助，克罗顿人加入了由阿

---

① Aecus，希腊神话中的英雄，宙斯与埃癸娜（Aegina）的私生子，阿喀琉斯的祖父。——译者注

尔库塔斯领导的改革后的同盟。但现在他林敦成了首府，而克罗顿从未回复其往昔的地位。赫拉克利亚，而非克罗顿，成了同盟的聚会之所。

阿尔库塔斯逝世后，布鲁提人的实力达到巅峰。公元前 353 年，克罗顿人的殖民地忒尔马、忒弥萨、忒里那、潘多西亚等相继沦陷于布鲁提人之手。

伊苏斯战役①后，亚历山大大帝将部分战利品颁赐希腊，遥远如克罗顿亦得雨露均沾。

布鲁提人将克罗顿作为攻击的目标。在与布鲁提人作战时，摩罗西亚的亚历山大战殁于潘多西亚。公元前 319 年，克罗顿人向叙拉古乞援，但城邦的内斗使得援兵徒劳无功。贵族和民主派纷争不已。公元前 299 年，叙拉古的阿加托克利斯占领了克罗顿，并纵兵劫掠。

公元前 297 年，布鲁提人征服了克罗顿的公民。布鲁提人是坚忍的山地人，过着简朴生活的牧民。坚忍和朴素使他们得以征服耽于奢华、丧失斗志的城市居民。

公元前 282 年，罗马执政官"独眼龙"法布里修斯·卢斯基努斯粉碎了卢卡尼亚人的军力。克罗顿人转而向罗马求助，祈求罗马人解其在布鲁提人铁蹄下的倒悬之苦。公元前 277 年，贵族党和民主党再次爆发内斗，罗马执政官普布利乌斯·科尔内利乌斯·鲁菲努斯②将城邦置于罗马统治之下方才平息内战。

翌年，昆图斯·费边·古尔格斯③将克罗顿用作军事基地。

在罗马和迦太基的斗争中，克罗顿的贵族党站在罗马一边，而民主党则偏袒迦太基人。很多公民逃亡洛克里避难。此一时期过后，这座城

---

① Issus，公元前 333 年，亚历山大大帝在小亚细亚的伊苏斯击溃波斯国王大流士三世。这是亚历山大大帝东征中的第二场重要战役。——译者注

② Publius Cornelius Rufinus，罗马政治家，公元前 290 年和公元前 277 年两度出任执政官。——译者注

③ Quintus Fabius Gurges，罗马政治家，公元前 292 年、公元前 276 年和公元前 265 年出任罗马执政官。——译者注

市已经几乎不具备什么希腊属性了。

克罗顿，今天称作克罗托内，是一座漂亮、乐天、繁华的小镇，人口约8000人。小镇的总体外观是虎踞于大海上的丘陵，丘岭脚下是一片平的白屋顶，在阳光下闪耀。

钱币图案

克罗顿常用的徽标或 $\pi\alpha\rho\acute{\alpha}\sigma\eta\mu\rho\nu$ 是三足鼎，与伟大的毕达哥拉斯教团相关联，但正面图案则多有变化，四位神祇——即阿波罗、赫拉、帕拉斯和珀耳塞福涅的头像、城邦的建立者、半神英雄赫拉克勒斯的形象，以及神话人物埃萨罗斯的头像，赋予该城邦钱币以多元化和趣味。尽管狄俄倪索斯崇拜在该地区盛极一时，克罗顿钱币上却从未出现与之相关的图案，这一点值得关注。其原因可能在于毕达哥拉斯派学说的影响。早期的钱币图案均符合毕达哥拉斯教团的教导，阿波罗的三足鼎和众神之王宙斯的鹰，宙斯的意旨通过德尔斐的阿波罗神谕下达众生。

教团失去权力时，得以采用其他神祇头像作为钱币图案，其中赫拉头像盛行于公元前400年—公元前390年；双奥波和青铜币上的帕拉斯和珀耳塞福涅头像出现于公元前330年—公元前300年。赫拉克勒斯形象出现于公元前420年—公元前390年，埃萨罗斯则出现于公元前370年—公元前330年。

贵族党和民主党的内斗屡次将城邦带入艰难时世，但这些困苦对造币似乎没什么影响。鉴于我们未曾发现类似他林敦的情形的减重标准的钱币，可能的解释是，约公元前300年，这一变化发生时，克罗顿已不再发行钱币。所有的克罗顿斯塔特重量为118～126格令。

三足鼎

下列克罗顿最早时期钱币的描述出自《大英博物馆目录》。

正面：重115.7格令。Æ。直径1.2英寸。币文 ϘΡΟ。双耳三足鼎，底部为狮足，三把手，其上两蛇头，珠状内齿。

背面：图案同正面，阴刻，但鼎耳和蛇头为浮雕。阴刻射线内齿。

图44

λέβης τρίπους（双耳鼎）可能比 τρίπους（三足鼎）小，有时其工艺更昂贵，通常用作礼物或奖品，比如《伊利亚特》（Ψ. 259）说："从船上搬来很多奖品，有双耳鼎和三足鼎。"从斯特拉波关于克罗顿的记载中，我们看到该城邦公民是如何看重体育比赛。此外，三足鼎还同阿波罗崇拜相关。希罗多德提及在为荣耀特里欧庇昂阿波罗举办的运动会上给予优胜者的奖品就是三足鼎（《克利欧》，I. 144）。在君士坦丁凯旋门上的一枚奖章上看到三足鼎立在阿波罗身边的图像，参见《希腊和罗马文物词典》第117页。

斯拉苏卢斯和李西克拉特合唱团纪念碑就是由他们建起来的，用以保存和展示他们所赢得的三足鼎。

无论克罗顿钱币上的三足鼎是代表体育比赛奖品，还是德尔斐神谕女的座椅，它都同样与阿波罗崇拜相关。阿波罗是希腊诸神中最典型、最有代表性的一位，德尔斐的阿波罗神谕是塑造希腊人宗教观念的最大的影响之一。

阿波罗崇拜的起源可溯源至希腊北部，阿伦斯①考证，"极北之地"这一名字系一种马其顿方言形式，派生自 ὑπερφέρω——为阿波罗运送祭品的人。

加诸这位神祇的尊号无法让我们将早期的他同太阳神联系起来。他

---

① 此处应指 Franz Heinrich Ludolf Ahrens，公元 1809—1881 年，德国文献学家。——译者注

被称为 λύχειος，源自 λύχος，"狼"。

第一位将阿波罗同太阳联系起来的作家是欧里庇得斯，他对流行的宗教观念并不那么严格在意。起初，阿波罗是司植物和动物生育和生长之神，于是我们发现，即便在南意大利，他被尊为牧羊人神祇，许多希腊城邦将谷物送往德尔斐作为献给阿波罗的贡品。

同阿波罗崇拜相关的最重大的理念之一是从罪恶中净化。这同道德层面的纯净没什么关系，而是类似早期希伯来律法中关于洁净和不洁的理念。杀生的人被认为尤其需要这种外在形式的净化，其仪式是用月桂枝喷洒猪血。

这一重要的仪轨与阿波罗杀死巨蟒皮同的传说相关，阿波罗杀死巨蟒后就是用这种形式在德尔斐为自己净化。

钱币上的三足鼎还引导我们去思考德尔斐宗教理念的另一个重要方面，即神谕的预言和天启。有些德尔斐教诲见证了道德观念的发展，例如《希腊诗文选》中收录的文辞华美的神谕："将圣水喷洒在你自己身上，以纯净的灵魂进入纯净的神祇的圣殿；净化对于善人不难，但罪人即使用尽大洋中所有的水也洗不干净。"

德尔斐神谕的另一个良好效果在于其表现出的一神论倾向，来自阿波罗是诸神宙斯的传讯者这一观念。有些观点认为毕达哥拉斯是阿波罗的信使，他的名字同皮提亚神谕有关。但他的名字在他造访德尔斐、结识皮提亚女祭司地米斯托克利娅之前就已经有了。

阿波罗和皮同

在一枚重 121.2 格令、直径 9/10 英寸的银币的背面，提铭上有币文 **KPOTON**，一只双耳三足鼎，三个把手加了边线，立于一条横杠之上。左侧底板上，阿波罗俯身放箭，射向盘在右侧底板昂首的皮同。

西吉努斯①讲述，阿波罗出生四天后来到帕那索斯山，在那里杀死

---

① 此处应指 Gaius Julius Hyginus，公元前 64 年—公元 17 年，拉丁文作家，奥古斯都大帝的解放奴隶。——译者注

了巨蟒皮同。阿波罗的母亲勒托抵达提洛岛之前曾四处流浪，那时皮同曾追击她。

埃斯库罗斯在《阿伽门农》将阿波罗的名字与 ἀπόλλυμι（"破坏"）联系起来，让卡珊德拉悲呼："阿波罗呀阿波罗！我的毁灭者啊！你如今又把我毁灭了。"（第 1081 行）[1]

很多钱币的背面都有皮同形象，靠近三足鼎。

这条蛇是德尔斐神谕的守护者，住在帕那索斯山的洞穴中，阿波罗费劲气力方才杀死。它到底代表什么？

我们先看看古人怎么说。

斯特拉波认为，整个皮同传说源自对 πύθεσθαι，即"探寻"一词的错误理解。

他说："神谕发布的地点是一处深深的中空洞穴，入口并不宽阔。洞穴散发出一种气体，能让人进入一种与神明相通的狂野状态。洞口之上安放着一口硕大的三足鼎，皮提亚女祭司登上三足鼎吸取气体，然后以韵文或散文形式给出预言。散文由为神庙服务的诗人按韵脚改写。菲蒙诺艾[2]据说是第一位皮提亚女预言家，预言家和城邦的名字均来源于 πύθεσθαι，即'探寻'一词。"

在同一段中斯特拉波还记录了埃福罗斯讲述的杀死皮同的传说：

"在谈及德尔斐人及其起源时，埃福罗斯说，自古以来定居在帕那索斯山的是一个名叫帕纳西的原住民部落。当时阿波罗正在四处巡游，教授帕纳西人更加文明的生活和生计方式，将他们从蒙昧状态中解脱出来。离开雅典前往德尔斐的途中，在帕诺佩斯，阿波罗杀死了该地区的统治者提提俄斯，此人暴戾恣睢、无法无天。追随阿波罗的帕纳西人告

---

① 此段引用罗念生先生译文。《罗念生译古希腊戏剧》，人民文学出版社，2015 年 4 月第 1 版，2015 年 4 月第 1 次印刷，ISBN978－7－02－009906－1，第 61 页。——译者注

② Phemonoe，荷马前时代诗人，传说是阿波罗之女、德尔斐的第一位阿波罗女祭司。——译者注

诉他另一个狂暴的人，名叫皮同，外号'恶龙'。"

"阿波罗用他的箭消灭此人时，随从者山呼'救苦救难'，由此转化为在战役开始前高唱凯歌的习俗。皮同死后，德尔斐人甚至连他的帐篷都烧掉了，直到今日，为纪念这一事件，人们仍然烧帐篷。"

对此，斯特拉波评论道：

"有什么比这更荒诞不经的？除非他的意图是对历史和寓言怯魅，否则为何要将传说中的巨龙说成人呢？"

荷马似乎将蛇和龙不加区分。

同样的传说，在阿波罗多洛斯的记载中，皮同被描绘为一条 ἔφις，即"蛇"。阿波罗从宙斯①和亭布瑞斯之子牧神潘那里学到了预言，前往德尔斐，当时在那里正义女神忒弥斯②发出预言。

巨蛇皮同守卫着神谕发出的洞穴，禁止阿波罗靠近。阿波罗杀死了皮同，接管了发出神谕的角色：τὸ μαντεῖον παραλαμβάνει。不久后他又杀死了提堤俄斯，此人是宙斯之子，母亲是奥尔考美诺斯之女伊拉瑞斯。宙斯的这个儿子长成一个巨人，对阿波罗之母勒托产生了情欲。勒托向自己的儿子求救。提堤俄斯被阿波罗杀死，死后又在冥界受到进一步的惩罚，被鹰啄食心脏。艾利安讲述的故事则说阿波罗杀死了一条蛇。他在坦佩净化自己，做了一顶桂冠，取了一支月桂树枝，前往德尔斐，接管了神谕。了解现代杀死一条蛇后的净化仪式，可参阅约翰·邓肯③《西非游记》（Ⅰ，第195页）。

即便今天，非洲原住民杀死一只狮子后还要举行庆祝仪式。

净化仪式的原本目的与其说是让人更接近神明，毋宁说是让邪灵远

---

① 此处原文疑有误。一般认为潘应为赫耳墨斯之子，尽管也有传说称其为宙斯或狄俄倪索斯之子，关于其母身份说法不一。——译者注

② Themis，提坦巨神之一，司法律和正义，常见形象为左手持剑，右手持天平，蒙上双眼，象征法律面前人人平等。——译者注

③ John Duncan，公元1805—1849年，苏格兰旅行家。——译者注

离。我们是从波菲利①的作品中知道这一点的（优西比乌②，《福音的准备》，Ⅳ，23）。

在原住民部落中，许多类似的原始净化仪式依然存在，在弗雷泽翻译的保萨尼亚斯著作第二卷第七章注释中可以找到这类例子。

在赫拉克勒斯的传奇中我们看到，一位凡人英雄的勇气和力量被视为超自然，催生出一个教派信仰。同理，斩杀一条巨大爬虫的英雄，按照律法得到净化，说出预言，并利用其影响使周边的蒙昧人群以提升和启蒙，变成人们所信奉的神祇，其所具备的某些特征属于我们所知的极北之地的阿波罗。

鹤

公元前 475 年—公元前 450 年打造的钱币上我们看到三足鼎旁边有一只鹤的形象。

据说鹤的形象暗示在克罗顿发生一个事件。有些儿童惨遭谋杀，并被抛入大海，与此同时，一群鹤在惨案发生的地点上空飞过。一段时间之后，谋杀者们坐在克罗顿的市场上，这时一群鹤从他们头上飞过。一名谋杀者高喊："快看目击证人！"一名旁观者在元老院面前引述了这句话，使罪行得以成立。

"快看目击证人！"这句话起源于一个类似的故事，这个故事是关于诗人伊布科斯③被谋杀一案。伊布科斯活跃于公元前 550 年前后，其谋杀案以完全相同的方式在哥林多破案。《希腊诗文选》收录了西顿的安提帕特④关于此事件文辞优美的叙述。《诗文选》（Ⅶ，714）的一首诗提到利基翁的伊布科斯纪念碑，可能只是纪念碑，并非他真正的埋骨之所。毕达哥拉斯学派成员将鹤及其年度迁徙与极北之地关联起来。

---

① Porphyry of Tyre，公元 234—305 年，罗马新柏拉图学派哲学家。——译者注
② 该撒利亚的优西比乌，公元 260 年或公元 275—339 年，巴勒斯坦该撒利亚主角，基督教历史之父。——译者注
③ Ibycus，公元前 6 世纪下半叶希腊琴歌诗人，大希腊利基翁公民。——译者注
④ Antipater of Sidon，公元前 2 世纪下半叶希腊诗人。——译者注

宙斯之鹰

德·吕内公爵指出，毕达哥拉斯教团所发行钱币采用鹰图案恰如其分，因为教团的首领曾豢养一头驯鹰作为与宙斯相同的象征。教团被推翻后这一图案立即遭到弃用，教团影响力复兴后又再度出现。

教团将宙斯视为至高神祇，阿波罗是其诠释者或先知。因此，鹰是一个恰当的图案，如同我们在《荷马史诗》中读到的，鹰宣示宙斯的意旨。在《伊利亚特》最后一卷，普里阿摩司祈祷：

……请派只显示预兆的鸟儿，

快速的信使，你心爱的飞禽，强大无比，

让它在你右边飞过，我亲眼看见了，

有信心到骑快马的达那奥斯人的船寨去。

他这样祷告，那足智多谋的宙斯听取了，

他立刻派来一只鹰，飞禽中最可靠的预兆鸟，

一只暗褐色的猎鸟，人称葡萄紫色鸟。①

作为阴刻图案的鹰

最早带有鹰图案的钱币属早期阴刻背面图案钱币。

正面：ϙϼΟ ΤΟΜ。三耳三足鼎，两条蛇从鼎中冒出，鼎腿之间两条蛇的头面对面，全部图案围绕在圆点组成的边缘线内。

背面：鹰，阴刻，向右侧飞翔，双翼伸展，边线为阴刻射线。有些品类上有反写币文ϙϼΟϼϙ，这类钱币图案上没有蛇。

图45

---

① 本段译文摘自《伊利亚特》（希腊语、汉语对照），罗念生、王焕生译，日知古典丛书，上海人民出版社，第四册，第1265页，2017年。——译者注

鹰双翼闭合图案

1. 正面：鹰朝向左侧，双翼闭合，栖息于爱奥尼亚柱冠之上；上方，底板上有ϙΡΟΤ币文。珠状内齿。

背面：双耳三足鼎，左侧为大麦粒，右侧为ϙΡΟΤ币文。

2. 正面：鹰朝向右侧，双翼闭合，身体直立于爱奥尼亚柱冠之上；右侧底板为橄榄枝；珠状内齿。

背面：有颈的三耳三足鼎；装饰带从左侧垂下，其底部转向右侧；ϙΡΟ币文；珠状内齿。

3. 正面：鹰立于公羊头上，身体朝向左侧，转头回顾。底板无其他元素。珠状内齿。

背面：有颈的三耳三足鼎；左侧为ϙΡΟ币文；右侧为一束橄榄枝。

4. 正面：鹰身体朝向左侧，转头回顾，站立在雄鹿头的鼻子上，雄鹿头朝向右侧。无内齿。

背面：同3，但币文在右侧，左侧为常青藤叶。

5. 正面：鹰身体朝向右侧，转头回顾，站立于神庙的装饰性壁带之上，下方圆锥饰可见。右侧底板为羚羊头骨。

双翼张开的鹰

1. 正面：鹰面向右侧站立，头和双翼上举，仿佛在战斗中。

背面：有颈三耳三足鼎。鼎右侧币文ϙΡΟ，左侧为一片树叶。

2. 正面：类似的鹰站在橄榄枝上；右翼下方为ΒΟΙ字样。

背面：ϙΡΟΤΩ。同样图案，但从鼎的右耳垂下一条饰带，鼎的后方为一支月桂树枝。

3. 正面：类似的鹰，但面向左侧；提铭上为ΒΟΙ字样。

背面：ϙΡΟ。同样图案，但从鼎的左耳垂下一条饰带。

4. 正面：鹰向左侧飞翔，爪中抓着一只野兔；左侧底板有ΑΙ字样；珠状内齿。

背面：ΚΡΟ。双耳三足鼎，无饰带。右侧底板上为一只鹳，一条腿举起，面向左侧站立；同样内齿。

5. 正面：鹰面向左侧站在橄榄枝上。

背面：同4，但鹳下方有字母Δ。

6. 正面：鹰双翼张开，身体朝向左侧站立在橄榄枝上，转头回顾；鹰翼右侧有币文ΚΡΟΤΩΝΙΑΤΑΝ。

背面：上耳三足鼎立于基础之上。

三足鼎有两个耳，圆锥形盖子上有一个把手。左侧底板上有一株带叶的大麦穗，及 $\frac{\Phi}{E}$ 字样。右侧底板有一头海豚，身体朝向右侧，低头俯视，及 $\frac{K}{\frac{P}{\Phi MI}}$ 字样。无内齿。

有些品类上没有海豚，而是皮同，身体盘起，昂首，三足鼎耳上垂下一条饰带。

赫拉－拉奇尼亚

公元前420年—公元前390年，赫拉头像出现在克罗顿斯塔特银币上。头像为正脸，目光略投向右侧，戴一条硕大的冠冕。

背面为赫拉克勒斯裸身像，斜倚在岩石上，右手持酒杯，左手搭在大棒上，其身后可见他的弓。底板上有代表某些造币监督的名字的字母，如ΜΕ、ΜΔ等。

图46 克罗顿斯塔特

这一图案暗指塞尔维乌斯在维吉尔《埃涅阿斯纪》第三卷第552行所做注释中讲述的一个故事。据塞尔维乌斯讲述，拉奇尼乌斯是一个强盗，被赫拉克勒斯杀死在这个岬角上。随后，赫拉克勒斯从杀戮中净化自己，在那里为赫拉建了一座神殿。狄奥多罗斯也讲述了这个故事

（Ⅳ，24）。

然而另有传说称，拉奇尼乌斯是布鲁提人的一位国王和神殿的建立者，不过钱币背面的人像表明，钱币图案设计师脑海中所想的是关于赫拉克勒斯的传说。希腊文词汇 Hρα 可能与拉丁文词汇 "hera" 同义，即"女主人"。阿尔戈斯和萨摩斯是赫拉崇拜的首要中心，克罗顿同萨摩斯有着密切的往来，毕达哥拉斯即出生在萨摩斯。因此，赫拉崇拜应在毕达哥拉斯教团中广为流行。

此外，宙斯对赫拉比对其他神祇更经常沟通其秘密，如《伊利亚特》第一卷第 545 行所示，而且赫拉也被描绘为具备赐予预言能力的权柄，见《伊利亚特》第十九卷第 407 行。

在《伊利亚特》中，赫拉似乎是赫拉克勒斯的敌人，并被赫拉克勒斯的箭所伤，见第五卷第 392 行。起初，拉奇尼亚海岬上敬拜的这位女神可能是原住民奥诺羯利亚人的一位大地女神，后来被认同位希腊人的赫拉 – 阿尔戈尼亚、阿尔戈的赫拉，或赫拉 – 阿瑞雅（斯特拉波，Ⅵ1.1）。赫拉 – 阿瑞雅的圣殿矗立在波塞冬尼亚附近，其头像出现在尼亚波利和海利亚钱币上，其设计与克罗顿钱币上的赫拉头像类似。她是位武装的女神，这一点我们可以从其别号 ὁπλοσμία 看出端倪。其圣殿是整个南意大利最富盛名的胜地之一，在某些特定节日，巨大人流涌向克罗顿，参与运动会的庆典。海岬的现代名字即来源于这所圣殿的遗址。

关于献祭给赫拉圣殿的华美衣物及其被狄奥尼西奥斯盗走的掌故，可参阅阿特纳奥斯著作第 541 章第 247 页，陶克尼迪版本。狄奥尼西奥斯将这件衣服以 120 他连得①的价格卖给了迦太基人。将各地代表全部召集到克罗顿的这座圣殿的图谋只取得了部分成功。

帕拉斯

我们在梅塔彭提翁于公元前 330 年—公元前 300 年发行的半斯塔特

---

① Talent，古代希腊和中近东重量单位。1 阿提卡（Attic）他连得折合 6000 德拉克马，约合 26 千克白银。——译者注

和双奥波钱币上看到帕拉斯头像，帕拉斯也被图里翁选作钱币图案。受图里翁的影响，尼阿波利在公元前450年—公元前380年发行的钱币也是用帕拉斯头像图案。

他林敦第七时期，即公元前281年—公元前272年发行的德拉克马钱上我们也发现了帕拉斯头像。

南意大利一些城邦在钱币上的帕拉斯头像象征着雅典的影响力，但公元前413年，雅典的霸权在叙拉古折戟沉沙。因此，在那一年之后选择这一图案的原因恐怕与雅典的影响力没什么关系。

一旦一种钱币图案变得广为人知就不会被轻易放弃。此外，帕拉斯头像在很多城邦广泛使用于较小型的银币上。

珀耳塞福涅

公元前300年前后，这位女神的头像出现在克罗顿的青铜钱币上。彼时毕达哥拉斯教团的影响力已灰飞烟灭，新的宗教理念来自珀耳塞福涅崇拜占主导地位的城邦，在克罗顿开始占据一席之地。关于与此类图案相关的宗教理念，请参见梅塔彭提翁钱币相关章节。

图 47

带有珀耳塞福涅头像的青铜币直径0.85英寸，其头像在钱币正面，面向右侧，戴谷物花冠。

背面有 **K P O** 字样，每个字母都在一弯新月当中，新月两角外向。

赫拉克勒斯

了解了克罗顿的早期传奇后，我们自然猜测赫拉克勒斯应成为钱币图案的一种。在设计这些图案时，有观点认为，钱币雕模师或设计师从知名艺术家宙克西斯①的画作中汲取了灵感。赫拉克勒斯图案钱币推出之时，即公元前 420 年前后，这位艺术家正在克罗顿执业。我们从普林尼的记载（《自然史》第三十五卷第九章和第十章）中获悉，宙克西斯画作中的一个题材于公元前 390 年获选，成为反狄奥尼西奥斯和卢卡尼亚人同盟所发行钱币的图案。忒奥克里托斯第二十四首田园诗娓娓动听地讲述了襁褓中的赫拉克勒斯与两条蛇的战斗，品达的第一首涅墨亚颂歌也讲述了这个故事，其象征着光明与黑暗、善良与邪恶、自由、统一的希腊世界与僭主政治和蛮夷之间的斗争。其他早期图案，如赫拉克勒斯在祭坛、赫拉克勒斯在克罗顿的坟墓上奠酒等，可能也是从宙克西斯的画作中汲取的灵感。钱币上英雄形象的比例存在误差，头和下肢过大，这与普林尼对普林尼对宙克西斯作品的批评相吻合。

然而我们必须谨记，头型比率的误差是钱币图案中常见的瑕疵，可能是因为以较小尺度呈现形象的难度。宙克西斯在勾勒人体形象时精益求精，一个有趣的传说称，他曾挑选克罗顿五位最美丽的少女作为模特来创作其画作《海伦》。我们必须持续注意荷马对南意大利希腊人的影响，这种影响在宙克西斯的作品中非常明显。

在克罗顿的银币上，我们发现了六种不同的赫拉克勒斯图案。

1. 正面币文呈古风风格，可辨认为 OSKƧMTΛM，其中 M 其实是过去的 "san"，字母 S 的早期形式。古风字母表中，M 写作 ℳ。

第二个和第四个字母是 I 的旧形式，因此，这个词如果用公元前 4 世纪和公元前 3 世纪的字母来书写，就是 OIKIΣTAΣ，即 "开创者"。笔者揣测，使用这种古老文字的唯一原因在于，钱币雕模师是从某个雕塑的铭文上复制的这个词，这也可以解释其他使用古风文字的类似情形。可参阅海德博士《钱币史》第 90 页关于潘多西亚钱币上这类字母的论述。

正面图案为这位英雄裸体左向坐于岩石上，岩石以狮子皮覆盖。赫

---

① Zeuxis，赫拉克利亚人，活跃于公元前 5 世纪。——译者注

拉克勒斯右手持月桂枝，月桂枝以饰带捆扎，左手搭在大棒上。在他身后是他的弓和箭囊。他面前为一祭坛，有月桂环绕。提铭上为两条鱼相遇对。

背面为上文描述过的阿波罗杀死皮同场景，三足鼎在中间。

2. 与正面为赫拉－拉奇尼亚头像钱币的背面图案非常相近。赫拉克勒斯坐在同样的岩石上，备有同样的武器，但其右手持酒杯，左肘依在岩石上，左手搭在大棒的柄上。底板上有**ME**字样。

有观点认为，图案所呈现的是英雄在还酹克罗顿的坟墓。

3. 正面：**KPOTΩ[NIA] TAΣ**。阿波罗头像，面向右侧，戴桂冠，长发。珠状内齿。

背面：婴儿赫拉克勒斯，正脸，坐于床上；双手各抓住并扼杀一条蛇，蛇缠住他的身体。

4. 德拉克马，重约43.7格令，直径0.6英寸。正面：赫拉克勒斯头像，面向右侧，戴御冕，御冕尽头为尖刺，立于头顶。

背面：**KPO**。猫头鹰，面向左侧，立于有麦穗和叶子的大麦秆上。

5. 重14.9格令，直径0.55英寸。双奥波重18格令。

正面：**KPOTΩNIA TAN**。帕拉斯头像，面向右侧，戴有冠饰的哥林多式头盔。

背面：**OIKIΣTAΣ**。赫拉克勒斯面向右侧站立，披挂狮子皮，双手抓住大棒支撑身体。

有些品类上人像后有字母**Δ**，有些则是字母**o**。

6. 双奥波，重17格令。

正面：同5。

背面：赫拉克勒斯扼死涅墨亚狮子。

埃萨罗斯

猎人埃萨罗斯的故事仅见于对"旅行家"狄奥尼西奥斯[①]的一首诗

[①] 又称"亚历山大里亚的狄奥尼西奥斯"或"非洲的狄奥尼西奥斯"，以六步格诗体描述希腊和罗马人已知的世界。——译者注

所做的注释。狄奥尼西奥斯活跃至公元 300 年前后，他的注释者帖撒罗尼迦主教优斯塔修斯写作时已是 12 世纪后半叶。这个故事可参见狄奥尼西奥斯 1741 年 A. Polito 拉丁文版第 185 页：

"流经克罗顿附近的河流名为埃萨罗斯，以纪念一位同名猎人，这位猎人追踪一头母鹿走入水中，同鹿一道溺毙。"

然而，埃萨罗斯可能同意大利语神祇"埃萨尔"一词有关。

狄奥尼西奥斯的诗中并未提及这个猎人。相关内容见第 370 行。

"不远处坐落着怡人的城邦克罗顿，

城墙环绕，

埃萨罗斯河附近这个快乐的所在，

在这里你会看到赫拉－拉奇尼亚的高耸的神殿。"

埃萨罗斯的头像出现在青铜币上，钱币直径 0.65 英寸，正面有币文 ΑΙΣΑΡΟΣ。青年男性头像面向右侧，戴御冕，长发。背面 ΚΡΟΤΩΝΙΑΤΑΝ，一道闪电，闪电之上为八芒星。这个星支持关于凡人变为神祇的说法。

克罗顿钱币分类

前人尚未对克罗顿钱币进行完整、细化的断代分类。要完成这一工作，其人需有闲暇和机遇对比蜚声全欧的著名收藏，并须博闻强识，笔者显然不堪此重任。

下列只是绝大多数研究者和收藏家适用的初步分类，即将每一种图案的钱币归集到一起，并列举其各自独特的细节。

第一时期：公元前 550 年—公元前 480 年

第一时期钱币可分为两大类。第一类正面为浮雕三足鼎图案，背面为阴刻的相同图案。另一类正面为三足鼎，背面则为阴刻的鹰图案。

这两类中哪一类更早并不确定，是否同一时间打造也不确定。尽管哥林多更早的钱币比后来的扁平坯钱币更小且更厚，但在所有的南意大利钱币收藏中，扁平、大直径、单薄的钱币总是放在前面。因此，我们将其归为第一类。

第一类

公元前 550 年—公元前 500 年

1. 直径 1.2 英寸，重 115～122 格令。正面：ϘΡΟ币文在三足鼎左侧。三足鼎顶部平直，有三个鼎耳。鼎腿竖直，低端为狮足。鼎身下部鼎腿顶端处有缠枝卷曲呈单线涡状。鼎的右侧无符号或字母。边缘为圆点或线。

背面：相同三足鼎，阴刻，鼎耳和鼎腿线条在阴刻中突起。底板无符号或字母。

2. 正面：同 1，但鼎右侧有蟹型符号。

背面：同样图案阴刻，但ΟϘΡ币文阳刻，蟹型符号手法粗糙。

3. 直径 0.9 英寸，重 117～118 格令。正面：常见图案，但蟹在三足鼎左侧，ΡϘΟ币文在右侧。珠状内齿。背面：鼎左侧有乌贼符号，右侧为海豚符号。

4. 直径 0.95 英寸，重 117 格令。正面：同 3。

背面：作为符号的里拉琴在鼎的左侧，鼎的右侧为ΡϘΟ币文。

5. 直径 0.9 英寸，重 118 格令。正面：同 3。

背面：鼎左侧为ϘΡΟ币文，右侧为海豚符号。

6. 直径 1.05 英寸，重 123.3 格令。正面：ϘΡΟ币文在鼎左侧，鼎右侧有鹤。

背面：同正面。符号为浮雕。

7. 直径 1.05 英寸和 0.95 英寸，重 104.9 格令。

正面：同 6。

背面：鼎左侧ϘΡΟ币文，右侧ΤΟΝ。字母为浮雕。突出特征为射线内齿。

8. 直径 0.8 英寸或 0.85 英寸，重 124.2 格令。正面：同 6。

正面：常见三足鼎图案，无任何字母，底板无装饰。射线边缘。

9. 1/3 斯塔特，直径 0.6 英寸，重 38.6 格令。

正面：鹤在鼎左侧底板，右侧为ϘΡΟ币文。

背面：同 8。

10. 直径 0.4 英寸，重 6.1 格令。

正面：鼎左侧为 ϘΡΟ 币文，右侧无图案或文字。珠状内齿。

背面：阴刻三足鼎，底板无图案或文字，射线内齿。

第二类

公元前 500 年—公元前 480 年过渡钱币，飞鹰图案

1. 直径 0.95 英寸，重 113~118 格令。

正面：常见三足鼎，鼎右侧 ϘΡΟ，左侧 ΤΟΝ。

背面：鹰向右方飞翔，阴刻，羽毛刻画，边缘为射线。

2. 直径 0.8 英寸，重 123 格令。图案同 1，但没有 **ΤΟΝ** 字样。

3. 直径 0.35 英寸，重 6.5 格令。图案同 2。

联盟钱币

同锡巴里斯联盟的钱币上，背面有 **VM** 字样和一头回首的公牛，正面同 1。

同忒梅萨联盟钱币，正面相同，背面为一顶阴刻头盔，有时加入 **ΤΕ** 字样。

第三类

公元前 490 年—公元前 480 年

哥林多式头盔图案

1. 斯塔特，直径 0.75 英寸，重 122 格令。

正面：常规三足鼎图案，ϘΡΟ 字样在鼎的右侧。

背面：哥林多式头盔，朝向右侧，下方为 ΟΡϘ 字样。

2. 1/3 斯塔特，直径 0.5 英寸，重 38.8 格令。

正面：同斯塔特。

背面：哥林多式头盔，朝向右侧。但无币文。边缘为射线。

射线边缘表明，这类钱币应属于过渡时期，即公元前 490 年—公元前 450 年。

第四类

三足鼎图案，公元前 480 年—公元前 420 年

1. 直径 0.8 英寸，重 122.5 格令。

正面：粗糙、朴素三足鼎，无装饰。珠状内齿。የPО文字在左侧。

背面：同样三足鼎，浮雕，无文字。

2. 直径 0.85 英寸或 0.8 英寸，重 111.2 格令。三足鼎，鼎腿有涡状装饰，同早期系列的区别之处在于鼎腿之间、鼎足之上的圆环。左侧底板有一只鹤，右侧የPО币文。

背面：同 1 图案，浮雕。

3. 直径 0.9 英寸，重 119.7 格令。

正面：三足鼎，三只鼎耳，鼎腿之间无圆环，但有涡状装饰。鼎左侧底板有一支双耳爵，右侧为የPО币文。

背面：类似三足鼎图案，浮雕。左侧底板为ΔΑ字样，右侧为焚香祭坛。全部按围绕在珠状内齿内。

第五类

小型银币，公元前 420 年之前

1. 直径 0.5 英寸，重 16.7 格令。

正面：三足鼎，鼎腿间有圆环，右侧底板有树。

背面：直立的闪电，左侧为星，右侧为鹰立于爱奥尼柱冠上。

2. 直径 0.45 英寸，重 17.6 格令。

正面：三足鼎，无捆扎圆环，左侧为鹤，右侧为የPО币文。

背面：乌贼，触腕伸展张开。

3. 直径 0.4 英寸，重 12~19 格令。

正面：三足鼎，无捆扎圆环，右侧底板የ或የPО币文。

背面：飞马珀伽索斯，双翼卷曲，呈古风风格，其下有字母የ。

4. 直径 0.5 英寸，重 16.7 格令。

正面：三足鼎，鼎腿之间有两个蛇头。

背面：双耳爵，两边各有一条盘曲的蛇。

5. 直径 0. 4 英寸，重 10. 2 格令。奥波。

正面：有颈三耳三足鼎，左侧底板为常青藤叶，右侧为 ϙϷ 字母。

背面：野兔向右侧奔跑，上下各有字母 O。

6. 直径 0. 4 英寸，重 10. 4 格令。

正面：由两个上下排列的谷粒组成的符号，左右各有一个圆环，圆环正中有一个圆点，所有图案环绕在射线边缘内。此类或许应归类为上文提及的本时期最早的钱币品类，或者属于过渡期。

第六类

浮雕鹰图案，公元前 480 年—公元前 420 年

1. 《大英博物馆目录》第 63 号

直径 0. 9 英寸，重 117. 3 格令。

正面：鹰站立在爱奥尼亚柱冠上，双翼闭拢，面向左侧；上方为 ϙϷOT 币文；珠状内齿。

背面：右侧为 ϙϷOT 币文，左侧为大麦穗。三耳三足鼎，鼎身之下及靠近鼎足处有涡状装饰。有些品类上，币文和大麦穗相对位置调换。

2. 第 66 号。直径 0. 85 英寸，重 116 格令。

正面：鹰面向右侧站立在柱冠上，底板上有橄榄枝。珠状内齿。

背面：ϙϷO 币文在右侧。有颈三耳三足鼎，鼎身之下有涡状装饰，靠近鼎足处有圆环。珠状内齿。

3. 第 67 号。直径 0. 85 英寸，重 119. 1 格令。

正面：鹰面向左侧站立在公羊头上；珠状内齿。

背面：ϙϷO 币文在左侧，右侧为一束橄榄，鼎与 2 类似。

4. 第 68 号。直径 0. 8 英寸，重 122. 6 格令。

正面：类似的鹰站在雄鹿头上，边缘无装饰。

背面：与 3 类似，但鼎左侧为常青藤叶，右侧为 ϙϷO 币文。

5. 第 70 号。直径 0. 9 英寸，重 122. 1 格令。

正面：鹰站在神庙的山形墙上。

背面：同 3。

6. 第73号。直径0.9英寸，重118.5格令。

正面：鹰双翼高举，站在蛇上。珠状内齿。

背面：三足鼎类似2，ꟼPO币文在左侧，右侧为大麦穗。边缘无装饰。

7. 第74号。直径0.8英寸，重119.8格令。

正面：鹰面对右侧，昂首站立，仿佛向上弹跳。

背面：与上条类似，但鼎左侧为月桂树叶，ꟼPO币文在鼎右侧。

公元前420年后

8. 第77号。直径0.9英寸，重121.8格令。

正面：鹰左向飞行，鹰抓着野兔；左侧底板为AI字样；珠状内齿。

背面：KPO币文，常见三足鼎图案，右侧底板为鹳，一条腿举起，面向左侧站立。

9. 第78号。直径0.9英寸，重118.1格令。

正面：鹰面对左侧站立在橄榄枝上，双翼高举。

背面：同8，但鹳下有字母Δ。

10. 第82号，直径0.9英寸，重101.5格令。

正面：鹰双翼展开左向站立在橄榄枝上，回首；展开的双翼间为小字号币文KPOTΩNIATAN。

背面：三足鼎，左侧为大麦穗及字母ΦE，右侧为海豚和字母KPΦMI。

第七类

公元前420年—公元前349年

图案包括阿波罗和赫拉克勒斯像。

海德博士指出：

"至公元前5世纪临近尾声之际，图里翁崛起为南意大利的首府，长形爱奥尼亚式Ω在西部广为应用。也是约在此时，在克罗顿钱币上，旧字母ꟼ为K所取代。"

这些阿波罗和赫拉克勒斯形象图案钱币可能是为庆祝某个盛大节日

发行的，这或许可以解释此类钱币的稀缺及其与普通钱币图案的区别。

1. 第85号。直径0.9英寸，重121.2格令。

正面：OΣKΣMTAM。赫拉克勒斯裸体左向坐在岩石上，右手持月桂树枝，左手持大棒；前面为祭坛，提铭上为相遇的两条鱼。

背面：三足鼎，鼎腿直立无装饰，两条饰带垂于鼎腿之间。阿波罗在左侧，弯弓搭箭瞄准位于鼎右侧的皮同。

2. 第87号。直径0.93英寸，重123.2格令。

正面：同1。

背面：三足鼎，靠近鼎足处有涡状装饰；鼎右侧有ϘPO币文，左侧底板上为一枚硕大的谷粒。

3. 第88~93号。直径0.85英寸，重117.4~123.1格令。

正面：赫拉-拉奇尼亚头像，戴冠冕和项链；珠状内齿。

背面：KPOT或KPOTΩNIATAN。赫拉克勒斯裸体斜倚在岩石上，右手前伸，持酒杯，左肘靠在岩石上。

4. 第96号。直径0.8英寸，重123.1格令。

正面：阿波罗头像，面向右侧，戴桂冠，长发；珠状内齿。

背面：婴儿赫拉克勒斯坐于床上，双手各抓着一条蛇。

5. 第96号。直径0.9英寸，重118.8格令。

正面：阿波罗头像，同4。

背面：三足鼎右侧为KPO，左侧为扎有饰带的月桂树枝。鼎腿中间处有一个圆环，靠近鼎足处还有一个带叶子装饰的圆环。

第八类

同一时期较小型银币

1. 《大英博物馆目录》第103号。直径0.6英寸，重43.7格令。

正面：赫拉克勒斯头像，面向右侧，戴御冕，御冕尽头为尖顶。

背面：猫头鹰面向左侧站立，右侧有KPO字样，在大麦茎上，茎上有叶。

2. 第104号。直径0.5英寸，重24.4格令。

正面：阿波罗头像，桂冠。

背面：**KPO**。图案同第 4 号斯塔特。

3. 第 105 号。直径 0.55 英寸，重 14.9 格令。

正面：帕拉斯头像，戴哥林多式头盔，**KPOTΩNIATAN**。

背面：**OIKIΣTAΣ**。赫拉克勒斯右向站立，双手抓住大棒的手柄，身体倚在大棒上。

4. 直径 0.35 英寸，重 5.5 格令。

正面：有颈三足鼎，无装饰环，左侧为常青藤叶，右侧为字母**ϙP**。

背面：四弯新月，背靠背分布。

青铜钱币

1. 直径 1 英寸。

正面：有颈三足鼎。

背面：野兔向右侧奔跑。

2. 直径 0.9 英寸。

正面：有颈三足鼎。

背面：目乌贼，腕足伸展。

3. 直径近 1 英寸。

正面：弓。**TPI**。

背面：大棒。

4. 直径 0.6 英寸。《大英博物馆目录》第 109 号。

正面：鹰，身体朝向右侧站立，回首。

背面：三足鼎，左侧为字母**KPO**，右侧为鹤；鼎腿一半处有一枚圆环，鼎身下有涡状装饰。

5. 直径 0.75 英寸。《大英博物馆目录》第 110 号。

正面：鹰面向右侧站立在公羊头上。

背面：直立的闪电，两侧各有一弯新月。

6. 直径 0.65 英寸。

正面：埃萨罗斯头像。**AIΣAPOΣ**。

背面：**KPOTΩNIATAN**。闪电，上有一颗星，币文一半在闪电上，一半在其下。

7. 直径 0.75 英寸。

正面：穿狮子皮的青年赫拉克勒斯头像，底板上有字母 H，头像上方为 ΛVKΩN 字样。

背面：鹰抓着一条蛇向右侧飞翔。背后有常青藤叶。

8. 直径 0.65 英寸。

正面：粗糙的赫拉克勒斯穿狮子皮头像。

背面：鹰身体朝向右侧站立，回首。KPO。

9. 直径 0.75 英寸，也有 0.6 英寸的。

正面：穿狮子皮的赫拉克勒斯头像。

背面：螃蟹及 KPO 字样。

10. 直径 0.65 英寸。

正面：女性头像（可能是珀耳塞福涅），面向右侧。

背面：三个背靠背排列的新月，每个新月上均有 KPO 字样。

上述青铜币没有一个是制作精致的，品相通常很差。

有些青铜币图案与银币类似，可能是同一时期发行的。

目前尚无尝试将青铜币按时间分类，因为已经检视过的青铜币数量不够充分。

卡乌洛尼亚

尽管卡乌洛尼亚钱币图案设计甚少变化，且钱币上也尚未发现艺术家的签名。但其主要钱币图案与城邦的存亡相始终，对于研究阿波罗崇拜，或毕达哥拉斯教团在南意大利的影响意义重大。

从存世钱币的巨大数量我们或许可以揣测，该城邦必定甚为富有，但从古代文献中却难以获取关于该城公民的任何信息。其毁灭如此彻底，连其城址到底何在也无法确知。

古地图通常可以帮助我们确定地点，但在卡乌洛尼亚的地图却因字迹损坏无法提供关于其所在地区的线索。从斯特拉波的记载中，我们推断该城临近萨格拉斯河，在这条河以东。他称：

"μετὰ δὲ τὴν Σάγραν ᾿Αχαιῶν κτίσμα Καυλωνία，πρότερον δ᾿ Αὐλωνία λεγομένη．"

经过萨格拉斯河之后就是卡乌洛尼亚，亚该亚人建立的城邦，起初名为阿乌洛尼亚，"διὰ τὸν προκείμενον αὐλῶνα"，得名于附近的一条山谷。该城如今已废弃。

保萨尼亚斯（Ⅵ，3）提到过该城邦创建者的名字。他当时言及献给狄康的一尊雕塑。狄康是卡利波罗托斯之子，公元前384年斯泰特赛跑比赛①冠军。保萨尼亚斯告诉我们，狄康当时还是个少年，比赛胜利后被宣布为来自卡乌洛尼亚的选手——他本人也确实是卡乌洛尼亚人，但事后受到贿买，将自己改称来自叙拉古的选手。格罗特说，"听到这位著名的赛跑选手被称为'叙拉古的狄康'，让人们痛苦地意识到自由的卡乌洛尼亚城邦已不复存在……狄奥尼西奥斯夺走了希腊人的自由。"这则记载证实了卡乌洛尼亚是一个长于体育的地方，能造就优胜的运动员。保萨尼亚斯记载的城邦创建者的名字为堤丰，"οἰκιστὴς δὲ ἐγένετο αὐτῆς Τύφων Αἰγιεύς"。这个名字暗示城邦所在之地多风的物候特征。此地距洛克里仅 20 英里，洛克里则得名于西风。

希俄斯岛的西姆努斯和拜占庭的斯蒂芬纽②记录了卡乌洛尼亚创建的掌故。这些作者考据，城邦的建立者系来自克罗顿的殖民者。克罗顿位于卡乌洛尼亚以东约 70 英里处，亚该亚殖民者在寻找新的定居点途中可能在克罗顿滞留了一段时间。

最早期钱币的扁平形制和背面阴刻图案见证了毕达哥拉斯教团对克罗顿的影响。从波利比乌斯的记载中我们得知，毕达哥拉斯学派成员被逐出克罗顿后，卡乌洛尼亚也遭逢了同样的混乱失序。

杨布利科斯在毕达哥拉斯生平中提及这位伟大导师的学说在卡乌洛尼亚取得重大进展。波菲利则告诉我们，在被克罗顿驱逐后，毕达哥拉斯曾在卡乌洛尼亚寻求庇护。

扁平形制钱币一直沿用至公元前 480 年，即锡巴里斯陷落三年之后。差不多同一时间，旧有的偏平钱币在克罗顿和波塞冬尼亚不再继续发行，自那时起，所有这些城邦发行的钱币全部为两面浮雕，质地更厚，同希腊本土的钱币更相近。也是在公元前 480 年，薛西斯入侵阿提卡，并在萨拉米斯遭遇惨败，让这一年青史留名。

---

① Stadium，古代希腊短跑比赛项目，全长 1 斯塔特，约合 185 米。——译者注
② 又称 Stephanus Byzantinus，活跃于公元 6 世纪，著有一部重要的历史辞典，名为《民族志》(Ethnica)。——译者注

当时在卡乌洛尼亚，民主政治可能取代了贵族党派，大希腊所有城邦的公民可能都经历了类似的整体变革，城邦公民间的互动也增加了。公元前478年—公元前468年，叙拉古僭主希隆吸引了大批名人造访其宫廷，这些人包括埃斯库罗斯、品达、巴库利德斯①等。如果他们是走海路往返叙拉古，那么一定会经停卡乌洛尼亚，因为彼时船只在港口之间都是沿着海岸线航行。然而我们对卡乌洛尼亚的港口却一无所知。

在雅典和叙拉古的战争中，卡乌洛尼亚似乎站在雅典一边。修昔底德记载，叙拉古人在卡乌洛尼亚境内焚毁了大量原本为雅典人准备的木料。到公元前400年前后，随着卢卡尼亚人开始威胁城邦的安全，城邦的繁荣时期走到了尽头。

第三个时期，即公元前400年—公元前389年的11年中，钱币图案的特征发生了变化。这一期间，我们注意到钱币制作者或造币监督的符号及完整的币文推出了。

公元前393年前后，希腊城邦结成攻守同盟，共同抵御北方的卢卡尼亚人和南方的叙拉古。卡乌洛尼亚打制的有些钱币上带有腓骨的符号，显然是卢卡尼亚统治者仿制的带有同样符号的钱币。因此，有可能在公元前389年城邦被狄奥尼西奥斯彻底毁弃、居民被带到西西里之前，该城公民已被征服。毁弃的城市被赠予左祖狄奥尼西奥斯的洛克里人。保萨尼亚斯记载，城邦被罗马的坎帕尼亚人辅助军攻占，除此之外，关于罗马在那意大利所取得胜利的记载都未曾提及卡乌洛尼亚。

我们无法将卡乌洛尼亚同任何名人挂钩，也没有发现任何诗人曾提及它，除了一次，维吉尔凭借其艺术想象，莫名其妙地混淆了时间，称埃涅阿斯在沿着海岸线航行前往意大利时，卡乌洛尼亚就已经存在了（《埃涅阿斯纪》Ⅲ，553）：

"我们看到的下一个地点是他林敦的海湾，如果传说可信，那里是赫拉克勒斯的圣地。在她对面，拉奇尼亚女神的庙宇高耸；还有卡乌洛

---

① Bacchylides，活跃于公元前5世纪前后的抒情诗人，与品达齐名。——译者注

尼亚和斯库拉库姆的塔楼，因发生沉船恶名昭著。"

贺拉斯提到的以葡萄闻名的"奥龙"并非"阿乌洛尼亚"，而是指他林敦附近的一处丘陵，马提亚尔①也曾提及此地。塞尔维乌斯在注释维吉尔时错误地引用了两人的说法，以为他们所指的是卡乌洛尼亚。普林尼曾提及"在卡乌洛尼亚城的台阶上"，这一名字也出现在《波伊廷格古地图》② 上。

钱币图案

卡乌洛尼亚钱币上发现的最早期图案乍看上去不易解读，且在某种意义上独一无二。看上去这些钱币图案似乎试图再现一组雕塑作品，这些雕塑也许曾装点城邦的市场或阿波罗神殿。无论如何，这无法与任何关于交易单位的理论或其他与商务相关的推测相契合。在梅塔彭提翁我们发现了一尊类似的著名阿波罗神像呈现在钱币上。

币文有所变化，**OΛVA)** 或 **KAVΛ**。

一个古风风格的裸体男性形象向右侧前行，头发以御冕束住，卷曲的长发下垂；右手举起，持树枝；左手前伸，左臂上有一个小型人像，人像双手各持一个树枝，向右奔跑并回首；主要人像前为一雄鹿，身体朝向右侧，回首；圆点组成边缘线，边缘线外有射线内齿的痕迹。

背面图案类似，但为阴刻，只有小型人像为浮雕；边缘为阴刻射线。

关于这一设计的最好的解释可参见珀西·加德纳先生的著作《希腊钱币图案》，其中指出，主要人像可以肯定是阿波罗。传说中雄鹿与阿

---

① Marcus Valerius Martialis，公元 1 世纪至 2 世纪初罗马诗人，出生于西班牙。——译者注

② 罗马帝国时代的道路交通图，涵盖欧洲（除伊比利亚半岛和不列颠诸岛）、北非、亚洲的部分地区，包括中东、波斯、印度等。现存文本为 13 世纪的羊皮纸抄本，可能复制自奥古斯都大帝时代的古地图。因最早为 16 世纪德意志收藏家 Konrad Peutinger 收藏得名，后归哈布斯堡皇室收藏，现珍藏于维也纳奥地利国家图书馆。——译者注

波罗有着密切关联，回首凝望阿波罗意味着向这位神祇寻求保护。至于阿波罗手臂上小型人像该作何解释，沃特金·劳埃德先生于 1848 年在《钱币学年鉴》上发表了一个理论，得到加德纳先生的认可。这尊小型裸体人像双足有翼，正在奔跑，双手各持有一颗树枝，回首望着阿波罗，仿佛在听取阿波罗的指示，并准备迅速地去履行神祇赋予其的使命。他应该是风的象征，神祇卡萨希奥斯用这风来净化空气。城邦所处的地理位置据说以风闻名，卡乌洛尼亚这个名字有可能源自词根 $ἄω\ ἄημι\ ἄύω$，即"吹"。斯特拉波称其名字派生自 $αὐλών$，即"山谷"，但这个词的含义也可理解为风吹过的狭长通道。

今年夏天，笔者注意到，在科尔内托，一场风暴过后，无数树枝被从树上摧折，这让我不由想起钱币上的这个手持树枝、双足带翼的小型人像作为风的象征是何等贴切。劳尔·罗歇特认为树枝象征净化，拉特格博①则认为这尊小型人像象征着恐惧，$δειλος$，但将风与空气的净化联系起来似乎更符合城市的名字及其所在位置的特征。有人将这个形象看作象征着阿波罗的暴怒，但暴怒通常用弓来呈现，而非树枝。

雄鹿形象在阴刻钱币弃用后成为新钱币的背面图案，在其旁边通常镌刻有 **KAY**、**VYAK** 或 **KAVΛ** 币文，这或许可以证明雄鹿形象的重要意义。然而这并不只是常规的将 $παράσημα$ 图案换到背面，因为在一段时期内，钱币正面依然还保留着雄鹿形象。显然，雄鹿是卡乌洛尼亚的象征，就像狮子是韦利亚的象征一样。

双重镌刻在希腊钱币上异常罕见，但我们在波塞冬尼亚钱币上看到过。

在希腊艺术中，雄鹿通常与阿波罗有所关联，可能因此被选用在城市的徽标上，象征公民的宗教信仰，正如梅塔彭提翁人选用大麦穗图案一样。

---

① Johann Georg Christian Rathgeber，公元 1800—1875 年，德意志艺术史学家。——译者注

关于雄鹿和阿波罗的关联，可参看缪勒①和维塞勒②的《古希腊纪念碑》。

非常早期的阿波罗和阿尔忒弥斯及雄鹿或雌鹿在二者中间的形象，可参见《全集》第三卷第二十二章第 17 页和第 19 页。

在菲加利亚③的阿波罗神庙中可以看到阿波罗和阿尔忒弥斯乘坐两头雄鹿拉的战车的形象（XXⅢ，7）。

此外，还有一件艺术品上，阿波罗乘坐双翼飞马拉的战车向提堤俄斯放箭，提堤俄斯在前方面向左侧下跪，箭贯穿其身躯；马的身躯下有一头雄鹿，和马一道向左侧奔跑。这是一件伊特鲁里亚艺术品。

在伦敦收藏有一尊来自沃尔基④的调酒罐，上面描绘赫拉克勒斯和阿波罗为争夺三足鼎竞赛，阿波罗身旁站着一头狍子。在庞贝的一幅壁画上，阿波罗面向左侧站立，右手持树枝，左手持奇特拉琴⑤，一头横卧的雄鹿抬头仰视神祇。

第一时期

上文已描绘了卡乌洛尼亚钱币的图案，但关于本时期钱币的若干通用说明还是有必要的。

斯塔特的直径为 1 3/8 英寸。

笔者见到的几枚，重量为 113～128 格令不等。

钱币正面的神祇形象为深浮雕，阿波罗的发卷为珠状的正式古风风格。

---

① Karl Otfried Muller，公元 1797—1840 年，德意志学者、斯巴达的仰慕者，现代希腊神话研究的开创者。——译者注

② Friedrich Wieseler，公元 1811—1892 年，德国古典考古学家和文献学家。——译者注

③ Phigalia，位于希腊阿卡迪亚西南角。——译者注

④ Vulci，伊特鲁里亚文明的一处重要、富庶的古城邦，位于蒂勒尼安海岸，罗马东北约 80 千米。——译者注

⑤ Cithara，古希腊和罗马的一种弦乐器，类似里拉琴，现代"吉他"一词即由此派生出来。——译者注

图 48

大英博物馆收藏的 5 枚此类钱币上，在雄鹿头上、阿波罗臂下的底板上有一个圆环。

有些品类省略了背面的币文，还省略了神祇手臂上的小型人像。小人像，如果有，均为浮雕。有些品类上，背面的小人像被替换为树枝。

背面边缘为阴刻射线，形成阴刻小方块。

第一时期的最后几年中，钱币的质地略有变化，厚度增加了，更加紧凑，直径减小至 7/8 英寸。图案相同，背面也仍为阴刻。底板上，神祇身后有时会有一只鹤。币文为 ΚΛV，在正面。

三分之一斯塔特

重 35.1 格令，直径 5/8 英寸。

图案同斯塔特，币文 ΟΛΥΑΚ。

六分之一斯塔特

重 7.6 格令，直径 3/8 英寸。

正面：三曲腿，每个膝盖和中心处有圆点。

背面：ΚΛV / ΟΛ 和圆点。

第二时期

重量可能与第一时期相同，即约 125 格令，尽管有些早期钱币重达 128 格令。由于本时期钱币存世的普遍有所磨损，其重量通常在 112 ~ 124 格令。

正面：图案类似更早的钱币，币文 ΛVΑΚ。

阿波罗不再有长卷发。边缘为小圆点。雄鹿回首，如同较早时期钱币。

背面图案则颇为新颖，且为浮雕。长角的雄鹿面向右侧，其前面为树枝，上方底板为ΛΥΑΚ币文。树枝有所变化，有时全部长在一根枝上，有时则是两枝分叉。

大英博物馆馆藏中有一只雄鹿面向左侧。

图49

三分之一斯塔特

重39格令，直径0.6英寸。

图案同斯塔特。

第三时期

本时期钱币质地和图案类似第二时期，但一个显著的差异在于本时期钱币正面雄鹿头总是向前，而非回首。

有时钱币上有字母，如Φ、ΘΕ等，有些还有腓骨。这一符号第一眼看上去有些像花押，但从卢卡尼亚人复制的钱币上可以明显看出是腓骨。

币文有所变化，ΚΑΥΛ在阿波罗左侧，或···ΟΝΣΑΤΑΜ（意为Σ）或···ΛΟΝΣΑΤΑΝ或ΣΑΤΑΙΝΩΥΥΑΚ在阿波罗身后的竖线上。

雄鹿通常在一条直线上，但大英博物馆有两只雄鹿在底座上。

有些品类上，神祇身后的底板上有一个硕大的苍蝇符号，还有些神祇两侧底板上各有一只海豚。

背面，雄鹿，以及一个符号，如常青藤叶在上方，或螃蟹在雄鹿右侧，雄鹿下面有颗星或上方底板上的三个常青藤叶和一个浆果，或枞树在雄鹿前。

三分之一斯塔特

重 39 格令，直径 0.6 英寸。

图案同斯塔特。

小型银币

1. 重 12 格令，直径 0.45 英寸。

正面：阿波罗头像，戴桂冠，长发，无内齿。

背面：**KAV** 币文。雄鹿面向右侧站在装饰性底座上；上方为常青藤叶。

2. 重 12.1 格令，直径 0.4 英寸。

正面：**···ONƧA**。女性头像面向右侧，头发向上梳拢。

背面：雄鹿，面向右侧。

卡乌洛尼亚无已知青铜币，青铜币全面引入前，该城即已遭摧毁。

潘多西亚

潘多西亚是克罗顿人的殖民地，建立在一座更古老的奥诺羯利亚人城邦之上。对于潘多西亚，我们所知甚少，但其钱币精美绝伦，见证了该城邦公民的教养与财富，让我们不由得对其产生兴趣。

这些钱币极为珍稀，囊中羞涩的收藏者根本无法拥有，但它们如此精美，其图案又如此有趣，钱币学者和南意大利艺术的研修者绝对不可忽略。

有三座希腊城邦名叫潘多西亚：一座位于布鲁提，本章探讨的钱币即为这座城邦所发行；一座在卢卡尼亚，似乎没有造币厂；还有一座在伊庇鲁斯的塞斯普罗蒂亚地区，其遗址位于一处名为卡斯特里的高地上，至今可见。本章探讨的钱币究竟属于三个城市中的哪一个并无疑议——它们来自群山中的那座古老的布鲁提城邦，在康森提亚西南约 5 英里。城市一度矗立在卡拉提斯河的支流阿刻戎河河岸上，距地中海约 7 英里，在忒里那以北 16 英里处。确切的城址目前尚未辨认出来，但据信是在波皮利亚古道①以西约 5 英里处，古道从北到南穿过康森提亚。

---

① 古罗马时期的公路，建于 Publius Popilius Laenas 担任执政官时期（公元前 132 年），故名。有两条公路叫这个名字，一条在北方，穿过今天的威尼斯，另一条在南部，卡普阿至利基翁。此处所指无疑应为第二条。——译者注

斯特拉波在其著作第四卷第一章中告诉我们：

"（康森提亚）上方不远处是潘多西亚，其城固若金汤……此地有山峰三座，阿刻戎河在城边流过……

人言潘多西亚此前曾为奥诺羯利亚人君王之居。"

阿刻戎河如今叫穆科内河，注入克拉提斯河，可能一度与克拉提斯河被视为一体，因为其河神呈现在钱币上时伴随有币文 **KPAΘΣM**，是 **KPAΘIΣ** 的旧的书写形式。

优西比乌称潘多西亚与梅塔彭提翁同一年建城，他可能是指奥诺羯利亚人最初的城市，但他给出的公元前 774 年这个时间显然不足为信。

同忒里那一样，潘多西亚似乎也是由来自克罗顿的希腊人所建，其最早的钱币发行于公元前 450 年前后，显示了两座城邦的联盟关系。这些钱币上有 **ϙPO** 字样，正面为三足鼎图案和 **ΓANΔO** 币文，背面则是阴刻方块内的一头公牛。斯库拉克斯①和西姆努斯均称其为一座希腊人城邦。让这座城邦青史留名的一个历史事件是伊庇鲁斯的亚历山大于公元前 326 年殁于此处。斯特拉波说：

"这位君王被多多纳的神谕②引入歧途。神谕指示他避开阿刻戎和潘多西亚，他以为神谕指的是位于塞斯普罗蒂亚的同名河流和城市，结果导致他于此地殒命。

"他还误解了另一条神谕：

'哦！潘多西亚，你的三座山峰，

从此后众人将在此被杀。'

"他以为神谕预言他的敌人将被摧毁，不是自己的军队被击溃。"

李维详尽地记述了亚历山大之死（Ⅷ. 24）。

毫无疑问，潘多西亚加入了公元前 393 年希腊城邦组成的联盟，对

---

① Scylax of Carynda，公元前 6 世纪晚期和公元前 5 世纪早期的希腊探险家和地理学家，曾受波斯大流士一世之托探寻印度河的源头。——译者注

② 位于伊庇鲁斯的宙斯神谕处，希罗多德指此处为希腊最古老的神谕，直至基督教兴起，这里一直是全希腊最重要的宗教中心之一。——译者注

抗卢卡尼亚人。或许有些公民加入了于公元前390年在拉奥斯附近战败的图里翁军队。

城邦晚期的历史无法通过其钱币追溯，因为自公元前390年之后，潘多西亚似乎没有再发行过钱币。城邦可能被卢卡尼亚人占领了一段时间，或许又被布鲁提人占领。公元前204年，罗马人夺取了这座城市（李维，29，36）。鉴于它被拿来同"其他不重要的城邦"做对比，或许当时这座城市还有一定的重要性。斯特拉波似乎暗示在他生活的时代这座城市还存在，但自那以后，关于这座城市的信息就杳如黄鹤了。

巴克莱·V. 海德博士将潘多西亚斯塔特描绘为"属所有希腊钱币中制作最精美之列"，而且这些钱币是一座连城址都无法确知的城市的唯一遗存，再一次见证了泰奥菲尔·戈蒂耶诗中所云：

"一切如过眼云烟，

唯有顽强的艺术永恒不朽；

一尊胸像

比城市更历久常在。"

钱币图案呈现了四位神话人物，即潘多西亚城邦的宁芙仙子、河神克拉提斯、女神赫拉－拉奇尼亚，以及牧神潘。

如果制作钱币的艺术家是在本城接受教育的，那么，潘多西亚一定拥有整个大希腊的若干最好的艺术流派。然而我们知道，艺术家们频繁地造访其他城邦，并在那里工作，因此无法确知潘多西亚的精美钱币究竟到何等程度应归功于本地流派。

潘多西亚的宁芙仙子

在潘多西亚的双德拉克马上，我们发现了一个美丽的女性头像。头像转向右侧，有花环环绕，名字显示为潘多西亚。这个头像被诠释为主保 κόρη，或曰城邦的仙子。

弎里那钱币上的头像也颇为类似。潘多西亚钱币对这一题材的艺术处理高度相似，很可能某些弎里那艺术家影响了或访问过潘多西亚的钱币雕模师。

有观点认为，环绕头像的花环暗示这位宁芙具备胜利女神尼姬的特性，且我们已看到有一位宁芙名为忒里那尼姬。因此，钱币上的仙子可能是潘多西亚宁芙。城邦的得名可能是因为潘神崇拜在早期定居者中的突出地位。在这些定居者祖先的故土，潘神崇拜极为常见，而潘则是宁芙们的领袖。但在希腊文献中我们找不到叫这个名字的宁芙，因此，头像所代表的女神似乎最有可能是尼姬。

潘多西亚这个名字的构成同后人取名狄奥多西（意为"上帝所赐予的"）原因类似，且在希腊人当中，以神祇的名字为城邦命名并非罕见，比如赫拉克利亚、波塞冬尼亚、西西里的潘诺姆斯、吕基亚的阿波罗尼亚、小亚细亚的阿芙罗蒂西亚等。

河神克拉提斯

克拉提斯河发源于康森提亚周边的群山中，流向北方，约 40 英里后，在图里翁和锡巴里斯古城附近注入他林敦湾。据信，图里翁和锡巴里斯钱币上的公牛图案均象征着这条河的威力。康森提亚的青铜币上有一个年轻的河神形象，有人认为是克拉提斯河之神，但也有人认为这是另一条名为卡基尼斯的河流的神祇。如果斯特拉波没有告诉我们潘多西亚是建立在阿刻戎河河岸上，我们可能会在卡拉提斯河沿岸找寻其城址，因为其钱币图案上所呈现的河神冠以克拉提斯之名。河神形象拟人化，而非此前的公牛形象，表明公元前 5 世纪中期，在潘多西亚，艺术的演进已进入更高层次。彼时的艺术正处于过渡阶段，古风风格的形式和处理方式正在消逝。

欧里庇得斯在《特洛伊妇女》226～230 行写到：

"……住在克拉提斯河灌溉的田园，

那河水能把头发染作黄金，

那河流用神圣的泉水来滋润那养育英雄的地方，

使它有福。"[1]

---

① 译文选用《罗念生译古希腊戏剧》，中国翻译家译丛，北京人民文学出版社，2015 年 4 月第 1 版，2015 年 4 月第 1 次印刷，ISBN978－7－02－009906－1，第 204 页。——译者注

奥维德也提及同样的奇思妙想（《变形记》第十五卷第315行）：

"克拉提斯河和离我们本地不远的锡巴里斯河

可以将头发变成琥珀和黄金。"

关于克拉提斯河水对头发颜色产生的效果，斯特拉波、普林尼（XXXI，2～10）和蒂迈欧也全都讲了同样的奇妙故事。

在忒奥克里托斯的第五首《牧歌》中，我们看到有一段提到了这条河，同一段还提到了牧神潘：

"拉孔：以海岸的潘神之名起誓，卡拉俄提斯之子拉孔从未偷偷拿走你的皮衣。如果我说谎，少年，就让我失去理智，从这岩石上跳入克拉提斯河。"

希罗多德（第一卷第一章第145行）告诉我们，意大利的这条河得名于希腊的一条同名河流，希腊的克拉提斯河，临近埃伊盖拉和埃伊伽埃。

斯特拉波（Ⅷ，386）解释了这条河名字的含义及其与亚该亚同名河流的渊源：

"临近亚该亚的埃伊伽埃流淌着克拉提斯河，由两条溪流汇聚而成，其得名系两条溪流的混合。意大利的克拉提斯河即得名于此。"

从距离河口的距离及康森提亚和潘多西亚两地高度的落差来看，这条河对货物运输没有什么意义，但河谷可能是该地居民与外界沟通的重要通道。因此，人们可能对克拉提斯河非常熟悉。古人激赏河流的雄壮与秀美，经常将其视为超人类，应予以某种敬拜。

赫拉－拉奇尼亚

法内尔在《希腊人国家的宗教崇拜》第一卷（第七章第178页）对希腊人的赫拉崇拜做了最详尽、最有趣的描述。

法内尔先生写到：

"我们或可将这一崇拜看作希腊诸民族，或至少是亚该亚和爱奥尼亚诸部落最为亘古的遗产，阿尔戈斯和萨摩斯崇拜的悠久历史和独特的神圣性，可作为其影响的见证。赫拉是阿尔戈斯的主保神祇。"

赫拉与宙斯的婚姻是从天堂和大地在潮汐时合二为一所形成的神话。宙斯披挂着云彩，在细雨中降临大地，催开花朵。有些南意大利城邦与萨摩斯颇有渊源，萨摩斯则尤为盛行赫拉崇拜。圣奥古斯丁称她为"萨摩斯岛的女主人"（《上帝之城》Ⅵ，7）。

《希腊学研究通信》（Ⅱ，第 180 页）提到，在一处赫拉神庙附近发现的铭文中，赫拉被称为"创建者"（ἀρχηγέτιν），显然，当时在萨摩斯，赫拉被视为该岛最早的希腊定居者所敬拜的神祇。

尽管萨摩斯对南意大利影响甚巨，但在赫拉崇拜方面，亚该亚人的影响可能更大。品达称阿尔戈斯人为"赫拉的男闺蜜"（《涅墨亚颂歌》第十首，第 36 行）。

赫拉作为大地女神的观念可能源自天堂与大地在春季成婚的古老神话，可见于恩培多克勒的著作，现代作家中威尔克①也支持这一观点。

潘多西亚接受赫拉崇拜或许应归因于来自克罗顿的早期殖民者的影响，这些人在克罗顿附近著名神庙中敬拜赫拉。神殿所在的海岬名叫纳乌斯（ναύς），暗喻高踞其上的建筑物，是水手们熟知的地标。如今，此地名为"柱角"，得名于至今尚存的遗址。维吉尔在讲述埃涅阿斯的旅程（《埃涅阿斯纪》Ⅲ，552）称"对面矗立着拉奇尼亚的女神神庙"。有些传说称，赫拉克勒斯到访此地时建起了这座神庙，还有传说称其建立者为拉奇尼乌斯。塞尔维乌斯在注释上文中提到的维吉尔诗句时讲述了另一个传说：赫拉克勒斯杀死了强盗拉奇尼乌斯，为赎罪建立了这座神庙。

还有一个传说称，在特洛伊战争前，忒提斯将此地赠予赫拉，可见大量人群聚集此地的古老风俗。

每年希腊殖民者在这所神庙周围召开大会，大会期间举办荣耀赫拉的宗教游行，并为赫拉奉献华贵的贡品。对于周边城邦的公民而言，这

---

① Friedrich Gottlieb Welcker，公元 1784—1868 年，德意志古典文献学家和考古学家。——译者注

一庆典成为炫耀其财富的大好时机。阿特纳奥斯记载（XII，541，§58），锡巴里斯的阿尔基斯提尼穿着一件华丽的袍子出现，ἐν τῇ πανηγύρει τῆς Ἥρας（庆祝赫拉的节日），所有的意大利人都躬逢其盛。

神庙中装饰着宙克西斯的绘画作品，其中有一副海伦的像，创作中以五位克罗顿最美丽的少女为模特（普林尼，XXXV，IX）。这座圣殿在皮洛士和汉尼拔手中都得以幸免，但在公元前173年遭到罗马监察官①昆图斯·弗尔维乌斯·弗拉库斯的长期亵渎，公元前36年又遭到小庞培②的劫掠。

赫拉头像作为钱币图案出现在南意大利之时，正值希腊人城邦结成同盟对抗叙拉古的狄奥尼西奥斯和卢卡尼亚人的攻击。

亚该亚希腊人显然在寻求其祖先的神祇的荫蔽。在希拉罗斯河岸上，一座神庙被奉献给赫拉－阿瑞雅。

吕哥弗隆③称其为武装的（ὁπλοσμια）女神，这一尊号也适用于她的丈夫宙斯。在她的节日上，青年以长枪击刺盾牌，妇女则献上昂贵的袍服。《希腊诗文选》中收录了洛克里女诗人诺西斯创作于公元前310年左右的一首小诗，记录了一桩此类献祭：

"无上荣耀的赫拉，

时常离开天国，

俯瞰熏风缭绕的拉奇尼亚神殿，

请接受修菲拉和她美丽的女儿诺西斯

---

① Censor，古罗马的高级官职，负责进行人口普查、维护公共道德、监督政府财政，每五年由五百人会议选举出两名，只有担任过执政官的人才有资格参选。——译者注

② Sextus Pompeius Magnus Pius，公元前67年—公元前35年，罗马共和末期将领，"伟大的"庞培幼子，与屋大维争雄，兵败被杀。——译者注

③ Lycophron，希腊划时代的悲剧诗人，出生于哈尔基斯，生活在埃及亚历山大里亚。——译者注

奉献的这件精美的亚麻衣衫。"

柏拉图的《斐德若篇》中有一段探讨不同教派的影响，赫拉被描述为"但赫拉的追随者寻求的是王者之爱"。

南意大利钱币的赫拉头像总是几乎为正面像，而伯罗奔尼撒钱币上的赫拉头像为侧面像。我们在克罗顿、波塞冬尼亚、海利亚、尼亚波利、菲斯忒利亚和维纳斯城的钱币上都能看到赫拉头像。

福若先生《希腊钱币上的雕模师签名考》第318页有一幅精美的图示，展示一枚赫拉头像的潘多西亚钱币。这枚钱币底板上有字母 **Φ**，有些钱币学家认为是艺术家的签名。富特文格勒指出这不可能是图里翁的弗里基洛斯，因为这枚钱币的风格与他有着显著差异。

牧神潘

如果我们可以将忒奥克里托斯的《牧歌》所描绘的场景看作当时牧羊人和渔夫日常对话的典型场景，那么，他们提到潘、以潘之名诅咒发誓之频繁，与潘在大希腊钱币上出现的不频繁，形成强烈反差。科马托斯说（《牧歌》之五）："以潘神之名承诺"，拉孔说"潘神保佑"，德尔菲斯说（《牧歌》之六）："我凭借潘神看到了她"，考汝东以潘德名义赌咒（《牧歌》之四）。希罗多德称（Ⅱ，145）：

"在希腊人当中，最新晋的神祇据信是赫拉克勒斯、狄俄倪索斯和潘。"

希罗多德还告诉我们，潘神崇拜引入雅典的时间是约公元前490年。当时米泰亚德[1]的信使菲迪皮德斯告诉雅典人称，潘呼召了他，问雅典人为何不敬拜潘。潘神崇拜的主要中心是阿卡迪亚和阿尔戈利斯，很自然，亚该亚人从这些地方将潘神崇拜同赫拉崇拜一道带到了南意大利。

---

[1] Miltiades，又称小米泰亚德（Miltiades the Younger），公元前550年—公元前489年，雅典将军，公元前490年领导希腊军队取得马拉松战役的伟大胜利。后文提到的菲迪皮德斯从马拉松长跑回雅典报捷即为今日马拉松赛跑的源头。——译者注

潘出现在梅塔彭提翁和萨拉皮亚的青铜币上，而银币中使用潘的形象的只有潘多西亚。在潘多西亚，潘显然被视为狩猎之神，携带两柄猎矛，猎犬伏在他的脚上。在《牧歌》之七中，忒奥克里托斯提到亚该亚人抽打其塑像的习俗：

"潘神，霍默拉的美丽平原的主人，

我向您祈祷，

请让我亲爱的阿拉托斯不请自来，

无论此刻他倚靠在哪个爱人的臂弯中。

如遂我愿，亲爱的潘神，

当您祭坛上的太牢少得可怜时，

愿阿尔卡迪的少年，

永不再用毒辣的药草

抽打你的两肋和肩膀。"

G. 赫尔曼[1]认为，这首《牧歌》所描绘的场景在卢卡尼亚，W. R. 派顿[2]认为，我们可以凭借铭文的帮助辨认出诗中提到的地方（《古典评论》，Ⅱ，8，265）。忒奥克里托斯（《牧歌》之一）提到传说称潘喜欢在正午时小憩：

"不，牧羊人，不要如此。

正午时我们不能吹笛。

疲于追逐，我们敬畏的这位潘神在正午时小憩，

他的情绪尖酸刻薄，

鼻孔里总是带着愤怒。"

《牧歌》中的场景设置在西西里，歌手是一位猎狼人，他呼喊"潘神，潘神，快快来此地。"

---

① 此处似应指 Johann Gottfried Jakob Hermann，公元 1772—1848 年，德意志古典学者和文献学家。——译者注

② William Roger Paton，公元 1857—1921 年，翻译家，曾将大量古希腊文本和诗歌翻译成英文。——译者注

钱币图案上的赫耳墨斯商神杖可能是指潘的预言神力，阿波罗多洛斯曾提及这一神力（Ⅰ，4，ξ1）。意大利神祇法乌努斯也被认为具备预言和神谕的法力，因此，正如有观点认为赫拉崇拜取代了某种奥诺羁利亚人的宗教崇拜，潘可能也是亚该亚人用以称呼某个原住民神祇的名字，这位神祇生活在森林和灌木丛中，人们向他祈求神谕的启示。

钱币

潘多西亚与克罗顿结盟发行的最早的银币可参见《钱币学评论》第四编第十部第 101 节第 339 页，其发行时间为公元前 5 世纪。

图 50

Ⅰ. 正面：ΓΑΝΔΟ，反写。

在凹陷的、有边缘的方框内，公牛右向站立，回首；边缘有射线装饰。

背面：ϞΡΟ在一条垂直线上，左侧为三足鼎，底部为双直线，珠状内齿。重 7.93 克，或 123 格令。此款银币异常珍稀，大英博物馆没有收藏。

Ⅱ. 正面：ΓΑΝ DOM ΣΑ。

宁芙仙子头像，面向右侧，从币文看，可能是潘多西亚。仙子头戴宽阔的双层御冕，御冕下头发在后面向上梳拢；头像和币文围绕在橄榄花环之中。

背面：ΚΡΑΘΙΣΜ，围绕右侧底板。

河神克拉提斯裸体像，站立，正脸，头转向左侧，右臂前伸，右手持浅底碗，左手持长长的橄榄枝，橄榄枝倚在肩上；河神脚下有一条鱼，昂首，对着浅底碗。重 104.7 格令。

图 51

Ⅲ. 正面：无币文。赫拉－拉奇尼亚头像，几乎正脸，向右偏，戴耳环和项链，项链上有一个橡果状吊坠；头戴束发带，束发带上装饰有金银花和两只重叠的狮鹫前部；赫拉头发披散。

背面：右侧底板上为**ΔΟΣΙΝ**字样。裸体潘神像面向左侧左在岩石上，衣衫也搭在岩石上；潘右手持两支长枪，长枪倚在肩上；身体向左倾斜，左手撑住岩石；在他身旁，猎犬面向左侧倒卧，看着前方。

图 52

左侧底板上有字母**Φ**，潘神像的左前方为一个界标柱，柱顶为一个面向右侧的有须髯的头像，柱子上安放有带饰带的商神杖。

柱身有币文**ΜΑΛΥΣ..**（？）。重 120.1 格令。

Ⅳ. 三分之一斯塔特（？），重 33.7 格令，直径 0.6 英寸。

正面：类似的赫拉－拉奇尼亚头像，不同之处在于其束发带以蔷薇结装饰。无币文。

背面：右侧底板上为**ΓΑΝΔΟΣΙ**币文。裸体潘神像面向左侧坐在岩石上，右手向前伸展，肘部撑在右膝上，左手放在岩石上。潘脚旁为两只猎犬，面向右侧；潘身后为两支长枪。前方底板上有**ΝΙΚΟ**字样。

Ⅴ. 双奥波或赫克塔伊（？），重 16.6 格令，直径 0.45 英寸。

图 53

正面：同Ⅳ。

背面：ΓΑΝΔΟΣΙΝ。潘裸体面向右侧坐在岩石上，衣衫也搭在岩石上。潘左手持两支长枪，右手撑在岩石上。岩石旁边有一支排箫；背面有 NIKO 字样。

图 54

青铜钱币

Ⅵ. 直径 0.45 英寸。正面：赫拉－拉奇尼亚头像，类似三分之一斯塔特和赫克塔伊。

背面：ΓΑΝ。一座阴刻祭坛。

银币币文中 Σ 和 I 采用旧书写形式，分别为 M 和 Ƨ。这种旧书写形式在公元前 5 世纪中期即已弃用，潘多西亚钱币是这种古老书写形式最后的余响。早在公元前 443 年，常见的后期书写形式已在南意大利使用。

图 55

忒梅萨

　　这座城邦的钱币珍稀罕见，且只有一种图案。一种可能是，城邦早年即遭破坏，再也未能复兴到可以重新制造钱币的地步。毁灭如此彻底，其故址至今尚未发现，但从古地图和古代文献看，我们知道，这座城邦一定是位于忒里那以北数英里的海岸上，在克兰佩提亚以南约 10 英里，萨武托河以南约 2 英里。尽管几乎没什么英国人造访此地，也没什么人收藏该城钱币，收藏该城钱币的通常是较大规模的公共博物馆。但这座城邦与一个迷人的、引人联想的传说相关联，大希腊钱币的研究者将会乐于了解。按惯例，关于这座城邦，我们先看看斯特拉波说了些什么。

　　斯特拉波记载：

　　"离开拉奥，第一座城邦是布鲁提的忒梅萨，如今叫坦普萨。这座城邦起初由奥索尼亚①人建立，后来，埃托利亚人在托阿斯指挥下占据了该地。他们后来被布鲁提人驱逐走，汉尼拔和罗马人又推翻了布鲁提人。离忒梅萨不远有尤利西斯的同伴之一波利特斯的英雄纪念碑。纪念碑四周环绕着茂密的野生橄榄树丛。他被背信弃义的蛮夷杀害，怒气郁

---

① Ausonia，古希腊人对意大利南部的旧称。——译者注

结，冤魂不散，当地人深受其苦，于是在神谕指引下，为他献上供奉。由此，在当地人中有一种说法称，不可冒犯这位忒梅萨的英雄，因为他们说这位英雄的亡灵曾折磨他们。

"但当西风洛克里人占据该地后，他们假装派拳击手尤希摩斯去同他对垒，在战斗中击败了他，迫使他免除当地人的供奉。人们说，诗人吟唱'去泰梅萨找寻黄铜'说的是这个忒梅萨（尽管两个词都对不上），而不是塞浦路斯当的塔马索斯，并指出此地附近确实有过一个铜矿，如今已经开采枯竭了。"

埃托利亚人托阿斯在《伊利亚特》第二卷第 638 行、第四卷第 529 行、第七卷第 168 行、第八卷第 216 行，以及第十五卷第 281 行均有提及。

洛克里人于公元前 480 年—公元前 460 年夺取该城。李维（XXXIV, 45）称，"坦普萨的疆土被布鲁提人夺取，布鲁提人赶走了希腊人。"他称这座城邦于公元前 194 年卢基乌斯·科尔内利乌斯·梅鲁拉和萨洛尼乌斯当政时期成为罗马殖民地。

斯特拉波提到尤利西斯的同伴波利特斯，其典故出自《奥德赛》第十卷第 224 行。这一段是描绘基尔克的殿堂。波利特斯首先开口说话，他被称为尤利西斯最亲近的人。

斯特拉波提到的铜矿，奥维德在《变形记》第十五卷第 706 行也说到"产铜的忒梅萨"是沿海岸线航行所经过的地点之一。

关于斯特拉波提及的洛克里的尤希摩斯，保萨尼亚斯以迷人的方式讲述了这个故事，我们实在不愿略过不表。

《希腊志》第六卷中，在讲述了尤希摩斯在奥运会取得优胜后，保萨尼亚斯记载：

"在这之后，尤希摩斯来到意大利，同一个英雄较量。关于这位英雄，流传有下述故事。据说摧毁特洛伊后，尤利西斯一路颠沛流离，任由风吹着经过意大利和西西里各城邦，其中在忒梅萨，他和他的船只停留了一段时间。在此期间，他的一个朋友酒醉之后玷污了一位处女，因为这一罪行，被当地居民用石头砸死。

"但尤利西斯认为这个人的死无足轻重，立刻扬帆出海，离开此地。然而被杀者的亡灵却不肯放过当地居民，无论老少，都遭到他的作祟。直到皮提亚的神祇晓谕当地居民抚慰被杀英雄的怒气，为他建庙祭祀，每年还要将忒梅萨最美的处女献给他。当地人按神的意旨做完这些事后，亡灵的怒火果然不再作祟。当地人按常例向亡灵献祭时，尤希摩斯恰好抵达了忒梅萨。听说此事后，他要求被允许进入神庙看看被献祭的处女。他的要求得到许可。一见到那位处女，他先是为其悲惨境遇感到同情，之后又爱上了她。处女发誓称，如果尤希摩斯能从迫在眉睫的死亡中拯救她，她就嫁给尤希摩斯。于是尤希摩斯披挂上阵并与鬼魂搏斗并战胜了他，将他逐出这个国度。之后鬼魂消失了，融入大海。后续的故事称，因为将城邦从悲惨的灾祸中解救出来，尤希摩斯的婚礼成为一场盛大的庆典。我还听说，尤希摩斯得享高寿，并以某种其他的方式离开人间，从而避免了死亡。

"实际上我从一位海商那里听说，直到今天，尤希摩斯还活在忒梅萨。这是我所听说的。但我还记得见过一幅画，非常精确地临摹一幅古画，画面上有青年锡巴里斯、卡拉布罗斯河、卡律卡喷泉，以及赫拉和忒梅萨城邦。

"被尤希摩斯击败的亡灵也在画面上得到呈现。他的颜色非常黑，整个躯体极端恐怖。他穿着狼皮，画上的铭文列出他的名字叫吕巴斯。关于这个故事差不多就这么多。"

苏伊达斯在其《词典》"尤希摩斯"词条中讲述了同样的故事，但他给出的名字是阿吕巴斯，而不是波利特斯。艾利安也讲了这个故事（Var. hist. Ⅷ, 18），还有优斯塔修斯在《奥德赛》第一卷第 185 行注释中也提到。在帕罗斯岛的一个墓志铭上，δαίμων 这个词被用来指代鬼魂，详见 1882 年《希腊学研究通讯》第 246 页：

"他们向我的亡灵和冥府的神祇献上一头公牛燔祭。"

即使在今天，将死者的亡灵献上其生前心爱之物作为祭品的风俗在欠发达文明中并未完全绝迹。1886 年《孟加拉人类学学会期刊》第 104 页还列举了一桩这样的事例：原住民在一位英国上校的坟墓前献上雪茄和烈酒，希望取悦其亡灵。

钱币图案

1. 正面：一尊三足鼎在两副胫甲之间。

背面：**TEM**，哥林多式头盔，面向右侧。

重量应为 120 格令。

同盟钱币

2. 正面：**QPO**；三足鼎。

背面：头盔。

3. 正面：**TE**；三足鼎。

背面：**QP**；头盔。

这些钱币是为纪念与克罗顿结盟，其时间为公元前 500 年前后。

大英博物馆收藏有一枚上述 1 号钱币，品相较差，币文已不可见，胫甲图案也是如此。

海德博士指出：

"从钱币上的头盔和胫甲图案，我们或可推断，忒梅萨人长于制造青铜甲胄。"而且有记载称其疆域内有铜矿。

迈德玛或迈斯玛

　　我们没有找到关于迈德玛何时建立的记载，但据斯特拉波的说法，该城起初是作为西风洛克里的殖民地建立起来的，距离西风洛克里约23 英里。

　　该城城址尚未找到，但一定是在距布鲁提乌姆西海岸数英里处，尼科泰拉以南约 5 英里——尼科泰拉似乎是在迈德玛荒废后才兴起的。其地一定在利基翁以北约 30 英里处，在利基翁通往维波的大路上。斯特拉波的时代迈德玛还存在，普林尼也提及该城（《自然史》，Ⅲ，Ⅴ），但公元 2 世纪的地理学家托勒密就不曾提到了。

图 56

　　尼科泰拉以南一点注入大海的一条河流至今仍叫迈斯玛。作为位于南部海岸的城邦在北部海岸建立的殖民地，其对洛克里的重要意义可比拟拉奥斯之于锡巴里斯。通过山间隘口运送货物，洛克里商人得以避开斯库拉和卡律布狄斯之间凶险的海上航程。

古代文献中关于迈德玛最有趣的记载见于斯特拉波（Ⅵ，236）：

"旅途中我们经过迈德玛（Μέδαμα），这是洛克里人的一座城市，其名字源自一处丰沛的泉水。该城在不远处有一个军港（ἐπίνεον），名为恩波利翁。迈陶洛斯河距离此处甚近，还有一处同名的锚地（ὕφορμος）也在附近。"

除斯特拉波，只有五位作者提到这座城市。以希俄斯的西姆努斯的名义流传下来的一首诗称为μέδμα，拜占庭的斯蒂芬纽引用了西姆努斯的说法，哈利卡纳索斯的斯库拉克斯与帕奈提乌斯①和波利比乌斯为友，在其《航海志》中，他提到这座城市，将其拼写为Μέσα，替代Μέσμα。斯蒂芬纽还引述了阿波罗多洛斯关于该城的记载，拼写其名字时也有字母σ。

这位阿波罗多洛斯是来自雅典的希腊文语法学家，活跃于约公元前140年。他以抑扬格写了一部地理著作，常被后世的此题材的作者引用。

该城名字的两种拼写方法我们在钱币上都能找到，但ΜΕΣ或ΜΕΣΜΑΙΩΝ最为常见。

斯特拉波拼写时有字母δ，拜占庭的斯蒂芬纽在其做于公元450—550年的地理辞典《民族志》（Εθνικά）中也是如此：Μέδμη，πόλις Ἰταλίας καὶ κρήνη ὁμώνυμος。

拼写的差异原因在于，洛克里的希腊人讲伊奥利亚方言，阿提卡希腊人使用字母Σ的地方，在伊奥利亚方言中使用字母Δ，比如ὀσμή在伊奥利亚方言中拼写为ὀδμή，ἴσμεν拼写为ἴδμεν。

格罗特指出，洛克里人不像其他希腊人那样远离爱奥尼亚和阿提卡方言，我们在钱币上看到的是Σ，而后世的作者在拼写该城市名字时则

---

① Panaetius，罗德岛的帕奈提乌斯，公元前185年—公元前110/109年，斯多噶派哲学家，将该学派哲学介绍给罗马人。——译者注

两种拼法都有使用。

当意大利的希腊城邦结成同盟对抗狄奥尼西奥斯和卢卡尼亚人时，洛克里人并未加入，反而继续保持同狄奥尼西奥斯的同盟关系，狄奥尼西奥斯将一些被征服城邦的土地送给洛克里人作为奖赏。如果当时迈德玛忠于其母邦，则并不会受到狄奥尼西奥斯的威胁。我们在狄奥多罗斯的记载中（Ⅺ，78）读到狄奥尼西奥斯将1000名洛克里人和4000名迈德玛人运往墨西拿，这些人显然不是被当作被征服的敌人，而是作为友军去增援其在西西里的部队。狄奥多罗斯关于此事的记载，是在关于公元前392年与马戈①签订合约的记载和公元前390年与卢卡尼亚人签订条约的记载之间。那时这4000人或许已经离开。

狄奥多罗斯或格罗特先生的历史书中似乎都没有关于迈德玛被围攻的记载。因此，罗斯②先生在《钱币学年鉴》1900年第三辑第一部分第5页的下述记载可能是个失误。他说："迈斯玛的历史我们所知甚少，其主要事件是公元前388年被大狄奥尼西奥斯攻陷，并将其领土赠予洛克里人。"此外，迈德玛的一些青铜币从风格看显著晚于公元前388年，证明该城的繁荣又持续了约百年之久。

迈德玛更可能是毁于卢卡尼亚人、布鲁提人或迦太基人之手。

鉴于洛克里人迟至公元前344年才开始发行钱币，海德博士（《钱币史》，第89页）认为，青铜币要晚于公元前388年，或许也晚于公元前344年。

我们所知的迈德玛发行的唯一一种银币肯定应追溯至这一时期。这些钱币类似哥林多的飞马斯塔特，也类似洛克里发行的钱币。

迈德玛的钱币上有字母M或ME，洛克里的则有Λ或ΛOK。

瓦韦克·罗斯先生在《钱币学年鉴》1900年第三辑第77号第5页

---

① Mago，迦太基舰队司令，公元前392年在西西里被狄奥尼修斯击败，被迫签订合约。——译者注

② Warwick William Wroth，公元1858—1911年，英国钱币学家和传记作家，曾任大英博物馆钱币和徽章部高级副主任。——译者注

描述了大英博物馆收藏的迈德玛青铜币中的一枚：

"一枚钱币背面图案的风格（几乎可以称作为普拉克西特列斯①风格）看上去似乎最适合较晚时代（公元前344年），但整体观之，我还是倾向于认为其早于，而非晚于公元前388年。"

关于这一点，罗斯先生列出三条原因：

其一，总体而言，布鲁提乌姆的造币停止于公元前388年前后；其二，迈斯玛钱币同洛克里钱币有着显著差异；其三，在意大利，这类裸体人物坐像图案特定属于公元前5世纪末、4世纪初。

其他青铜钱币从风格看时代略晚，属大希腊常见品类。阿波罗头像让我们想起阿波罗崇拜对洛克里毕达哥拉斯教团的重要意义，蒂迈欧、埃克克拉底②、阿克里翁等大师都曾在洛克里传道授业。

泉水仙子迈德玛的头像让我们想起潘多西亚和忒里那类似特性的其他仙子。

珀耳塞福涅头像也出现在其母邦洛克里的钱币上。

尼姬持花环是大希腊的一种流行图案，正如我们在忒里那钱币上所见的。

唯一一种不常见的图案是奔马，海德博士在《钱币史》中加以引用。

骏马腾跃图案见于阿普利亚的阿尔皮和卢凯利亚的钱币，也见于贝内文托钱币，贝内文托位于萨莫奈，在卡普阿以东32英里；还见于拉林乌姆钱币，但这些钱币总体而言都属于较晚时代，在公元前268年之后。钱币上的马的象征意义可能同意大利钱币的一样，而不是像腓尼基人在西西里或迦太基发行钱币那样，以马图案来象征着巴力③崇拜。

迈斯玛的青铜钱币

1. 直径：0.85英寸。正面：**ΜΕΣΜΑ**，女性头像，面向右侧，头

---

① Praxiteles，公元前4世纪雅典雕塑家。——译者注

② Echecrates，活跃于公元前4世纪前后的毕达哥拉斯学派哲学家。——译者注

③ Baal，古代西亚闪米特诸族信奉的神明，腓尼基的首要神明。——译者注

发梳成发卷，垂在颈后；戴耳环和项链；前面为新月，后面为反转的花瓶；有内齿。

背面：裸体青年男性形象，面向左侧坐在岩石上，石上铺有兽皮；长发，双腿交叉；左手靠在岩石上，右手拿着一只螃蟹，一条狗向着螃蟹跃起；有内齿。

上文引述的《钱币学年鉴》图版1图2为这款钱币的图示。这是一款精美的钱币，表面有淡绿色包浆，米林根①在其《希腊城邦古代钱币》中收录这一品类，见第21页图版2，图1。

里克②在《希腊钱币》第128页、德·吕内公爵在《希腊徽章精选集》图版4图9也展示了该款钱币。

2. 直径：0.85英寸。正面：ΜΕΣΜΑΙΩΝ。阿波罗头像，面向右侧，戴桂冠，长发。发型有三种样式：（a）醒目地卷起；（b）有小叶花环装饰；（c）有较大树叶花环装饰。

背面：女性头像，可能是珀耳塞福涅，正脸，头戴大麦冠冕，戴耳环和项链；左侧底板为酒罐，一种用以将葡萄酒从大碗舀至杯中的容器。珠状内齿。

3. 直径：0.6英寸。正面：ΜΕΔΜΑΙΩΝ。阿波罗头像。

背面：一匹马在奔跑。

4. 直径：0.6英寸。正面：ΜΕΣΜΑ。男性头像，面向左侧。

背面：尼姬持花环。

5. 直径：0.6英寸。正面：女性头像，面向右侧。ΜΕΣΜΑ。

背面：尼姬持花环。

上述三款钱币大英博物馆均无收藏，但海德博士在《钱币史》中提及。

---

① James Millingen，公元1774—1845年，荷兰裔英国考古学家和钱币学家。——译者注

② William Martin Leake，公元1777—1860年，英国文物鉴定家和地形学家。——译者注

帕尔 – 墨尔

　　有些异常珍稀钱币只有在大都会的公共博物馆才能见到，比如双德拉克马银币，风格和形制类似南意大利亚该亚城邦发行的早期扁平、背面阴刻钱币。

　　双德拉克马图案为一头野猪，整个背部冠以鬃毛，向右奔跑。其正面题铭处有反写的字母 ΛΛΓ，边缘为两个简单的圆环，两个圆环中间是一排圆点。野猪奔跑在两条由圆点组成的虚线之上。背面图案相同，但为阴刻，题铭上的币文为 Λ◇Μ。打造这些钱币的城邦的名字至今尚未被辨认出来。阿普利亚或萨莫奈，甚或北部更远处有若干城市的名字以字母 ΓΛΛ 开头，如弗伦塔尼的帕拉努姆、阿普利亚的帕里奥、维罗纳附近的帕拉提乌姆等，但这些城市都不可能，因为其公民从未制作过形制类似亚该亚城邦钱币的通货。

　　卢卡尼亚唯一名字以 ΓΛΛ 开头的城邦是一处靠近海岬的港口，海岬名为派利努鲁斯。该地在布克森图姆以西约 15 英里，韦利亚以南 12 英里，陆地向西延展，形成一个海湾，名为拉奥斯 – 希诺斯，陆地的尽头便是帕里诺洛斯海岬。此地港口虽小却安全，同海岬同名，今天仍叫帕里纳罗港。

　　παλίνυρος 这个名字一度写作 παλίνουρος，表示帮助水手返航

πάλιν οὐρεῖν的有利的风。一次获利丰厚的旅程称为οὖριος πλοῦς。

我们一定不要想象该城邦和海岬是得名于埃涅阿斯抵达意大利的舰队的领航员的名字。

维吉尔想在自己的史诗中营造一个事件，类似墨涅拉俄斯舰队的领航员佛戎提斯之死，或是墨涅拉俄斯的另一位领航员卡诺波斯之死。埃尔佩诺尔的故事在某些方案同派利努鲁斯的故事也有类似之处，或许维吉尔模仿了这个故事。

如果某位卢卡尼亚英雄与这个海岬同名，那么应该是这个人用此地的名字来命名的。

维吉尔显然想在他的史诗中讲一个人们耳熟能详的好故事，即一位领航员在即将抵达避风港的前夜匆匆走向死亡，给他取名为派利努鲁斯，而不是像埃涅阿斯传说中的其他人那样叫基纳多斯或基奈托斯之类的拉卡尼亚形式的名字。同理，与埃尔佩诺尔鬼魂相遇的故事也将名字改为帕里诺洛斯，我们不知道维吉尔是否在遵从他人的先例，将派利努鲁斯同埃奥赛德斯联系起来，暗示意大利 – 特洛伊世系。

对此传说的最完整考据可参见罗雪尔的《希腊和罗马神话词典》。

这个神话是基于古人在英雄坟墓上建立城市的风俗而来的，关于这一风俗，本书已多次提到。在《埃涅阿斯纪》第五卷第833行，维吉尔写到：

"好风从他们背后吹拂。

派利努鲁斯指引航线，

其他人追随他的路线，

服从他的信号。"

之后的故事是，夜神化作他的同伴弗尔巴斯请求其将舵柄交给他。遭到拒绝后，夜神用在斯堤克斯冥河中蘸过三次，并用勒忒①忘川的露

---

① Lethe，希腊神话中冥界五条河流中的两条，其中斯堤克斯意为"仇恨"，勒忒意为"遗忘"。——译者注

水向派利努鲁斯眉间喷洒。

陷入沉睡的派利努鲁斯坠入海中溺毙，夜神乘着微风飞去。埃涅阿斯指引舰队驶入港湾，痛悼他的亡友，这位亡友在顺境中过分自信，其结局是"赤裸地跌入未知的深渊，在海砂中安眠"。然后在第六卷，维吉尔描写埃涅阿斯见到派利努鲁斯的鬼魂，鬼魂讲述了自己死亡的经过——他如何泅水上岸，却被残忍的蛮夷杀害。

鬼魂恳求埃涅阿斯航行到韦利亚，以土覆盖他的遗体。

然后女预言家召唤鬼魂，对他说：

"不要希望以你的祈祷改变命运的意旨，

但这将抚慰你的痛苦：

周围的城镇和无论远近的人们，

为你的亡灵所驱使，

年复一年地在你的坟墓献上四时供奉，

这片土地将永远冠以派利努鲁斯之名。"

在其对第 381 行的注释中，塞尔维乌斯提到另外两个地方以两位在附近溺毙的领航员命名的，两人的名字是佩勒洛斯和卡努波斯。

背面的币文 ΜΟΛ 比正面的 ΓΑΛ 更加籍籍无名。

与野猪图案有关的希腊词汇中唯一以 ΜΟΛ 开头的是 μολόβριον，艾利安以此来称呼野猪。这个词衍生自 μολοβρός，即"暴食者"，《奥德赛》第 17 卷第 219 行说：

"悲惨的牧猪奴，你想把这既可怜又讨厌，

把餐桌一扫而空的饿鬼带往何处？"[①]

ΜΟΛ 也可能是一个人名字的缩写。如果确乎如此，这应该是殖民远征领导者或城邦创建者的名字，如同在他林敦钱币上我们找到

---

① 中文翻译选用王焕生译《奥德赛》，中文－古希腊文对照本，第 3 册，第 717 页，上海人民出版社日知古典丛书，2014 年 7 月第 1 版，2014 年 7 月第 1 次印刷，ISBN978－7－208－11402－9。——译者注

的 ταρας。

卢卡尼亚或布鲁提没有任何城邦的名字以这些字母开头。如果我们将钱币正面的 ΠΑΛ 看作城邦的名字，则背面的名字很有可能是指该城邦的创建者。

修昔底德在《伯罗奔尼撒战争史》第四卷第八章提到一位伊庇塔达斯，摩洛布罗斯之子，一支 420 人部队的指挥官。在这里我们找到 Μολοβρός 作为人名使用的证据。此外，这个名字还出现在帕佩①博士《希腊专有名词词典》提到的铭文第 1511 号中。

除此之外，唯一一个可能在南意大利使用的以 ΜΟΛ 开头的名字是 Μολοσσός。这是一位图里翁的钱币雕模师，福若先生在其《希腊钱币上的雕模师签名考》第 242 页和《钱币学年鉴》1896 年版第 138 页提到这个人。

此人似乎活跃于公元前 404 年—公元前 388 年，但这个名字与 Μολοσσός 设计的图案没有明显关联。

然而，流传下来的传奇中从未有过任何英雄叫这个名字，这些字母可能代表的含义只是野猪图案所暗示的。

---

① Johann Georg Wilhelm Pape，公元 1807—1854 年，德国古典文献学家和词典编纂者。——译者注

忒里那

　　忒里那钱币位居南意大利希腊城邦发行的所有钱币中最精美之列，但我们对使用这些钱币的人几乎一无所知。城邦的所在地不为人知，希腊文献中少有提及忒里那之处，即便有也甚为简略。该城精美的双德拉克马保存下来的少有品相良好的，但有时品相颇佳的小型银币如 1/3 双德拉克马可见于小型收藏，因此，双德拉克马不能算作常见钱币。实际上，那些品相较好、足以展示艺术家精美工艺的钱币价值高昂，所费不菲，而品相不完美的双德拉克马虽可能只需数先令即可购得，但它们无法让我们领会其刚刚做成时所具备的美丽。

　　然而，即便是这些囊中羞涩的收藏者也能获取的钱币，同样可以激起我们的兴趣去探究其图案所涉及的理念，对图案中生有双翼的少女的探究尤为趣味盎然。

　　有观点认为，忒里那位于萨巴托斯河口附近。史密斯和勒诺尔芒认为该城邻近圣尤菲米娅，吕哥弗隆讲述的传奇故事中提到的河流就是巴格尼河。拉特格博认为忒里那的泉水就是一条名为皮斯卡洛的溪流，在巴格尼河北边一点。

　　拜占庭的斯蒂芬纽提到一句谚语，系引述生活在提比略皇帝时代的格言诗人阿波罗尼德斯①，谚语称：

"最终……大希腊和尼西亚的阿波罗尼德斯都在他的魔咒中。"

拉特格博在其《大希腊与毕达哥拉斯》（戈达，1886 年）一书中基于这句谚语创作了一个浪漫故事。

西姆努斯记载，卢卡尼亚在意大利，与 Μεγάλη Ελλάς（大希腊）接壤。他列举希腊城邦时，忒里那排在第一。

派伊认为，这个谚语的来由是，旅行者第一次见到一个著名的国度时，会习惯性地高呼这个国度的名字。当我们翻越阿尔卑斯山，俯瞰脚下这片美丽的、我们闻名已久的土地时，也会高呼"意大利"。

关于这座城邦相对于其他城邦的大致位置，我们需谨记，其距离北面的图里翁和南面的卡乌洛尼亚大致等距，都在 50 英里左右。

忒里那距离希波尼昂约 20 英里，希波尼昂则位于圣尤菲米娅海湾的南端。

有观点认为，忒里那原本是一座奥诺羯利亚人的城邦，因为关于塞壬海妖利革亚的传奇提到一个更早的时代，比希腊人最早定居南意大利的时间还要早。从其奥诺羯利亚起源，我们可以在脑海中为自己勾勒有趣的画面，此地原本只是蛮荒的、原住民所建的有城墙围绕的小镇或设防的村庄，建在神圣的泉水附近，后来逐步演化为一座文明程度更高的城邦，其居民是来自克罗顿的希腊殖民者。建筑和雕塑很快改变了这座城市的面貌，商业和与一个更广阔世界的往来互动，则带来了远远超乎原住民所知的繁荣与生活方式。母邦克罗顿的影响至高无上，至少在一段时期内，毕达哥拉斯学派的文化和政体占据主导地位。直到公元前480 年，忒里那才开始打造自己的钱币，这一事实表明，对于忒里那的居民而言，母邦的钱币足堪使用，其贸易也自然掌握在克罗顿人手中。公元前 510 年锡巴里斯陷落后不久，大希腊的所有城邦均经历了一段动

---

① Απολλωνίδης ὁ Νικαεὺς，古希腊语法学家，生活在提比略皇帝时代。——译者注

荡时期，政体的变革通过暴力实现，毕达哥拉斯学派的统治被民主政体所取代。

伯罗奔尼撒的亚该亚希腊人的调停最终带来了和平，一次友好大会得以召开，一座奉献给同盟者宙斯的圣殿拔地而起。毕达哥拉斯学派的门徒重新为各城邦所接纳，毕达哥拉斯学派成员阿尔库塔斯甚至统治了他林敦。公元前 480 年，即锡巴里斯陷落后 30 年，忒里那建立了自己的造币厂，其发行的钱币在形制上类似当时梅塔彭提翁、克罗顿和卡乌洛尼亚发行的钱币。旧有的扁平形制、背面阴刻的钱币被弃用，取而代之的新币形制更为紧凑，背面为浮雕图案。

忒里那钱币与当时其他城邦的钱币高度类似，表明该城与其他城邦保持着密切的往来。公元前 480 年—公元前 450 年，银币的背面图案为尼姬站像，第一时期稍后年份的钱币展现出造币艺术的大幅精进。

自公元前 460 年开始造币，忒里那享受着高度的繁荣，见于史传的唯一一次冲突似乎是公元前 443 年与在图里翁的雅典殖民者的战争。雅典殖民者抵达后不久，斯巴达将军克利安德里达斯击败了忒里那军队，使其龟缩回自己的城墙之内（波利艾努斯《战略》）①。战争的起因可能是锡巴里斯人与雅典人的争端，图里翁人驱逐锡巴里斯人后，立即与克罗顿实现和平。克罗顿是忒里那的母邦，因此，图里翁与忒里那的和平可能也得以恢复。我们在忒里那的钱币上发现了雅典雕模师的风格，可作为图里翁和忒里那友好往来的证据。

签名为 Φ 的钱币雕模师当时在两个城邦都工作过。关于雅典菲迪亚斯艺术流派对意大利的此类影响，雷金纳德·斯图亚特·普尔有一篇非常精彩的分析，收录于 1883 年《钱币学年鉴》。影响发生的时间在公元前 440 年—公元前 430 年。

---

① Polyaenus 或 Polyenus，公元 2 世纪马其顿作家，著有《战略》（*Strategemata*），献给马可·奥里略（Marcus Aurelius）皇帝和韦鲁斯（Velus）皇帝，其时正值罗马帝国与安息帝国的战争。——译者注

公元前 414 年，忒里那的公民可能目睹了克利安德里达斯之子古利波斯指挥的舰队被风暴从忒里那海湾中吹走。修昔底德描述了这场风暴（Ⅵ，104），但我们不清楚在雅典与叙拉古的战争中忒里那站在哪一方。

当卢卡尼亚人开始攻击希腊城邦时，繁荣与和平的时代走到了终结。

公元前 393 年，对抗卢卡尼亚人的联盟成立，但希腊人却无法团结一心。

公元前 388 年，狄奥尼西奥斯入侵意大利，距忒里那仅 20 英里之遥的希波尼昂沦陷。尽管没有记载称忒里那也被攻陷，但此地发现了带有 **TE** 花押的克林多斯塔特，还发行了带有西西里螃蟹和新月图案的青铜币，这似乎表明，狄奥尼西奥斯将整个地区交给其洛克里盟友统治。

20 年后，公元前 368 年，卢卡尼亚人夺取了克罗顿。不久后，布鲁提人的强权亦臻于极盛，并于公元前 356 年占领忒里那，使得该城沦为第一个落入布鲁提人之手的希腊城邦。

这个故事由狄奥多罗斯讲述（XⅥ，15），但显然城邦并未被布鲁提人摧毁。我们从李维的记载中得知（Ⅷ，24），30 年后，伊庇鲁斯的亚历山大光复忒里那。

埃文斯博士在其关于他林敦钱币的专著中提及一枚带有 **ΦΙΛΙΣ** 签名的忒里那钱币：

"在我看来，这枚钱币绝非不可能发行于这段简短的光复期间。这一时期，自公元前 334 年始，忒里那处于摩罗西亚的亚历山大的干涉之下。一枚令人赞叹的双德拉克马（Berliner Blatter，Ⅲ，P. 9，T. XXIX，3）最大可能一定见证了这一重大历史事件，在他林敦和忒里那之间形成一种特殊的联系。从整条证据链着眼，我们无可避免地推测，这位菲利斯的全名是 **ΦΙΛΙΣΤΙΩΝ**，他与那位在几款韦利亚钱币上留下全名的那位雕模师是同一人。"

另外参见普尔先生在《钱币学年鉴》中的相关考证。

从钱币给出的证据看，我们推测，当时城邦依旧存在，依旧拥有造币的自由。

狄奥尼西奥斯死后，狄翁①在大希腊各城邦激起了自由的希望，忒里那的公民一定也为这种情绪所鼓舞。

公元前272年，他林敦归顺罗马，南意大利的战争终于告一段落。忒里那制造的青铜币，正面为阿波罗头像，背面为飞马珀伽索斯和一柄入鞘的宝剑，象征着和平的到来。第二次布匿战争期间，当汉尼拔发现自己无法守卫该城时，就索性将其毁弃。

在斯特拉波和普林尼的时代，该城尚存，但从未从迦太基人的破坏中恢复元气。

第一时期：公元前480年—公元前450年

本时期不同的背面图案所呈现的都是尼姬站像。

Ⅰ. 正面：上方为反向书写的 **TEPƧNA**；女性头像，面向右侧，头发以窄幅饰带扎束，后面梳成结，戴珍珠项链。所有图案围绕在圆点组成的边缘线内。

背面：**AʞƧM**，即 **NIKA** 反向书写；右侧底板上为无翼的尼姬站立，着奇同和上衣，正脸，眼睛向左看，右手持棕榈树枝，枝头向下，左手放在臀部。所有图案围绕在橄榄或月桂叶花环之内。

图 57

Ⅱ. 正面：上方为反向书写的 **TEPƧNA**。

---

① Dion of Syracuse，公元前408年—公元前354年，叙拉古僭主，狄奥尼西奥斯的姻兄，柏拉图的弟子。——译者注

女性头像，面向右侧，头上有三条饰带，最后面一条将头发束成小结，在后面梳成小的发髻；戴珍珠项链。

背面：有翼的少女站立，着奇同和上衣，左翼只在人像右侧显示。少女右手持花环，左手持棕榈树枝，枝头向下。珠状内齿。无币文。

Ⅲ. 正面：右侧底部倒置 **ƧƎꟻƎT**。女性头像，头发以两条饰带在后面束住。前为带叶子的橄榄枝。

背面：有翼少女，站立，正脸，双翼在身体两侧张开；着奇同和上衣，双手举起，各持一支树枝。珠状内齿。无币文。

Ⅳ. **TEPƧИAƧOИ**，沿右侧边缘分布，从内读取。

女性头像，面向右侧，不那么古风风格，头发束有三条小饰带，梳成辫子，在后部盘成一个硕大的发髻。

背面：有翼少女，面向左侧站立，着奇同和上衣，一件披风包裹其躯体；右手伸展，持花环，左手藏在披风的褶皱中。

风格不像前期人物形象那么古风。

第二时期：约公元前 445 年—公元前 435 年

Ⅴ. 正面：女性头像，面向左侧。头发束以发网（或 $\H{α}\mu\pi\upsilon\xi$）。此系列的早期钱币中，头顶为三个发卷，后期钱币上则是十个发卷，从耳朵上散射分布。有些品类上，头上戴橄榄花环。风格比第一时期有相当大的发展。无币文。

背面：有翼少女面向左侧坐在一支三耳汲水罐，水罐开口朝向左侧。少女着奇同，上身赤裸；右手伸展，持花环；左臂回撤下垂，持商神杖。有些品类上，少女左臂戴手镯。币文 **TEPIИAIOИ**，沿底板左侧分布，从内读取。

Ⅵ.（a）正面：女性头像，面向左侧，类似更早时期的 Ⅴ 钱币，做工异常精美。饰带周围的波浪卷发多且雕琢精细无币文。

背面：有翼少女，面向左侧坐在一把圆形翻转的轻便木椅上，每条椅子腿上顶部都有一个结，只有两个显示出来。

少女右手前伸，持花环；左臂垂在椅子后面，左手持商神杖，但商神杖刻画得不是特别清晰。币文 **TEPINAIΩN**，从内读取。

Ⅵ.（b）有些品类类似Ⅵ（a），但少女坐在纪念碑石上。人物浮雕比Ⅵ（a）更深。

正面头像后有签名**Δ**。头发在发带上方梳成辫子，发带在前部装饰以橄榄叶。

图 58

第三时期：约公元前 425 年—公元前 420 年

签名为**Φ**的雕模师制作的钱币。

Ⅶ.（a）正面：**TEPIΝAION**，从左侧开始，从内读取。女性头像面向右侧，戴宽发带。头像后为**Φ**签名。

背面：有翼少女面向左侧，坐在纪念碑石上，双翼在身体两侧展开。少女右臂放在右膝上，右手持商神杖，左臂下垂，左手持一顶小王冠。

这一图案同厄利斯的一款签名为**EYΘ**的钱币图案有显著的相似之处。

值得注意的是，艺术家尤希摩斯受雇于厄利斯的造币厂时创作了一款钱币，其图案就是呈这一姿态的尼姬。尤希摩斯其后在叙拉古的造币厂工作，可能访问过忒里那。

尤希摩斯在叙拉古设计的一款钱币上，飞翔的尼姬为一位战车驭手加冕，这让我们想起忒里那钱币上尼姬为一个坐着的人加冕的图案。

Ⅶ.（b）背面：**TEPIΝAION**，在左侧底板，从内读取。有翼少女面向左侧坐在椅子上，椅子的两条后腿按透视呈现，没有早期钱币的反转装饰。少女右手玩球，左手搭在椅子后部。

VII. （c）背面：非常美丽的有翼少女形象，面向右侧坐在汲水罐上，其左翼顶端在其头顶呈现。少女左手上有一只鸟，右手举着商神杖。币文 **TEPINAIO** 在右侧。

图59

VII. （d）背面：有翼少女面向左侧坐在纪念碑石上，石上字母 $\begin{smallmatrix}\triangle\\1\\H\end{smallmatrix}$ 上下排列。少女右翼比任何其他钱币向前伸展更多。少女膝上有一个水罐，水从一个做成狮首形制的泉眼流出，注入水罐。少女脚前方形水池内，一只天鹅面向左侧戏水。少女左臂垂在身后，左手持商神杖。见《大英博物馆目录》第12号。

VII. （c）钱币上有 **Φ** 和 **Γ** 两个签名，同 VII（a）在设计上非常近似。

第四时期：公元前420年—公元前400年

这一时期钱币上艺术家签名为 **Γ**。

VIII.（a）少女头像，头发在头顶梳成顶束或顶髻。头像有时面向右侧，有时面向左侧。签名 **Γ** 在头像后面。

背面：有翼少女站立，身体前屈，着奇同和长衫，右脚放在岩石上，右肘放在右膝上，右手持商神杖；左手在背后，放在臀部上。**Γ** 签名在左侧底板。《大英博物馆目录》第22号。参见弗兰茨·司徒尼茨卡《胜利女神》图版第十，图51。

VIII.（b）背面：有翼少女着奇同和长衫面向左侧站立，左肘倚在一根柱子上，右手伸展。少女前面有一块纪念碑石，碑上站着一只鸟，双翼闭合。右侧底板有 **Γ** 签名。

Ⅷ．（c）背面：**TEPSNAZON**，纪念碑石上有 **Γ** 签名。

有翼少女面向左侧坐在纪念碑石上，碑石没有底座。少女右手伸展，持魔法杖，左手放在纪念碑石上。

Ⅷ．（d）背面：有翼少女着奇同和长衫面向左侧坐在纪念碑石上，碑石有底座。少女右手前伸，放在商神杖顶部，商神杖立在地上；少女左手放在纪念碑石的后部，碑石上有 **Γ** 签名。

Ⅷ．（e）背面：类似图案，但少女上身赤裸，且纪念碑石没有底座。

Ⅷ．（f）背面：总体而言，设计系模仿Ⅶ（a）艺术家 **Φ** 的作品。区别之处在于少女右手持橄榄枝，枝上有两片叶子。

Ⅷ．（g）背面：有翼少女坐像，类似（d），区别之处在于商神杖倾斜，杖头搭在少女肩上。纪念碑石后的底板有 **Γ** 签名。

Ⅷ．（h）背面：类似（g），区别之处在于杖头做成鸟形。纪念碑石上有 **Γ** 签名。

Ⅷ．（i）背面：有翼少女面向左侧坐在纪念碑石上，右手持花环，左手放在碑石后部。左侧底板有 **Γ** 签名。花环也出现在第二时期第Ⅴ款钱币。[①]

Ⅷ．（k）背面：类似。区别在于少女右手持权杖，权杖末端为球形，球上有结。权杖靠近少女肩部，左侧底板有 **Γ** 签名。

Ⅷ．（l）背面：类似（i），区别在于持花环的右手上有一只鸟，双翼展开，仿佛刚刚从天而降。纪念碑石后有 **Γ** 签名。

Ⅷ．（m）背面：类似（l），但没有花环。**Γ** 签名在正面。头像戴发带。

Ⅷ．（n）背面：类似（i），但纪念碑石上有一只石榴。

Ⅷ．（o）背面：类似（i），但少女持有五片叶子的橄榄枝，而非花环。无签名。

---

① 原文无Ⅷ（j），疑有误。——译者注

Ⅷ.（p）背面：类似（i），但少女面向右侧，而非左侧。纪念碑石上有一只看似天鹅的鸟。无签名。

Ⅷ.（q）背面：有翼少女面向右侧坐在纪念碑石上，右手持商神杖，杖头向下。Γ签名在左侧底板下方。

Ⅷ.（r）背面：有翼少女面向左侧站立，身体前屈，右脚踩在一块岩石上，岩石上有Γ签名。少女右臂放在膝上，右手持商神杖，杖头靠近少女肩部。类似（a），但背面有币文 TEPINΛI。

Ⅷ.（s）背面：有翼少女面向左侧坐在纪念碑石上，右手伸展，持一个环状物，看似浅底碗，左手倚在纪念碑石后部。坐像后面为飞翔的尼姬，双手上各漂浮着一顶王冠。币文为 TERINA。见《大英博物馆目录》第 42 号。

第五时期：约公元前 400 年—公元前 256 年

晚期钱币特有的细部的变化到这一时期不复存在，一种图案占据主导地位。

正面：少女头像，面向右侧，与早期钱币上的头像不同之处在于少女额头和耳上突出的发卷，币文为 TEPINAIΩN。

图 60

背面：有翼少女，着无袖奇同和长衫，面向左侧坐在纪念碑石上，碑石的尽头以透视呈现，底座突出。少女右手伸出，一只鸟站在手上，双翼高举，仿佛刚刚从天而降；少女左手放在碑石后部。

三分之一双德拉克马

三分之一双德拉克马重 36 格令。

图案同双德拉克马，但正面经常出现西西里的三曲腿符号，表明是在该地被狄奥尼西奥斯占领后打造的。

青铜钱币

约公元前 400 年—公元前 388 年

Ⅰ. 直径：0.5 英寸。正面：潘蒂娜头像，面向右侧，头发卷起，ΓΑΝΔΙΝΑ 币文。

背面：有翼少女坐在纪念碑石上，手中持有一只鸟，ΤΕΡΙ 币文。

公元前 388 年—公元前 356 年

Ⅱ. 直径：1 英寸。正面：女性头像，头发卷起。

背面：螃蟹。ΤΕΡΙ 币文。

Ⅲ. 直径：0.7 英寸。正面：女性头像，头发卷起。

背面：螃蟹。ΤΕΡΙ 币文。

约公元前 272 年

Ⅳ. 直径：0.85 英寸。正面：狮子正面头像。

背面：ΤΕΡΙΝΑΙΩΝ 币文。阿波罗头像，头发飘逸。

Ⅴ. 直径：0.65 英寸。正面：ΤΕΡΙΝΑΙΩΝ 币文。阿波罗头像。

背面：飞翔的珀伽索斯飞马，上方为入鞘的宝剑。

尼姬

在忒里那最早的钱币上，尼姬的形象呈现为无翼的少女，着奇同和上衣，右手下指，持棕榈枝。右侧底板的币文证实尼姬的身份。

在试图理解这一形象对忒里那人而言到底有何象征意义之前，我们有必要先追溯尼姬在诗歌和艺术中的形象的历史演进。荷马的《伊利亚特》中并未提及这个人物，在这部史诗中，胜利是宙斯的权柄，有时是帕拉斯·雅典娜的功力。即使在赫希俄德的作品中，帕拉斯"将胜利和荣耀掌握在她不朽的手中"。《伊利亚特》中伊里斯[①]、《奥德赛》中赫耳墨斯扮演者诸神的信使的角色，而在更晚的时代，这一角色几乎由尼姬所垄断。

赫希俄德确乎赋予尼姬人格，但我们必须注意，这只是宙斯某些特

---

① Iris，希腊神话中的彩虹女神和诸神的使者。——译者注

性的人格化。《神谱》中的相关内容可以翻译为：

"俄刻阿诺斯①之女斯提克斯与提坦巨神帕拉斯在后者的宫殿里结
合，生下热情之神仄罗斯和生着秀美脚踝的尼姬。她还生下了强壮之神
和暴力之神，这两个出类拔萃的孩子，他们的华宅与宙斯的在一起，宙
斯无论坐在何处或去往何地，他们总是坐在主宰雷电的宙斯的身旁。"

直到品达和巴库利德斯的时代，尼姬才开始代表在体育竞技中取得
胜利。这一新人格于公元前 5 世纪在南意大利和西西里得到人们接受。

尼姬的名字在品达的诗歌中只出现过两次：《涅墨亚运动会颂歌》
第五首第 42 行"你，尤希摩涅斯，倒向尼姬的怀抱，确实赢得过几场
比赛"，及《地峡运动会颂歌》第二首第 26 行"还有他，四季的前导
问候他……呼吸中带着麝兰之气，他们称颂他，说他在他们的国度拜倒
在金色的尼姬女神膝下。"阿格里真托的泽诺克拉忒斯于公元前 476 年
赢得战车比赛的锦标。

在巴库利德斯的诗中，尼姬出现的频率更高些。在公元前 5 世纪开
始时，这位女神已经确立了其在文学和艺术中的地位。有观点认为，巴
库利德斯试图将这位新的女神与赫希俄德提到的古老神祇联系起来。巴
库利德斯诗作中最易懂的或许是《希腊诗文选》第 VI 卷第 313
"ἀναθημαтικά"，英译可参见波恩②版第 438 页：

"可敬的胜利女神，有着诸多名字的帕拉斯之女，愿你仔细垂听克
兰纳厄斯③后裔满怀喜乐的合唱，在缪斯的愉悦中，把许多花环戴在开
奥斯岛的巴库利德斯的眉上。"

此处 ἀθύρμασι Μοισᾶν 意为"歌"或欢愉，"ἄγαλμα"，πότνια
翻译为"王者"要比"可敬"更贴切。

---

① Oceanus，提坦巨神之一，大洋河（希腊人想象中环绕整个大地的巨大河
流）河神，和其妻忒堤斯生育 3000 个儿子，成为所有河流的河神，以及 3000 个女
儿，成为小溪、水潭等水体的仙女。——译者注

② Henry George Bohan，公元 1796—1884 年，英国出版商。——译者注

③ Cranaus，传说中的雅典第二任国王。——译者注

对所有追溯神话传说演变的学人而言，黑釉人像花瓶对神话题材的表现是最重要的线索，而花瓶上对尼姬的呈现没有古风风格的，所有尼姬形象似乎都属于公元前 5 世纪早期。

钱币上出现尼姬形象是公元前 500 年—公元前 466 年在来翁悌尼，公元前 500 年—公元前 478 年在叙拉古，约公元前 495 年—公元前 465 年在卡马里纳，公元前 480 年—公元前 476 年在卡塔纳，约公元前 480 年在梅萨纳，约公元前 472 年在希梅拉，公元前 470 年—公元前 466 年在盖拉。

在希腊，希波战争后不久，尼姬出现在厄利斯的钱币上，我们不禁注意到这一设计与忒里那钱币图案的相似之处。

彼时西西里和南意大利城邦已凭借其在体育竞技上的优胜声名远播，最大的可能是，尼姬形象最早指体育运动上的胜利，而非军事胜利。

最早将尼姬形象应用与战争题材或与公元前 480 年对波斯的胜利相关联，就是在那时，帕拉斯·雅典娜得到了新的名字 **NIKH**（本道夫①《胜利女神雅典娜的宗教形象》②）。

希梅拉钱币上的尼姬持船艉装饰形象可能是纪念一次海战胜利，是尼姬形象此类应用的一个早期例证。

生有双翼的人物形象确实出现在更早期的钱币上，比如基利家的马洛斯城邦，但这些形象一般认为是代表各种腓尼基神祇，而非尼姬。现存最早的尼姬形象是在雅典卫城发现的四尊大理石像。其中两个或三个可追溯至公元前 520 年—公元前 500 年，第四尊则可能制作于公元前 475 年前后。

我们读到保萨尼亚斯提及自己看到一尊尼姬雕塑时必须要谨记，在他那个时代，任何一个生有双翼的形象都被称作尼姬，且他可能没有意

① Otto Bendorf，公元 1838—1907 年，德国考古学家。——译者注
② Kultusbild der Athene Nike. ——译者注

识到，雅典娜－尼姬是雅典娜自身的一个化身。给这些生有双翼的古代形象命名是件难事，一个著名的例子就是所谓的"阿尔彻尔摩斯①的尼姬"，现存最早的古希腊有翼人物雕塑。之所以称之为尼姬，是一位注释者对阿里斯托芬的《鸟》第574行的一段说法支持这一身份。这位注释者援引卡鲁斯提奥斯的权威说法告诉我们，正是希俄斯岛的阿尔彻尔摩斯第一个为尼姬添上双翼，但他也观察到，有人认为这一发明应归功于画家阿格拉奥丰②。

这条信息的价值完全取决于这位注释者生活的年代。如果他是在公元前5世纪后写下这番话的，那么，他的说法同保萨尼亚斯的一样没有太大价值。

就此题材，E. E. 赛克斯③先生曾写有一部专著，题为《阿尔彻尔摩斯的尼姬》（1891年由剑桥大学出版），书中展示，尼姬的拟人化形象在公元前5世纪才出现，因此，这么早的一尊雕塑作品不可能是描绘尼姬的。

没有双翼的尼姬经常被识别为胜利女神雅典娜，保萨尼亚斯在描绘梅加拉时提及："还有另一座神庙供奉被称为'胜利女神'的雅典娜。"在欧里庇得斯的《伊翁》中（第469行），雅典娜被称为ὦ πότνια Νίκα（第1529行也提到雅典娜）。索福克勒斯的《菲洛克忒忒斯》第134行，俄底修斯说："胜利女神雅典娜，众城邦的保护神，一直卫护着我"。在提及雅典卫城的雅典娜神像时，赫利奥多罗斯和哈波克拉提斯称为ΝΙΚΗ ΑΠΤΕΡΟΣ。由此引发的问题是，忒里那早期钱币是否佐证了雅典在该城邦的影响力？《钱币学年鉴》1883年版第三辑第三卷收录了雷金纳德·斯图亚特·普尔的《雅典钱币雕模师在意大利》，我们从文章中所看到的，雅典艺术家显然确实影响了图里翁和忒里那城

---

① Archermos，希俄斯岛的雕塑家，活跃于公元前6世纪中期。——译者注

② Aglaophon，古希腊画家，生于塔索斯岛。——译者注

③ Edward Ernest Sikes，公元1867—1940年，英国古典学者。——译者注

邦。奇怪的是，关于忒里那与图里翁的关系，载于史册的只有两个城邦之间的一场战争，战争的起因则没有提及。

关于忒里那钱币上的无翼胜利女神形象的另一种解释是，正如在雅典，雅典娜被称为胜利女神，以及卡塔纳的保护神祇被塑造为胜利女神的形象，币文为**KATANE**或**KATANAION**，同理，忒里那的保护仙子可能也被呈现为**NIKE**，背面币文为**NIKA**，正面币文为**TERINA**，正面呈现的是同一位仙子的头像。

有说法称，在罗马人征服意大利之前，尼姬本尊并不曾享有专门教派的殊荣（Dion，Hal. I，33，CI. G.，No，2810. Knapp，p. 6）（p. 218. L20～21）。

最早期钱币上的这一形象，无论我们如何倾向于认同上述这些解释，其意义在于展示尼姬的形象在这一城邦从早期直到最后的渐进演变过程。其中在晚期，钱币上完整地呈现各种机趣盎然的形象，恰如我们在花瓶上所见的。除非为表现多种教派的组合，尼姬不再以无翼的形象呈现。

在1883年《钱币学年鉴》第三辑第三卷第270页，普尔先生谈及忒里那的钱币雕模师：

"尼姬形象是他们喜闻乐见的主题。克罗顿和赫拉克利亚钱币上的赫拉克勒斯卧像的原型来自一件艺术品。但与此不同，忒里那雕模师在呈现尼姬形象时不是凭记忆来再现，而是以一系列变化自主开发的，由此展现一个显赫的艺术流派的影响……这一形象与同时代雅典的胜利女神雅典娜神殿栏杆上的精美浮雕在形制上有着惊人的相似之处，而公元前480年前后忒里那最早钱币上所展现的尼姬形象是没有双翼的，她的名字写在人像旁边。除了建于公元前400年之前的那座著名的神庙，我们不知道有更早的胜利女神雅典娜神庙存在。有观点认为，雕模师将神庙栏杆浮雕的总体底稿带走，并在另一个国度复制。这种假说令人无语。尽管一座较晚期的神庙往往保留较早的供奉，且我们必须将雅典胜利女神雅典娜神庙的这一浮雕视为该艺术流派的典型作品，而非仅仅因为在我们看来一直都是如此就将其视为一桩孤例。一件新作品更多地证明一种风格的原创力量，而非仅仅是复制。忒里那的这些伟大的雕模师具备出众的才华，不会自贬身份去复制一幅浮雕。"

三耳汲水罐

关于下一组钱币，我们不禁会问，尼姬为何被呈现为坐在一只汲水罐上。

本道夫在其著作《希腊和西西里花瓶》第41页给出了答案。图版**XXIII**图2描绘的是尼姬正准备从喷泉喷口下方的基座处抬起一支汲水罐。对于这一画面，他评论道，在后期艺术中，通过表现厄洛斯和尼姬从事日常劳作，特别是同献祭相关的劳作，希腊人将这些普通的工作加以理想化。在花瓶上，我们看到尼姬将香烛、或必要的器皿、或祭祀用动物带到祭坛，准备生火、倾倒奠酒、或完成献祭。在合乎礼法的献祭中，水是必不可少的，因此，尼姬汲水自然也不稀奇。

在第二时期的钱币上，尼姬的形象被呈现为坐在汲水罐上，而不是像在花瓶上那样站在汲水罐旁边。呈现这种坐姿的原因，可能只是在钱币的圆形画面上，这是最合适的艺术构图方式。

尼姬手中的王冠可以理解为用于牺牲的动物需要加冕。假如我们想象献祭是为庆祝体育比赛的胜利，王冠是为优胜者准备的，那么究竟是谁赢得如此重大的竞技项目，以至于城邦要推出这种钱币图案，我们一无所知。

第三时期的钱币描绘尼姬的膝上有一只水罐，水从喷泉的狮首喷口流出，注入罐中。这是汲水罐设计的一个精美的变种，且同花瓶上准备祭祀的图案一致。

在1845年《钱币学年鉴》第七卷的一篇文章中，勃奇①认为，膝上的水罐证明钱币上描绘的生有双翼的少女是彩虹女神伊里斯，并引述

---

① 此处应指 Samuel Birch，公元1813—1885年，英国埃及学家和文物鉴定家。——译者注

了赫希俄德《神谱》第 775 行的说法：

"陶马斯①之女、捷足的伊里斯，不常骑在大海宽广的脊背上去传递一个信息，即偶尔当众神之间发生纠纷与冲突之时，以及，据我所知，当任何住在奥利匹斯山的神祇说谎时，宙斯习惯性地差遣伊里斯以金壶从远方带来诸神的重誓，就是那著名的水，冰冷，从陡峭、庞大的岩石上流下。"

从其后的诗句中我们得知，这水取自斯堤克斯冥河，"ἐν χρυσῄ προχόῳ"，"以金壶承载"，"προχόῳ"指水罐或水壶，用以向客人的手上倒水，其近义词 προχοή 意为河口。勃奇指出，斯堤克斯、克拉提斯、阿刻戎及其他伯罗奔尼撒的河流的名字也用以命名大希腊的河流。

花瓶提供的证据以及这些钱币发行的时代均指向尼姬的传奇，而非赫希俄德讲述的伊里斯的故事。古老的传说可能影响了后期尼姬神话的形式，但综合考虑所有关于尼姬的证据，我们基本可以确定，忒里那钱币上呈现的是尼姬，不是伊里斯。

鸟

花瓶上有时呈现尼姬追逐一只鸟或将一只鸟赠予一位少年的画面（雷纳克②，Ⅱ，216）。

珀西·加德纳先生在《希腊钱币图案》中指出：

"忒里那钱币上的尼姬呈现出多种方式愉悦自己。有时她在玩球，有时从泉水中灌满水罐，其他时候则爱抚一只宠物天鹅或鸽子。实际上，在忒里那，她似乎体现着和煦明媚的地区大自然的清新欢愉以及户外活动动感快乐。就像忒奥克里托斯第七首《牧歌》所描绘的，其场景大多恰如其分地设置在韦利亚，南意大利的希腊人似乎超乎一切地热

---

① Thaumas，希腊神话中的海神。——译者注
② 此处应指 Salomon Reinach，公元 1858—1932 年，法国考古学家和宗教史学家。——译者注

爱鸟类、昆虫和花朵，所有这些充盈着他们的钱币。"

或许我们可以从这个角度去理解在作品上签名为 **Γ** 的艺术家所设计的钱币上的鸟，但有 **Φ** 签名的钱币则是例外，因为有观点认为，鸟是艺术家弗里吉洛斯的象征，其名字有"雀"（φρυγίλος）之意，见阿里斯托芬《鸟》第 763 行和第 845 行。

商神杖

在钱币上，商神杖经常出现在有翼少女的手中，勃奇(《钱币学年鉴》，Ⅶ，第 142 节）认为这是伊里斯的特征，荷马时期的诗歌提到伊里斯是从伊达山传递信息到奥林匹斯山的信使。她的名字有时即是从这些职责中派生而来，来自 ἐρῶ εἴρω，意为"发言人"或"信使"，但也有观点认为其名字派生自 εἴρω，即"我加入"，由此派生出 εἰρήνη，因此她被视为和平的信使。在《奥德赛》中，赫耳墨斯取代了伊里斯。

在更晚的时代，伊里斯似乎在赫拉麾下当差。塞尔维乌斯认为彩虹只是她所使用的道路，因此只有当她需要时才出现。在花瓶和浅浮雕上，她经常呈现为站立，着长束腰长袍，双翼在肩上，持商神杖，或飞翔，双肩和凉鞋上有翅膀，手持手杖和水壶。但除非女神的名字明确写在花瓶上，我们无法确认她就是伊里斯，除非我们可以认为凉鞋上的翅膀是她独特的标记。

米兰尼认为钱币上的少女为和平女神厄瑞涅，其手中的商神杖就是证据。他援引洛克里钱币上的 **EIPHNH ΛΟΚΡΩΝ** 形象，女神坐在方形纪念碑石上，持商神杖。但这些洛克里钱币直到公元前 345 年才开始发行，比忒里那钱币晚大约一百年。

在罗马帝国时代的钱币上，商神杖无疑是和平女神帕克斯的象征。但在公元前 5 世纪，尼姬持商神杖的形象非常常见，商神杖可以同等视为尼姬和厄瑞涅的标志。此外，忒里那钱币上还经常出现水罐、王冠、和鸟，这些标志组合起来，几乎可以作为结论性的证据，证明钱币上所要表现的女神正是聪慧、活泼、乐于助人的尼姬。

花环

花环让我们联想起欧里庇得斯《腓尼基妇女》结尾的合唱:

"万岁,伟大崇高的胜利女神!

愿您卫护我的生命,

永不停止为我加冕。"

基于上文概述的考据结果,我们可以定论,钱币上的形象是本地宁芙仙子忒里那,她被认为具备胜利女神尼姬的全部特征,这在当时是一个全新的理念,影响了整个大希腊。这一全新的理想或灵性概念与忒里那公民的品位相契合,这一品位经其奉行毕达哥拉斯主义的祖先以及与希腊城邦的沟通进一步精进,其造币官员专门研修了希腊城邦的艺术。与当时在图里翁和潘多西亚工作的雅典艺术家的联系影响了设计开发的形式,在彼时盛行于大希腊的新理念的影响下,其本地神祇的呈现方式采用了尼姬女神的形式。

正面图案

忒里那双德拉克马的正面图案总是一位少女的头像,少女的身份引发诸多猜测,这一美丽的设计究竟是尼姬、忒里那,还是利革亚,众说纷纭。通常,希腊钱币正面的头像与背面的形象或符号均指代同一位神祇,因此,如果我们认同背面坐姿有翼形象是尼姬,那么正面的头像也同样是尼姬。如果不赞同这一说法,因为正面经常会出现**TEPINA**这个名字,那么,很自然,这是本地胜利女神的名字,其全名为忒里那 – 尼姬,正如雅典的雅典娜 – 尼姬一样。

叙拉古僭主盖隆之妻达玛蕾忒发行过一款钱币纪念盖隆于公元前480年战胜迦太基人,很多人认为这款钱币上的头像为尼姬。当时也差不多恰逢忒里那发行其首批钱币,其上的头像与叙拉古钱币上的头像甚为相近。紧随其后的一个时期内,新的观念盛行,尼姬的形象由庄重演进为活泼,这一变化不仅体现在正面头像,也体现在背面的人像上。早期的许多头像上环绕着胜利的王冠,眉头上有宽阔的饰带,其上装饰有树叶,最后,头发为简单的卷发,盘在头上。

利革亚

邦伯理①在史密斯主编的《希腊和罗马地理词典》中的词条中说："钱币背面的有翼女性形象，尽管通常被称为胜利女神，但更可能是要表现塞壬女妖利革亚。"这一看法可能源自 ὀρνιθόπαιδος 一词，吕哥弗隆用其指代塞壬。实际上，欧里庇得斯（《海伦》，第167行）提及塞壬：

"πτεροφόροι νεάνιδες παρθένοι χθονὸς Κόραι"

但在早期，塞壬并不被描绘为生有双翼的少女，而是一半少女、一半鸟类的生物（参见穆纳萨尔科斯《希腊诗文选》，Ⅶ，171）。

将塞壬这一观念引入传奇故事可能起源于塞壬有时被描绘在古墓上这一事实，城市周边海岸上路边的无名古墓可能激发了相关传奇故事，吕哥弗隆在其诗作《亚历山德拉》第726行讲述了这个故事：

"然后利革亚会被抛到忒里那波涛汹涌的海岸上，

水手们将在海滩上埋葬她，

就在奥基纳罗斯河涡流边悬崖小径的边上。

长着牛角的河神将用自己的水流清洗她的坟墓，

让塞壬的祷告（ἀρὴς）的气流充满她的居所。"

ἀρὴς 一词似乎被注释家泰泽②混淆了。他说：

"奥基纳罗斯是忒里那附近的一条河，叫阿瑞斯③，被说成是强壮的，还长着牛角，是因为当水流冲下来长着角和公牛头的东西时发出的震耳欲聋的噪声，或许因为流水的咆哮和震耳欲聋的噪声，因为阿瑞斯并非忒里那附近的一条河，厄里斯④或伊里斯才是河，如同有些人写下

---

① Sir Edward Henry Bunbury，公元1811—1895年，第九任邦伯理准男爵，英国律师、自由党政治家，著有历史地理方面的专著。——译者注

② John Tzetzes，约公元1110—1180年，拜占庭诗人、语法学家。——译者注

③ Ares，希腊神话中的战神，宙斯和赫拉之子。——译者注

④ Eris，希腊神话中的不和女神，宙斯和赫拉之女，引起特洛伊战争的金苹果就是她留下的。——译者注

的，因此他们把这个名字加上去作为奥基纳罗斯的别号。"

或许就是泰泽的这条注释让很多人以为这个经常被呈现为持着商神杖的少女应被视为众神的信使伊里斯，但我们在花瓶上经常见到尼姬持商神杖，加之特别契合尼姬身份的各种设计和符号综合在一起判断，可作为一条证据反证少女形象不是伊里斯。

由水手们埋葬在河口附近的塞壬显然不是河中的宁芙仙子，这条河也不叫忒里那，而是叫作奥基纳罗斯。塞壬之名一定是从 λιγύς λίγεια 衍生而来，荷马时代的诗歌中用这个词表述尖锐、清晰的声音；在后来的作品，特别是在埃斯库罗斯的作品中，则用来表述音律凄婉的声音。一些无名古墓可能催生了塞壬的传说，其名字由附近仿佛轻声低语的小溪暗示而来。许多诗人吟咏水声，参见华兹华斯（XIV）"达登河"，"唯有你自己的声音相伴"① ……（XXV），"流水似乎在虚掷它声音的魅力"②，波涛则被称为"大合唱"。维吉尔提到利革亚这个名字（《农事诗》，IV，336），是侍奉库瑞涅的宁芙仙子之一；优斯塔修斯（对《荷马史诗》的注释，第 1709 页）做了一个简要的注释。尼亚波利的塞壬帕耳忒诺珀在钱币上有自己的一席之地，但忒里那的塞壬利革亚则未曾以任何图案出现，因为最早的宁芙头像冠有币文 TEPINA。

坐在汲水罐上的形象本意并非代表河中的宁芙仙子忒里那，这一点我们可以从河流的神祇均为男性这一事实推断而来。赫希俄德（《神谱》，340~367）称所有的河神为俄刻阿诺斯和忒堤斯之子，而称池塘、泉水和海洋中的宁芙仙子为他们的女儿。

作为宁芙仙子的忒里那也许是城中或城市附近某个池塘或泉水的精灵。类似的例子还有图里翁，也是用泉水的名字为城邦命名的。

---

① Attended but by thy own voice，出自华兹华斯《十四行组诗——达登河》（*The River Duddon – A Series of Sonnets*）第十四首。——译者注

② The waters seem to waste their vocal charm，《十四行组诗——达登河》第二十五首。——译者注

潘蒂娜

有观点认为，潘蒂娜之名象征月亮，也有人认为是象征冥后普洛塞庇娜①，但都没有提出令研究者满意的原因。这个名字出现在公元前420年前后发行的青铜币上，可能源自词根 ΔΙΝ，δὶνος 一词，即"旋转"或"轮流"，即由这一词根派生出来。基于这一词根，人们猜测潘蒂娜是一处旋涡的宁芙仙子的名字，就是这处旋涡将宁芙仙子利革亚冲到了海湾的岸上，但这个故事的始作俑者吕哥弗隆在词句中却未曾提及任何漩涡。除了这些猜测，我提出一个新的想法，即忒里那作为克罗顿的殖民地，毕达哥拉斯的学说在当地必定广为人知。毕达哥拉斯的一个理论与这个词根存在某种关联。据菲洛劳斯记载，毕达哥拉斯宣扬，所有天体围绕着中心的圣火旋转起舞。

菲洛劳斯假定地球每天自转一周，但是围绕着这个中心圣火，而非自己的轴。克拉佐门奈的阿那克萨哥拉②出生于公元前499年，在雅典与伯里克利为友，也宣扬天体的自转是 νοῦς 的效应，νοῦς 是宇宙的规制者。阿里斯托芬在其剧本《云》中（第372～373行）提到这一理论，T. 米切尔编辑版第92页对此给出了一些上佳的注释。可能有反对意见认为，带有潘蒂娜之名的钱币发行之时距离毕达哥拉斯教团的时代已经太过久远，造币监督不太可能受其影响。但是《云》上演于公元前411年，菲洛劳斯与苏格拉底和阿里斯托芬同时代，出生于克罗顿，在大希腊各城邦声名煊赫。既然如此，如果将潘蒂娜这个名字同天体旋转的任何理论联系起来，我们在这个图案上所看到的就是试图用这一图案象征某种理念，这些理念据我们所知当时不仅盛行于雅典，也盛行于意大利。

P. 加德纳先生在《希腊钱币图案》中提出："我们从铭文中得知潘

---

① Proserpina，相当于希腊神话中的珀耳塞福涅。——译者注

② Anaxagoras of Clazomene，约公元前500年—公元前428年，古希腊哲学家、科学家，出生于小亚细亚，将哲学带到雅典，并影响了苏格拉底的思想。——译者注

蒂娜是黑月女神赫卡式的一种本地形式。"

钱币雕模师

我们已看到有两组钱币，较早的一组上有字母 **Φ**，较晚的有字母 **Γ**。R. S. 普尔先生在上文引用的《钱币学年鉴》文章中说：

"较早的大师 **Φ** 的作品呈现出的风格某种程度上要早于公元前 400 年。过渡时期的冷峻尚未完全摒弃，他是刻意为之，而非不得已。有一款忒里那头像与过渡时期的叙拉古四德拉克马惊人地相似。

"这些头像无须详尽的分析，其精美、技艺、均衡及两种图案并行均令人赞叹。除此之外，另有一款周边环绕着精雕细琢的野橄榄花环，再次证明了变化的力量，这种多变正是忒里那雕模师的出众之处。"

关于这位雕模师的背面图案，普尔先生指出，"作品所体现的技艺整体而言令人叹为观止""凭借所有这些对细节的精益求精，这件作品是宏大的"。

菲利斯

一款签名为 **ΦΙΛΙΣ**（菲利斯）的德拉克马，背面为尼姬坐在装饰以橄榄花环的基座上，手中有一只鸟。这款钱币看上去时间略晚些。

"头像的形制同花环围绕的那款不无类似，但与签名为 **Φ** 的韦利亚钱币上的迈那得斯①头像有更多亲近之处。韦利亚的这款钱币或许也是忒里那的雕模师 **Φ** 的作品。**ΦΙΛΙΣ**（菲利斯）是否代表 **ΦΙΛΙΣΤΙΩΝ**（菲利斯提昂）？这个名字于大约两代人之后出现在爱利亚的钱币上，我们或许可以设想，韦利亚钱币上的 **Φ** 就是忒里那的 **ΦΙΛΙΣ**，而根据名字隔代轮替使用的希腊习俗，更晚的爱利亚雕模师则可能是这位忒里那人的孙子。忒里那和韦利亚的 **Φ** 以及忒里那的 **ΦΙΛΙΣ** 在艺术风格上与后辈 **ΦΙΛΙΣΤΙΩΝ** 全无传承，后者与大希腊的同时代人一样，呈现出纯粹的意大利风格。

"签名为 **Γ** 的忒里那钱币与签名为 **Φ** 的同时代或略晚。

---

① Maenad，酒神狄俄倪索斯的女性追随者，即"酒神的狂女"。——译者注

"我们不妨大胆猜想 **Γ** 是 **Φ** 的弟子，其作品总体而言，在力量与美感方面逊其师的作品一筹。设计忒里那钱币上的头像时，他模仿了没有花环围绕的那款头像，其制作完全是萧规曹随，相形之下毫无疑问自惭形秽。"

文献

1. 《女神，一个古代理想人像故事的设计》，弗朗茨·司徒尼茨卡，莱比锡，托伊布纳出版社，1898 年。内含 12 个图版的有用插图，以及 27 页文字版。

2. 《花瓶彩绘上的尼姬》，保罗·纳普博士，内含 100 页，但无插图。

3. 《忒里那》，库尔特·雷格令①，内含 80 页文字版和三个制作精美的图版，图版中有钱币的照片。柏林，格奥尔格·雷默尔印刷出版 1906 年。对于忒里那钱币的研究者而言，雷格令的这本书不可或缺。

---

① Kurt Regling，公元 1876—1935 年，德国钱币学家。——译者注

西风洛克里

　　西风洛克里的起源是洛克里－奥庞蒂的一个殖民地，洛克里－奥庞蒂这个国度邻近玻俄提亚北部海岸，在雅典以北约 50 英里。

　　奥普斯是这个国度的首要市镇，奥庞蒂之名即由此而来。

　　殖民地另起新名以示区分。殖民者最早建立定居点的海岬上有西风吹拂，故名。古希腊殖民者以故土的名字为新城命名，恰如晚近的英国人，称此处纽约，称彼处波士顿。

　　意大利的洛克里距卡乌洛尼亚仅 16 英里左右。卡乌洛尼亚也是因当地多风的物候得名，但两地殖民者的秉性与两个城邦的历史却大相径庭。实际上，从钱币学视角观之，洛克里不同于大希腊所有其他城邦，特别是在非常晚的时代，该邦公民发行了两种通货，一种供对外贸易，另一种则用于本地贸易。对于卡乌洛尼亚人，我们几无所知，但于洛克里人，我们知晓很多人以各种方式名噪一时。诗人品达在其第十首和第十一首《奥林匹亚颂歌》中如此吟唱洛克里人："你应前往那里，他们不排斥陌生人，也并非没有赢得荣誉的经验，于诗歌一道堪称一流，又善使长矛。"他又说："因为真诚引领着西部的洛克里，卡利俄佩令他们愉悦，披挂着锁子甲的阿瑞斯同样令他们心仪。"卡利俄佩是主管史诗的缪斯女神。

　　创建了洛克里风格抒情诗的盲诗人色诺克里托斯出生于此地，兴盛于公元前 5 世纪女抒情诗人西雅娜也是这座城邦的土著。有一种特殊的和弦叫作洛克里式，曾为品达和西莫尼德斯①所使用，但似乎没过多久就不再流行。

　　毕达哥拉斯教团尽管获准在当地兴盛，但不被允许影响政府——当地已经建立保守的贵族政体。这种政体由当地人独创，系基于他们伟大的立法者扎琉科斯的智慧。洛克里人当中出了一些广为人知的毕达哥拉斯主义者，如蒂迈欧、埃克克拉底、阿克里翁。其中，阿克里翁据说引导柏拉图进入毕达哥拉斯的神秘世界。洛克里人尤诺墨斯是一位著名音乐家，洛克里运动员尤希摩斯的名声与克罗顿的米罗相比也不遑多让。

　　洛克里最早的定居者据说在克罗顿建立后不久到达此地，在公元前 710 年前后。一个普遍接受的传说称他们来自洛克里 – 奥庞蒂。从波利比乌斯的记载中我们得知，最早的定居者是一群奴隶，他们拐走了自己的女主人。据说洛克里人是从女性一方传承家族的贵族身份，这一习俗可以证明波利比乌斯所言不虚。

　　保萨尼亚斯告诉我们，拉刻代蒙人定居克罗顿之时派遣殖民者前往洛克里，极有可能，更多殖民者逐步加入最早的定居者。

　　关于这座城邦，斯特拉波的记载如下：

　　“西风洛克里城邦是洛克里人的殖民地。克罗顿和叙拉古建立不久后，尤安泰斯将这些洛克里殖民者从科里撒海湾运来此地。埃福罗斯称此地是洛克里 – 奥庞蒂的殖民地，这种说法不正确。这些殖民者起初在西风角滞留了三年或四年。其后，在居住与他们之中的某些叙拉古人的协助下，他们迁离了自己的城邦。在洛克里人最早定居的地方，还有一处泉水叫洛克里亚。从利基翁到洛克里距离约 600 斯泰特。”

　　城邦建在一处高地上，城邦公民称此处高地为埃索庇斯。罗伯特·

---

　　①　Simonides of Ceos，公元前 556 年—公元前 468 年，古希腊抒情诗人，诗人巴库利德斯的叔父。——译者注

勃朗宁以自己的诗作《一个故事》赞颂了关于洛克里的一尊雕塑的美丽传说，让这传说声名远播。斯特拉波也讲述了这尊雕塑："洛克里的一尊雕塑描绘竖琴师尤诺墨斯和一只蚱蜢坐在他的竖琴上。"关于这个传说，斯特拉波系引述蒂迈欧。

关于洛克里人最早的信息是有关著名立法者扎琉科斯的，此人活跃于公元前660年前后。

一个传说称他本是一位奴隶，声称雅典娜托梦于他，将他所宣示的法律传授给他。另一个故事则称他出身贵胄，温文尔雅。其法典据说是希腊人的第一部成文法总集。据埃福罗斯记载，其法律系基于克里特、斯巴达、雅典等的法律基础之上，相当严苛。据说他首次将某些罪行的量刑固定下来，而此前的做法是在审判和对有罪者做出判决后才解决量刑问题。通过与其名字有关的有趣传说我们可以推测他确实是一位真正的伟人。在他的时代，政权似乎掌握在某些强宗巨族手中，这些家族被称为"百家"，其成员均为最早定居者女性一系的后嗣，这也同关于殖民地起源的传说相符。

城邦历史上记录下来的首个重大事件是公元前560年前后的萨格拉斯河战役。是役中，1万名洛克里人击败了13万克罗顿大军。此次战役的情况请参见克罗顿相关章节，其中讲述了其对克罗顿城邦的影响。此次胜利足证在非常早的时期洛克里人骁勇善战，军纪森严。

另一个重大事件是公元前477年前后洛克里人与利基翁公民的冲突。利基翁的统治者阿纳希拉斯进攻洛克里人，全赖叙拉古僭主希隆的干预，洛克里人方才幸免于一场毁灭性的战争。

洛克里人与叙拉古的亲善关系系该城邦繁荣的来源之一。

公元前466年，被推翻的叙拉古僭主色拉西布洛斯退至洛克里，作为一位普通公民在此地息影林泉。自然，在叙拉古与雅典的战争中，洛克里站在了叙拉古人一方，因此，在公元前415年，雅典舰队未能获准停靠洛克里的港口。稍晚时期，洛克里人还派军队到希腊援助拉刻代蒙人。

公元前 392 年前后，大狄奥尼西奥斯寻求通过与洛克里人联姻来强化其地位。普鲁塔克为我们讲述，一位名叫阿里斯戴德斯的洛克里公民拒绝将女儿嫁给大狄奥尼西奥斯，后者为此杀死了阿里斯戴德斯的儿子们。

狄奥尼西奥斯最终还是成功地迎娶了朵丽丝，朵丽丝的父亲泽内托斯是洛克里一位显赫的公民。从那时起，叙拉古人在南意大利取得了一处立足点，洛克里人也得以扩张其势力。仅仅五年后，公元前 389 年，卡乌洛尼亚的封疆被给予洛克里，洛克里对更北部城邦如希波尼昂，或许还包括忒里那的影响力也得到强化。

整个这一时期，直到公元前 344 年，洛克里人没有造币，可能是因为扎琉科斯的律法同来古格士①律法一样禁止造币。

公元前 344 年，我们在上文提到，迫于门奈比人②和卢卡尼亚人的威胁，他林敦人向斯巴达乞援。克罗顿于公元前 368 年被卢卡尼亚人攻陷，不久后，布鲁提人的势力兴盛一时。其时洛克里人必须维系一支军队以保卫城邦，为此，对钱币的需求迫在眉睫。

他们发行了两个系列的钱币，一种用于海上贸易，另一种用于城邦内部以及与周边城邦的贸易。叙拉古的小狄奥尼西奥斯是洛克里人朵丽丝之子，在被叙拉古人驱逐后，于公元前 356 年来到洛克里，并夺取了洛克里的卫城，自立为王。公元前 350 年，洛克里人驱逐了小狄奥尼西奥斯的驻军，并对其妻子和女儿们进行了残忍的报复。小狄奥尼西奥斯的邪恶以及洛克里人施加于其女儿的残酷复仇记载于斯特拉波的著作第六卷第八节中。

洛克里人建起首个造币厂之时，城邦已因狄奥尼西奥斯二世的暴政遭到削弱，并无时无刻不处于布鲁提人的威胁之下。用于海上贸易的钱

---

① Lycurgus，活跃于公元前 8 世纪的斯巴达立法者。——译者注

② Menapians，前罗马及罗马时代居住在高卢北部、今比利时境内的比利其（Belgae）人部落。——译者注

币为哥林多斯塔特，正面为戴哥林多式头盔的帕拉斯头像，背面为飞马珀伽索斯，重 130～135 格令。这一图案并非出于向哥林多乞援以保卫城邦的愿望，而是从叙拉古直接引进的。在他林敦，同故国的同盟在钱币上显而易见。

洛克里的首批用于国内贸易的钱币重 115～120 格令，正面为宙斯头像，戴桂冠，短发；背面为和平女神厄瑞涅，坐在方形纪念碑石上，持商神杖。选择这一图案可能是为表达当地公民在驱逐小狄奥尼西奥斯后对和平的祈愿，以及对哥林多友邦的援助的期待。

公元前 332 年，钱币图案发生了变化。这一时期，摩罗西亚的亚历山大正与卢卡尼亚人作战。值得注意的是，此时洛克里发行的钱币上，宙斯头像不再是短卷发，而是飘逸的长发，与同一时代亚历山大的钱币一样，后者于此时引入意大利。背面图案也不再是和平女神厄瑞涅，而变为鹰啄食野兔，底板上还有一道闪电——在亚历山大的钱币的背面，闪电是主图案。一支洛克里部队可能加入了亚历山大的大军，从卢卡尼亚人手中光复赫拉克利亚和康森提乌姆，从布鲁提人手中光复忒里那和希滂图姆。公元前 329 年，亚历山大在潘多西亚附近战殁，是年，这款钱币也停止发行。

在此期间，哥林多斯塔特继续发行，图案与从前一样。

从公元前 326 年亚历山大之死到公元前 300 年，洛克里人继续发行钱币，但这一时期的很多钱币粗制滥造，更像是布鲁提人在东施效颦，而不是希腊艺术家的作品。

与布鲁提人的斗争依旧持续，但我们对这一时期城邦的历史一无所知。哥林多斯塔特呈现出一种不同的、品质降低的风格，币文由 ΛΟΚΡΩΝ 缩短为 ΛΟ 或 ΛΟΚ，出现在背面，而非正面。哥林多德拉克马也出现了，正面为女性头像，正脸或侧像，戴耳环和项链，背面为飞翔的珀伽索斯和币文，重 39 格令。

供本土使用的斯塔特与上一时期类似，只是背面没有闪电，但总体而言，制作工艺特别漫不经心。到 20 世纪结束时，即公元前 300 年前后，哥林多斯塔特停止发行。

公元前 300 年—公元前 280 年出现了一款新的斯塔特，重 118 格令，正面图案为鹰啄食野兔，背面为 ΛΟΚΡΩΝ 币文、闪电，以及一个符号，通常为商神杖。

此时发行的还有双奥波，重 18 格令，正面为展翅的鹰，鹰前面为商神杖，背面为分两行书写的 ΛΟΚΡΩΝ，两行中间有一道闪电。

此外还有重 11.5 格令的奥波，正面为 Λ－Ο 和双翼闭拢的鹰，背面为一道闪电在两个圆箍线之间。

这些钱币与阿加托克利斯的钱币如此类似，其年代毋庸置疑。这位叙拉古僭主渡海来到意大利与布鲁提人作战，但萧墙之祸促其早逝，其雄图因其去世而中断。这些钱币是否表明他在劫掠利帕里诸岛后抵达洛克里？

阿加托克利斯之死在公元前 289 年，阿诺德①在其《罗马史》第三十五章就阿加托克利斯做了有趣的记述。

皮洛士于公元前 280 年渡海来到意大利，并于同年在锡里斯河岸击败罗马执政官拉埃维努斯。其后他一路势如破竹，罗马一度举目可见，然后又退回他林敦。大约在此时，洛克里人臣服于罗马，希望能得到罗马人的保护对抗布鲁提人。

然而当皮洛士兵临城下时，洛克里人打开城门接纳皮洛士及其子亚历山大。皮洛士出发前往西西里时让亚历山大留在洛克里。皮洛士的士兵所行暴戾恣睢，洛克里人再度寻求罗马人的帮助。皮洛士于公元前 276 年秋返回意大利后，再一次围困并攻陷洛克里。急需资金为其雇佣军发饷，皮洛士劫掠了洛克里的珀耳塞福涅神殿，将财宝装上船，扬帆前往他林敦，但被一场风暴吹回洛克里。害怕女神的愤怒，皮洛士将劫掠的财宝还了回去，然后离开。公元前 274 年，皮洛士在贝内文托尝到败绩，逃回希腊。

皮洛士走后，洛克里人再度臣服于罗马，并对罗马保持忠诚，直到

---

① Thomas Arnold，公元 1795—1842 年，英国教育家、历史学家。——译者注

第二次布匿战争期间，公元前 216 年坎尼战役后迎迦太基人入城。公元前 205 年，西庇阿夺取了洛克里。

西庇阿麾下的军官普莱米尼乌斯劫掠了普洛塞庇娜的圣殿，但元老院要求作出赔偿，这一渎神行径以公共资金得到解决。最后这个时期的青铜币上有珀耳塞福涅头像，让我们想起洛克里驻罗马使节的讲话，根据李维著作第二十九卷第十八章的记载，这位使节说：

"我们有一座神庙供奉珀耳塞福涅，关于这座神圣的庙宇，我相信在皮洛士战争期间，诸公应该听闻了一些记载。"

皮洛士离开后，为彰显对罗马的忠诚，洛克里人发行了正面为宙斯头像的斯塔特，背面则是象征着信义的女神菲黛丝站立，为坐在她前面的罗马女神戴上花环，罗马女神倚在一个盾牌上，上有币文 ΛΟΚΡΩΝ ΠΙΣΤΙΣ ΡΩΜΑ。

这些钱币上的宙斯头像与皮洛士钱币上的颇为类似，极有可能是同一位雕模师的作品。这或许表明，皮洛士是在居停洛克里期间，或洛克里处于其势力范围之内时打造了其著名的四德拉克马。在南意大利，甚至洛克里本地都发现有大量他的钱币。

带有信义女神为罗马女神加冕图案的钱币是洛克里发行的最后一款银币，其意义在于，这是最早出现的罗马拟人化形象，这一形象后来在共和国时期的迪纳厄斯钱上颇为常见。

吕内公爵在《考古学会年鉴》第二卷第 3～12 页中描绘了至今尚存的洛克里遗址。这座城市近 2 英里长，宽约 1 英里，从一条如今名为圣伊拉里奥的小河河口一路延伸至丘陵地带。遗址距如今的城镇杰拉切约 5 英里。

第一时期：公元前 344 年—公元前 332 年

图 61

正面：ΞΕΥΣ，宙斯头像，面向右侧，戴桂冠，短发。

背面：ΕΙΡΗΝΗ ΛΟΚΡΩΝ。

厄瑞涅着长款奇同，百褶裙放在膝上，右手持商神杖，面向左侧坐在一块纪念碑石上，纪念碑石的前部有牛头骨装饰。

第二时期：公元前 332 年—公元前 326 年

图 62

正面：ΛΟΚΡΩΝ。宙斯头像，面向左侧，戴桂冠，飘逸的长法绺。

背面：向左侧飞翔的鹰啄食一只野兔，背后有一道闪电，鹰尾下方为字母Ν，下方底板为小圆珠。

闪电有时在前部。

有些钱币上有花押Ρ、Ϟ或Ψ。有些钱币上币文ΛΟΚΡΩΝ在背面，而不是正面。

第三时期：公元前 300 年—公元前 290 年

图 63

正面：鹰向左侧飞翔，啄食一只野兔，珠状内齿。

背面：ΛΟΚΡΩΝ，闪电。下方商神杖朝向左侧。珠状内齿。

有些钱币上鹰背后方有字母 **O**。

有些钱币上 **ΛΟΚ ΡΩΝ**。闪电和珠状内齿。

重 18 格令的双奥波

图 64

正面：鹰朝向左侧站立，回首，双翼张开；前部为商神杖，朝向左侧。无内齿。

背面：**O ΚΛ ΡΩΝ**。一道闪电。

重 11.5 格令的奥波

正面：**ΛO**。鹰朝向左侧，双翼闭拢；珠状内齿。

背面：一道闪电在 **O** – **O** 之间；无内齿。

第四时期：公元前 273 年—公元前 217 年

正面：宙斯头像，面向左侧，戴桂冠；下方字母 **NE**；珠状内齿。

背面：币文 **ΛΟΚΡΩИ** 在提铭处。

罗马女神面向左侧坐于御座之上，着长款奇同，百褶裙放在膝上；其右臂置于一面椭圆型盾牌之上，盾牌上有一道闪电；其左臂之下为一柄三角刃匕首。

图 65

代表信任女神菲黛丝的女性人像在为罗马女神加冕。女神面向左侧站立，着长款奇同和装饰性百褶裙，百褶裙的一头提起，搭过女神左肩，持于其左手。两位女性人像身后分别有币文**POMA**和**ΠIΣTIΣ**。在有些钱币上，币文**ΛOKPΩN**加在正面，背面提铭处无币文。

青铜钱币

第一时期：公元前 344 年—公元前 332 年

1. 直径：1 英寸。正面：宙斯头像，面向右侧，戴桂冠，短发。

背面：鹰，面向右侧，双翼闭拢。

在有些钱币上，背面的鹰站在一块岩石上。

第二时期：公元前 332 年—公元前 326 年

2. 直径：0.85 英寸。正面：宙斯头像，面向右侧，戴桂冠；头像后为一道闪电。**ΔIOΣ**。

背面：**ΛOK PΩN**。一道带有双翼的闪电。

3. 直径：0.95 英寸。正面：宙斯头像，面向左侧，戴桂冠；珠状内齿。

背面：**ΛOKPΩN**；有翼的闪电；右侧底板有一个焚香的祭坛。

第三时期：公元前 300 年—公元前 290 年

4. 直径：0.65 英寸。正面：帕拉斯头像，面向左侧，戴有冠饰的哥林多式头盔；珠状内齿。

背面：**ΛOK PΩN**。一道带有双翼的闪电。

有些钱币上币文为一行书写。

5. 直径：0.6 英寸。正面：青年赫拉克勒斯头像，面向左侧，着狮子皮。

背面：**ΛOKPΩN**。飞马珀伽索斯朝向左侧飞翔；其下为大棒，朝向左侧。

6. 直径：1.05 英寸。正面：珀耳塞福涅头像，冠御冕，戴耳环和项链，一缕长发系在脑后；其后面为一株罂粟果，或一串葡萄，或燃烧的火炬；珠状内齿。

背面：**ΛΟΚΡΩΝ**。鹰双翼闭拢，面向左侧站立在闪电上；其身后为一个花环；珠状内齿。有些钱币上没有花环，取而代之的是一串葡萄，其前方有字母**Λ**，还有些钱币上，符号为装饰有饰带的棕榈树。

7. 直径：0.75 英寸。正面：珀耳塞福涅头像，同上一款类似，但头像后面的符号为大麦穗。

背面：**ΛΟΚΡΩΝ**。帕拉斯面向左侧，戴有冠饰的哥林多式头盔，着长款奇同和双层小披风，右手放在长矛上，左手放在立于地面的盾牌上；底板右侧为七芒星和丰饶之角；珠状内齿。

8. 直径：1.1 英寸。正面：帕拉斯头像，面向右侧，戴有冠饰的哥林多式头盔、耳环和项链；头像后有**ΛΕΥ**字样；珠状内齿。

背面：**ΛΟΚΡΩΝ**；珀耳塞福涅着长款奇同，面向左侧坐于御座之上，御座的前腿为动物腿式样；女神右手持浅底碗，左侧有一柄权杖，权杖顶端为罂粟头状装饰；头像上方两侧各有一颗八芒星；珠状内齿。

有些钱币上正面文字不是**ΛΕΥ**，而是**ΕΥ**。

9. 直径：0.75 英寸。正面：帕拉斯头像，面向左侧，戴耳环、项链和带冠饰的哥林多式头盔，头盔上装点有橄榄花环；珠状内齿。

背面：**ΛΟΚΡΩΝ**；鹰面向左侧，站在闪电上，双翼展开；前面为丰饶之角；珠状内齿；有些钱币上的符号为一颗八芒星。有些正面有**ΕΥ**字样；其余的有字母**Λ**。

10. 直径：0.75 英寸。正面：狄奥斯库洛伊兄弟胸像，面向右侧，二人均头戴装饰有桂冠圆锥形绒帽，帽顶为一颗星；肩上披挂衣物，珠状内齿。

背面：宙斯面向左侧坐在御座上，腰部以上赤裸，持浅底碗和权杖；身后有丰饶之角；珠状内齿。

希波尼昂

    定居于原住民故城希波尼昂的洛克里殖民者并未放弃尊崇其故国的立法者扎琉科斯制定的法律，其中禁止金属造币。我们看到，直到公元前 344 年，这条律法在洛克里一直得以贯彻。可能也是出于对造币的敌视，希波尼昂人一直没有制造银币。

    然而，在洛克里人设立造币厂之前 35 年，希波尼昂人制造了青铜钱币。意大利各民族从较早时期起即已习惯于青铜造币，可能是因为希腊殖民者与本地原住民族更为自由地混居在一起，他们涉猎造币厂，并发行青铜钱币。

    希波尼昂的这些钱币具备特殊的意义，其图案至为清晰地展示了城邦的历史。

    希波尼昂的城址位于一座丘陵之上，丘陵俯瞰一处肥沃的平原，平原位于布鲁提西海岸，延伸至海湾的南部边缘。海湾的北端矗立着忒里那。两城相距约 20 英里。海湾有时按其北部的城市命名，有时则按其南部的城市命名，因此，斯特拉波称之为希波尼昂湾（Ἱππωνιάτης κόλπος），修昔底德则称为忒里那湾（Τεριναῖος κόλπος）。在希波尼昂的早期钱币上，城邦的名字拼写为ϹΕΙ，由此我们可以推测，这是早期在此地建城的原住民族所起的名字。字母Ϲ在萨贝利人的语言中相当于 f，翁布里亚人将其写作 ⅃ 或 Ⅎ，奥斯坎语写作 ⅃ 或 Ⅎ，拉丁人则写作 F。字母 Ⅽ 和 Ⅴ 发音高度相似，后来罗马人将其名字拼写为维波。

斯特拉波对该城邦的描述如下：

"康森提亚之后是希波尼昂，由洛克里人所建。罗马人从一度占据此地的布鲁提人手中夺取该城，并将其更名为维波－瓦伦提亚。因城邦周边草场丰美，繁花遍野，有传说称珀耳塞福涅自西西里来此采摘花朵，由此在当地妇女中产生了采摘鲜花、编织花环的风俗，流风所及，今日在节日上佩戴买来的花环被认为是一种耻辱。城邦还拥有一座港口，系由西西里僭主阿加托克利斯在占有该城期间所建。"

关于这片美丽的国度，我们可以从阿特纳奥斯的记载中（Ⅻ，542，第 249 页，t. Ⅲ）获得更多细节，其中阿特纳奥斯引述历史学家萨摩斯的杜里斯[①]，后者的著述涵盖年代下迄公元前 281 年。他描述了城邦附近一处神圣的树丛，以泉水精心灌溉，其美丽无与伦比，由叙拉古僭主格隆装点并规划。

阿特纳奥斯还引述了一首诗，其中赞颂了此地海湾中捕获的金枪鱼（Lib. Ⅶ，302）。

我们对这一城邦的历史一无所知，直到公元前 390 年。是年，狄奥尼西奥斯派遣他的兄弟莱普提诺斯统率舰队，以及一支陆军，该军在赫罗洛斯河岸大败意大利的希腊人联军。关于这次战役的故事可参见拉奥斯相关章节。希波尼昂的公民一定与其他希腊城邦处在同一阵营，并不再被视同洛克里人，因为该城邦于公元前 389 年被狄奥尼西奥斯攻陷，其公民被放逐到叙拉古，在那里滞留达十年之久，他们的土地被给予洛克里人（狄奥多罗斯，ⅩⅥ，107）。他们最终获释可能是归因于迦太基人战胜狄奥尼西奥斯的军队，但狄奥多罗斯并未提供详细情况。

希波尼昂最早的钱币由重归故里的流亡者于公元前 376 年发行，其

---

① Duris of Samos，公元前 350 年—公元前 281 年，古希腊历史学家，曾一度为萨摩斯的僭主。——译者注

正面为赫耳墨斯头像，背面图案有三种：鹰在蛇上、双耳瓶，以及商神杖，币文为萨贝利或奥斯坎字母 CEI 或 $CEIП$。使用这些字母可能表明即便在当时，布鲁提人依然具备相当的影响力，或者当地公民希望纪念洛克里人定居前该城的古老名字。

布鲁提人在希波尼昂的统治被伊庇鲁斯的亚历山大所打断，后者从其手中夺取该城，并于公元前330年—公元前325年发行了第二序列钱币，这次的币文为希腊文 $EIПΩNIEΩN$，在钱币背面，有些钱币上背面图案为鹰在闪电上，有些为双耳瓶，还有些则是趣味盎然的潘蒂娜站像新图案，潘蒂娜手持权杖和商神杖，或花环，有些小型钱币上则用大棒作为图案。正面我们发现了三种图案，其一是奥林匹斯的宙斯头像，其二是阿波罗头像，其三是年轻的河神雷昂。

宙斯头像可能仿制自亚历山大的钱币，出现在正面。背面的闪电，鹰坐在其上，也出现在亚历山大的钱币上。

亚历山大于公元前326年在潘多西亚附近阿刻戎河岸战殁，李维对此役做了描述（《罗马史》，Ⅷ）。此后，布鲁提人似乎恢复了对希波尼昂的霸权，并一直据有该地，直至公元前296年，为时约三十载。

公元前296年前后，令人生畏的叙拉古僭主阿加托克利斯再度渡海来到意大利，将希波尼昂的公民从布鲁提人的霸权中解救出来。据我们所知，阿加托克利斯在意大利的首次登场是随从其兄、叙拉古将军安坦德麾下的大军援助克罗顿人对抗布鲁提人。我们无从得知此役的时间和持续时长，也不知道远征的具体事项，但凯旋叙拉古时，阿加托克利斯位列首批因英勇和作战胜利立功受奖的将士之列。关于其在西西里和非洲与迦太基人作战的记载，可参见格罗特《希腊史》第二部第九十七章。公元前296年前后，他来到希波尼昂和克罗顿，与"围城者"德米特里①结成同盟，并将自己的女儿拉纳莎嫁给伊庇鲁斯王皮洛士。阿诺

---

① Demetrius Poliocretes，公元前337年—公元前283年，马其顿安提柯王朝国王。——译者注

德（《罗马史》，第三十五章）简要描述了其晚年的悲伤故事。显然，希波尼昂被他视为其在意大利战争的一处强大的基地。斯特拉波记载他于此地建设港口，这一举措至为必要，可为其战舰提供保护，并为其部队提供一个安全的登陆点。这个港口还可保证附近森林出产的木材能够安全地出口，并可供他建造和修理船只。阿加托克利斯殁于公元前 289 年，此后不久，他留在希波尼昂的驻军被布鲁提人击败。

可与阿加托克利斯之名联系起来的钱币发行于公元前 296 年—公元前 289 年的短短 7 年。

在钱币正面，我们看到帕拉斯头像，戴哥林多式头盔，币文为 ΣΩΤΕΙΡΑ，指将希腊人从布鲁提人手中解放；背面为尼姬站像，有时有币文 NIKE，但全部都有币文 ΕΙΓΩΝΙΕΩΝ。

李维告诉我们，迦太基人在整个国度大肆破坏，当地居民不享太平，直到罗马人于公元前 192 年遣 4000 人定居于此，建立殖民地。这 4000 人中有 300 名骑士（《罗马史》，XXXV，40）。罗马人将城市更名为瓦伦提亚，或如斯特拉波所称，Οὐιβῶνα Οὐαλεντία（VI，256）。

维波显然是希波的布鲁提名字，罗马人又给其加上了瓦伦提亚。

罗马人定居后，这座城镇似乎繁盛一时，西塞罗称为一座高贵、杰出的市镇（《反维勒斯》，V，16）：

"来自瓦伦提亚的代表，瓦伦提亚是一座如此杰出、高贵的城市。"

罗马统治下的瓦伦提亚的钱币包括常规的罗马青铜币：阿斯、半阿斯、1/3 阿斯、1/4 阿斯、1/6 阿斯、1/12 阿斯，以及 1/24 阿斯，详见下文钱币列表。

第一类　公元前 379 年—公元前 354 年

流亡者返乡后发行的钱币。

1. 直径：0.85 英寸。正面：赫耳墨斯头像，面向右侧，戴宽边帽，以带子系在下巴上。

背面：ΓΕΙ。鹰朝向右侧，双翼闭拢，爪和喙抓住一条蛇。

2. 直径：0.7 英寸。正面：图案同 1，但有铭文的痕迹。

背面：双耳瓶。

3. 直径：0.65 英寸。正面：ⵉⵉ。相同图案。

背面：商神杖；有些钱币上有珠状内齿。

第二类　公元前 330 年—公元前 325 年

伊庇鲁斯的亚历山大统治下发行的钱币。

4. 直径：0.8 英寸。正面：ΔΙΟΣ ΟΛΥΜΠΙΟΥ。

宙斯头像，面向右侧，戴桂冠；珠状内齿。

背面：ΕΙΓΩΝΙΕΩΝ。鹰在闪电上，双翼张开。

5. 直径：0.75 英寸。正面：ΔΙΟΣ，图案同 4.

背面：ΙΠΩΝΙΕΩΝ。双耳瓶；底板右侧为燃烧的火炬。

有些钱币上正面头像下方左侧有Ｈ字样。

6. 直径：0.65 英寸。正面：阿波罗头像，面向右侧，戴桂冠。

头像后方ΛΜ字样；珠状内齿。

背面：ΕΙΠΟΝΙΕΩΝ ΓΑΝΔΙΝΑ。

潘蒂娜面向左侧站立，着长款奇同和双层小披风，持鞭子（？）和权杖。

有些钱币上，正面头像后方有一只双耳爵，背面底板左侧有一颗八芒星。

7. 直径：0.4 英寸，正面：年轻的河神ΡΕΩΝ。

背面：大棒。ΕΙΓΩΝΕΙΩΝ。

第三类　公元前 296 年

阿加托克利斯时期发行的钱币。

8. 直径：0.85 英寸。正面：ΣΩΤΕΙΡΑ。帕拉斯头像，面向右侧，戴有冠饰的哥林多式头盔，头盔上装饰有狮鹫、或海马、或斯库拉图案，或无装饰。

背面：ΕΙΓΩΝΙΕΩΝ。尼姬面向左侧站立，着长款奇同和双层小披风，持权杖和花环，左臂下有 Π 符号，可能标示面值；有些钱币上没有此符号；有些钱币上在底板左侧有ΝΙΚΑ币文和一只螃蟹。

第四类

罗马人发行的维波 – 瓦伦提亚钱币。

1. 阿斯。直径：1.1 英寸。正面：宙斯头像，面向右侧，戴桂冠。下方有 I 字样。珠状内齿。

背面：**VALENTIA**。有翼的闪电，垂直放置；底板右侧为 I，以及一把里拉琴；珠状内齿。

多种符号变化：棍子，棍子尽头为野猪头；新月；蜜蜂；十二芒星；没有柄的花瓶。

2. 半阿斯。直径：0.8 英寸。正面：女性头像，最有可能是赫拉，面向右侧，长发，戴束发带、耳环和项链；头像后部为 **S**；珠状内齿。

背面：**VALENTIA**。双丰饶之角，底端转向左侧；底板右侧有 **Ƨ** 和新月；珠状内齿。

有些钱币上有 **S** 和六芒星，或 **S** 和里拉琴。

或者丰饶之角底端转向右侧，左侧底板上为公牛向左侧角觚，以及 **S**。

其他符号还有：小龙虾、十二芒星、三足鼎、海豚、持花环的尼姬等。

3. 1/3 阿斯。直径：0.17① 英寸。正面：帕拉斯头像，戴有冠饰的哥林多式头盔、耳环和项链；后部有 **⁚**；珠状内齿。

背面：**VALENTIA**。猫头鹰面向右侧，前部有 **⁚**，有些钱币上有六芒星，在上方或下方，或在面值标记的右侧。

其他钱币上为带有两个小柄的花瓶，或向右侧觚角的公牛。

正面：得墨忒耳头像；**⁚**。

背面：丰饶之角；**⁚**。

4. 1/4 阿斯。直径：0.65 英寸。正面：有须髯的赫拉克勒斯头像，

---

① 原文疑有误，似应为 0.71 英寸。

面向右侧，戴狮子皮；后部有⋮；珠状内齿。

背面：VALENTIA。两支大棒，向上，手柄缠在一起；左侧底板为六芒星和⋮；珠状内齿。

有些钱币上符号为犁，朝向左侧，上指，公牛向左侧角觚。

有些钱币无内齿。

5. 1/6 阿斯。直径：0.5 英寸。正面：戴桂冠的阿波罗头像，面向右侧，后部为⋮；珠状内齿。

背面：VALENTIA。里拉琴；右侧底板为⋮；无内齿。

有些钱币上公牛向下方角觚；⋮符号。

6. 1/12 阿斯。直径：0.45 英寸。正面：阿尔忒弥斯头像，面向右侧；肩上有箭囊，以及·；珠状内齿。

背面：VALENTIA。猎犬向右侧奔跑；上方有·符号；无内齿。

7. 1/24 阿斯。直径：0.4 英寸。正面：赫耳墨斯头像，面向右侧，戴有翼御冕；后方有ξ符号；珠状内齿。

背面：VALENTIA。商神杖；左侧底板有ξ符号；珠状内齿。

利基翁

在大希腊所有城市中，英国旅行者最常访问的地方是那不勒斯，其次就是利基翁，因其是一处港口，墨西拿和那不勒斯间定期往返的轮船均经停此地。利基翁位于布鲁提海岸，与墨西拿隔海峡相对，海峡最窄处宽仅有 6 英里。

关于城邦创建的记载见于斯特拉波的著作第四卷：

"利基翁系由某些哈尔基斯人所建。据说这些人是在歉收的年份遵照神谕的指示按十一抽杀律①选出，作为祭品献给阿波罗，随后离开德尔斐，又带上了一些从他们家乡来的人。如安条克所说，赞克雷人要求这些哈尔基斯人前来，并指派安廷尼都斯为他们的首领。某些伯罗奔尼撒的美西尼流亡者也追随这些殖民者……这些流亡者先逃到马奇斯托斯，从那里遣人去请求阿波罗的神谕指点迷津。神谕命令他们随同哈尔基斯人前往利基翁。他们遵从神谕的指示，由此，直到阿纳契拉斯之前，利基翁的统治者一直属于美西尼民族（亦即直到公元前 494 年）。"

南意大利最古老的希腊人殖民地据说是库迈，位于那不勒斯附近，也是源自哈尔基斯。因此，赞克雷和利基翁这两座两座较晚的殖民地可

---

① 每十人中抽签产生一名处死，罗马时代用以制裁逃兵。

能得到了库迈人的援助，库迈人由此为其船只获得了在大陆和西西里之间的海峡中自由通航的权利。

从保萨尼亚斯（Ⅳ，26，§4）的记载中，我们推测，利基翁的建城时间当在公元前720年之前，亦即第一次美西尼战争后不久。斯特拉波记载："这座城市被称为利基翁，要么如埃斯库罗斯所云，是因为发生在这一地区的地震，西西里正是因地震同大陆分离的……这一地区被称为利基翁。"

他继续提到，但没有探讨其他来源，比如"萨莫奈语言中'利基翁'一词意为皇家"。"大海冲击海滩"一词是 ῥηγμίς，"沟壑"或"裂口"一词为 ῥηγμα，动词 ῥήγνῡμι 则被柏拉图用来描述地震将大地打破。

这个词根中原来有一个希腊字母 F（digamma），拉丁文单词 frango、fregi（打破）即由此而来，英文单词 break（打破）也是如此。

近期的事件展示了这个名字是如何恰如其分。

直到公元前494年阿纳契拉斯的统治开始前，城邦的法律是西西里人卡容达斯，其影响遍及西西里所有的哈尔基斯城邦。从亚里士多德的记载中我们推测，这些律法是为贵族政体所构建；按阿特纳奥斯的说法，律法以韵文写成；斯托比亚斯则告诉我们，卡容达斯的律法规定，所有商业必须使用现金结算，政府拒绝帮助那些因为提供信用而蒙受损失的人。

据说卡容达斯也首次提出对伪证进行起诉。

城邦的治理机构涵盖1000位最富有的公民，通常为美西尼族裔。据杨布利科斯记载，毕达哥拉斯教团在利基翁根深蒂固，在其导师去世后，利基翁成为教团的总部。

在关于克罗顿钱币的章节中，我们看到，凡处在毕达哥拉斯教团的影响下的城邦，其早期发行的钱币通常为背面为阴刻图案的早期扁平钱。因此，利基翁最早的钱币或许可以视作证据，证明杨布利科斯所言不虚。

关于利基翁的早期历史，唯一一件已知的事件是，在公元前543年前后，利基翁接纳了来自科西嘉的福凯亚流亡者，在当地公民的建议下，后来这些流亡者建立了一座城邦，名叫韦利亚。创作了据信是第一部关于荷马的作品的哲学家塞阿戈奈斯出生在利基翁。据说他和冈比西斯生活在同一时代，后者死于公元前521年（优西比乌，《福音的准备》X，11；修达斯，关于塞阿戈奈斯的词条）。

城邦似乎在阿纳契拉斯统治时期达到鼎盛。据狄奥多罗斯记载，阿纳契拉斯的统治始于公元前494年。这一时期前后，大批来自萨摩斯和其他爱奥尼亚城邦的流亡者被波斯人驱离故土，占据了赞克雷。他们本来是受赞克雷人之邀去一个名为卡雷－阿克忒的地方建立殖民地，但阿纳契拉斯说服他们夺去了赞克雷。希罗多德完整地记录了这个故事（Ⅵ，22，23），修昔底德（Ⅵ，4）则告诉我们，利基翁的僭主阿纳契拉斯不久后驱逐了萨摩斯人，以多民族人口殖民该地，并以自己故土的名字将其更名为梅萨纳。阿纳契拉斯迎娶了库狄佩，她是希梅拉僭主泰瑞芳斯之女。公元前480年，阿纳契拉斯援助其岳父对抗泰荣①。阿纳契拉斯的女儿嫁给了叙拉古的希隆，我们认为她有可能在希隆的宫廷里见到过诗人埃斯库罗斯和品达。

希隆有着巨大的影响力，足以阻止阿纳契拉斯向洛克里人寻仇。从修昔底德的记载我们得知，洛克里一直是利基翁的竞争对手，双方的竞争持续了许多代人。据查士丁记载（Ⅳ，2），在利基翁所有的统治者中，阿纳契拉斯以最温和、最平易近人著称。

在希隆成功地维系了和平后不久，公元前476年，阿纳契拉斯去世。他的两个儿子年方幼冲，由米库托斯摄政。米库托斯是一名被解放的奴隶，他以公正和中庸之道统治利基翁和梅萨纳两城达9年之久，直到公元前467年。

米库托斯监国期间，利基翁曾派遣3000将士驰援他林敦，与雅庇

---

① Theron，卒于公元前473年，西西里阿克拉加斯（Acragas）僭主。

吉亚人作战。他林敦人于公元前 473 年败绩，这 3000 将士亦伤亡过半。

　　米库托斯归隐于阿卡迪亚的泰盖阿后，阿纳契拉斯的两个儿子亲政，但其统治只持续了短短 6 年，到公元前 461 年，他们被城邦放逐，此事是当时席卷大希腊诸多城邦的政治动荡的一个插曲。

　　据查士丁的说法，驱逐僭主后，利基翁人为党争所苦。但查士丁的记载孤证不立，不是特别可信。

　　修昔底德记载（Ⅲ，86），公元前 427 年，即推翻僭主统治后 34 年，雅典遣拉凯斯和查罗阿德斯率舰队援助来翁悌尼人与叙拉古作战。这一舰队获准在利基翁建立司令部，并得到大量部队增援。这一行为使得利基翁人与其宿敌洛克里人之间爆发冲突。

　　然而，公元前 415 年，雅典人发动对叙拉古的大规模远征时，利基翁人却拒绝参战，保持中立一直到最终。16 年后，当叙拉古的狄奥尼西奥斯向西西里的哈尔基斯诸城邦发动战争时，利基翁派出 50 艘三列桨座战舰、6000 步兵和 600 骑兵对抗狄奥尼西奥斯。但当梅萨纳人退出联盟后，利基翁也求和了。

　　狄奥尼西奥斯当时正准备与迦太基人开战，渴求利基翁人的友谊，提议双方通过和亲建立同盟关系，但遭到粗暴的拒绝。于是他转而与利基翁的宿敌洛克里人联姻，迎娶朵丽丝，当地一位统治者的女儿。公元前 363 年，狄奥尼西奥斯攻占梅萨纳，并在当地建造要塞，可用作进攻利基翁的前哨。三年后，他的兵锋直抵利基翁城下，麾下有 20000 步兵和 1000 骑兵，并以 120 艘三列桨座战舰封锁了其港口。公元前 389 年，在赫罗洛斯河畔，狄奥尼西奥斯大败意大利希腊人联军，利基翁人在献出 300 他连得白银和 70 艘三列桨座战舰后获准停战。但翌年，城邦又遭围攻，最终沦陷。幸存者被卖为奴隶，他们的将军菲东被残忍地杀害（格罗特，第八十三章）。公元前 367 年，狄奥尼西奥斯去世，其子重建了这座被荒废的城市，并在当地驻军。公元前 351 年，叙拉古人夺去了这座城市，幸存者得以恢复自由。

　　哥林多将领泰摩利昂于公元前 344 年从利基翁渡海，向叙拉古挺进，在那里，小狄奥尼西奥斯被围困在卫城中。泰摩利昂赢得了叙拉古，并招徕来自哥林多的殖民者定居该城。公元前 339 年，他在克里米苏斯战役取得了对迦太基人的大捷。哥林多和随同泰摩利昂来到西西里的哥林多人的影响，从这一时期利基翁发行的哥林多斯塔特上可见一斑。

公元前 280 年，皮洛士抵达意大利，利基翁人同罗马人结盟，接纳 4000 名坎帕尼亚雇佣军入城，雇佣军的首领名叫德基乌斯。但不久，这些雇佣军屠戮了所有的男性居民，并将妇女和儿童贬为奴隶。

10 年后，公元前 270 年，罗马执政官格努基乌斯经过长期围困后攻陷了利基翁，消灭了坎帕尼亚驻军。这座城市再也未能恢复旧日的繁荣。第二次布匿战争期间，利基翁一直忠于罗马，被视为联盟城邦之一。

这个城邦的钱币为城邦的历史提供了精美的插图。比如，毕达哥拉斯教团统治时期反映在公元前 530 年—公元前 494 年的扁平背面阴刻钱币上，萨摩斯殖民者的影响可见于公元前 494 年—公元前 480 年钱币上出现的狮子头像图案，著名的君主阿纳契拉斯的影响则可展示于公元前 480 年—公元前 468 年钱币上的骡车和野兔图案。

公元前 469 年—公元前 415 年的钱币上，本地乡村神祇图案大行其道，放映了当时民主政治的影响。西西里的影响则或可见于公元前 415 年—公元前 389 年发行的钱币上的阿波罗图案，公元前 389 年正是城邦被大狄奥尼西奥斯摧毁之年。哥林多斯塔特流通于公元前 450 年—公元前 270 年，或可证明哥林多人泰摩利昂的影响，而公元前 270 年—公元前 203 年珍稀的银币上的阿波罗头像，则见证了西西里的影响仍在持续。

骡车图案

在康茂德皇帝当国期间，尤利乌斯·波鲁克斯一直担任雅典学院的修辞学系主任。他告诉我们，利基翁僭主阿纳契拉斯驾着自己的骡车赢得了一场奥运会比赛，其后在利基翁的钱币上推出骡车和野兔图案

（Ⅴ，75，第261页，丁道夫编辑版）：

"Ολύμπια νικήσας ἀπήνη, τῷ νομίσματι τῶν Ῥηγίνων ἐνετύπωσεν ἀπήνην καὶ λαγών."

图66

品达在其第五首《奥林匹克颂歌》中颂扬骡车赛车。他说：

"关于被颂扬的勇武的甜美记录，以及在奥林匹亚赢得的王冠，以步伐耐心的骡子，接受大海的女儿。"

品达的第四首《奥林匹克颂歌》也是为同一位胜利者所写，这位胜利者就是西西里的浦骚米斯，他的骡车在公元前452年夺魁。

其第四首《皮提亚颂歌》系为昔兰尼国王阿尔凯希劳斯所写，其中也提到骡车。珀利阿斯①的形象呈现为"乘着他的骡子和光洁的车匆匆赶来"。

第三时期的背面图案公元前461年—公元前415年

民主政府发行的钱币背面图案为男性坐像，有观点认为这个形象代表城邦公民，另有观点认为这是城邦的创建者伊俄卡斯托斯，还有观点认为是乡村河神阿瑞斯泰俄斯。认为其代表城邦公民的观点系由劳尔·罗歇于1840年提出，赞同这一观点的人指出，一个民主政府自然会选择这样一个钱币图案。他林敦钱币上有一个某种程度上类似的形象，也被声称具备同样的含义。

探究这一说法时，我们需要考证两件事：其一，希腊艺术中使用这一人格化呈现方式的历史；其二，钱币提供的关于此类形象首次推出的

---

① Pelias，希腊神话人物，伊俄尔科斯国王，派遣伊阿宋去寻觅金羊毛。

时间的证据。

在东方和埃及，用图像代表城市起源甚早，远远早于希腊人采用这一形式。

在希腊人中，我们从未发现任何描绘城邦城墙或建筑透视图的尝试。他们高度热衷的是一个城邦的人格化性格，一个城邦被认为具备其居民的品德，只能通过将其品德拟人化才能呈现。

希腊城邦要比我们时代的城市小得多，可以用这种方式恰当呈现。最早的独特个性带有宗教性质，所崇拜的神祇被选作象征。其次或许是城邦的建立者，或曰οἰκιστής，再往后则是比喻性的形象，最近的象征则是机缘女神泰姬或福尔图娜。

最早的城邦拟人化雕塑似乎是我们在希罗多德《历史》第八卷第一百二十一章所读到的（约公元前 478 年）："在那之后，他们瓜分了战利品，将其中献给神明祭品送往德尔斐，用其制成一尊雕塑，高 12 腕尺①，手持战舰的船艏装饰。"画家帕纳埃诺斯②（约公元前 448 年）在宙斯神像的底座上画了人格化的希腊和萨拉米斯，萨拉米斯手中也持有一个船艏（保萨尼亚斯，V，11）。

现存最早的表现一个城邦的拟人化形象的浮雕作品恰好刻画的是梅萨纳。这是一个古风风格的形象，面向右侧站立，双臂前伸，头戴一顶硕大的王冠。通过其铭文ΜΕΣΣ……的形制推断其时间应在公元前 450 年。公元前 454 年后，梅萨纳人背井离乡。显然，艺术家想要纪念的是城邦的人民，而非城邦本身。在这些雅典的浮雕上，西西里也被人格化，但其形象为得墨式耳，手持火炬。

另一件浮雕作品中用赫拉克勒斯本人的形象代表大希腊的赫拉克利亚城邦。罗马帝国时代，小亚细亚城邦的联盟钱币上，以各城邦公民敬

① Cubits，古代长度单位，成年人手臂从手肘到中指顶端的长度，为 45 ~ 55cm。

② Panaenus，古代雅典画家，雕塑家菲迪亚斯的兄弟。

拜的神祇代表其城邦。

比喻形象可见于库普塞罗斯的箱子①，据保萨尼亚斯第五卷第十七章记载，箱子上描绘了夜神带着她的孩子死神和睡神，正义鞭挞不义，不和女神厄里斯和勾魂使者凯儿。

在一件雅典浮雕上有尤塔西娅的形象，即良好的秩序。欧弗拉诺尔②，其创作历程一直持续到公元前 336 年之后，曾创作了一尊美的女神阿瑞忒的雕塑，他的另一件雕塑作品刻画了"英勇"之神为希腊加冕。他还是位画家，其画作中有一幅描绘民主和公民，巴赫西斯③也绘制了一幅公民形象，由普林尼记载下来。

阿格拉克里图斯④在公元前 370 年—公元前 360 年创作了一尊复仇女神涅墨西斯；留西波斯创作了一尊时间或机遇之神卡俄茹斯。不过这是在亚历山大大帝的时代，彼时寓意形象已经变得更为常见。

在更早的作品中，徽标同形象本身的设计混合起来，融入其中，但后期的艺术家使用更多外在的、易于理解的符号。在诗歌和文学中能找到这样的象征性形象，例如在埃斯库罗斯的《波斯人》、欧里庇得斯的《海伦》、阿里斯托芬《骑士》中的德谟斯，以及亚里士多德对锡巴里斯的阿尔基蒙内斯的袍子的描述，告诉我们上面描绘了宙斯、赫拉、忒弥斯、雅典娜、阿波罗和阿芙洛狄忒等神祇的形象，每一面还有阿尔基蒙内斯本人和锡巴里斯城邦的人格化形象，但我们不知道这个人格形象是如何呈现的。

现在让我们回到钱币，看一看公民拟人化形象出现的时间。被有些人认为代表公民形象的最早的钱币来自他林敦，是一个坐着的人物形

① Cypselus，库普塞罗斯是公元前 7 世纪哥林多僭主，此处提到的他的箱子是献给奥林匹亚的还愿贡品，以雪松制成，绘满各种神话故事，以黄金和象牙装饰。
② Euphranor，公元前 4 世纪中期古希腊艺术家，希腊艺术家中唯一一位同时长于雕塑和绘画。
③ Parrhasius，公元前 5 世纪前后来自以弗所的画家。
④ Agoracritus，公元前 5 世纪前后的雕塑家，菲迪亚斯的弟子。

象，手持纺纱杆或双耳爵。但币文 **ΤΑΡΑΣ** 表明，这是城邦创建者的形象，而非象征公民。

利基翁或他林敦钱币上没有任何人物坐像带有 **ΔΕΜΟΣ** 币文。带有这一币文的米洛斯岛①钱币直到约公元前 200 年才出现。

有 **Ο ΔΕΜΟΣ** 币文，但无人对应物形象的雅典斯塔特直到公元前 86 年前后才发行。

大约有 45 枚帝国时代的钱币上有 **ΔΕΜΟΣ** 币文，但第三时期的利基翁钱币上没有发现这一币文。此外，钱币图案中所有类似性质的寓意性主题都要晚于公元前 460 年，比如西风洛克里钱币上的罗马女神，或阿莱萨②的 **ΣΙΚΕΛΙΑ**（西西里）。

一枚公元前 4 世纪早期发行基齐库斯钱币上发现了 **ΕΛΕΥΘΕΡΙΑ**（自由）形象，被视为最早的寓意性钱币图案。

从希腊艺术中人格化表现形式的历史考虑，我们可能以为会发现此类作品为钱币雕模师所熟悉，但从钱币提供的证据我们推断，公民形象设计的推出要晚于城邦创建者肖像图案，但创建者可能被视为具备公民的美德。希腊城邦中通常有供奉创建者的神殿，创建者的遗骨埋葬在市场中。公民们向其祈求帮助，特别是当入侵者威胁城邦时。

关于希腊艺术中拟人化和寓意形象，大量有价值的信息可参见加德纳先生的文章《古代艺术中的国度与城市》，《希腊研究期刊》，第四部第 47 页。

殖民地创建者伊俄卡斯托斯

既然他林敦和利基翁钱币上形象更可能是代表城邦的创建者，而非公民，那么，关于利基翁的创建者，我们又知道些什么？我们从生活在 4 世纪末期的"旅行家"狄奥尼西奥斯、泰泽，以及从狄奥多罗斯

---

① Melos，爱琴海上的一个火山岛，在希腊大陆部分和克里特岛之间，卢浮宫著名的"米洛的维纳斯"即出土于该岛。——译者注

② Alaesa，西西里岛古城，位于该岛北部海岸。——译者注

（Ⅴ，8）的记载中得知，利基翁的创建者是伊奥罗斯之子伊俄卡斯托斯。从柏拉图的弟子赫拉克利德斯（ⅩⅩⅤ）处我们得知，伊俄卡斯托斯因被蛇咬伤殒命。

"利基翁由哈尔基斯人所建。他们为躲避瘟疫离开欧里帕斯，得到了美西尼人的援助，这些美西尼人起初定居在伊俄卡斯托斯的坟墓附近。伊俄卡斯托斯是伊奥罗斯的儿子之一，他们说他死于蛇咬。"（ὂν φασιν ἀποθανεῖν πληγέντα ὑπὸ δράκοντος）他的兄弟们在梅萨纳和图恩达利斯①的钱币上得到纪念，由此推测，伊俄卡斯托斯本人也很可能成为钱币图案的主题。他的兄弟的名字分别为菲莱蒙和阿伽瑟诺斯。

1896年《钱币学年鉴》第四部分第三辑第72是希思先生关于这一钱币图案的一篇法文文章，其中他提出若干理由认为坐着的人物代表伊俄卡斯托斯。

希思先生认为，人像服装上及其所坐的椅子上某些细节代表了传说中所隐喻的蛇。巴黎收藏的一枚钱币上，椅子下确实有一条蛇，但他认为这是某位执政官的个人徽记；他以同样的方式观察各种钱币上以及下面出现的其他物件。希思先生提醒我们注意的事实中有一件特别有趣：他注意到，在公元前493年，雕塑家毕达哥拉斯②来到利基翁，他认为，斯塔特上的人物可能代表毕达哥拉斯为该城市场或某个神庙创作的一件雕塑作品。

仔细研究1897年《钱币学年鉴》图版Ⅲ中这些钱币的图片，以及大英博物馆藏品中的此类钱币，人像的椅子或棍子或服装是否能发现任何蛇的痕迹，是很可疑的。唯一一枚清晰呈现蛇的形象的钱币被希思先生认为是代表执政官的徽标，大英博物馆有一枚青铜钱币（《目录》，第87号），上面有一个站立的人像，手持权杖，盘在权杖上的可能是一条蛇，在目录上，"蛇"一词后打了个问号。

---

① Tyndaris，位于西西里东北部。——译者注
② 与哲学家同名但并非同一人。——译者注

希思先生声称这个形象代表伊俄卡斯托斯。在这一探讨中的要点似乎是椅子下方的物品的性质及其与主图案的关系。海德博士和塞尔特曼先生认为这些物件与主图案密切相关，因此不是执政官的徽标。

由此我们被导向第三种更合理的解释，即人像代表阿瑞斯泰俄斯。

阿瑞斯泰俄斯

关于这一形象，在《钱币史》第94页，海德博士写道：

"在我个人看来，我倾向于认为这一形象是大自然的神祇阿戈柔斯或阿瑞斯泰俄斯，乡村生活与农事的保护神。由此，经常出现在其作为下方或旁边的牧羊犬、鸭子、乌鸦等，与主图案就有了某种密切的关系，而如果这一形象是公民，则这些必须被视为与主要形象无关的附加符号。"

在类似的图案上，比如潘多西亚或埃皮达罗斯①钱币上的图案，我们无法将犬同潘或阿斯克勒庇俄斯②分割开来。塞尔特曼先生认为，利基翁更早期钱币上的野兔是潘的一个象征，当民主政体变更城邦的币制时，他们保留了原有的宗教理念，但赋予其更加本地化的形式。神祇阿瑞斯泰俄斯具备潘的诸多特征，且阿瑞斯泰俄斯崇拜在大希腊尤为盛行。

阿格柔斯是赋予潘的一个别号，也是阿瑞斯泰俄斯的别号。在维吉尔（《农事诗》第一卷第14行）的作品中，阿瑞斯泰俄斯同潘的不同之处在于"你，林中的居民，为了你，300头雪白的阉牛放牧在开奥斯的树丛中；还有你，潘，羊群的监护者……来此施我们以恩惠。"在《农事诗》第四卷第315行，维吉尔再度发问："什么样的神祇，你沉思，什么样的神祇，向我们昭示这一艺术？人类的这一做法从何处而来？"答案是："牧羊人阿瑞斯泰俄斯从佩内奥斯的神殿飞来，他的蜜

---

① Epidaurus，位于希腊大陆部分东南端，传说中医神阿斯克勒庇俄斯的出生地。——译者注

② AEsculapius，希腊神话中的医神，阿波罗之子。——译者注

蜂因疾病和饥荒死去，他悲伤不已，向他的母亲倾诉：库瑞涅，我的母亲……尽管你是我的母亲，我却连凡人的生计都做不好，我努力照管庄稼和畜群，却所获甚微。"故事的结尾处，维吉尔说他写下这些诗句时正在尼亚波利。

最早提到阿瑞斯泰俄斯的是品达的第九首《皮提亚颂歌》。诗人生于公元前 522 年前后，殁于约公元前 442 年。公元前 473 年，品达造访希隆的宫廷，并在那里滞留了 4 年。

带有疑似阿瑞斯泰俄斯形象的钱币发行于公元前 481 年—公元前 475 年，在品达生前流通。在这首诗中，诗人讲述了库瑞涅为阿波罗生下一个孩子，他说"四季的女神们将婴儿放在她们膝上，应将他尊为神明，宙斯，或神圣的阿波罗，乐于帮助他爱的人类，羊群的看护者；于是有人称他为阿格瑞阿斯，以及诺米奥斯，其他人称他为阿瑞斯泰俄斯。"

罗德岛的阿波罗尼奥斯（Ⅲ，507）① 和狄奥多罗斯（Ⅳ，81）也提到过阿瑞斯泰俄斯。这一崇拜的理念比潘所呈现的更加文明，与阿波罗崇拜更接近，阿波罗也同看护羊群相关联，关于这一点我们在梅塔彭提翁一章中已有涉及。带有其头像的梅塔彭提翁钱币要晚些，大约在公元前 400 年前后。

这一系列晚期的钱币上，坐在岩石上的人像呈现出青春活力，没有须髯，头戴御冕，而早期的钱币上则是有须髯的。后期的年轻头像与阿瑞斯泰俄斯作为阿波罗之子的身份相匹配。

这位阿波罗之子被赋予预言和治愈的神力，宁芙仙子们则教会他驯养蜜蜂和种植橄榄树。在昔兰尼，他创造了罗盘草②；在开奥斯，他帮助岛民逃离天狼星的侵害；在色雷斯，他同葡萄种植和狄俄倪索斯的狂

---

① Apollonius of Rhodes，公元前 3 世纪上半叶古希腊诗人、学者。——译者注
② Silphium，古代世界的一种著名草药，产于北非的昔兰尼（今利比亚境内），可用作堕胎药，现已灭绝。——译者注

欢关联起来；在叙拉古，他的形象出现在供奉狄俄倪索斯的圣殿中。所到之处，他被尊为畜群的保护神和猎人的庇护者。

在一枚珍稀的德拉克马上，坐着的人像呈现为俯首，右手撑着头，处于小憩状态。这款钱币在柏林和巴黎有收藏。

潘被认为在正午时分在林中空地上午睡小憩，我们看到阿瑞斯泰俄斯同潘之间的密切关联。巴黎的另一枚钱币上，人像回首，仿佛应被打扰而愤懑，或可视为对传说中潘和阿瑞斯泰俄斯的这一习性的一种近似表述。

附属物品

1. 四个类型的木杖可辨识，一是简单的直棍，二是牧羊杖，顶部弯曲呈钩状，三是粗糙的棍子，仿佛从树枝上看下来的，最后是发芽的木杖。牧羊杖契合阿瑞斯泰俄斯 Νόμιος 的身份；粗糙的木棍则可能代表橄榄枝，橄榄种植也是由他庇护的。

2. 环绕图案的花环很可能是橄榄花环，因为其叶子是弯折卷曲的。如果是月桂花环，则叶子应该是挺直坚硬的。

3. 木杖倚在左肩时，人像右手持杯或双耳爵。

4. 有些钱币上，人像手持用于奠酒的浅底碗。这一象征出现在阿瑞斯泰俄斯的手上不出我们所料，因为他受过狄俄倪索斯的教诲，有时还在其妙语中分享祭拜，比如在叙拉古。

5. 塞尔特曼先生收藏的一枚德拉克马上有一颗星在椅子下，可能代表天狼星。

6. 大英博物馆的一枚钱币，以及另一枚在柏林的钱币，上有牧羊犬或猎犬，回首仰望自己的主人；可能是牧羊犬，而非象征天狼星。

7. 柏林的一枚钱币上，人像椅子下方有一只花豹幼崽在玩球，或许是狄俄倪索斯崇拜的一个符号，暗示阿瑞斯泰俄斯与狄俄倪索斯的关联。

8. 柏林的另一枚钱币上有一只鹤，象征光明之神明察秋毫的目光，地上所发生的一切皆在其注视之下，作为阿波罗之子的徽标恰如其分。

9. 乌鸦，象征寓言，是阿波罗的圣鸟。

10. 水鸟，可能是象征所有处在阿瑞斯泰俄斯保护下的野生生物。之所以选择水鸟，可能是因为大批水禽飞向利基翁海岸，特别是在风暴天气。

11. 蛇，可视为医治者阿瑞斯泰俄斯、阿波罗之子的徽标。

12. 葡萄藤枝，上有葡萄，见于巴黎收藏的一枚钱币，是常见的狄俄倪索斯符号，唯一一个不是放置在椅子下或旁边的。

13. 塞尔特曼先生收藏的一枚钱币上有一个难以辨认的物体，他本人认为是冷杉球果，冷杉是森林神祇的圣树；或半开的罗盘草花，罗盘草被视为阿瑞斯泰俄斯送给昔兰尼的礼物。如果我们将这些物品同主图案设计联系起来考察，则难以避免地得出人像确系某位本地乡村神祇的结论。

但结论并不一定是这一图案代表上述三种理念中的一种。我们看到赫拉克勒斯不仅是克罗顿的创建者，也是该城邦的保护神灵。在克罗顿的一些钱币上，我们看到，同利基翁钱币图案类似的赫拉克勒斯坐像，配有币文ΟΣΚΣΜΤΑΜ（ΟΙΚΙΣΤΑΣ）。塞尔特曼先生和希思先生可能都是正确的，只要他们不完全排除他们不赞同的说法有可能也是这一设计的首要动机。

在一幅描绘雅典与迈索内结盟——迈索内是优卑亚岛埃雷特利亚的殖民地——的浮雕上，创建者和英雄被描绘为一位猎手和牧羊人。

伊奥罗斯之子伊俄卡斯托斯可能被看作猎手和牧羊人，以及城邦的保护神灵，可能被认为具备潘或阿瑞斯泰俄斯的某些特征。利基翁人用何种名字称呼他，我们不得而知，但本地神祇的乡村特征在设计中得到充分体现。

利基翁的一些青铜钱币展示了《圣经·新约·使徒行传》（XXVIII，11，12）中的情节：

"过了三个月，我们（使徒保罗一行）上了亚历山大的船往前行，这船以'宙斯双子'为记，是在那海岛过了冬的。到了叙拉古，我们停泊三日，又从那里绕行，来到利基翁。过了一天，起了南风，第二天就来到部丢利。"①

狄奥斯库洛伊兄弟（"宙斯双子"）是水手的保护神，在利基翁香火鼎盛，经停此地的航海者习惯于在其神殿敬拜祷告。

载着使徒保罗的那艘船的船艏雕塑可能同利基翁青铜钱币上的非常相像。

第一时期　公元前 530 年—公元前 494 年

正面：RECINON（反向书写）。人面公牛。

背面：人面公牛，阴刻。

德拉克马重 87 格令。

重量标准为哈尔基斯城邦使用的埃伊纳标准，与亚该亚殖民地钱币的契合之处仅在于钱币的图案和形制，克罗顿和锡巴里斯距离太远，不足以影响本地的重量标准。

奇怪的是，所有的哈尔基斯城邦的钱币均采用埃伊纳重量标准，而不是如我们自然而然所预料的采用优卑亚标准。安霍夫－布鲁默博士认为，重约 92 格令的早期钱币应被视为优卑亚标准 8 奥波或重 270 格令的优卑亚四德拉克马的 1/3，略有超重。海德博士（在《钱币史》导言第一部分）则认为，出乎意料地选择埃伊纳标准可能是因为最早的定居者重并非全部来自优卑亚。哈尔基斯是他们登船的港口，但其中很大一部分殖民者可能来自采用埃伊纳标准的其他希腊城邦，因为在当时埃伊纳在希腊世界依然是一个海上强权。斯特拉波提及，早期的定居者中有被驱离故土的美西尼人，他们起初定居于马奇斯托斯，但继续迁徙，在利基翁与哈尔基季基殖民者会合。这些人应该习惯于埃伊纳标准。

第二时期　公元前 494 年—公元前 476 年

阿纳契拉斯的造币。

埃伊纳标准德拉克马，重 88 格令。

①　本处译文选用《圣经》简体中文新标点和合本。——译者注

正面：狮头，珠状内齿。

背面：**RECION**。小牛头，面向左侧；珠状内齿。

图 67

阿提卡标准四德拉克马，重 272 格令。

正面：狮头，正脸。

背面：**RECINON**（反写）。小牛头，面向左侧。

正面：狮头，正脸，在一面圆形盾牌上。

背面：无铭文。萨摩斯战舰船艏（267 格令）。

最后一类钱币发现于梅萨纳，其重量并非萨摩斯通用标准，然而其图案可能是殖民者从该岛引进的。因此，可能的情况是，萨摩斯人在占领赞克雷后，将其更名为梅萨纳。

修昔底德（Ⅵ，4）声称，更名发生在他们被驱逐之后，而希罗多德（Ⅶ，164）则没有给出更名的具体时间。

骡车图案的四德拉克马，重 261～265 格令。

正面：骡车（ἀπήνη），朝向右侧，由一名长着须髯的御者坐着驾驭，御者持缰辔和策；珠状内齿。

背面：**NONICER**。野兔向右侧奔跑；珠状内齿。有些钱币上，正面的提铭处有一片橄榄叶。

德拉克马，重 62～64 格令。

正面：图案同上。

背面：图案和内齿同上。**RECIN** 或 **RECINON**。

奥波，重 11.6 格令。

正面：野兔，向右侧奔跑；珠状内齿。

背面：**REC**，珠状内齿环绕。

第三时期　公元前 461 年—公元前 415 年

钱币上有面向左侧坐的人物形象。

四德拉克马，重 258 ~ 267 格令。

正面：狮头；珠状内齿。

背面：RECINOS。男性人像，有须髯，腰部以上赤裸，面向左侧坐，右手拄杖，左手放在臀部；全部图案在橄榄花环内。

变种：（a）正面：右侧底板上有一串葡萄。

（b）正面：每条眉毛上方均有一个小圆圈，内有三个圆点。

（c）正面：左侧底板上有一束橄榄和果实。

（d）正面：右侧底板上有一束橄榄和两枚果实。

图 68

（a）背面：币文反写。

（b）背面：椅子下方左侧有一条狗。

（c）背面：椅子下方左侧有一只鸭子。

（d）背面：坐在椅子上的人像为青年，戴御冕。

德拉克马，重 64 格令。

图案同四德拉克马。

奥波（?），重 15 格令。

正面：狮头。

背面：REC。珠状内齿环绕。

奥波，重 10 ~ 11 格令。

正面：狮头和内齿。

右侧底板上有一片常青藤叶。

背面：RECI，周围环绕橄榄花环。有变种正面无橄榄叶。

第四时期　公元前 415 年—公元前 387 年

艺术水准最佳的年代。

四德拉克马，重 265～268 格令。

正面：狮头，珠状内齿。

背面：ΡΗΓΙΝΩΝ。阿波罗头像，面向右侧，戴桂冠，头发在颈后向上束起；后面为一束橄榄枝。

变种：正面：相同图案，但狮子的鬃毛在头顶呈双梁。

图 69

背面：相同图案和符号，但币文为ΡΗΓΙΝΩΝ，且在头像前有小字母的雕模师名字 KPAT OΠΠΙΣ，或，据伽汝奇的说法，KPATHΣΙΠΠΟ，或 K … E（πόει）。参见希尔《希腊和罗马钱币》，第 195 页，及福若《希腊钱币上的雕模师签名考》，第 175 页。

德拉克马，重 61～63 格令。

正面：狮头。

背面：ΡΗΓΙΝΟΝ。阿波罗头像，同四德拉克马。

图 70

半德拉克马（？），重 32.8 格令。

正面：狮头。

背面：**PH**。一束橄榄枝，有两片橄榄叶和两枚橄榄向右；珠状内齿。

奥波，重 11~13 格令。

正面：狮头。

背面：图案同半德拉克马。

本时期末期四德拉克马，公元前 350 年之后。

正面：狮头；珠状内齿。

背面：**PHΓINOΣ** 或 **PHΓINON**。

阿波罗头像，面向左侧或右侧，戴桂冠，长发；头像后方有一束橄榄枝；珠状内齿或无内齿。

第四时期　公元前 270 年—公元前 203 年

一枚钱币重 26.8 格令，被描述为两个利特拉钱。

正面：阿波罗头像，面向左侧，长发；后方有一个海豚头，朝向下方；珠状内齿。

背面：狮头，正脸；珠状内齿；**PHΓI NΩN**。这枚钱币发现于利帕里岛，乔治·麦克唐纳先生在 1896 年《钱币学年鉴》第 189 页对其做了描述。

利基翁的青铜钱币

我们可以依据正面图案方便地将青铜钱币分为四类：

Ⅰ. 狮头。

Ⅱ. 阿波罗头像。

Ⅲ. 阿尔忒弥斯头像。

Ⅳ. 背面有面值标记，即 1/5 阿斯、1/4 阿斯和 1/3 阿斯。

第一类

1. 直径：0.65 英寸。正面：狮头；珠状内齿。

背面：**PH**。一束橄榄在右侧，上有两片叶子和三粒果实；珠状内齿。

　　直径：0.45 英寸，图案相同，但背面无内齿。

　　2. 直径：0.5 英寸。正面：狮头；珠状内齿。

　　背面：Ǝ·Я。珠状内齿环绕。

　　3. 直径：0.5 英寸。正面：狮头；珠状内齿。

　　背面：R·E；下方为一束橄榄；珠状内齿。

　　4. 直径：0.6 英寸。正面：狮头；珠状内齿。

　　背面：PHΓINΩN。里拉琴；上方为新月，角向下；无内齿。

　　5. 直径：0.75 英寸。正面：狮头；珠状内齿。

图 71

　　背面：PHΓINΩN。阿波罗头像，面向右侧，头发向上束起；左侧底板上为一片橄榄叶。

　　直径：0.45 英寸。正面：狮头；珠状内齿。

　　背面：同上，但无橄榄叶。

　　6. 直径：0.8 英寸，或 0.75 英寸、0.9 英寸、0.65 英寸。正面：狮头；珠状内齿。

　　背面：PHΓINΩN。阿波罗头像，面向右侧，戴桂冠，长发；后方为一朵半开的玫瑰；珠状内齿。替代玫瑰的还有如下符号：翁法洛斯圣石；两端长的花环；张开的弓；三角刃匕首；ⱶ；ΞE；E；双耳瓶；商神杖；丰饶之角；螃蟹；海豚；三足鼎；里拉琴；骨螺等。

　　第二类

　　7. 直径：0.45 英寸。正面：PHΓINΩN。阿波罗头像，面向右侧，戴桂冠，长发；珠状内齿。

背面：三耳三足鼎，有颈和三个把手；珠状内齿。

8. 直径：0.9 英寸。正面：同7，但无币文。

背面：类似图案；下方为翁法洛斯圣石；底板上有**I，R**。

有些钱币正面头像下方有**P7**，其他正面有符号，如丰饶之角、里拉琴、海豚、翁法洛斯圣石等。

9. 直径：0.6 英寸。正面：同7，无币文。

背面：**PHΓINΩN**（在提铭处），一只狮子向右侧行走。

第三类

10. 直径：0.9 英寸。正面：阿尔忒弥斯头像，面向右侧，戴束发带、耳环和项链，肩挎弓和箭囊；珠状内齿。

背面：**PHΓI / NΩN**。行走的狮子。

11. 直径：1 英寸。正面：同10。

背面：**PHΓINΩN**。阿波罗，裸体，面向左侧坐在翁法洛斯圣石上，持箭和拉开的弓；珠状内齿。

12. 直径：0.9 英寸。正面：同7。

背面：**PHΓI / NΩN**。七弦里拉琴；珠状内齿。有些钱币上里拉琴为五弦，还有写底板上有丰饶之角。

13. 直径：0.9 英寸。正面：同7。

背面：**PHΓI / NΩN**。站立男性裸体像，正面，戴花环，右手伸展，持月桂枝和鸟，左手拄权杖，权杖上盘着一条蛇（？）。左侧底板有丰饶之角。珠状内齿。

这一图案的一个变种是，币文为**PΓINΩN**，底板上的标记为带耳的三足鼎。

第四类

5/12 阿斯

14. 直径：1 英寸。正面：双头女性头像，桂冠，每个头都戴圆柱状冠冕、束发带、耳环和项链。

背面：**PHΓINΩN**。阿斯克勒庇俄斯，上身赤裸，坐在高背椅上，右手持杖，杖上有蛇盘绕；左侧底板有字母**Π**。

有些钱币上有 **Π/B**，无内齿。其他钱币上，**Π**下有三足鼎，提铭处有一条蛇；珠状内齿。

15. 直径：0.85 英寸。正面：帕拉斯头像，面向左侧，戴有冠饰的雅典式头盔，头盔上有狮鹫；珠状内齿。

背面：**PHΓINΩN**。帕拉斯面向左侧站立，着带双层小披风的长款奇同，右手持尼姬，尼姬持奖杯，左手挂盾牌，长矛倚在她的肩上。左侧底板有闪电和字母**Γ**；珠状内齿。

1/4 阿斯

16. 直径：0.85 英寸。正面：阿斯克勒庇俄斯头像，面向右侧，戴桂冠；珠状内齿。

背面：**PHΓINΩN**。许癸厄亚面向左侧站立，着长款奇同，右手持浅底碗，正在喂蛇；左手持其衣；左侧底板有**Ⅲ**；无内齿。

17. 直径：0.6 英寸。正面同 16。

背面同 16。

1/3 阿斯

18. 直径：1.5 英寸。正面：阿波罗和阿尔忒弥斯叠置头像，阿波罗戴桂冠，阿尔忒弥斯戴束发带和项链；像后有字母**◉**；珠状内齿。

背面：**PHΓI NΩN**。有颈的三耳三足鼎，类似四车辐轮子；底板有 **⁞**；珠状内齿。

有些钱币直径 0.95 英寸，正面头像后有铁砧。

19. 直径：0.65 英寸。阿斯克勒庇俄斯和许癸厄亚头像，均戴桂冠；珠状内齿。

库迈

　　库迈以库迈女先知①的驻锡之地和大希腊最古老的希腊人殖民地最负盛名，却不在首批制造钱币的城邦之列。在城邦最初的 200 年间，当地商人一定是在使用埃伊纳或哥林多钱币，或南意大利城邦的扁平钱币。库迈最早的钱币发行于公元前 500 年前后的贵族统治时期。在精美程度和艺术处理方面，库迈的钱币无法媲美更南部的意大利希腊人城邦。被选作城邦徽标，或曰 Παράσημον 的贻贝贝壳自身不具备天生丽质的条件，无法做出非常美丽的设计。选择这一徽标是为了展现本地的著名风物，如同梅塔彭提翁的大麦穗、雅典的猫头鹰，或埃伊纳的乌龟。在大希腊城邦中，库迈钱币并不常见，除了在博物馆，其他地方不太容易见到。

　　库迈是英国人赴意大利旅行时频繁造访的少数希腊城邦之一，与那不勒斯有着方便的铁路交通，其创建的故事带有神话色彩，创建时间没有定论。库尔提乌斯②认为关于其最早的居民神话属公元前 10 世纪，但

---

　　① Cumaen Sybil，在库迈执掌阿波罗神谕的女祭司。——译者注
　　② Curtius，疑指 Ernst Curtius，公元 1814—1896 年，德意志考古学家、历史学家。——译者注

拜洛克①则认为是在公元前 8 世纪。修昔底德正确地指出,西西里的纳索斯是所有殖民地中最早创建的(Ⅵ,3),其时间应在公元前 735 年之后。从斯特拉波的记载中我们得知,库迈的创建者来自优卑亚,从其他来源我们得知,来自哥林多和萨摩斯的殖民者加入进来。库迈人在早期向位于墨西拿海峡沿岸的赞克雷和利基翁派出定居者,意图为其船队确保海上通行。由此我们看到,为与其竞争,来自米利都的商人将锡巴里斯作为他们在西部的商业中心。

斯塔拉波关于这座城邦的记载如下:

"这些城邦(坎帕尼亚城邦)之后是库迈,哈尔基斯人和库梅人最古老的定居地,因为它是西西里和意大利所有(希腊人城邦)中最古老的一个。远征的领导者是库梅人希波克勒斯和哈尔基斯的迈伽斯梯尼斯达成共识,其中一个民族负责管理殖民地,另一个则享有用自己的名字为殖民地命名的荣誉。于是,今天这座城邦被定名为"库迈"。与此同时,通行的说法是城邦为哈尔基斯人所建。起初,这座城邦高度繁荣,弗莱格瑞平原亦如此,这片平原在神话中成为巨人探险的场景,似乎没有其他原因,只因此地的肥沃引发征战,争夺此地的所有权。"(《地理》第五卷第四章第 4 节)。

优西比乌和维莱伊乌斯·帕特尔库鲁斯②将库迈创建的日期追溯至伊奥利亚和爱奥尼亚人迁徙前的时代,这个极早的时间与奥古斯都大帝时代的传说相吻合,但不大可能。在其关于该地最早定居者的记载中,李维的信息来源可能更可靠。他讲述,这些定居者起初在埃纳里亚和皮塞库萨岛登陆,其后定居大陆。维莱伊乌斯·帕特尔库鲁斯来自坎帕尼亚一个古老的世家,在其家族传说中,关于首次旅程,他为我们描绘了

---

① Karl Julius Beloch,公元 1854—1929 年,德国古典历史学家和经济史学家。——译者注

② Velleius Paterculus,罗马历史学家,约公元前 19 年—公元 31 年,著有《历史》(*Historiae*),记述自特洛伊战争结束至莉薇娅(Livia Drusa Augusta,奥古斯都大帝之妻)于公元前 29 年崩殂的罗马历史。——译者注

一个颇富画面感的场景：

"希波克勒斯和迈伽斯梯尼斯的舰队由在他们前面飞翔的鸽群领航，在夜间则由铙钹的声音指引方向，那声音恰如我们在刻瑞斯女神节日上耳熟能详的民乐表演。"

在奥古斯都时代，维吉尔记述早期历史，对历史时间却全然不顾。我们已经看到，他讲述埃涅阿斯途经卡乌洛尼亚的塔楼，但实际上当时要远远早于卡乌洛尼亚建城。在提及库迈时，他也同样无视真实的历史时间，写到埃涅阿斯在库迈登陆，还提到代达罗斯①来到此地的传说。在《埃涅阿斯纪》第四卷中，我们读到一段栩栩如生的记述，关于埃涅阿斯造访女先知。在《变形记》（XIV）中，奥维德也讲述了同一个关于埃涅阿斯登陆的故事，但对于维吉尔讲述的信息则没有添油加醋。诗人们显然认为库迈女先知早在塔奎尼乌斯·苏培布斯②之前很久即已闻名遐迩。

阿里斯托德谟斯

关于阿里斯托德谟斯的生平，狄奥尼西奥斯③讲述了一个冗长的故事。他告诉我们，阿里斯托德谟斯出自贵胄门第，绰号 $Μαλακός$。公元前 502 年，他以勇武和风度赢得民众爱戴，自立为僭主。城中巨室望族很多被他处死，还有许多被他放逐。他身边无时不随侍着一个身强力壮的保镖，还解除了公民们的武装，并教导他们变得苟且懦弱，这倒是僭主们的常用伎俩。伊特鲁里亚人企图让塔奎尼乌斯·苏培布斯复辟时，他协助罗马人对抗伊特鲁里亚人。塔奎尼乌斯·苏培布斯在他的宫廷里寻求庇护，并最终在那里去世。李维（《罗马史》，Ⅱ，21）写道：

---

① Daedalus，希腊神话中的能工巧匠，克里特迷宫的建造者，略相当于中国传说中的鲁班。——译者注

② Lucius Tarquinius Superbus，罗马王政时代第七位、也是最后一位国王，公元前 509 年被革命推翻，罗马由此进入共和国时代。——译者注

③ 此处应指哈利卡纳索斯的狄奥尼西奥斯（Dionysius of Harlicarnasus），活跃于奥古斯都时代的希腊历史学家、修辞学家。——译者注

"他（塔奎尼乌斯·苏培布斯）在逊位后逃亡库迈，寻求当地僭主阿里斯托德谟斯的庇护，最终死在那里。"

塔奎尼乌斯之死在公元前495年，即阿里斯托德谟斯上台7年后。尼布尔①写道（第382页）：

"即便在希腊人的僭主中，阿里斯托德谟斯以更残忍的暴行臭名昭著。彼时库迈是坎帕尼亚的贸易中心，若干年后，罗马共和国遣人来此购买谷物时，作为他（塔奎尼乌斯）的继承人，阿里斯托德谟斯没收了共和国的钱财，以此补偿塔奎尼乌斯的私人财产。"（李维，Ⅱ，34；Dion，Ⅶ，2.12）

库迈的流亡贵族招募了一支由坎帕尼亚人和佣兵组成的军队，夺取了库迈，并对阿里斯托德谟斯及其家族施以残忍的复仇（哈利卡纳索斯的狄奥尼西奥斯，Ⅶ，第418页）。

从钱币学角度看，阿里斯托德谟斯的意义在于，他将钱币由优卑亚标准改为福凯亚标准。经历此番恶斗，库迈元气大伤，因此，当城邦在公元前474年前后遭受伊特鲁里亚人侵袭时，城邦公民不得不向叙拉古君主希隆乞援。希隆在海战中大获全胜，从外敌手中解救了库迈人。

品达在其第一首《皮提亚颂歌》中颂赞这一胜利：

"命运让他们惨败于叙拉古统治者之手，从他们的快船上，叙拉古的统治者将他们青年中的精英抛入大海，将希腊人从奴役的沉重枷锁中解救出来。"

希隆将一件青铜头盔作为战利品献祭给奥林匹亚，这件头盔现收藏于大英博物馆。

在约50年时间中，库迈福祚绵延，尤为盛产伟人，其公民亦不故步自封，而是同更古老的文明互通有无，与叙拉古和图里翁往来不绝，彼时希罗多德正在图里翁创作其《历史》。那是苏格拉底、伯里克利、

---

① Niebuhr，此处应指 Barthold Georg Niebuhr，公元1776—1831年，丹麦-德意志政治家、银行家、历史学家，以研究罗马史见长，著有《罗马史》。——译者注

索福克勒斯、埃斯库罗斯、欧里庇得斯和阿里斯托芬的时代。柏拉图之造访西西里，库迈人不应一无所知，其学说应得到探讨。然而希腊城邦无法抵制奢靡之风的耗蚀，坚忍的萨莫奈人由此逐渐成为他们的霸主。公元前 423 年，萨莫奈人征服了卡普阿，此城距库迈的路程不足一日即可达。三年后，库迈派军阻击萨莫奈人的进攻，结果全军覆没。城邦遭到萨莫奈人的围困，几轮攻击后，终于屈从于萨莫奈人的强权。许多公民流亡尼亚波利，还有许多遭到屠戮，留在城中的妇女沦为奴隶。城邦从未得以复兴，但造币厂却未曾关闭。

贻贝贝壳

钱币上的贻贝贝壳据说是地中海贻贝的贝壳。

阿佛纳斯湖和卢克林湖以生产贝类闻名。贺拉斯在《长短句集》第二卷第 49 首中提及此一风物：

"卢克林的生蚝给我的欢乐无以复加"

又在《讽刺诗集》第二部第四卷第 33 首中说：

"卢克林的贻贝个头大，比拜伊的好得多。"

在钱币上，我们经常看到底板上有一只螃蟹。阿格妮丝·凯特洛[①]在其《大众贝壳学》第 112 页中有这样一段有趣的说法：

"在晚秋时节，贻贝壳中经常能发现小螃蟹，它们生活在那里，获得荫蔽，远离危险，也不伤害宿主。"

古希腊人也注意到这一事实，比如亚里士多德在《动物学》第五卷第十三章，普林尼《自然史》第九卷第六十六章，艾利安[②]《动物习性》第三卷第二十九章，以及阿特纳奥斯《餐桌上的哲学家》第三卷第三十八章。在他们的著作中，这种螃蟹被称为 $\pi\iota\nu\nu o\tau\acute{\eta}\rho\eta\varsigma$ 或 $\pi\iota\nu\nu o\varphi\acute{\upsilon}\lambda\alpha\xi$。

阿特纳奥斯和普林尼告诉我们，螃蟹会用蟹螯触打贝壳，提醒贝类敌人临近。但从钱币上的螃蟹的相对大小看，其作为寄居者显然太大

---

① Agnes Catlow，公元 1806—1889 年，英国科普作家。——译者注

② Claudius Aelianus，约公元 175—235 年，罗马作家、修辞学家。——译者注

了。为此，米林根认为螃蟹是贻贝的敌人，他引述欧庇安①（《捕鱼诗》Ⅱ，169～180）的说法支持自己的观点。诗中提到螃蟹的智慧：它耐心等待贻贝张开自己的贝壳时突然伸出自己的螯。H. 韦伯②爵士赞同这一诠释。

无论如何，在希腊艺术史中，这些钱币图案是关于对大自然细致入微的观察的有趣范例。我们已经在忒里那和梅塔彭提翁，以及在忒奥克里托斯的诗中看到自然客体是如何得到研究的。

螃蟹不是钱币上描绘的贻贝的唯一敌人，比如我们还看到水老鼠、狗、一种植物和一种鸭子都喜欢吃贻贝，这种鸭子因此在法国被称为"贻贝杀手"。

最早的正面图案

库迈钱币最早的正面图案是一个狮头放在两个野猪头之间，关于其含义的揣测一直莫衷一是。

米林根和桑邦认为，这一徽标所代表的是库迈公民声称其在当地的阿波罗神庙中拥有厄律曼托斯山野猪的獠牙③。

古人中关于这一故事的权威是保萨尼亚斯（Ⅷ，24）：

"另有一种说法称，赫拉克勒斯奉欧律斯透斯之命杀死了厄律曼托斯山的野猪，这头野猪以其庞大的身形和力量著称。欧庇基人④中的库迈人声称他们拥有这头野猪的獠牙，悬挂在阿波罗的神殿中。但这一说法连一丁点可能性都没有。"

---

① Oppian，公元2世纪罗马诗人，约活跃于马可·奥理略皇帝和康茂德皇帝时期。——译者注

② Sir Hermann David Weber，公元1823—1918年，在英国行医的德国医生和钱币收藏家。——译者注

③ 希腊神话中的生物，飞驰如电，难以捕捉，后被赫拉克勒斯杀死，是赫拉克勒斯的十二伟业之一。——译者注

④ Opici，意大利的一个史前民族，属拉丁－法利希人的一支。——译者注

卡维多尼①认为，设计的中心部分暗喻萨摩斯殖民地狄凯阿尔奇亚或部丢利，系库迈的外港。拜占庭的斯蒂芬纽和优西比乌都将部丢利的起源归功于萨摩斯殖民者。他们可能带着萨摩斯钱币，于是，很自然地，他们在其位于西部的新家园发行的钱币，沿用其东部故土钱币的设计。萨摩斯钱币上有狮头正脸图案。

阿维利诺则提出，这一设计系指代女神基尔克用魔法将尤利西斯的同伴变成野兽的故事，伽汝奇似乎同意这一诠释。奥维德《变形记》第十四卷描绘了基尔克的宫殿，即位于本地海岸附近，但基尔克的故事最早见于《奥德赛》第十卷。基尔克究竟如何同库迈联系起来并不十分清楚，但卡维多尼理论确实非常可能有事实依据。

麦克唐纳先生在其《钱币图案》（第79页）中说：

"假定这一图案一定隐藏着某种宗教意义，关于其究竟指代哪位神祇，或暗喻哪个神话，相关推论不胜枚举。然而，如果我们将其同迈锡尼艺术的产物相对照，其是否具备形式构图之外的其他意义则或可质疑。比如其同有些扎克罗②封印的图案在总体上有很大的相似性。"

由动物构成的奇幻徽标，比如生有双翼的野猪、狮子或狮鹫，在小亚细亚钱币上更为常见，它们或许是联系希腊艺术与之前时代艺术的纽带。埃文斯先生已经指出"古风"风格希腊图案从迈锡尼透镜状宝石获益匪浅，并提出它们应被"看作是刻意的复兴，类似14世纪和15世纪意大利艺术家采用古典范本。"（《钱币学年鉴》，1899年，第364页）

狮头出现在利基翁钱币上要早于库迈钱币，利基翁是哈尔基斯的殖民地，同库迈存在同盟关系。

---

① Celstino Cavedoni，公元1795—1865年，意大利教会史学家、考古学家、钱币学家。——译者注

② Zakro，位于希腊克里特岛，有米诺斯文明的重要遗址。——译者注

正面头像

埃克赫尔①认为，钱币上的女性头型是塞壬海妖帕耳忒诺珀。桑邦博士在其最重要的、博学翔实的著作《意大利古代钱币》中指出（第142页）："不那么富于洞察力的人曾认为这是女先知的头像。"他参考的是普尔关于大英博物馆收藏的这些钱币的目录，上面对钱币头像的描述为"女性头像（女先知?）戴御冕"。米林根在其《古钱币上的女先知》（1837年，伦敦）将这些头像视为库迈城邦的人格化。他提到的事实依据是，有些头像环绕着币文 **KVME**，而在钱币的背面我们发现币文 **KVMAION**。桑邦先生赞同这一归类，指出："库迈人在钱币上使用的是一位名叫库迈的宁芙仙子的头像，他们将这位仙女作为城邦的保护神祇（$τύχη\ πόλεως$）敬拜，正如尼亚波利人以类似方式将塞壬帕耳忒诺珀的头像放在他们的钱币上，带有比喻意义。忒里那使用利革亚－尼姬的头像也是如此。"

然而，将库迈钱币上的头像归属于城邦的宁芙仙子存在一个难题，即我们在其他城邦的钱币上未发现类似理念。在尼亚波利，塞壬帕耳忒诺珀可能被视为守护神灵，但在关于其提供守护的理念出现前就已经有相关神话存在。叙拉古钱币上的类似头像为水中宁芙阿列苏莎。韦利亚和潘多西亚钱币上的头像或许第一眼看上去支持关于头像为本地保护神灵的说法；但在韦利亚，头像首先是水中宁芙的；而潘多西亚钱币的头像，尽管我们一无所知，但可能也是同样情形。在库迈有宁芙，或者女先知，一位具有超自然神力的生命，得到维吉尔、奥维德和保萨尼亚斯的称颂，如果认为库迈人同大希腊其他城邦的公民行为方式相同，我们必须承认，他们选择本城著名的女先知作为保护神祇可能再自然不过。

币文 **KVME** 并不一定指城邦保护神灵的名字，西西里卡塔纳②钱币

---

① Josef Hilarius Eckhel，公元1737—1798年，奥地利耶稣会神甫、钱币学家。——译者注

② Catana，今卡塔尼亚（Catania），西西里第二大城市，位于西西里东海岸，临第勒尼安海。——译者注

上尼姬形象周围也围绕着币文**KATANE**。

在所有币文被认为是作为城邦保护神灵的宁芙的名字的情形中，我们发现宁芙还有别名，因此，女先知被尊为库迈的保护神灵是有可能的。

库迈双德拉克马上的头像拉克马上的头像尼亚波利钱币及叙拉古最早的钱币上的头像类似。后两桩例子中，我们知道头像分别代表塞壬海妖帕耳忒诺珀和泉水宁芙阿列苏莎，她们与各自的城邦有着密切的关联。至于库迈，也有一位神秘的女性与城邦密切相关，她就是女先知。

所有这些头像的相似之处只是源于当时作品的通用套路。求学期间，我们首次听说女先知是在一个故事里，讲述塔奎尼乌斯拒绝购买她的九本书，最后以她提出的九本书的价格买下了三本。讲述这个故事的有哈利卡纳索斯的狄奥尼西奥斯（Ⅳ，62）、瓦罗①——拉克坦提乌斯②引述了瓦罗的记载（Ⅰ.6）、格里乌斯③（Ⅰ.19）和普林尼（《自然史》ⅩⅢ，27）。

高特林④考据这个故事同库迈女先知相关。故事发生的时代正是有这个女性头像钱币发行的年代。保萨尼亚斯用其著作第十卷第十二章整章讲述女先知们的故事。他写道：

"下一位以类似方式发出神谕的女性，据库迈历史学家许珀若绰斯记载，是库迈本地人。库迈位于欧庇基人的土地上，这位女性名叫黛墨。库迈人没有说出这位女先知到底发布了什么神谕，但他们指着阿波罗盛典的一个小石瓮，声称里面装的是女先知的遗骨（弗雷泽英译）。"

---

① Marcus Terentius Varro，公元前 116 年—公元前 27 年，古罗马学者和作家。——译者注

② Lucius Caecilius Firmianus Lactantius，公元 250—325 年，早期基督教作家，曾为罗马君士坦丁大帝的顾问。——译者注

③ Aulus Gellius，公元 125—180 年，拉丁语作家和语法学家。——译者注

④ Karl Wilhelm Gottling，公元 1793—1869 年，德国文献学家、古典学者。——译者注

保萨尼亚斯的这段话与拉克坦提乌斯引述瓦罗（《神圣的学院》，
I.6）的这段描述相符：

"所有这些女先知们的诗句都保留并传承下来，除了库迈女先知的，
因为她的著作被罗马人隐藏起来，除了'十五人'，无人可以浏览。"

《对希腊人的呼吁》以殉教者犹斯定①的名义流传于世，其真实作
者宣称曾造访库迈的女先知的坟墓，向导告诉他，过去女先知口中发出
的神谕，由未受过教育的人记录下来，这就是为何有些神谕不押韵。因
此，马斯②教授由此引申，认为无论瓦罗和保萨尼亚斯的说法如何，女
先知的神谕一定还是流传下来的。

佩特罗尼乌斯③笔下的特里马尔乔说：

"在库迈，我亲眼看见女先知悬在罐子里，孩子们问她：'女先知，
你想要什么？'她说：'我想死！'"

还有传说称，一位女先知被关在铁笼子里，笼子挂在阿古罗斯的赫
拉克勒斯神庙的一个柱子上（《记忆无忧》，安培利乌斯④，Ⅷ，16）

这些传说与德国民间故事有可比之处，弗雷泽在第 292～293 页中
的注解中做出列举。

从塞尔维乌斯对维吉尔《埃涅阿斯纪》的注解（Ⅲ，444），我们
看到公元 4 世纪初对女先知 Sybill 一词来源的通行说法：

"伊奥利亚人称神为 σίους，βουλή，意为'思想'。"

在修昔底德第五卷第七十七章我们看到短语 περὶ δὲ τῶ σύματος

---

① Justin Martyr，公元 2 世纪基督教护教士之一，公元 165 年在罗马殉教，被
天主教会尊为圣徒。——译者注

② Maas，此处应指 Paul Maas，公元 1880—1964 年，德国学者。——译者注

③ Gaius Petronius Arbiter，公元 27—66 年，罗马朝臣、抒情诗人、小说家，后被
尼禄皇帝赐死。特里马尔乔是其小说《好色男人》（*Satyricon*）中的人物。——译者注

④ Liber Memorialis，拉丁文古书，以简要的索引记录上古至图拉真皇帝时期的
历史，应为学生记忆知识要点所备，作者 Lucius Ampelius 生平不详。此处原文疑有
误，地点应为巴古利亚（Bagylia），位于今土耳其阿纳托利亚西南海岸的古
城。——译者注

（关于向神献祭）的拼写，斯巴达人在其常用的誓词 ναὶ τὼσ ίω 使用单词的这一形式。

然而，关于库迈的女先知，还有一个故事要比我们在学校耳熟能详的那个有趣得多。因为维吉尔声称从女先知的神谕中听说，一个婴儿的降生将开启一个新时代。拉姆齐博士考据，维吉尔极有可能读过希伯来先知以赛亚著作的希腊文译本，并将以赛亚的意象融入自己的第四首《牧歌》：

"现在到了库迈谶语中所谓最后的日子，伟大的世纪的运行又要重新开始。"

圣奥古斯丁在其致马提尼安努斯的信中提起这首诗："实际上，除了主耶稣基督，这些词句不可能适用于其他人。"他引用诗句"在你的领导下，我们的罪恶的残余痕迹都要消除，大地从长期的恐怖中得到解脱。""这被认为是维吉尔从库迈听说的，是女先知的歌，或许女先知也从圣灵初听说了救世主的事，感觉有义务一吐为快。"

自维吉尔以下，到了中世纪，但丁让这首《牧歌》在基督徒诗人中流行起来，参见《神曲·炼狱篇》（XXII，70）。

我们都熟悉著名的赞美诗《末日经》中的诗句：

"天地将燃烧成灰烬，

正如大卫和女先知所预测的。"

下列拉丁文神秘诗中的句子提到维吉尔的这首《牧歌》（《学人期刊》，1846 年，第 88 页）：

"你们不相信

处女给了

人类警示

驱散黑暗。"

关于女先知，圣奥古斯丁的《上帝之城》（VIII，c，XXII）中有一段著名的文字，拉克坦提乌斯的作品中也有，女先知的语言在中世纪大为流行，很大程度上即基于此。

我们英国的诗人蒲柏①写过一首诗，题为《弥赛亚，仿维吉尔作品的圣仪牧歌》。

斯库拉

在一些库迈的晚期钱币上，我们发现了斯库拉的形象。对此，我们自然好奇，在造币监督的头脑中，这一设计到底有什么含义。本书已解释过斯库拉的传说，在关于图里翁钱币的一章中，还引用了奥维德《变形记》中那段著名的文字。

自公元前 450 年起，尼亚波利的钱币系仿效图里翁钱币，一个明显的模仿是带帕拉斯头像，戴有冠饰的雅典式头盔，头盔以橄榄叶装饰。图里翁与尼亚波利之间的往来或许也拓展至库迈。图里翁推出斯库拉装饰帕拉斯头盔的设计，其时间或早于库迈发行带有斯库拉图案的双德拉克马。或许我们可以推断，这一图案表明库迈与图里翁结盟对抗卢卡尼亚人呢？

钱币分类

库迈最早的钱币采用优卑亚重量标准，双德拉克马重约 130 格令，较小的钱币重约 92 格令。这些钱币非常珍稀，大英博物馆没有收藏，但这一时期的德拉克马在柏林和巴黎可以见到，那不勒斯博物馆收藏有一枚双德拉克马，重 129.94 格令，或 8.42 克（圣天使收藏），另有一枚在米兰的博物馆。

海德博士指出：

"重 130 格令的阿提卡（或他林敦）双德拉克马在库迈并未牢固地植根下来，在公元前 5 世纪早期，被重 115~118 格令的福凯亚双德拉克马或斯塔特所取代。这些钱币是从福凯亚殖民地韦利亚和波塞冬尼亚进口的，时间在这些城邦弃用此类钱币之前。"

在《钱币史》的《导言》中，海德博士补充道：

"在某种程度上值得关注的是，库迈、纳索斯、赞克雷和希梅拉等

---

① Alexander Pope，公元 1688—1744 年，18 世纪英国诗人。——译者注

城邦的早期钱币均遵循优卑亚标准，为德拉克马，而非如我们所预料的采用埃伊纳标准。"

在一条注解中，他指出：

"安霍夫–布鲁默博士主张，这些重92格令的钱币实际上是优卑亚标准8奥波，或重280格令的四德拉克马的1/3，略微超重。"

为什么西部的希腊殖民者会采用更类似埃伊纳标准的体系，可能是因为尽管最早的定居者来自优卑亚的哈尔基斯，但更多人可能来自盛行埃伊纳标准的希腊其他地区，这似乎是桑邦先生的观点——他这样描述库迈最早的德拉克马：

"优卑亚标准1/3斯塔特，或重量减损的埃伊纳德拉克马，意大利和西西里哈尔基斯殖民地度量衡体系。"

这些钱币由库迈的贵族政体发行，直到这一政体被僭主阿里斯托德谟斯颠覆。

第一类

优卑亚标准双德拉克马，130格令

1. 正面：宁芙头像，面向右侧，深浮雕手法侧面像，风格精细，呈古风，眼睛为正面像，瞳孔没有标示出来，头发呈双折叠，垂在颈后。在眉上有两行小圆点。珠状内齿。

背面：贻贝贝壳，绞合部朝向左侧；上方为双耳酒杯。

1/3斯塔特或德拉克马（？），约83格令

2. 正面：狮头，在两个野猪头之间；大珠状内齿。

背面：贻贝贝壳，绞合部朝向左侧；上方 **KY**，下方 **ME**。

3. 正面：帕拉斯头像，面向右侧，戴哥林多式头盔；**KYMAION** 币文。珠状内齿。

背面：螃蟹以螯攻击贻贝贝壳，贝壳在螃蟹上方。《邦伯理目录》1896 – 1. 32.

4. 正面：类似图案。

背面：类似3，但贝壳绞合部朝向左侧，在螃蟹下方。古风风格。

第二类

福凯亚标准

这一时期的钱币包括重量总体上略低于 118 格令的双德拉克马，突出特征是女先知头像的古风风格，以及戴发网的头发垂在颈部后方。眼睛为正面像，而非侧像。头发以发带或饰带装饰。珠状内齿有时伴随有一条凸出的线，在圆点环绕之中。

1. 背面：贻贝贝壳，绞合部朝向右侧，海草立于其上，$\frac{M}{KV}{}^{\exists-}$ 币文。圆环和珠状内齿。

图 72

2. 贻贝贝壳，绞合部朝向右侧，$\frac{ON}{IAMVK}$ 币文，上方为海豚。圆环和珠状内齿。

3. 贻贝贝壳，绞合部朝向右侧，两只海鸥立于其上，币文同 2，内齿同 2。

4. 贻贝贝壳，绞合部朝向右侧，上方有一只海鸥，NOIAMVK $\frac{N-OI}{VMAK}$ 币文。同样内齿。

5. 贻贝贝壳，绞合部朝向右侧，$\frac{MYK}{NOIA}$。同样内齿。

6. 贻贝贝壳，绞合部朝向右侧，六角海星立于其上。$\frac{KV\cdot}{NOIAM}$。同样内齿。

7. 贻贝贝壳，绞合部朝向右侧，上方为密封盖和小球体。

8. 这枚钱币的正面头像头发上不是简约的发网，而是同第 6 号类似，折叠为两层；头像前为币文**KVME**。

背面与早期钱币的正面图案相同，狮头在两只野猪头之间。法国博物馆收藏有一枚（吕内）。

9. 贻贝贝壳，绞合部朝向右侧，一只蚱蜢立于其上，朝向右侧；下方为币文**IAMVK**。珠状内齿。

10. 贻贝贝壳，绞合部朝向右侧，上方为一只水老鼠，朝向右侧或朝向左侧，好像在吃贻贝。币文同上。

11. 贻贝贝壳，绞合部朝向右侧，上方有一只苍蝇。**KVMAION**。

第三类

我们将所有福凯亚标准双德拉克马均归为此类，正面图案包括：

1. 狮头在两个野猪头之间。珠状内齿。

背面：贻贝贝壳，绞合部朝向左侧。**NOIAMVK**，从外向内读。珠状内齿。

2. 正面：类似 1。

背面：类似 1，但贻贝贝壳绞合部朝向右侧，其上加了一个大麦穗。

3. 正面类似。

背面：贻贝贝壳，绞合部朝向右侧，由四只海豚围绕。

4. 正面类似。

背面：贻贝贝壳，绞合部朝向右侧，贝壳上方为一枚海贝贝壳，下方币文**KVMAION**。

第四类

1. 正面：女先知头像，面向左侧，头戴 **κεκρύφαλος**，一种前面窄、后面宽得多的头饰。

背面：贻贝贝壳，绞合部朝向右侧；上方有一只猫头鹰。**KVMAION**币文环绕。珠状内齿（法国博物馆）。

2. 正面：同样头像，戴御冕，头发挽成发髻。

背面：贻贝贝壳，绞合部朝向左侧；上方为有须髯的萨提尔头像；

KVMAION 币文；珠状内齿。

第五类（公元前 470 年后）

图案仿叙拉古达玛雷提翁①图案。

1. 正面：女先知头像，面向右侧；其后为一束月桂，**KVMAION**。

背面：贻贝贝壳，绞合部朝向右侧；四只海豚围绕。

2. 背面：贻贝贝壳，绞合部朝向右侧；上方有一张弓，**KVMAION** 币文。

3. 贻贝贝壳，绞合部朝向左侧；上方有一条鱼。

4. 贻贝贝壳，绞合部朝向右侧；下方有一只鹦鹉螺，**KVMAION** 币文。珠状内齿。

第六类

本组别中，女先知头像一律面向左侧头发更短，在脑后向上梳拢。明显戴着冠冕，但头发通常卷曲，将冠冕掩盖，正面无币文。

1. 背面：贻贝贝壳，绞合部朝向右侧；上方有一支杵，下方为 **NOIAMVVK**，从内向外读。

2. 背面：类似，但贝壳上方为海马。

图 73

3. 背面：类似，但绞合部朝向左侧，贝壳上方为一条鱼。

4. 背面：贻贝贝壳，绞合部朝向左侧；上方有一只海鸥，或法国人称为"吃贻贝"的鸭子。**KVMAION** 币文环绕。珠状内齿。

---

① Damareteion，公元前 5 世纪 60 年代叙拉古发行的一款是德拉克马银币，据传说为叙拉古僭主盖隆（Gelon）在希梅拉战役战胜迦太基人以迦太基人的赔款所造，以其妻达玛雷忒（Damarete）命名。——译者注

5. 背面：贻贝贝壳，绞合部朝向右侧；上方为斯库拉形象，左侧底板有**KVMAION**币文。风格粗犷。同样图案的钱币也有风格相当精致的，币文反写。

第七类

本组钱币包括相当精美的希腊风格图案的双德拉克马，女先知头像一律朝向右侧。头发呈波浪卷，在耳上的一点浓密堆积，放射出去。

1. 背面：贻贝贝壳，绞合部朝向右侧；上方有一条鱼，朝向右侧，下方**KVMAION**或**KVᗰAION**币文。珠状内齿。

2. 背面：贻贝贝壳，绞合部朝向右侧；上方为一颗十六芒星，看似海葵从上方俯瞰所呈现的样子。下方为**KVMAION**币文。珠状内齿。

3. 贻贝贝壳，绞合部朝向右侧；上方有一只硕大的螃蟹，下方为**KVMAION**币文。珠状内齿。

4. 背面：贻贝贝壳，绞合部朝向右侧；上方有一只猫头鹰（？）。《邦伯理目录》，1896 年。

5. 正面：常见图案，但头像后有ϟ。

背面：贻贝贝壳，绞合部朝向右侧；上方为看守地狱的三头犬刻耳柏洛斯[1]，下方为**KVMAION**币文。

6. 背面：类似 5，但贝壳上有一个大麦粒，下方**KVMAION**币文。珠状内齿。

第八类

我们将类似第七类，但带有蛮夷风格的双德拉克马归入此类。

1. 背面：贻贝贝壳，绞合部朝向左侧低位；上方为生有须髯的鱼尾海洋神祇，左臂伸展，右手放在鱼尾上。**KVMAION**币文。珠状内齿。

2. 背面：类似第七类第 6 种，但币文反向书写。

3. 背面：类似设计，但贝壳绞合部朝向左侧，贝壳上标示有棱，

---

① Cerberus，希腊神话中看守冥界入口的恶犬，生有三个头。——译者注

币文在下方。

4. 背面：类似设计，但币文在上方。

正面图案为对某些忒里那钱币的粗劣模仿。

第九类

1. 正面：帕拉斯头像，戴有冠饰的雅典式头盔，以橄榄花环装饰。

背面：贻贝贝壳，绞合部朝向右侧；上方有一只小狗，用爪子抓起一条蛇，KVMA币文。珠状内齿。

2. 正面：类似 1。

背面：贻贝贝壳，绞合部朝向左侧；上方有一颗大麦粒，NOIAMVK币文环绕。珠状内齿。蛮夷风格。

3. 正面：与 1、2 相同。

背面：贻贝贝壳，上方为蛇，NOIAMVK币文环绕。珠状内齿。蛮夷风格。收藏于那不勒斯博物馆。

第十类

福凯亚体系，约公元前 343 年

这一类别的钱币带有尼亚波利图案。

正面：女性头像，面向右侧，头发以束发带束起，以珠宝装饰。

背面：人首公牛，向右侧缓步行走，正脸呈现；上方为飞翔的胜利女神，在公牛上方持王冠。提铭处为币文KVMAION。风格粗犷。收藏于法国博物馆。

奥波和更小面值钱币

小面值钱币可分为三类：

1. 正面有帕拉斯头像。

2. 正面有哥林多式头盔。

3. 正面有海豚。

第一类

优卑亚奥波

1. 正面：帕拉斯头像，戴哥林多式头盔，头盔无冠饰。珠状内齿。

背面：贻贝贝壳；上方为 **KV**，中间有小海贝壳分隔，下方为 **ME**。珠状内齿。重 11 格令。伦敦、柏林、那不勒斯均有收藏。

2. 正面：相同设计，但风格更为精细，长发从头盔下垂至背部。

背面：贻贝贝壳。上方为一个小海贝壳，**KVMAION**。珠状内齿。柏林博物馆，重 10.64 格令。大英博物馆的一枚上，贝壳上有字母 **M**，重 8.2 格令，在那不勒斯的另一枚，贝壳上有字母 **N**。

福凯亚奥波

3. 正面：同1。

背面：贻贝贝壳；上方为 **VK**，下方为一枚大麦粒。珠状内齿。收藏在那不勒斯。大英博物馆的一枚币文为 **KVM**，重 8.2 格令。

4. 正面：同1。

背面：贻贝贝壳；上方为一只鸟，两侧为 **ΛΛ** =（**KV**）。

5. 正面：同1。

背面：贻贝贝壳。上方为一条蛇。珠状内齿。

6. 正面：同1。

背面：贻贝贝壳。上方为 **KA**，下方为一头海豚。珠状内齿。

7. 正面：同2。

背面：贻贝贝壳。上方为 **VK** 或 **>K** 或 **YK**。

1/4 奥波

正面：帕拉斯头像。

背面：4 轮辐车轮，空间处有小球体（大英博物馆）。

第二类

奥波

正面：哥林多式头盔，无冠饰，朝向右侧。珠状内齿。

背面：贻贝贝壳，上方为 **KV**，下方为 **ME**。珠状内齿。巴黎的一枚贝壳上有字母 **N**。

1/4 奥波

正面：同样头盔，朝向左侧。

背面：贝壳，无币文。收藏于柏林。

1/8 奥波

图案同本类中的奥波。重 1.5 克。

第三类

1/4 奥波

1. 正面：海豚，朝向右侧；下方为ⱅK。

背面：有 3 条轮辐的车轮，轮辐间的空隙均有一个小球体。重 2.2 格令。

2. 正面：同 1。

背面：有 4 条轮辐的车轮，轮辐间的空隙均有一个小球体。

青铜钱币

1. 直径：0.8 英寸。正面：女性头像，面向右侧。

背面：ИΟΙMΙΟИ。贻贝贝壳，绞合部朝向左侧，其上方为一枚大麦粒。

2. 直径：0.85 英寸。正面：年轻男性头像，面向左侧，戴无边帽和桂冠（?）。无内齿。

背面：斯库拉，面向左侧，狗头从其腰部探出，如常规形式，右手伸展，左手持弯曲的棍子，或许是船桨。

这些钱币通常磨损严重。

尼亚波利

同其他古代希腊城邦相比，那不勒斯的景致在英格兰更广为人知，但尼亚波利的钱币却不似诸多其他希腊城邦的钱币那么著名，尽管它们可算作古代世界的常见钱币。

受到忽略的原因或许在于其图案通常千篇一律，缺少同伟大人物的关联，以及图案所表现的神话不为人所熟知。尼亚波利钱币雕模师的艺术技艺不如他林敦和叙拉古匠人出色，但尼亚波利在繁荣时期发行的钱币也是非常精美的艺术品。尽管在尼亚波利钱币上我们没有找到类似他林敦双德拉克马的有趣的细节变化，其设计确有差异，让我们可以将其归入不同类别，以反映关于政体和崇拜更迭的历史和宗教含义。

尼亚波利从未强大到可以不需要同更强大的强权结盟即可自立于世的地步，却也从未孱弱到丧失其自治的地步，直到被罗马征服。从其钱币图案中，我们能看到其与雅典、叙拉古、图里翁、他林敦结盟，以及加入南意大利希腊城邦同盟的证据。爱奥尼亚和多利安殖民者争夺霸权的斗争也可从币文的拼写方式中窥见一斑，萨莫奈人的影响则可见于一些名字，如ΟΥΙΛΛΙΟΥ，一些币文的蛮族拼写方式，以及某一时期粗糙的艺术风格。

该城邦钱币最早的图案将我们引入埃克罗厄斯和塞壬海妖帕耳忒诺

珀的神话，比本书探讨过的钱币图案在风格上都要更为原始、乡野，后期的图案则为我们呈现出狄俄倪索斯崇拜中秘仪与克托尼俄斯教义的一面。

关于钱币学中的这一特定领域的文献显然不多，我们自然首先参阅巴克利·海德博士的《钱币史》（第32页），然后参阅阿瑟·桑邦先生的著作。

《博物馆书库》中的《意大利古代钱币》及《意大利钱币学回顾》。1902年的《尼亚波利钱币年表》，《大希腊》。

还有一些信息可参见勒诺尔芒的作品。

埃克尔《人首公牛》。

1890年《钱币学年鉴》第75页关于雕模师基蒙。

斯特拉波

李维

罗雪尔辞典关于埃克罗厄斯的词条。

双德拉克马的分类

有观点认为，我们可以根据三种币文ΝΕΑΠΟΛΙΤΕΣ、ΝΕΑΠΟΛΙΤΗΣ和ΝΕΑΠΟΛΙΤΩΝ的结尾将尼亚波利钱币分为三类。然而尽管这种分类大体正确，但例外太多，且忽略了图案的重大差异。

看似水中宁芙的正面头像应同青春女神蒂雅–赫柏的应归于不同类别，公牛头部侧面像与回首的要加以区分，背面是否有飞翔的胜利女神在分类时也应加以注意。

下述六类涵盖了上述差异，并综合考虑币文的变化。法国收藏的一枚孤品不在分类之列，类似海利亚的赫柏头像钱币并非尼亚波利钱币，因此也予以忽略。然而这些例外的钱币在下文的描述中也有提及。

六类钱币

1. 正面为面向右侧的帕耳忒诺珀头像，公元前450年—公元前400年。

背面：人首公牛侧面像，ΝΕΑΠΟΛΙΤΕΣ币文。

2. （a）正面：帕拉斯头像，戴没有冠饰的头盔，公元前 430 年—公元前 415 年。

背面：公牛同 1。ΝΕΟΠΟΛΙΤΑΣ和ΝΕΟΠΟΛΙΤΗΣ币文。

（b）正面：帕拉斯头像，戴有冠饰的头盔，公元前 415 年—公元前 380 年。

背面：公牛同 1。ΝΕΟΠΟΛΙΤΕΣ和ΝΕΟΠΟΛΙΤΗΣ币文。

3. 正面：珀尔忒诺珀头像，近乎正脸，公元前 405 年。

背面：公牛同 1，币文同 2（b）。

4. 正面：蒂雅－赫柏头像，面向右侧或左侧，公元前 390 年之后。

背面：人首公牛，正脸，胜利女神飞翔于上方，ΝΕΟΠΟΛΙΤΗΣ币文。精美艺术时代，本时代的最后部分。

5. 正面：蒂雅－赫柏头像，面向右侧，头像后有一个符号。公元前 325 年—公元前 280 年。

背面：同 4。币文有时拼写为ΝΕΟΠΟΛΙΤΩΝ。

公牛下有时有一个或几个字母。

6. 正面：蒂雅－赫柏头像，重视转向左侧，公元前 300 年—公元前 240 年。

背面：同 4，但币文总是ΝΕΟΠΟΛΙΤΩΝ。

法国收藏的孤品

在为普通钱币分类时，我们通常忽略独一的样本，但对于研究钱币所见证的历史的人而言，存在一枚孤品钱币这一事实本身是重要的。此外，收藏者还是有必要了解珍稀品类。这样，如果有幸遇到一枚，或可认识到宝藏的价值。

法国博物馆收藏的一枚孤品尼亚波利双德拉克马，桑邦先生断代为公元前 460 年。

钱币正面为一个宁芙的头像，面向右侧，有月桂花环围绕。她的头上戴着一个珍珠发箍，后面的头发仿佛梳拢在发网中，垂在颈上。

背面图案所呈现的是人首公牛的前部，呈游泳姿态，环绕其身体的是有珠状装饰的带子。

公牛下方的币文是颠倒的ИEHИ，上方为ƧNO。它被描述为良好的过渡风格福凯亚标准双德拉克马，体现了盖拉①造币厂的影响。

这枚孤品钱币背面图案具备重大意义，它告诉我们，当尼亚波利首次建立造币厂时，河神埃克罗厄斯被选作背面图案的题材。

正面头像显然类似其他城邦钱币上的头像，通常被认为是水中宁芙的头像。

第一类　公元前450年—公元前415年

正面：宁芙头像，或许是塞壬海妖帕耳忒诺珀，面向右侧，有时头像面前有反向书写的ΙΛΟΠΟƎN币文。

发型多有变化，有时以御冕或珍珠发箍固定，有时梳成发髻，如上文提到的孤品钱币，通常有波浪发绺。

所有钱币的风格相当粗陋。

背面：行走的人首公牛，通常朝向左侧，但有些钱币上朝向右侧，人首为侧面像，古风风格，粗陋。

已知有三枚钱币，公牛上方有飞翔的胜利女神，朝向左侧。另有一枚公牛上方有一枚谷粒，币文在正面。

一个通常的规律是，背面的币文放置在公牛上方，反向说些为ΙΛΟΠΟƎN，有时更为简略。

有时不是反向书写，如NEOΠOΛITAΣ或NEOΠOΛITEΣ。这些要比反向书写的时代晚。

钱币重量在7.40~7.60克，有一枚重7.70克，有些则只有7克多一点，换算为114~118格令。

这些钱币很少见。

第二类 （a）公元前450年—公元前420年 （b）公元前415年—公元前380年

所有帕拉斯头像双德拉克马均归入此类，根据头像是否有冠饰，还可进一步分为两子类。头盔无冠饰的珍稀、昂贵，一枚品相不好的有时也要卖到10英镑。（a）与第一类同时期。

（a）正面：帕拉斯头像，戴无冠饰的雅典式头盔，头盔以橄榄叶装饰，围绕颈部底板上有币文ΟΠΟƎΝ。

背面：人首公牛，朝向左侧，ΝΕΟΠΟΛΙΤΑΣ或ΝΕΟΠΟΛΙΤΗΣ币文，或缩写方式，在公牛上方。

图74

有时提铭处有一枚谷穗。

（b）正面：帕拉斯头像，面向右侧，戴有冠饰的雅典式头盔，头盔以橄榄叶装饰。

这一头像系模仿图里翁钱币。

背面：人首公牛，通常向左侧行走，但在有些钱币上为向右侧，靠近观察者一侧的前腿举起，俯首。币文为ΝΕΟΠΟΛΙΤΕΣ或ΝΕΟΠΟΛΙΤΗΣ。

（c）有些（b）类钱币风格，异常粗糙，币文不完整，比如ΝΕΟΠΟΛΙΤƧ或ΤΗΖΝΕΠΟΛΙ或ΝΕΠΟ。桑邦先生将其归为萨莫奈人仿制，或古代造假者制作的赝品。

（d）公元前340年前后，帕拉斯头像上出现了一只猫头鹰，背面公牛上方出现了飞翔的胜利女神。背面提铭处有币文ΝΕΟΠΟΛΙΤ。

帕拉斯头像可能反映了雅典的影响。

帕拉斯头像钱币的重量通常比上文第一类略重。

桑邦先生列出的重量为 7.55 克、7.59 克、7.64 克和 7.79 克，但有些则较轻，如 7.43 克、7.14 克、7.28 克、7.30 克等。7.50 克约等于 115.74 格令。

本类中的大多数双德拉克马较为珍稀，但有时一枚帕拉斯头像前可以以不足 1 英镑的价格购得。

第三类

第三类钱币上有一个宁芙的头像，几乎为正脸，发绺飘逸地围绕头部垂下。这些钱币并不多见，其价值在 2 ~ 6 英镑。

图 75

大英博物馆只有两枚此类钱币，一枚重 113.8 格令，另一枚重 87.5 格令（？）。

海德博士指出，这些钱币"在此情形中其设计的本意可能是赫拉，参见海利亚和潘多西亚钱币"。

桑邦先生在《意大利古代钱币》第 198 页中将这些钱币判定为公元前 405 年发行的"正面宁芙头像"。在对本系列的钱币描述中称其为"女性头像，几乎正脸"。我们或可将这一头像与叙拉古钱币上的水中宁芙阿列苏莎做个对比，后者由基蒙（ΚΙΜΩΝ）设计，其时间也被推断为公元前 405 年（《钱币史》，第 155 页）。同款钱币在柏林博物馆邦伯理收藏、富尔图内特收藏、那不勒博物馆收藏、圣天使收藏、那不勒斯收藏和法国收藏（德·吕内公爵）中也有提及。

背面：人首公牛，朝向左侧，面部为侧像，币文为 NEOΓOΛITEΣ 或 NEOΓOΛITHΣ。

本类钱币中品相良好的如今价格昂贵。

第四类　公元前 400 年—公元前 360 年

这一类钱币的独特特征包括：

1. 蒂雅－赫柏头像，面向右侧。

2. 公牛的人首回头，呈正脸。

3. 公牛上方底板上有飞翔的胜利女神为公牛加冕。

4. 币文通常为 ΝΕΓΟΟΛΙΤΗΣ。

这一时期钱币做工精美。

女神戴束发带，脑后的头发呈松散的发绺。在有些钱币上，女神戴耳环和项链。

有些钱币看上去像萨莫奈蛮族仿制的。

有几枚本时期钱币上，头像面向左侧。

有些钱币上，背面的币文字母粗糙，一般认为系仿布匿字母，其目的是促进与西西里的迦太基人的贸易。

有些蛮族仿制钱币被认为是打造于诺拉，币文为 ΝΟΥΓΟΛΙ。

公牛下方有时能发现字母 Γ。

公元前 370 年—公元前 340 年，公牛下方有字母 ON 和 Γ；女神头像后方有字母 E。

本类钱币起价为每枚 10 先令。

第五类　公元前 325 年—公元前 280 年

本类中的钱币是在公元前 326 年尼亚波利联盟组成后发行的，受到城邦与西西里之间商业往来的影响。这一系列开始时的钱币风格精美，但到末期艺术价值急剧下降。

这些钱币的独特特征包括：

1. 女神蒂雅－赫柏的头像转向右侧，头像后有一个符号。

出现的符号包括一串葡萄，颈部下有一枚谷穗；常青藤叶；雄鸡；双耳爵；指关节骨；帕拉斯小雕塑；大棒。

图 76

2. 女神颈部下方有造币监督的名字 **ΔΙΟΦΑΝΟΥΣ**、**ΔΙ**，单词 **ΝΕΟΠΟΛ**、**ΑΡΤΕΜ**、**ΑΡΤΕΜΙ**、**ΑΡΤΕΜΙΔ**、**ΑΡΤΕ**、**ΓΑΡΜΕ**（νιδου）、**ΧΑ**、**ΧΑΡΙ** 或 **ΧΑ**、**ΣΤΑ**，最后一个可能是一个奥斯坎语名字。

字母 **Ꝑ** 或 **A** 出现在颈部前，字母 **Χ**，或 **ΕΚ** 或 **ΕΡΚ** 花押在颈部后。

在背面，有常青藤叶，公牛下方有花押形式的字母 **ΓΔ** 或 **⟑**，或 **O**，**ΑΤΟΔ**、**ΤΜΟ**、**ΝΑΤΟ** 花押，牛腿之间有 **ΟΛΥΜΡΙ**、**ΔΙ** 或 **ΘΕ**；公牛下方有 **ΟΥΙΛ**（λιου）、**Ν** 或反写 **И**，或 **ΠΥΤ** 连写、**ΜΥ** 连写、非常小的字母 **Κ**、**ΛΟΥ**（奥斯坎名字卢基厄斯）、**ΒΙ**·、**Θ**、**ΕΥΞ**、**Ν**、**A**、**Ν**、**ΙΣ** 等。

币文为 **ΝΕΟΠΟΛΙΤΗΣ** 或 **ΝΕΟΠΟΛΙΤΩΝ**。

这个类别的很多钱币较常见，一枚只需数先令即可购得。

第六类

最后一类的特征是蒂雅 – 赫柏头像总是转向左侧，背面的币文总是 **ΝΕΟΠΟΛΙΤΩΝ**。

女神颈部后方总有一个字母或符号，比如一尊阿尔忒弥斯小雕像，双手各持一个火炬，或战神帕拉斯小雕像、花冠、阴茎状的终点柱、奖杯、小圆盾、有须髯的终点柱雕塑、喜剧面具、里拉琴、萨提尔、双耳瓶、长柄勺、胸甲、大象、胜利女神、马头鱼尾怪、飞马珀伽索斯、闪电、苍鹭、孔雀头、八芒星、比赛用火炬、三足鼎、五边形、丰饶之角、海豚、坐姿狮子、狮子前肢、三叉戟、舵、船艏装饰、猫头鹰、头盔、鱼叉、调酒罐、雄鸡等都有所见。

颈部下的字母为**ΓΝΑΙΟΥ**，颈部后**ΕΥ**、**ΤΑΡ**；颈部下为**ΕΥΞ**，颈部后为**ΝΕ**；颈部下为**Χ**，颈部后为**ΒΙ**或**Β**；颈部下为**Μ**，或**ΜΕ**。

在背面，我们发现公牛下方有字母**Ν**、**ΛΟΥ**（奥斯坎名字卢基厄斯）、**ΕΠΙ**、**ΙΣ**、**ΒΙ**、**ΕΓ**、**Ε**、**Α**等。

图 77

小型银币

奥波和散碎银币的图案均模仿库迈、西西里、忒里那、阿卡纳尼亚，以及尼亚波利双德拉克马上的常见图案，因此，我们可以依据图案的来源方便地分类。

库迈图案（公元前 450 年—公元前 327 年）

1. 奥波。正面：帕拉斯头像，面向右侧，戴哥林多式头盔；头像前有字母**ΝΕ**，有些钱币上为**Ν**。一个圆圈。

背面：双壳贝类贝壳，绞合部朝向左侧；上方有字母**Ν**；珠状内齿。

2. 1/6 奥波。正面：哥林多式头盔，覆面朝向右侧。一个圆圈。

背面：同 1，贝壳上方有字母**Ν**或**ΝΕ**。

3. 1/6 奥波。正面：宁芙头像，面向右侧，戴束发带。

背面：同 1。贝壳上方有字母**ΝΕ**；珠状内齿。

4. 1/6 奥波。正面：帕拉斯头像，面向右侧，戴雅典式头盔。

背面：同 1。贝壳上方有字母**ΝΕΟ**；珠状内齿。

5. 1/4 奥波。正面：海豚，朝向右侧。

背面：车轮，轮辐之间有小球体。

大英博物馆，重 0.14 克（？）。

6. 1/4 奥波。正面：帕拉斯头像，面向右侧。

背面：车轮，轮辐之间有小球体。

西西里图案（公元前 450 年—公元前 360 年）

7. 奥波。正面：帕拉斯头像，面向右侧，戴哥林多式头盔。头像前有字母ƎNE，后有字母O。有时有珠状内齿。

背面：公牛前部，朝向右侧，呈游泳姿态，有币文ΠΟƎN 或 NEO 或ИƎN（?）。有些钱币上公牛朝向左侧。

有些钱币上正面和背面均无铭文。

8. 奥波。正面：宁芙头像，面向右侧，后有字母A。

背面：游泳的公牛前部，一只苍鹭栖息在公牛肩上，在整理自己的羽毛；上方有字母 NE，下方有文字的痕迹。

《大英博物馆目录》第 21 号，重 10.2 格令（0.54 克）。

9. 奥波。正面：帕拉斯头像，面向右侧。

（a）头盔有翼。（b）头盔有冠饰。（c）头盔有冠饰，并以月桂装饰。（d）头像面向左侧。

背面：游泳的公牛前部，上方有币文NEOΓO 和 JOƎN。有些钱币上公牛朝向左侧。

这类钱币有些被称为奥波或利特拉。

10. 半奥波。正面：帕拉斯头像，面向右侧，雅典式头盔。

背面：字母NE，被 ⅄ 标记分开，这一标记可能标示钱币面值，意为半奥波。

仿制来自忒里那的图案（公元前 380 年—公元前 340 年）

11. 奥波或利特拉。正面：宁芙头像，面向右侧，头像前为币文NEOΓOΛITHΣ。

背面：宁芙面向左侧，坐姿，左手持商神杖（?），右手持王冠，放置在膝上。

图 78

12. 奥波。正面：青年河神头像，面向右侧，前额有角，头戴御冕；币文 ƧƐᴦƐIOƧ 围绕头像。

背面：生有双翼的宁芙，面向右侧坐在一个反转的瓮上，将自己装进瓮中，仰首；NEOᴦOΛITEƧ 币文。币文几乎总是不完整。

阿卡纳尼亚图案（公元前 350 年—公元前 340 年）

13. 奥波。正面：戴桂冠、无须髯的青年头像，可能是阿波罗，面向右侧。

背面：埃克罗厄斯正脸头像，其双角有飘带装饰；上方有字母 **NEO** 或 **NE**。

有些钱币上没有铭文，或没有飘带。

有些钱币上，字母 **X** 出现在阿波罗头像和埃克罗厄斯头像后方。

他林敦图案

14. 奥波。（a）正面：无须髯、戴桂冠头像，面向右侧，可能是阿波罗，有时头像后有字母 **O**。风格精致。珠状内齿。

背面：赫拉克勒斯，面向右侧，跪姿，抓住狮子的颈项，底板上有大棒，币文 **NEOᴦOΛITΩN** 环绕。

（b）头像硕大，类似赫拉克勒斯头像。

（c）头像类似（a），币文 **NEOᴦOΛITΩN** 环绕。

（d）头像类似（a），后部有一束橄榄。

（e）头像类似（a），面向左侧，后部有字母 **Y**；珠状内齿。

尼亚波利图案

15. 奥波。正面：宁芙头像，面向右侧。

背面：人首公牛，朝向右侧行走，上方为飞翔的胜利女神为其加冕。

提铭处有币文ΙΛΟΠΟƎΝ。

三奥波

三奥波发行于公元前300年—公元前280年，在本时代后期。彼时，双德拉克马上的女神头像转向右侧。当图案改变，女神头像转向左侧时，三奥波似乎即不再制造。

1. 三奥波，正面为阿波罗头像，面向右侧；头像前部有ΝΕΟΠΟΛΙΤΩΝ币文；头像下方有一个无法辨识的字母。

背面：雄鸡，朝向右侧，其上方底板处有字母Χ或一颗星。

这些钱币存世的鲜有品相良好，重量一般在1.24~1.84克，或19~28格令。

2. 另一种图案，其正面为阿波罗头像，面向右侧，面部前方为相同币文。

背面：胜利女神驾驭双马战车，朝向右侧，提铭处有字母ΔΙ、ΧΑ或ΓΑΚ。这可能代表奥斯坎名字帕奎乌斯，这个名字出现在伊斯基亚①岛的铭文上。

德拉克马约公元前270年—公元前250年

大约与罗马人首次发行其迪纳厄斯银币同时，尼亚波利人打造了德拉克马，其重量比迪纳厄斯轻得多。

普林尼在《自然史》第二十一卷中说，罗马迪纳厄斯银币等于阿提卡德拉克马，每枚重4.55克，一磅白银打制72枚迪纳厄斯。据桑邦先生考据，尼亚波利德拉克马重量在3.20~3.58克变动，约合50~55格令。

尼亚波利人似乎希望发行一种能同罗马迪纳厄斯相对应的钱币。这两种钱币在同一时间出现，可能是罗马对尼亚波利的影响力的结果。

---

① Ischia，第勒尼安海上的火山岛，距那不勒斯约30千米。——译者注

德拉克马正面为蒂雅－赫柏头像，以及一个符号，或字母 **A**、**B**、**Δ** 或 **E** 代替符号。

钱币背面为常见的人首公牛，朝向右侧，正脸，飞翔的胜利女神为其加冕。

提铭处有币文 **ΝΕΟΠΟΛΙΤΩΝ**。根据公牛下方的字母 **BI**、**IΣ** 或 **A**，德拉克马可分为三类。

有些钱币上没有这些字母，其正面的符号为一个花冠。

背面有字母 **BI** 的钱币上，正面有下列符号：大象、椭圆形盾牌、水壶或水罐。

背面有字母 **IΣ** 的，正面出现的符号包括：海豚、天鹅、谷穗、丰饶之角、奖杯或字母 **A**、**B**、**Δ**、**E** 等。

背面有字母 **A** 的，正面符号有：船艏、酒杯、鱼叉、莲花、面具（？）、钟等。

正面图案

在尼亚波利钱币上，我们遇到四款不同的正面图案：

Ⅰ. 塞壬海妖帕耳忒诺珀侧面像。

Ⅱ. 帕拉斯头像。

Ⅲ. 塞壬头像，几乎为正脸。

Ⅳ. 蒂雅－赫柏头像。

女性头像一只被认为仅仅代表一个人物，要么是塞壬，要么是蒂雅－赫柏。但本书试图证明，早期的头像更有可能是帕耳忒诺珀，埃克罗厄斯之女，后期头像则是蒂雅－赫柏，同青春狄俄倪索斯相关联。将头像这样归类与背面图案也保持一致：起初，公牛与埃克罗厄斯的神话相关，其后则与狄俄倪索斯神话相关。

Ⅰ. 帕尔忒诺珀

那不勒斯附近最古老的城市名为帕尔忒诺珀。斯特拉波（Ⅴ，Ⅳ）告诉我们，塞壬还有帕尔忒诺珀的坟墓就在那里，普林尼引述了他的说法。

西利乌斯·伊塔利库斯①曾于公元 68 年出任罗马执政官，致仕后隐居那不勒斯。他这样说起塞壬：

"帕尔忒诺珀，埃克罗厄斯之女，

赋予这座城市人所共知的名字。

她是塞壬海妖中的一个，

歌声长久地统治着波涛。

当她轻启曼妙的歌喉，

毁灭就会降临不幸的水手。"

塞壬本来是指埃克罗厄斯河河口处的几个岛屿，埃克罗厄斯河在阿卡纳尼亚和埃托利亚之间注入爱奥尼亚海。但正像希腊殖民者在意大利用埃克罗厄斯的名字称呼自己的河神一样，意大利海岸上的岛屿也被称为塞壬。

斯特拉波（Ⅰ c Ⅱ）这样描绘塞壬的位置，但其说法遭到《奥德赛》注释者们的质疑：

"有人说荷马笔下的塞壬位于佩罗鲁斯附近，即西西里的法罗角，还有说它们远在超过两千斯泰特之外，靠近塞壬努赛，即那不勒斯和萨莱诺之间的海湾中，一座有三个山峰的岩石，将库迈海湾和波塞冬尼亚海湾分开。

"首先，这座岩石没有三个山峰，其顶峰也根本不呈冠状，而是一个狭长的尖角，从索伦图姆延伸至卡普里亚海峡，在山的一侧有塞壬的庙宇，在另一侧，紧邻波塞冬尼亚海湾，有三个岩石密布、无人居住的小岛，被称为塞壬。

"……如果有人补充说，在那不勒斯有塞壬海妖之一帕尔忒诺珀的纪念碑，那么，这只会让我们更加确信我们的结论。"

如果将尼亚波利最早钱币上的宁芙或塞壬头像，同南意大利和西西里城邦钱币上普遍公认为水中宁芙的头像做个对比，我们会发现，这些

---

① Silius Italicus，公元 28—103 年，罗马政治家、演说家、诗人。——译者注

头像在设计上颇为近似，尼亚波利造币厂的工匠非常有可能模仿了其中一些。

对照尼亚波利早期正面图案和海德博士《钱币史》第 152 页和第 153 页插图中的忒里那或叙拉古钱币。

阿列苏莎是叙拉古奥特基井中的宁芙，雪莱在其诗作《阿列苏莎》中吟咏她。

这一头像，海德博士假定为"被认同为阿尔忒弥斯的阿列苏莎"。这一定是阿卡迪亚阿尔忒弥斯（$\lambda\iota\mu\nu\tilde{\eta}\tau\iota\varsigma$ 或 $\lambda\iota\mu\nu\alpha\iota\alpha$）。在她的圣殿里有井，就像在哥林多一样。作为宁芙，她与河神相关联，比如爱上她的阿尔甫斯。参见奥维德《变形记》第五卷第 572 行讲述的故事，以及塞尔维乌斯对维吉尔《牧歌》第十首第 4 行的注释。

因此，鱼是她的圣物（狄奥多罗斯，Ⅴ，3）。

当时西西里对尼亚波利城邦的影响众所周知，因此，西西里的传说也非常有可能影响了当时的造币艺术家。

支持将这一早期头像认定为帕尔忒诺珀的论证有三：

（a）早期城市的名字叫帕尔忒诺珀；

（b）塞壬与埃克罗厄斯的关联，埃克罗厄斯出现在法国收藏的孤品早期钱币上；

（c）与其他城邦发行钱币上的水中宁芙的类似之处。

Ⅱ. 帕拉斯头像

斯特拉波告诉我们，尼亚波利最早的殖民者中有雅典人。据拜洛克和齐亚切里[①]考证，在公元前 5 世纪中期，当地公民摆脱了库迈的霸权，其后多年，雅典和叙拉古两大势力一直在竞逐尼亚波利人的友谊。陶洛米尼乌姆的蒂迈欧[②]著作的残篇提及雅典海军统帅戴奥提摩斯抵达尼亚

---

① Emanuele Ciaceri，公元 1869—1944 年，意大利历史学家。——译者注

② Timaeus，公元前 345 年—公元前 250 年，古希腊历史学家，生于西西里的陶洛米尼乌姆，即今陶尔米纳（Taormina）。——译者注

波利，以及为荣耀帕尔忒诺珀设立的火炬赛跑。这些记载证明钱币上的宁芙头像可能是帕尔忒诺珀。有观点认为，戴奥提摩斯的到访，意图在于拉拢尼亚波利人在雅典与叙拉古的争斗中站在雅典一方。在《尼亚波利的起源》中，德·佩特拉①认为戴奥提摩斯抵达尼亚波利的时间在公元前425年前后，戴有冠饰头盔的雅典娜头像钱币也是在那时发行的。

早在公元前433年，雅典人即与利基翁和来翁悌尼的公民缔结条约，其目的在于赢得大希腊哈尔基斯殖民者的同情。这一目的轻易达成，因为这些殖民者自己需要雅典能够提供的援助，因为爱奥尼亚希腊人无法对抗多利安人的霸权。

公元前427年，来翁悌尼向雅典求援，拉凯斯和查罗阿德斯远航西西里。

前者被召回，索福克勒斯和攸里梅敦抵达后惨遭败绩，于公元前425年返回雅典。公元前422年，斐阿克斯被派往西西里，翌年宣告和平。

塞格斯塔②与雅典之间存在同盟关系，由此引发引发雅典派遣将军阿尔西比亚德斯、拉玛克斯和尼西阿斯援助塞格斯塔。

在雅典，在西部建立帝国的希望被燃起，由此开启了雅典与叙拉古之间的一场龙争虎斗。

戴无冠饰头盔的雅典娜女神头像钱币的发行时间断代为早于公元前425年戴奥提摩斯到访，是尼亚波利最早发行的钱币之一。

公元前410年以后发行的此中图案完钱币不能作为雅典影响力的证据，而体现了图里翁的影响。图里翁当时已放弃了与雅典的同盟关系。

最早的带有帕拉斯头像的钱币出现的时间要早于公元前443年图里翁建城之时，因此，我们不能认为早期的无冠饰头盔女神头像钱币是模仿图里翁。然而，后期钱币，即雅典娜头戴有冠饰头盔的，其发行时间

① Giulio De Petra，公元1841—1925年，意大利考古学家。——译者注
② Segesta，位于西西里西北部。——译者注

桑邦先生考定为公元前 415 年，德·佩特拉则认为是公元前 425 年，即戴奥提摩斯到访那一年。图里翁钱币似乎是尼亚波利效仿的范本，在公元前 420 年前后达到了艺术成就的顶峰，最为精美，因此，似乎桑邦先生的断代更有可能是正确的。

对比公元前 425 年之前的图里翁钱币。

公元前 413 年 8 月，雅典在叙拉古附近战败，这之后，雅典的影响力不能成为尼亚波利钱币继续使用帕拉斯头像的原因。图案所象征的应是图里翁的影响，直至公元前 336 年城邦被布鲁提人攻陷，其后又被诺拉夺取，直至公元前 313 年。

诺拉的影响

有些钱币上，雅典娜的头盔以猫头鹰装饰，同诺拉钱币一样。这些图案的钱币出现于公元前 415 年—公元前 380 年的精致时代，背面图案没有飞翔的胜利女神。公元前 340 年以后的晚期钱币也有这一图案的，背面则有飞翔的胜利女神为人首公牛加冕，人首为正脸像。后者属珍稀钱币，价格为 4~5 英镑一枚，前者价格为 1~2 英镑。公元前 327 年，诺拉的势力足以使其派遣 2000 名战士前往尼亚波利，但 14 年后，罗马夺去了这座城邦（公元前 313 年）。

诺拉的影响可从尼亚波利对其钱币图案的模仿窥见一斑。

萨莫奈人的影响

桑邦先生描述了这一钱币序列，其雅典娜头像做工粗劣，其公牛呈角觚状，远视角前腿举起，尾巴卷曲。币文粗糙，包括 NEOΓOΛITEΣ、NEOΓOΛITΣZ、NEΓOΛITEZ 或 THZNEΓOΛI。这些钱币上没有飞翔的胜利女神，有些可能是古代造假者制造的赝品。

蒂雅－赫柏

在叙拉古，造币官员继续发行带有水中宁芙头像的钱币，直到公元前 413 年大败雅典人。其后不久，珀耳塞福涅出现在钱币正面，罗马人称珀耳塞福涅为普洛塞庇娜。尼亚波利在公元前 400 年前后也变更了钱币图案，塞壬帕尔忒诺珀的图像被换成一个显然是模仿自叙拉古钱币的图案。这一变化证明了叙拉古对尼亚波利城邦施加的影响。这一新图案同更早的图案易于区分：一簇卷发以束发带环绕在脑后，发绺的末端散开；面部也更加华美。

珀耳塞福涅在叙拉古、利波拉在罗马，以及蒂雅－赫柏在尼亚波利均以其不同的名字代表着一种神圣的法力，即春天的力量——生命与温暖、光明与生长的力量崛起，替代了死亡与寒冷、黑暗与冬日的凋敝。

秘仪表达了这些理念，却没有给这一神力一个更确切的名字，只是称为科瑞，即"少女"。

在他林敦的钱币图案上，我们已经见到狄俄倪索斯和伊阿科斯所占据的显赫地位，许多人认为，这些钱币背面的长着少女人首的公牛是要表现青春狄俄倪索斯，关于其崇拜将在本章背面图案部分加以探讨。

珀耳塞福涅的神话可能是由哥林多和迈加拉殖民者引入西西里和南意大利。忒奥克里托斯将其与春天的新生联系起来（Ⅲ，48），普拉塔克也将其与春天等同。在神话中，生命的复苏象征着永生不朽，因此，少女像经常被雕刻在石棺上。在《俄耳甫斯颂歌》（29，16）中，她被描绘为大自然的女神，可以毁灭，也可复活一切。其同狄俄倪索斯、伊阿科斯、扎格瑞乌斯和萨巴奇奥斯的关系的确切性质并不容易定义，有时她被称为这些神祇的母亲，有时则被称为他们的妻子。在播种和丰收时节都要举办女神的节日（狄奥多罗斯，第四卷，《雅典》第四章）。

这一节日在罗马叫酒神节，每年 3 月 17 日举办。显然，在尼亚波利，随着秘仪变得比旧神话更受欢迎，帕尔忒诺珀和埃克罗厄斯的旧节日被蒂雅－赫柏的新节日取代了。

赫柏在希腊文中是"青春"（ἤβη）的意思，用来比喻新鲜、欢快或喜乐的状态。波特①这一词汇同梵文词汇 juvan（年轻，拉丁文 juvenis）存在关联。因此，春天女神自然而然地被称为蒂雅－赫柏。

现代诗歌也适用相同的意向，华兹华斯《一个五月清晨写下的颂

---

① August Friedrich Pott，公元 1802—1887 年，德国语言学家。——译者注

歌》（XXXVIII）中有这样的诗句：

"当东方正变成紫色，

星辰离去，开启黎明，

无忧的花神芙罗拉从榻上起身，

因为五月就在草地上。

一个加速的希望，一阵清新的狂喜，

跑在被期待着的力量前面，

那力量从灌木丛和森林中呼入的第一口气，

抖落珍珠般的细雨。

整个大自然欢迎她，她的摇曳

和缓了这一年的严峻。"

雪莱在其诗作《含羞草》第二部分写到的"力量"正是蒂雅－赫柏这一亘古的名字所传递的，他的《冥神之歌》唱出了带给冥王哈得斯的少女的歌声，他的《颂大自然的精灵》则表达了蒂雅－赫柏所代表古老的理想的人格化。

背面图案

古代钱币正面和备案图案中的符号一般关联或从属于发行钱币的公民所崇拜的神祇。在尼亚波利，正面为塞壬海妖帕尔忒诺珀的最早钱币，背面为帕尔忒诺珀的父亲、河神埃克罗厄斯，后期的正面为蒂雅－赫柏的钱币，背面则是她的亲眷青春狄俄倪索斯的象征形象。

埃克罗厄斯

埃克尔在其专著《人首公牛》中提出，人首公牛并不代表一位河神。他的主要论点基于的事实是，河神通常呈现为人形，要么横卧在泉水边，要么在水中游泳。然而他的这一论断并不适用于这一图案，因为他列举的所有例证全部为较晚时代的。现在普遍公认，公元前 5 世纪时，很多城邦使用公牛形象表现本地的河神。

钱币正面图案的头像显然是一位水中宁芙，古城帕尔忒诺珀的名字引导我们判断其所称代表的具体的一位宁芙。她是埃克罗厄斯的女儿，埃克罗厄斯的封疆发源于伊庇鲁斯的品都斯山，绵延数百英里。在河流入海处，水流留下几个岛屿，被诗意地称为河神的女儿，统称塞壬。南意大利和西西里的殖民者牢记其故土的神话，将自己海岸的岛屿也称为塞壬，称他们的河神为埃克罗厄斯。这个饱含诗意的神话将我们带回到古老的岁月，那时河流、泉水、树木、山峦都被视为神祇的居所，或自然的力量，受人敬拜。

Ἀχελῷος 这个名字据信来自词根 AX，意为"水"，拉丁文和一些现代欧洲语言中"水"的词根"aqua"也是由此演进而来。河水咆哮的洪峰从山间喷薄而出，其势不可当的力量以公牛来作为象征。

非常早期的艺术家们在试图表现赫拉克勒斯排干考培亚克湖附近的土地时，使用的艺术想象是英雄与公牛搏斗，人类驯服自然的力量，让溪流灌溉土地，结出累累硕果，其象征则是从这被驯服的洪荒之力头上折下来的阿玛尔忒娅①之角。卡代拉教授在其专著《赫拉克勒斯与埃克罗厄斯之战》如是解释这一神话。他在作品中使用了一幅伊特鲁里亚雕刻作品的素描图，描绘的是赫拉克勒斯与公牛搏斗。

南意大利和西西里的小河洪水频发，就像在新西兰的那些河流一样，因此，在早期殖民者看来，古老的公牛象征自然再贴切不过。

贺拉斯在《颂歌集》第一部第三首中描述赫拉克勒斯驯服洪水的伟业：

阿刻戎的沙洲轻易折服，

在奋进赫拉克勒斯的臂膀下。

在人类面前没有什么不可企及。

临河或临泉的南意大利城邦，如拉奥斯、图里翁、锡里斯、皮克索斯，以及锡巴里斯，其打造的钱币上均能看到公牛的形象。作为这一图案含义的证据，梅塔彭提翁的一枚非常古老的钱币尤具重要意义，其上有长着角和公牛耳的埃克罗厄斯的形象，并有铭文 ΑΧΕΛΟΙΟ ΑΘΛΟΝ，

---

① Amalthea，海中仙女，以山羊形象出现，曾哺乳婴儿时的宙斯。——译者注

指为荣耀这位河神举办的运动会。这类钱币可能用作给获胜运动员的奖品（ὰθλα）。我们知道，在帕尔忒诺珀也举办类似的运动会。

盖拉的钱币上也有公牛形象，显然在游泳，其特别的意义在于，已知的帕尔忒诺珀最早的钱币可能就是模仿这一图案。

甚至埃克尔也未曾质疑阿卡纳尼亚的钱币上呈现的是埃克罗厄斯。

阿卡纳尼亚河并非唯一一条名为埃克罗厄斯的河流，阿卡迪亚有一条山间激流，从吕开俄斯以北注入阿尔甫斯河（保萨尼亚斯，第八卷第三十八章第9节），也叫埃克罗厄斯，据说梅塔彭提翁的早期殖民者就是在特洛伊战争后从那里来意大利的。

在意大利，我们能找到很多殖民者渴望追溯自己传承渊源的例子，比如在那次战争的英雄中，罗马人希望被认为是虔敬的埃涅阿斯的后裔。

狄俄倪索斯

钱币和花瓶提供了充足的证据证明在公元前4世纪，狄俄倪索斯崇拜在大希腊的希腊殖民者中根深蒂固，特别是在他林敦和坎帕尼亚。

从他林敦的钱币看，这一崇拜与秘仪的关联也清晰可见。因此，当看到尼亚波利双德拉克马的正面有蒂雅－赫柏，即秘仪中的科瑞（少女）时，我们自然将这些钱币背面的公牛形象同青春狄俄倪索斯联想到一起。索福克勒斯和欧里庇得斯的诗作中频繁地提到这位神祇的这一象征形态，且欧里庇得斯的诗歌在大希腊尤为流行。对于我们而言，以现代思维方式去理解这一特定象征的兴起并不容易，但在人类的孩提时代，所感知的动物与人类生命的区隔并非界定清晰；动物是兄弟，甚至在欧里庇得斯的《酒神的女信徒》中，我们能看到一种回到林间与山间的自由、狂野生活的渴望。

被象征的理念是潮湿的、赋予生命的树液的力量，在这一教派的早期阶段，狄俄倪索斯是葡萄藤之神。

在尼亚波利被用作河神象征的公牛形象轻易地转变为代表神圣的春季的湿气与葡萄藤的树液。同样的形象也被用来作为海神波塞冬的象征。普鲁塔克在其关于伊西斯和奥西里斯的作品中称狄俄倪索斯是湿气之主。

南意大利尤为被希腊和拉丁诗人们颂赞为里贝①和刻瑞斯的土地，是葡萄酒和谷物的国度，是狄俄倪索斯和普洛塞庇娜的封疆（《俄耳甫斯颂歌》，XXIV）。品达提及"用铙钹来敬拜的得墨忒耳，长发飘逸的狄俄倪索斯"（《地峡运动会颂歌》第四首第 3 行），维吉尔则吟咏"里贝和哺育我们的刻瑞斯"（《农事诗》第一卷第五首）。

这位神祇的公牛形象尤其得到欧里庇得斯的赞颂。欧里庇得斯的作品在西西里大受欢迎，以至于公元前 413 年，许多雅典战俘靠背诵他的诗句得到善待，甚至释放。

在其剧本《酒神的女信徒》中，国王彭透斯当被酒神的魔力诱导到山上时被鬼使神差地说出：

"是的，我的眼睛是明亮的！天边太阳闪耀，像有两个。忒拜城和它有七个城门的城墙也变成两个……那是一头狂野的公牛，在我的前方行走着，等着我？它的眉上有角！你是谁，人，还是野兽？公牛现在肯定在你身上！"

这时酒神女信徒的领导者唱起："现身！现身！不论你的形状或姓名为何，公牛，有一百个头的蛇，燃烧的火焰中狮子！神啊，野兽，神秘降临！"诗人让彭透斯的母亲阿高厄唱着她手中拿着的首级："看，它垂在他的胸上，轻柔地卷曲着的长发，柔软的公牛鬃毛，年轻雄鹿的毛发！"

普鲁塔克在其《希腊问题》的颂歌（XXXVI）的颂歌中也强调公牛的形体：

"英雄狄俄倪索斯，来到你的圣殿家园，在埃利斯，我们虔敬地敬拜您，同您的美惠三女神敬爱您，以您公牛的步伐疾驰，来吧！高贵的公牛，高贵的公牛（ἄξιε ταῦρε）。"

① Liber，罗马神话中的酒神，相当于狄俄倪索斯。——译者注

品达在其《奥利匹亚颂歌》第十三首中提到狄俄倪索斯的歌咏，即"酒神的赞美歌"："狄俄倪索斯和驱赶公牛的酒神颂歌。"别名 βοηλάτης 是指作为奖品被赶出的牛，然而唐纳森①指出，"更有可能，这是指巴克斯的动物化身"，然后他引用了上文提到的普鲁塔克的颂歌。

公牛并非这一神祇的唯一象征，我们看到他的化身还有狮子和蛇；狄俄倪索斯也不是他唯一的名字，我们看到布罗密欧斯②和萨巴亚，是各种烈性饮料的色雷斯名字。索福克勒斯在《安提戈涅》第 1115 行歌队开始时提到他的诸多名字："啊，你这位多名的神，忒拜宁芙的光荣，鸣雷掣电的宙斯的儿子"，结尾处称他为"伊阿科斯，快乐的赐予者"。

在他林敦，狄俄倪索斯和伊阿科斯的形态呈现为骑在海豚上的骑手；在尼亚波利斯，一俟秘仪的影响力强大到足以替代更为古老的本地河神崇拜，公牛形态象征即被用作背面图案。埃克尔在其专著《人首公牛》中引用了马克罗比乌斯③的一段话（Ⅰ，13）显示这是霍诺留皇帝时代的观点。这一公牛形态的克托尼俄斯神祇尤其在坎帕尼亚占据显赫地位，我们在诸多坎帕尼亚花瓶的设计上可以观察到这一点，但这些设计中，有些指代河神，另一些则指代狄俄倪索斯。

简·哈里森小姐说：

"我不知道任何情形中真正的公牛形象狄俄倪索斯呈现在花瓶彩绘上，但在维尔茨堡④博物馆有一件双耳瓶，他被呈现为穿着衣服的人形，骑着公牛。"

在《俄耳甫斯颂歌》（Ⅵ）中，这一象征不仅应用于狄俄倪索斯，

---

① 此处疑指 John William Donaldson，公元 1811—1861 年，英国学者，希腊古典研究作家，文献学家。——译者注

② Bromius，狄俄倪索斯的别名，意为"吵闹的""咆哮的""狂野的"。——译者注

③ Macrobius Ambrosius Theodosius，活跃于公元 5 世纪早期的罗马作家。——译者注

④ Wurzburg，德国巴伐利亚州城市，位于美因河两岸。——译者注

还应用于原始神①，这位神祇被称为"发出公牛咆哮的神"，在《俄耳甫斯颂歌》第九首中，月亮被称为"生着公牛角"。

在《俄耳甫斯颂歌》第三十首，狄俄倪索斯被描绘为"生着双角，戴着常青藤王冠，公牛脸的持葡萄藤者"，在《颂歌》第45首，我们读道：

"来吧，有福的狄俄倪索斯，有着众多名字，

长着公牛脸，从雷电中生出。"

《颂歌》第五十二这样开头：

"愤怒的巴克斯，名字众多，有福，神圣

长着公牛角，勒奈安，持葡萄藤者。"

《颂歌》第五十三献给安菲托斯②－巴克斯，将其同"长着可爱秀发的宁芙"联系起来，由此，诗中这样向他祈祷："降临吧，有福的、丰裕的、生着牛角的神圣神祇"。这些词句在尼亚波利的钱币上都得以展示，帮助我们理解被选作背面图案的象征符号。

象征符号附加含义的改变伴随着背面图案的两个变化：

（a）我们现在看到公牛上方有飞翔的胜利女神手持王冠。埃克尔似乎认为这是指代狄俄倪索斯因战胜提坦和印度人而被加冕的神话，他特别提出一个钱币作为例证，其上一位站立在神祇面前的女性形象为狄俄倪索斯加冕。

我们通常习惯于认为飞翔的胜利女神形象是象征着在运动会夺魁，比如他林敦双德拉克马就是如此，尼亚波利也举办盛大的运动会。上文引用的品达的一段鲜为人知的诗句暗示，牛有时被用作颁发给获胜运动员的奖品。

（b）第二个变化是公牛的人首的位置。当图案的含义发生变化后，

① Protogonus，法涅斯（Phanes），又称原始神，由俄耳甫斯教引入希腊神话，生育和产生新生的神。——译者注

② Amphietus，酒神的别名之一。在雅典，酒神节每年举办，这一称呼的含义为"年度"；在哥林多，节日三年举办一次，这一名称意为"每三年"。——译者注

人面总是正脸呈现，而此前的钱币上则总是侧面像。

钱币作为历史的见证

尼亚波利斯城邦在希腊人造币期间的故事很自然地可以分为三个界限鲜明的阶段，即雅典和叙拉古影响时期、萨莫奈人霸权时期，以及罗马主宰时期。

早期阶段

公元前 500 年之前许多年，库迈的希腊殖民者派遣公民前往帕尔忒诺珀，其目的是开展贸易。但到公元前 474 年前后，贸易增长如此迅猛，来自库迈的殖民者开始在旧城以东沿海湾的海岸线建起一座新城，两座城邦后来为人所知的名字——帕里俄波利（即"旧城"）和尼亚波利（即"新城"）——由此而来。普林尼提到"哈尔基斯人的尼亚波利，因塞壬的坟墓，又名帕尔忒诺珀"。

普林尼提到的哈尔基斯希腊人是来自利基翁的殖民者，他们被僭主阿纳契拉斯放逐。阿纳契拉斯死于公元前 479 年。

据斯特拉波记载，其后不久，来自雅典的殖民者加入了他们。这些库迈殖民地曾长期同伊特鲁里亚人的霸权斗争。公元前 474 年，叙拉古的希隆将他们从敌人手中拯救出来。库迈的影响力于公元前 450 年前后衰败，公元前 417 年，库迈故城遭坎帕尼亚人破坏。当我们记起修昔底德生于公元前 471 年，苏格拉底生于公元前 460 年，希隆的统治从公元前 478 年延续至公元前 467 年，则在我们的脑海中，这一时期同整个历史进程即可联系起来。我们可能在大英博物馆见过一顶著名的头盔，其上的铭文是关于希隆战胜伊特鲁里亚人的。埃斯库罗斯、品达、巴库利德斯、西莫尼德斯等伟人都曾造访希隆的宫廷，记得这一事实，则我们对这些西部殖民地享有的文化与文明程度即可有所理解。鉴于尼亚波利的公民与叙拉古保持着不间断的往来，他们绝非隔绝于希腊文化之外。

这一时期的造币见证着所有上述影响。首先，那枚孤品显然是模仿西西里盖拉城邦的钱币，并提到旧城帕尔忒诺珀以及帕尔忒诺珀的父亲埃克罗厄斯；然后，带有塞壬头像的钱币系模仿自叙拉古；最后则是展现了雅典影响的钱币。公元前 443 年，雅典人殖民图里翁，并从那时起，开始了其与多利安希腊殖民者争夺霸权的斗争。我们注意到，币文 **ΝΕΟΠΟΛΙΤΑΣ** 的词尾原为多利安式拼写，其后爱奥尼亚式拼写 **ΝΕΟΠΟΛΙΤΗΣ** 出现的频率越来越高，体现了雅典对尼亚波利的影响是何等成功。但币文的拼写也见证了城邦内部党争的持续存在。党争削弱了城邦，为萨莫奈人的霸权开启了方便之门。在关于帕拉斯头像一节，我们探讨了戴奥提摩斯的来访，以及雅典人数次的远征，最终以公元前 413 年的惨败告终。其后发行的钱币体现了与图里翁的联系的重要性，或许也体现了希腊城邦为防御萨莫奈和卢卡尼亚敌人而缔结的同盟。拉奥斯于公元前 390 年沦陷于他们之手，尼亚波利也于同年沦陷。公元前 406 年，大狄奥尼西奥斯开始统治叙拉古，但起初忙于对付迦太基，然而他还是协助卢卡尼亚人对付南意大利的希腊城邦。西西里与尼亚波利的商业往来似乎还在持续，因为西西里的影响仍可见于某些钱币。

萨莫奈霸权时期

公元前 390 年，萨莫奈人占领了尼亚波利，从那时起，铭文显示，造币监督一名遴选自希腊人，另一名则来自萨莫奈人，钱币上也出现了奥斯坎的名字。

在此之前的一段时间，萨莫奈人逐步在沿海城邦取得立足点，狄奥多罗斯告诉我们，800 名萨莫奈人作为雇佣军被尼亚波利派去协助雅典人对抗叙拉古。

雅典人战败后，萨莫奈人又将自己受雇于叙拉古人。山地居民的大规模迁徙可能是由于瘟疫侵袭他们的家园，或南意大利当时遭受的灾年。与这些坚忍、质朴的高地人相比，希腊殖民者阴柔、奢靡、文弱。朴实与德行赋予蛮夷一种美德的力量，他们得以轻易赢得对他们置身其中的公民们的霸权。

蒂雅－赫柏崇拜在这一时期大行其道可能是因为上文提到的瘟疫或饥荒，因为秘仪属克托尼俄斯崇拜体系，赫柏的神力在于植物生长和生命复苏。

然而蒂雅-赫柏崇拜是希腊人而非萨莫奈人的。此外，外来者的影响也不太可能影响造币师的设计。

这一时期的钱币属上文第四类，人首公牛转为正脸，飞翔的胜利女神出现在公牛上方。

公元前 340 年前后，诺拉的影响力兴起，这一点可见于尼亚波利发行的钱币模仿诺拉。这些钱币上，我们看到帕拉斯的头盔上有猫头鹰，以及同样的字母 Γ 和 Ο 出现在诺拉、海利亚和尼亚波利钱币的背面。萨莫奈人对造币的影响可见于有些带有无法辨识的铭文的钱币，有人认为系萨莫奈人的作品，另一些人则认为是试图模仿腓尼基币文，是西西里影响的结果。

由萨莫奈人的影响导致的终结与艺术衰落的时代可能持续时间不长，因为双德拉克马上的一些最精美的头像正是在这一时期制作的，可能沉沦时期只是从公元前 390 年延续至公元前 380 年。正是这一时期发行钱币中，有些显然是在旧钱币上重新打造的。

带有赫拉克勒斯扼死涅墨亚狮子图案的钱币发行于公元前 340 年前后，见证了尼亚波利与南意大利希腊城邦缔结联盟。

在那不勒斯博物馆有一枚有趣的钱币，其上有阿波罗头像，以及他林敦骑士，类似他林敦于公元前 340 年发行的钱币。其币文为 ΝΕΟΓΟ，证明它发行于尼亚波利。从那时直到本时期终结，尼亚波利与他林敦联系密切，他林敦还曾于公元前 326 年派军援助尼亚波利对抗罗马人。

罗马同盟后的时代

李维《罗马史》第八卷第二十二章至第二十五章讲述了导致尼亚波利与罗马结盟的事件。

有些公民听闻罗马与萨莫奈人的联盟尚未敲定，以及瘟疫在罗马肆虐，于是对定居在坎帕尼亚的罗马人采取敌对行动。罗马使者前来要求赔偿，却遭到无礼的回应。罗马执政官昆图斯·普布利利乌斯·菲洛随即发动战争，将其军队驻扎在尼亚波利和帕里俄波利之间。来自诺拉的 2000 人和 4000 名萨莫奈人被迎入帕里俄波利。

李维告诉我们，安排交出城市的两个人的名字分别是卡里拉欧斯和努姆菲欧斯。前者往见菲洛安排机宜，后者留在城中，假意计划对罗马人发动远征，密谋将萨莫奈人骗出城去。一俟萨莫奈人开拔，罗马人黉夜入城。真相大白之时，诺拉人逃回诺拉，萨宾人则逃回山中。

我们见到过带有卡里拉欧斯 **ΧΑΡΙΛΕ**［**ΩΣ**］之名的钱币。沛乐然①公布了一枚钱币，有着类似图案，币文为 **ΡΟΜΑΙΩΝ**。

值得注意的是，在这一时期的其他钱币上，我们还发现了花押 **Ň**（即 **ΝΥ**），代表卡里拉欧斯的同事努姆菲欧斯或努姆普西欧斯。在这些人的安排下实现了尼亚波利联盟，其影响是将尼亚波利带入了一个新的繁荣时期。

自公元前 326 年起，尼亚波利成为一个"结盟城邦"，享有罗马国家的保护，却只需分担罗马微不足道的一点负担。西塞罗在《为巴尔布斯辩护》（8 24）中提到，尼亚波利的公民根本不热衷于取得罗马人的身份。

尼亚波利人经受住了各种诱惑，始终忠于罗马，这些诱惑包括公元前 280 年皮洛士的入侵，当时皮洛士已经迫近尼亚波利的城墙，但撤军了（佐纳拉斯②，Ⅷ.4）；甚至汉尼拔也在其固若金汤的城防面前知难而退（李维，ⅩⅩⅢ，Ⅰ，14，15，ⅩⅩⅣ，13）。尼亚波利成为罗马的一处海军基地。

一位尼亚波利钱币雕模师

在研究他林敦或叙拉古的造币时，我们发现若干艺术家的名字以微小的字母出现在钱币图案上，但在尼亚波利的任何一枚双德拉克马上，

---

① 此处应指 Joseph Pellerin，公元 1684—1783 年，曾任法国海军文官长，钱币学先驱。——译者注

② Joannes Zonaras，公元 12 世纪拜占庭编年史作家和神学家。——译者注

我们都没有发现任何名字。

然而，这些钱币中有许多是如此精美，且个性十足，我们自然乐于了解关于创作它们的艺术家的任何信息。我们看到，尼亚波利与叙拉古有着密切的联系，密切到足以影响尼亚波利的钱币图案设计。然而这还不是全部。有些钱币正面的蒂雅－赫柏侧面像图案与著名艺术家基蒙制作的某些叙拉古钱币有着相似之处，这让我们不禁探寻，是否有可能他也是制作了这些尼亚波利钱币的艺术家。

基蒙制作的叙拉古四德拉克马上的阿列杜莎侧面像与尼亚波利双德拉克马上的侧面像，采用了同样的深浮雕手法和同样的对头发的处理方式，耳环上的细节也相同。

此外，宁芙的面部表情，纯熟地表现了这一神话人物的双重属性，一半宁芙，另一半阿尔忒弥斯，一种融合着骄傲与优雅的表情。基蒙在叙拉古的作品和某些尼亚波利双德拉克马上都能看到这种表情。

对比基蒙制作的 3/4 脸阿列杜莎头像，与尼亚波利在公元前 413 年发行钱币上的类似头像，我们发现二者在风格、设计和技法上也有重合。尼亚波利不是唯一能找到与基蒙的作品具备上述重合的意大利城邦。在其为叙拉古工作前，基蒙曾为梅萨纳制作钱币雕模，梅萨纳是希梅拉的哈尔基斯母邦。他还为梅塔彭提翁制作过一款雕模。我们注意到，基蒙的名字并未同其他叙拉古艺术家的名字联系在一起，一个可能的解释是，在叙拉古，他可能被看作外邦人。还有一个事实，有些人认为可以解答我们的上述观察。最早带有据信为艺术家签名的钱币于公元前 470 年—公元前 450 年打造于希梅拉。

在古希腊人的世界，职业和艺术追求通常是世袭的，因此，至少存在一种可能，即制作那枚早期钱币的基蒙，是在叙拉古钱币上留下签名的著名艺术家的祖父。我们所观察到的关于基蒙在意大利造币厂的创作的一切现象，以及叙拉古和尼亚波利钱币在风格上的高度相似性，均可以用这一假设来解释。如果进一步观察耳环的细部，我们会发现尼亚波利钱币上的图案与有基蒙签名的钱币高度近似。

在尼亚波利、海利亚和诺拉，耳环的形状如（A）所示 ，

基蒙的叙拉古钱币上则如（B）所示 。

三重垂饰的条状设计出现在公元前 4 世纪较晚时期，据说系通过迦太基人的影响传到叙拉古。如果读者希望获得关于这一有趣说法的深度信息，可参阅阿瑟·J. 埃文斯先生的《叙拉古徽章及其雕模师》（夸瑞奇书店，1892 年）。

《尼亚波利钱币史》《西西里希腊钱币样板》，E. 塞尔特曼；《意大利古代钱币》，伽汝奇。

青铜钱币

第一类　公元前 430 年—公元前 280 年

正面：阿波罗头像，面向右侧，戴三层橄榄叶花环，脑后头发向后飘落，呈半新月状。阿波罗头像后有字母 Δ、ΛI、Æ、K、Λ、ℙ 或 ℳ。

背面：人首公牛前部，近视角前腿弯曲，仿佛在奔跑，远视角前腿直立，有时公牛肩上有一颗四芒星。币文多变，如下：ΝΕΟΠΟΛΙΤΕΩΝ、ΝΕΟΠΟΛΕΤΕΩΝ、ΝΕΟΠΟΛΙΤΗΣ、ΝΕΟΠΟΛΙΤΗΝ、ΝΕΟΠΟΛΙΤΩΝ，以及 ΝΕΥΠΟΛΙΤΩΝ。

底板上发现有如下字母：

N、IA、ΔIO、M、I、Σ、$\begin{smallmatrix}\Lambda O\\ BI\end{smallmatrix}$、$\begin{smallmatrix}NY\\ BI\end{smallmatrix}$ 等。

这一图案钱币的尺寸有直径为 0.8 英寸、0.7 英寸、0.6 英寸、0.5 英寸、0.4 英寸等。

重量为 1.70 ~ 5.80 克。

这些图案为古风风格，做工良莠不齐。

第二类　公元前 270 年—公元前 250 年

正面：戴桂冠的阿波罗头像，面向右侧，头发在脑后束住。

背面：人首公牛，朝向右侧，游泳，币文ΝΕΟΠΟΛΙΤΩΝ。

重量为 1.45 ~ 3.90 克。

直径为 0.5 英寸。

背面：里拉琴河翁法洛斯圣石，其上有一条蛇，在提铭处有币文ΝΕΟΠΟΛΙΤΩΝ，以及大棒。有些钱币直径为 0.8 英寸。

第三类　公元前 320 年—公元前 280 年

正面：戴桂冠的阿波罗头像，面向右侧，头发为松散的卷发，垂在颈后，头像前有币文ΝΕΟΠΟΛΙΤΗΣ。

背面：常见的人首公牛图案，向右行走，回首，正脸。公牛上方底板处有作为符号的八芒星、海豚、箭、星和新月、花环、弗里吉亚舵、三足鼎、鸽子在王冠中、一串葡萄在王冠中、一颗星在王冠中、赫利俄斯正脸像、公鸡、双耳爵、闪电、里拉琴、有翼的马头鱼尾怪、小圆盾、一朵花在字母ΕΓ之间，下方为花押Ρ、朝向左侧的鹰、公牛头、燕子、蛇、丰饶之角、侧面头像，下方为三叉戟等。公牛下方有下列字母：ΛΕ、ΕΚ、ϘΜ、ΑΞ、Μ、Δ、ᗧ等。

带有这一图案的钱币被称为利特拉和半利特拉。前者直径为 0.9 英寸，后者为 0.6 英寸；前者重量为 10.50 克，后者为 5 ~ 6 克。

第四类　公元前 270 年—公元前 240 年

正面：戴桂冠的阿波罗头像，面向左侧，头像下方有币文ΝΕΟΠΟΛΙΤΩΝ。头像后方的符号或字母包括：ΒΓ、ΔΕ、ΣΗ、Θ、Ι、Κ、Λ、Μ、Ν、Ξ、Ο、Γ、Ρ、Σ、Τ、Υ、Χ等。

背面：人首公牛，朝向右侧行走，回首，正脸，飞翔的胜利女神为其加冕。

可能是减重的利特拉。

公牛下方有字母，如ΜΕ或ΙΣ。

ΙΣ频繁地出现在提铭处。出现在提铭处的其他字母包括：ΡΩ、ΑΣΝ、ΟΣ、Μ、ΜΕ、ΚΕ等。

直径为 0.7 ~ 0.8 英寸。

重量从略少于 6 ~ 6.50 克。从公元前 270 年至公元前 240 年，同样图案出现在更小的钱币上，重量仅为 2.67 ~ 3.94 克，可能是重量标准大幅减轻的利特拉，直径为 0.05 英寸。

第五类　公元前 300 年—公元前 200 年

正面：阳刚的无须髯头像，面向右侧，戴桂冠，短发。

背面：三足鼎，币文ΝΕΟΠΟΛΙΤΩΝ分布于鼎的两侧。

这些钱币为减重标准的半利特拉，做工精细。

头像似乎为赫拉克勒斯。

第六类　公元前 250 年—公元前 200 年

正面：戴桂冠的阿波罗头像，面向右侧，后方有字母ΧΑΙ 或 ΧΑ。头像后有一个符号。珠状内齿。

第七类　公元前 250 年—公元前 200 年

正面：狄安娜[①]头像，面向右侧，颈部后有箭囊。

背面：盛满果实的丰饶之角，下方尖角尽头处有时有一只鸽子，或以丝带或小翅膀点缀。

左侧为ΝΕΟΠΟ，右侧为ΛΙΤΩΝ。

这些钱币为半利特拉，重量为 1.94 ~ 3.25 克，直径约为 0.5 英寸。有时做工精细。

第八类　相同时代

正面：阳刚的无须髯头像，短发，代表狄奥斯库洛伊兄弟中的一位，后方有一颗星。

背面：骑手在马上向左侧疾驰。

提铭处有币文ΝΕΠΟΛΙΤΩΝ，马下方有字母，包括Σ、ΑΣ、ΔΗ、ΛΥ、ΦΙ、ΡΟ、ℬΑ、ΧΑΙ等。

这些钱币为半利特拉，重量为 2.21 ~ 3.95 克，有些直径为 0.6 英

---

① Diana，罗马神话中月亮和狩猎女神，相当于希腊神话中的阿尔忒弥斯。——译者注

寸，其余为 0.5 英寸。

公元前 240 年—公元前 210 年，钱币背面出现字母 **ΔH** 及 **ΦI**，正面有字母 **Δ**、**KI**、**KT** 或 $\overset{K}{I}$。

这一类型的有些钱币上有币文 **PΩMAIΩN**，有些做工精细，有些则显粗劣。

重量标准

很多人对与钱币图案相联系的神话和传奇故事兴趣盎然，却对重量标准的起源与演进望而却步，由此，对于钱币的历史研究，错过了很多重要的东西。

李奇微先生在其《论标准重量金属通货的起源》中展示了这一题目可以是何等引人入胜；海德博士在其《钱币史》的《导言》部分则展示了相关研究与历史的关联。

发挥一点历史想象力，起初被有些人视为极端无趣的钱币重量可能会给追溯大希腊殖民者的历史提供实实在在的帮助。这些殖民者的神话和传奇故事已证明充满趣味和魅力。

研究者希望理解钱币的相对价值，以及南意大利盛行的不同重量标准的历史重要性，我们仅从这些研究者的视角看待这一课题。

审视任何规模较大的南意大利钱币收藏，或一瞥大英博物馆的钱币收藏目录，我们会发现，钱币重量之多变令人应接不暇。然而，当我们想起存世的钱币中很多或多或少总有些磨损，就会意识到记载下来的重量变化大多可由此解释。只有处于全新状态的钱币才可用作参照，协助我们理解其所属的重量体系。

大希腊钱币的发行时间贯穿约270年，在此期间，白银和黄金的比价多次发生变化，金本位自身也发生了变化。库迈最早的殖民者使用230格令的埃伊纳黄金重量，韦利亚人使用260格令的福卡亚黄金重量，亚该亚城邦则使用波斯的130格令标准。

考察一枚银币重量的含义时，我们必须考虑到其时间，以及发行钱币的殖民者的起源。由此，如果一枚钱币重126格令，其时间为公元前5世纪或公元前6世纪，我们就必须判断它究竟属于某个亚该亚殖民地，抑或雅典殖民地，之后才能知道如何依据其重量标准加以分类。

同时，如果钱币的时间晚于腓力二世的马其顿金本位盛行之时，同时又早于阿加托克利斯的时代，即公元前345年—公元前317年，我们可参照本章中的马其顿标准对照表来理解其重量。

本章所要探讨的重量标准主要是银币的标准，因为在大希腊，黄金只在例外情况下才用来造币。"比价"一次常用来表述黄金和白银的相对价值，但这一说法在应用于希腊人的早期银币时有一定误导，更确切的表述应该是"大流克①金币或金条的市场价值"。

用来造币时，白银总会混合非常少量的铜，因为如果没有合金，白银会太软，无法方便地流通。

合金的数量变化多样，最少的见于雅典钱币，纯银含量达到98.5%，这一纯度一直保持到亚历山大大帝时期。从那以后，雅典钱币的含银量仅为95%。亚历山大大帝的钱币含银量为96.7%。埃伊纳和哥林多钱币的含银量平均为96.1%。

德·罗仕先生检测过大希腊钱币的白银纯度（Zeitschr. f. Num.，t. Ⅰ，第36页），如下表：

---

① darics，波斯帝国金币，自大流士大帝时期开始铸造，每枚约重8.4克，含金量为95.83%。——译者注

公元前6世纪		
双德拉克马	卡乌洛尼亚	96% 纯银
—	波塞冬尼亚	97%
—	他林敦	94%
精致艺术时代		
双德拉克马	坎帕尼亚	98%
—	克罗顿	96%
—	海利亚	94%
德拉克马	赫拉克利亚	93%
奥波和双奥波	——	92%
双德拉克马	尼亚波利	94%
—	诺拉	94%
—	他林敦	93%
奥波和1/2奥波	—	91%
双德拉克马	忒里那	94%
—	图里翁	94%
奥波	—	91%
德拉克马	韦利亚	96%

在稍晚时期，合金的使用倾向于较多一点，比如他林敦，其后期钱币含银量低至88%。

银本位

银币首次在埃伊纳发行时，较小的银币被称为奥波和德拉克马，因为这些钱币所含的白银的重量换算为奥波、钉子或铜条的价值，德拉克马的价值相当于一把或6个奥波。

白银可能用种子来称量，这是古代民族的通常做法。

赫尔茨[1]在其《古代希腊和罗马度量衡文献》）第一卷第248页引

---

① Friedrich Hultsch，公元1833—1906年，德国古典文献学家和古代数学史学家。——译者注

用盖伦①的一段残篇见证当时称量白银的方式：

"一德拉克马等于 18 克拉特，或按别人的说法，3 格拉玛，1 格拉玛等于 2 奥波，1 奥波等于 3 克拉特，1 克拉特包含 4 克谷物。"

在印度，贵重物品一直使用一种名为"拉提"的种子来计重。这是一种名为古尼亚的攀缘植物的种子，学名"相思子"。

阿拉伯人则用小麦种子和长角豆种子来称量黄金。

4 颗麦粒换算为等于 1 粒长角豆种子的重量，希腊人称长角豆为 $\chi\epsilon\rho\acute{\alpha}\tau\iota\alpha$。《路加福音》第十五节第 16 行说道："他恨不得拿猪所吃的豆荚充饥。"② 阿拉伯人也将 1 克拉特换算为 3 粒大麦。

在英格兰，自阿尔弗雷德大王③的时代直至亨利七世④，即公元 871—1509 年，银便士的重量一直以一种原始的习惯计量，固定为 32 粒小麦。

亨利七世的 12 进制计重标准规定：

1 蒲式耳 = 8 加仑小麦

1 加仑 = 8 磅小麦

1 磅 = 12 金衡盎司

1 盎司 = 20 斯特林或 20 便士

1 斯特林 = 32 粒长在谷穗中间的小麦

罗马帝国旧标准的基本计量单位是长角豆种子。

1 苏勒德斯 = 72 金衡格令，分为 24 西利克。

英语中"克拉"一词即来自希腊语词汇 $\chi\epsilon\rho\acute{\alpha}\tau\iota\alpha$。

---

① Galen of Pergamon，公元 129—216 年，古希腊医学家、哲学家。——译者注

② 译文从《简化字现代标点和合本圣经》。——译者注

③ Alfred the Great，公元 849—899 年，盎格鲁 - 撒克逊英格兰时期威塞克斯（Wessex）王国国王，公元 871—899 年在位。——译者注

④ Henry Ⅶ，公元 1458—1509 年，英格兰国王，公元 1485—1509 年在位。——译者注

闪米特诸族也有同样的用种子计量重量的习俗，他们使用羽扇豆种子，称为"季拉"。

10 季拉 = 1 比加

2 比加 = 1 舍客勒

希腊人称羽扇豆为"特摩斯"，认为 1 特摩斯等于 2 克拉特，或 8 粒小麦或 6 粒大麦。

对我们而言，做一张换算表，契合古希腊人以大麦种子计量白银的理论，这并不难，但奥波和德拉克马这样的词汇，按照其本来的意思，说明计量方法要更粗略，并非按重量计算。

"奥波"一词从本意上是指铜的计量，当白银取代长钉或铜钉成为货币，其含银量的估算自然要通过计量重量。但原有的词汇被保留下来，因为它们代表了价值，成为一种计量价值的概念。

在更早的时期，我们发现古希腊人以德拉克马的数量来计算金额，而不是像后来那样使用双德拉克马，所以他们将 100 德拉克马而非 50 斯塔特换算为 1 弥那，其中德拉克马是本民族原有词汇，"弥那"为外来语，只在商人之间通用。

根据下文的表格，1 奥波重 12 粒大麦，但根据上文引述的盖伦的残篇，1 奥波等于 3 克拉特，1 克拉特等于 4 粒小麦或 3 粒大麦，则奥波应该等于 9 粒大麦或 12 粒小麦。

一方面是旧有的体系采用更早的奥波和德拉克马的重量，其可能独立于白银和黄金之间的任何比价；另一方面则是 1 他连得黄金或重 130 格令的大流克金币的白银价值，然后根据所选用的体系，按 10 或 15 进位。银币重量的确定，似乎是在这两种体系中作出的妥协。

奥波总体而言独立于更大的钱币。

李奇微教授在其《剑桥希腊研究大全》中列出了雅典钱币重量同大麦粒的关系。纠正了一两处印刷错误后，表格如下：

1 粒大麦	0.060 克	0.9 格令
1 1/2——χόλλυβος	0.090 克	1.39 格令
3——1/4 奥波	0.18 克	2.78 格令
6——1/2 奥波	0.363 克	5.55 格令
12——奥波	0.728 克	11.11 格令
72——德拉克马	4.373 克	67.28 格令
144——双德拉克马	8.747 克	134.88 格令

希尔先生《希腊和罗马钱币手册》第 64 页列出了一个类似的表格，其中，李奇微先生称为 χόλλυβος 的单位被叫作 1/8 摩里翁。χόλλυβος 可能是一种更小的面值。希尔先生给出的德拉克马重量为 4.36 克，双德拉克马为 8.72 克或 134.57 格令。这些重量与海德博士在《钱币史》第 310 页中给出的仅有细微差异。

这些白银重量同希腊人的黄金他连得有什么关系？

雅典及他林敦的金币重 135 格令，波斯大流克重 130 格令。既然双德拉克马重 135 格令左右，那么，我们推算，当比价为 15:1 时，15 枚双德拉克马银币与重 135 格令的金币等值。

如果双德拉克马的重量通过德拉克马乘以 2 得出，且这一重量是过去铜钉的价格，就会出现一个令人愉快的巧合，即 15 枚双德拉克马的重量等于 1 黄金他连得的价值。

许多钱币学家将这一过程反过来推演，先计算黄金的重量，再除以 15，由此得出双德拉克马的重量。此外，他们认为黄金重量的计量来自东方。这似乎是最有可能的演化过程，而奥波和德拉克马则具备更原始的起源，被加以改造，以适应新系统。

要探究希腊人受东方民族的影响有多么深远，不妨看一下 Mνᾶ（弥那，拉丁文 Mina）这个词汇。这本来是闪米特词汇מָנֶה，意为"分割"或"部分"，源自动词"分割"。要溯源这一词汇在多久之前即已经在希腊人中使用似乎并不容易，但在钱币流通很久之前，Mνᾶ一词就用来表述 100 德拉克马的价值。

李奇微先生认为，"弥那"这个词汇，可以追溯到用葫芦计量的原始方式。在第258页中，他提到使用椰子壳和特定尺寸的竹节来计量容积，并提出问题："弥那是否可能也有类似的起源？"在桑给巴尔岛，人们至今仍使用葫芦作为常用的容积单位。古希腊人是否也使用葫芦之类的天然物品来计量液体或谷物？希腊语库阿托斯（Cyathus，$\chi\acute{\upsilon}\alpha\theta\circ\varsigma$，与拉丁语 cucurbita，即"葫芦"同源）本来是指某种葫芦？

皮特里[1]先生在拉吉[2]遗址发现了葫芦形状的古代陶器。早期闪米特人将50舍客勒黄金作为经常使用的重量，是否因为这一重量大致等同于弥那，即葫芦计量单位？当然，这仅仅是猜测。

希罗多德（Ⅲ，96）记载了金沙如何装入陶罐中融化，再将陶罐打破。很有可能，弥那即来源于陶罐，或更原始的方式，葫芦。

据博克[3]考证，迈纳还有另一种称量方法，即先称量一定数量的水，置于容器内，容器上穿一个小孔，让水在给定时间内从容器中滴出来。由此，重量的计量同时间的计量得以结合起来。这种科学方式在科学发展了较长时间后完全可能得到应用，但在更早的时代，更可能采用一些简单的计量方式，比如使用葫芦。

值得注意的是，我们发现，《圣经》最早的篇章只提到较小的计量单位舍客勒，弥那和基卡尔只有当文明更为先进后才出现。

因此，在希腊人当中，他连得首先与舍客勒相对应，弥那和更晚的他连得随着更先进的文明引入。

早在公元前3000年之前，巴比伦人即已经摒弃了原始的称重方式，发展出一套度量衡标准，其科学基础以及标准之间的关系，与今天欧洲大陆的公制系统惊人的相似。六十进制是巴比伦度量衡体系的首要特

---

[1] Sir William Matthew Flinders Petrie，公元1853—1942年，英国埃及学家。——译者注

[2] Tel Lachish，近东古城遗址，如今是以色列的一处国家公园。——译者注

[3] August Bockh，公元1785—1867年，德意志古典学者、文物专家。——译者注

征。我们将 1 小时分为 60 分钟、1 分钟分为 60 秒，就是巴比伦的遗风。这个发展完善的系统中，重量单位是弥那（Maneh 或 Mina），表意的写法为 **MA·NA**，其来源究竟是苏美尔还是闪米特语言，尚无定论。我们注意到，弥那也出现在印度的吠陀①时期文献中，写作 Mana。在巴比伦，比弥那更大的重量单位由 60 弥那组成，1 个舍客勒则为 1/60 弥那。关于这些东方系统的最清晰的现代阐释，可参见 A. R. S. 肯尼迪②在《黑斯廷斯圣经辞典》③ 第四卷第 901 页的内容。

当希腊人接触到东方的弥那时，我们必须记住，有两种截然不同的重量单位都叫弥那，即重黄金弥那和轻黄金弥那。

重黄金弥那重 15600 格令。

轻黄金弥那重 7800 格令。

埃伊纳标准通过腓尼基人由重弥那衍生而来，优卑亚标准则通过与小亚细亚的贸易由轻弥那衍生而来。

奇怪的是，埃伊纳人以 10 个银币换算为 1 黄金斯塔特，而腓尼基人则将黄金斯塔特换算为 15 个舍客勒；优卑亚希腊人 15 银币换算黄金，波斯人则以 10 枚银币换算。这表明希腊人是各自独立形成其银本位的。

荷马时代的他连得

$\tau\acute{\alpha}\lambda\alpha\nu\tau o\nu$一词（源自$\tau\lambda\alpha\omega$，梵文 tul，拉丁文 tollo，哥特文 thule，撒克逊文 thole），即他连得，是一个重量单位。

在荷马的时代，价值是用牛来计量的，比如《伊利亚特》第六卷

① Veda，婆罗门教和现代印度教最重要、最基本的经典，最早可追溯至公元前 2000 年前。写作"吠陀"的时代被称为"吠陀时代"，所使用的语言比梵语更古老，称为"吠陀梵语"。——译者注

② Archibald Robert Stirling Kennedy，公元 1859—1938 年，爱丁堡大学希伯来和闪米特语言教授。——译者注

③ Hastings' Dictionary of Bible，共 5 卷，公元 1898—1904 年出版，英国学者 James Hastings（公元 1852—1922 年）主编。——译者注

第236行："他用金铠甲……交换铜甲，用一百头牛的高价换来九头牛的低价。"①

在《荷马史诗》中，他连得只是同黄金相关时才被提及。赫尔茨博士认为，他连得与牛之间没有关联，而李奇微先生则指出，《伊利亚特》第二十三卷第750行中列出赛跑的三项奖品，二等奖是一头母牛，三等奖为半他连得黄金，诗人不可能对牛和他连得的相对价值全无概念。优卑亚早期钱币上的牛戳记指向同一结论。类似的现象还有，在西伯利亚，人们用驯鹿的数量计量价值，在高加索山区则用牛。德拉古②在其律法中也使用牛来表述价值。

他连得一词在公元前6世纪的含义

与小亚细亚进行贸易的希腊商人采用了东方的计重单位弥那，称为 μνᾶ，与此同时，他们也引进了包含60个弥那的更大的单位，称为他连得 כִּכָּר。大重量单位与希伯来人称为基卡尔的单位相同，《七十士译本》③ 将这一希伯来词汇翻译为希腊文他连得。

这一东方词汇的本意是"一担"或"一堆"，《旧约·列王纪下》第五节第23行《七十士译本》译作 διτάλαντον 即是此意，《圣经武加大译本》④ 译作"二他连得"。

1弥那包含100德拉克马或50双德拉克马。

1他连得包含60弥那，或3000双德拉克马。

希腊词汇他连得意味着一种重量单位，当大流克取代被称为他连得

① 罗念生汉译，《伊利亚特》（希腊语、汉语对照），罗念生、王焕生译，日知古典丛书，第一册，第307页，上海人民出版社，2017。——译者注

② Draco，公元前7世纪雅典的立法者，其法律以严苛著称。——译者注

③ Septuagint，新约时代希伯来圣经的通用希腊语译本，估计于公元前3世纪至公元前2世纪在埃及亚历山大里亚完成，据传由犹太人12个支派每个支派排出6位文士，共计72人完成，故名。——译者注

④ Biblia Vulgata，又名《拉丁通俗译本》，公元5世纪的《圣经》拉丁文译本。——译者注

的旧黄金重量，成为通行的名字时，"他连得"一词即可自由地应用于新引进的重量单位。

金本位

在亚历山大大帝统治时期引入金本位之前，三种金本位影响着大希腊，即波斯金本位，派生自重量轻的亚述－巴比伦金弥那，斯塔特重130格令；腓尼基金本位，派生自重亚述－巴比伦金弥那，斯塔特重260格令，以及埃伊纳金本位，通过腓尼基标准派生自重亚述－巴比伦标准。

优卑亚或波斯标准

波斯大流克似乎是在薛西斯时代引进希腊的。希罗多德（Ⅳ，166）提到大流士发行精制的金币，在第七卷第28章中记载皮提阿斯向薛西斯承认自己拥有的财富"还差7000就到400万大流克金币"。

修昔底德（Ⅷ，28）记载"他们将城池和所有俘虏，包括自由人和奴隶交给提萨斐尼，每个俘虏他们规定要从萨斐尼收到一个大流克斯塔特"。

色诺芬《长征记》也经常提到这些金币，德摩斯悌尼①也提到过（XXIV，129）。

阿里斯托芬在《公民大会妇女》第602行，布莱普罗斯说："如果我们中任何一人都不拥有土地，只有银子和大流克，又会怎样？"据狄奥多罗斯记载（XVII，66），亚历山大大帝在苏萨②发现总数达9000他连得的大流克金币。从这些记载中我们可以看出这些钱币在希腊和亚洲是何等声名远播，但从古代文献中我们无法推测大流克是否作为钱币在大希腊使用。

大流克重量为130格令，轻巴比伦弥那为7800格令，即60大流

---

① Demosthenes，公元前384年—公元前322年，雅典演说家、政治家、民主派领袖，坚定地反对马其顿的扩张，在亚历山大大帝死后回雅典组织地矿运动，失败后自杀。——译者注

② Susa，波斯帝国首都，在今伊朗境内。——译者注

克。我们从色诺芬的记载（《长征记》第一卷第七章第 8 节）中得知，
3000 大流克被认为等于 1 他连得，从 1 大流克兑换的银币数量中我们推
到当时白银对黄金的比价为 13.3：1。在希腊人当中，总体而言，亚历
山大大帝以前的时代中，130 格令似乎是金币的常见重量。李奇微先生
质疑这一重量是否来自大流克，并认为这是荷马时代的旧希腊他连得。
这一重量刚好与大流克相同，使更高的单位如弥那和东方他连得的引进
变得更容易。

公元前 5 世纪和公元前 6 世纪的白银和黄金的比价通常在 15：1，
但当黄金变得更加充足，比如在公元前 440 年，比价升值为 14：1，在
亚历山大大帝的时代，白银升值得更多。公元前 405 年在叙拉古，比价
为 15：1，这是因为僭主狄奥尼西奥斯在其疆域内强制规定的。在大希
腊，直到银币流通了 100 多年后，黄金才被用来造币。我们注意到，他
林敦金斯塔特不是像大流克一样重 130 格令，而是采用旧迈锡尼戒指的
重量，即 135 格令。

在大希腊，发行过金币的只有他林敦和赫拉克利亚，后者发行的金
币有一枚传世。

大希腊银币的重量由哥林多商人引进，哥林多是南意大利商业的
母邦。

哥林多采用 130 格令作为贵金属的重量单位，正是通过该城邦的商
人，波斯标准得以引进南意大利。哥林多与他林敦之间有着大量商业往
来，但有些商人在米利都和锡巴里斯及萨摩斯和其他意大利港口间往返
贸易，直接从希腊南部航行，不经过哥林多地峡。

海德博士指出："哥林多标准及三六等分体系拓展至南意大利的半
联邦通货，其最令人满意的证明不仅在于克罗顿、锡巴里斯、梅塔彭提
翁等城邦钱币的重量，还在于其扁平的形制和背面阴刻图案，事实上，
这些城邦的钱币经常是在哥林多最古老的旧币上重新打制的。"有趣的
是，将大流克带到哥林多的是优卑亚人，他们也是最早从希腊来南意大
利定居的殖民者。

来自优卑亚的哈尔基斯人定居库迈、利基翁和赞克雷的时间要远远早于亚该亚人渡海来到意大利。然而，由优卑亚人引进的重量标准并非优卑亚标准，而是埃伊纳标准。这一标准持续时间不长即被优卑亚－阿提卡标准所取代。

优卑亚人与萨摩斯人进行贸易，可能就是从萨摩斯岛接受了我们称为波斯标准的金本位制度，其大流克金币重 130 格令。哥林多和优卑亚通过贸易建立了密切的联系，通过哥林多，优卑亚标准落地他林敦，但没有采用哥林多等分钱币的方式。

他林敦更偏爱雅典的方式，将钱币等分为德拉克马和双德拉克马，亚该亚城邦则追随哥林多，分为德拉克马和三德拉克马。

关于优卑亚标准的起源有两种推测。较早的观点认为，这是对轻亚述－巴比伦金本位的一种改造，其舍客勒或斯塔特重 130 格令，做出改造的是哈尔基斯的优卑亚人，他们将东方的黄金体系转化，用于自己的白银造币，并略微提高其重量至 135 格令。希尔先生在其《希腊和罗马钱币手册》第 36 页说：

"雷曼的观点（《赫耳墨斯》，第 549 页，1892 年）再次更加可信。他猜测，这一标准可能起源于哈尔基斯。哈尔基斯是一座产铜的城市，左右着铜市场，有能力将铜价抬高到不同寻常的程度……如果我们猜测哈尔基斯将铜的价格提高五分之一，铜对银的比价变为 96∶1。在优卑亚－阿提卡体系中，1 哈尔考斯等于 1/96 斯塔特，即 1 斯塔特白银值 96 个铜单位。"

有趣的是，这一体系比其他任何体系都延续得更久，因为亚历山大大帝为自己的钱币选择了这一标准。

他林敦和库迈均采用优卑亚－阿提卡标准，而亚该亚人采用优卑亚－哥林多标准。他林敦双德拉克马重 132 格令，采用的是这一标准。库迈双德拉克马非常珍稀，只在巴黎和那不勒斯有收藏，其重量为 130 格令。这些钱币通过韦利亚商人的影响为福凯亚斯塔特所取代。在利基翁，我们发现这一标准的四德拉克马，重 261 ~ 267 格令，以及重 65 格令的德拉克马，而非双德拉克马。

西西里优卑亚 – 阿提卡标准重量

钱币	重量（克）	重量（格令）
半奥波	0.364	5.55
奥波	0.73	11.26
三倍半奥波	1.09	16.82
双奥波	1.45	22.38
三奥波	2.075	31.99
德拉克马	4.366	67.28
八奥波	5.33	82.56
双德拉克马	8.7	124.88
四德拉克马	17.4	249.6

属于大流克标准的钱币

优卑亚 – 哥林多或亚该亚标准，比价 15：1			
数量	货币单位	每单位重量（格令）	
160	奥波或十二分之一	12.1	1950 格令白银 = 130 格令黄金
90	双奥波或六分之一	21.7	
46	德拉克马或三分之一	42	
15 1/2	三德拉克马或斯塔特	126	
优卑亚 – 阿提卡标准，比价 15：1			
30	德拉克马	65	1950 格令白银 = 130 格令黄金
15	双德拉克马	130	
7 1/2	四德拉克马	264	
或 7	四德拉克马	278	
减重阿提卡标准，比价 15：1			
31	德拉克马	63	1950 格令白银 = 130 格令黄金
15 1/2	双德拉克马	126	
注：注意等价于黄金单位的白银数量的等分方式上差异，优卑亚为 15 双德拉克马，埃伊纳为 10 双德拉克马			

右上角：续表

优卑亚 – 哥林多或亚该亚标准，比价 13.3∶1			
150	奥波或十二分之一	11	1729 格令白银 =
82	双奥波或六分之一	21	130 格令黄金
41	德拉克马或三分之一	42	
13 2/3	三德拉克马	126	
优卑亚 – 阿提卡标准，相同比价			
26	德拉克马	略高于 65	1729 格令白银 =
13	双德拉克马	略高于 132	130 格令黄金
6 1/2	四德拉克马	略高于 264	
减重阿提卡标准，相同比价			
27 1/2	德拉克马	63	1729 格令白银 =
13 2/3	双德拉克马	126	130 格令黄金

很难看出奥波和双奥波重量等分的常规演进，亚该亚体系似乎大行其道，六分之一或双奥波为另外两个体系所接受。奥波重量通常为 12 格令。

使用优卑亚 – 哥林多或亚该亚体系，包含三德拉克马和德拉克马的城邦列表
梅塔彭提翁
锡里斯和皮克索斯
锡巴里斯
拉奥斯
波塞冬尼亚
克罗顿
卡乌洛尼亚
潘多西亚
忒里那

减重阿提卡标准

与波斯大流克标准相关联的有一系列钱币，英国钱币学家通常将其归类为减重阿提卡标准。

这一标准为图里翁和赫拉克利亚的雅典殖民者及韦利亚人所采用，关于韦利亚人与雅典的友好往来可参见本书韦利亚相关章节。

减去的重量为 9 格令，即原来重 135 格令的雅典双德拉克马减轻至 126 格令，可能是为了便利同亚该亚城邦的贸易，因为后者的双德拉克马就是这个重量。但是，赫拉克利亚人并未摒弃雅典将双德拉克马分为两个德拉克马的方式，他们的钱币依然属于阿提卡标准，而非亚该亚标准，尽管他们的斯塔特同亚该亚斯塔特相同。

福凯亚标准

福凯亚位于吕底亚西北，在以弗所以北约 60 英里处，很早时期采用 60 等分的重亚述弥那（15600÷60＝260 格令黄金）作为其币制的基础，白银兑黄金的比例为 13.3 : 1。

在韦利亚一章中，我们看到来自福凯亚的殖民者是如何将其熟悉的重量标准从他们的亚洲故土带到南意大利的。这种东方标准从韦利亚传播到库迈、尼亚波利和波塞冬尼亚。

公元前 545 年，福凯亚德拉克马重 58.5 格令，我们发现，韦利亚德拉克马差不多也是这个重量，有些为 60 格令。

双德拉克马重量在 115～123 格令变化不定。重 115 格令的应是等比例对应重 230 格令的旧福凯亚四德拉克马，在白银对黄金比价为 13.3 : 1 时，15 个此类四德拉克马重 3458 格令，260 格令黄金 × 13.3 ＝ 3458 格令白银。

从钱币看，福凯亚殖民者持续使用他们从小亚细亚带来的重量标准的时间并不长。他们将德拉克马的重量由 58.5 格令提高至 59 格令，由此他们的双德拉克马重 118 格令。

如果白银对黄金的比价为 13.3 : 1：

数量	货币单位	每单位重量（格令）	
60	德拉克马	58	3458 格令白银 ＝
30	双德拉克马	115	260 格令黄金
15	四德拉克马	230	

按照这一比例，双德拉克马重118格令，由此推导，需58 1/2个重59格令的德拉克马，或29 1/4个双德拉克马，方能得出等量结果，但这不大可能。

如果比价为14：1，我们计算得出：

59个重58.6格令的德拉克马。

29个重117.7格令的双德拉克马。

由此看来，增加重量可能是因为白银对黄金的比价由13.3：1变为14：1。

在尼亚波利，白银对黄金的比价显然是13.3：1，因为当地的双德拉克马重115格令。

埃伊纳标准

对于未曾在这一题材内作为专家浸淫日久的人来说，关于这一标准起源的各种说法孰是孰非，实在难以断定。

海德博士将其视做腓尼基标准的降低，弗林德斯·皮特里认为其源自埃及，赫尔茨博士认为它是独立的标准，布朗戴斯①则认为它是将巴比伦银本位由172.5格令提高至196格令。

埃及的影响似乎难以置信，因为将埃伊纳与埃及联系起来的是腓尼基商人。

我们之所以难以接受赫尔茨博士的理论，是因为，事实上，在亚洲，白银对黄金的比价13.3：1，而在希腊则为15：1，因为在希腊，黄金更为稀缺。希罗多德《历史》第一卷第62章的记载了希腊人在黄金匮乏时如何遣人前往亚洲寻求黄金。

荷马时代，1他连得折合130～135格令，这一标准在公元前700年时可能还继续沿用作为计量黄金的标准；若果如此，当白银对黄金比价为15：1时，我们应该发现，相当于1/10他连得的银币，应该就是存

---

① 此处应指 Christian August Brandis，公元1790—1867年，德意志文献学家、哲学史学家。——译者注

世的诸多埃伊纳银币的重量。

$135 \times 15 = 2025$ 格令白银

$2025 \div 10 = 202.5$ 格令白银

但更多品相良好的钱币重量仅为 194 格令或 195 格令，这一重量也可以类似方式解释：

$130 \times 15 = 1950$ 格令白银

$1950 \div 10 = 195$ 格令白银

由此，李奇微先生判定，埃伊纳的造币监督并未为其新的银币借用腓尼基标准，而是创造了一种与荷马时代他连得保持一致的银本位制度。

如果在 230 格令基础上列出埃伊纳标准表格，我们并不能得出 15 双德拉克马。

230 格令白银 × 15 = 3450 格令白银			
数量	货币单位	每单位重量（格令）	
35	德拉克马	97	3450 格令白银
17	双德拉克马	195	
或			
220 格令白银 × 14 = 3320 格令白银			
35	德拉克马	93	3220 格令白银
17	双德拉克马	187	
14：1 的比价在公元前 438 年最为普遍，也是在这一年，著名的雅典娜雕像在雅典制成（富卡尔①先生，《希腊学研究通信》，第 171 页，1889 年）。			
又或者			
230 × 13.3 = 3059 格令白银			
34	德拉克马	90	3059 格令白银
17	双德拉克马	180②	

① 此处应指 Georges Foucart，公元 1865—1943 年，法国历史学家、埃及学家。——译者注

② 原文作 130，疑似印刷错误，应为 180。——译者注

腓尼基标准有时会有一种重 230 格令的斯塔特，海德博士在《货币史》中指出。

1 他连得折合 690000 格令 = 3000 斯塔特

1 弥那折合 11500 格令 = 50 斯塔特（1 斯塔特 = 230 格令）

海德博士在第 37 页指出：

"无论如何，埃伊纳钱币是欧洲最早的钱币，如果我们能从其斯塔特的重量中得到任何结论，那就是，鉴于并无国家权威机构对标准作出规制，腓尼基人引入伯罗奔尼撒的重量单位，随着时间的推移，逐步降低，这个问题一向如此。"

《帕罗斯编年史》[1] 提到菲敦[2]

"阿尔戈斯的菲敦公布了标准，对其进行了降低或重新制定，并在埃伊纳制造白银货币。"

巴黎法国国家图书馆收藏的埃伊纳双德拉克马重 207 格令，不是银币，而是琥珀金，因此，不能用来同那些重约 202 格令的银币相比较。

我们从迈锡尼的戒指知道，远远早于公元前 700 年，希腊人就已经有了一个 135 格令的黄金单位，可能迈锡尼的遗址可以追溯一些埃及的影响，但这不等同于埃及影响菲敦的造币。

如果荷马时代的他连得源自埃及，这同希腊人后来采用与东方相关的科学计量方式并不相符。在那么早的时代，可能还是使用种子来称量黄金。

尽管意大利最早的殖民者是来自优卑亚的哈尔基斯人，但他们带来了其他城邦的人，这一影响力非常强大，使埃伊纳重量体系为殖民者所青睐。哈尔基斯殖民者发行的钱币可能是为了同优卑亚或埃伊纳两种标准的钱币都能方便转换。安霍夫 – 布鲁默认为，纳索斯、赞克雷、希梅

---

① Parian Chronicle，古希腊编年史，刻在大理石板上，记载公元前 1582 年—公元前 299 年的历史，出土于希腊帕罗斯（Paros）岛。——译者注

② Pheidon，菲敦二世，公元前 7 世纪阿尔戈斯国王，据《帕罗斯编年史》，为赫拉克勒斯第十一世孙。——译者注

拉、利基翁的一些通常被称为埃伊纳标准的钱币，是 1/3 和 1/18 优卑亚 – 阿提卡四德拉克马。希尔先生在其《希腊和罗马钱币手册》第 36 页说"总体而言，这是最有可能的"，且"值得注意的是，这些奇怪的面值一定是为了同埃伊纳标准相适应才推出的"。

A. J. 埃文斯先生指出（《钱币学年鉴》，1898 年，第 321 页），在这些城邦制造的 0.9 克（即 14 格令）重钱币，除了埃伊纳体系，没有其他亲缘关系；在埃伊纳体系下，这些钱币单位为奥波；另外，看似优卑亚 – 阿提卡标准奥波的钱币通常制造于赞克雷和纳索斯。由此，在任何情况下，该体系为二元体系。

莫赫尔

不妨做个有趣的对比：印度的莫赫尔金币和波斯大流克金币。莫赫尔是一种金卢比，等于 15 个银卢比，同我们在古希腊发现的金银比价相同。

但莫赫尔不是一种法定货币，其价值并不固定。同在古希腊一样，在印度，黄金主要用作饰品。任何人都可以带着黄金去造币厂要求将黄金制成金币，只需支付一点费用。之所以这样做，是因为通过这种方式可以为黄金的重量和纯度做个认证，从而让人们省去自己称量和化验的麻烦。莫赫尔作为商品在人们手中流转，其并按照当期的黄金市场价格进行买卖。

双重标准

在法国和美国，债务人有权以黄金或白银了结债务，比价由国家固定。

但在这两个国家，用银币并不能兑换等重的银条，金币却可以兑换等重的金条，黄金才是衡量价值的真正标准。仅仅有双重标准同金银复本位制度不是一回事。这只存在于造币厂对提交的金币和银币同等开放的地方。

马其顿金本位

海德博士在《钱币史》第 196 页说道：

"金银复本位的原则似乎由腓力二世的币制改革所确立。在以大流克标准发行金币的同时，腓力二世为其银币选择了腓尼基标准（或 15 斯塔特标准），15 斯塔特或 30 德拉克马按当时的黄金市场价格（1∶12 1/2）对应 1 黄金斯塔特。选择这一标准，其目的可能是出于维持黄金相对于白银的价格，由此取得的整数促成了这一结果。但新开发的金矿导致黄金大量流入市场，很快就使得腓力的这一计划徒劳无功。黄金价格开始下跌，亚历山大大大帝践祚后，发现自己不得不回归单一金属本位，根据同一个标准发行其金币和银币，金币再次仅被视为等同于金条，不再试图固定黄金斯塔特对白银斯塔特的法定比价（朵伊森①《希腊化时代史》，Ⅰ，155）。

由此，想要造币的公民们可以自由选择他们所喜欢的金银比价，而无须像在腓力当政时那样只能遵从固定比价。

亚历山大的四德拉克马重 266 格令，但逐步减轻至 260 格令，德拉克马重约 66.5 格令。

比价为 12∶1 时，6 枚重 266 格令的四德拉克马相当于一个奥里斯②金币，24 枚重 66 格令的德拉克马因此也相当于一个奥里斯。

在第 87 页，谈及约公元前 332 年—公元前 326 年发行的西风洛克里钱币时，海德博士《钱币史》中使用了"意大利重量的斯塔特"这一表述，在《导言》第 53 页中说："其他洛克里钱币遵循意大利标准"。

这些章节所涉及的钱币为重 120 格令的双德拉克马，以及重 60 格令的德拉克马。当时造币厂可能采用了马其顿金本位。我们将白银对黄金的比价设为 10∶1，得到下表：

---

① Johann Gustav Droysen，公元 1808—1884 年，德国历史学家。——译者注

② aureus，古罗马的一种金币，相当于 25 个迪纳厄斯银币，公元前 1 世纪开始制造，直到公元 4 世纪被苏勒德斯金币所取代。——译者注

数量	货币单位	每单位重量 （格令）	总重量 （格令白银）	总重量 （格令黄金）
22	德拉克马	60	1330	133
11	双德拉克马	120	1330	133

当比价为 12：1 时：

数量	货币单位	每单位重量 （格令）	总重量 （格令白银）	总重量 （格令黄金）
26 1/2	德拉克马	60	1596	133
13 1/4	双德拉克马	120	1596	133

这里似乎并无一种单独的白银通货标准可以称为"意大利"标准的。

公元前 345 年—公元前 317 年马其顿金本位（133 格令）

钱币数量（枚）	比价为 12：1 时的 重量（格令）	比价为 10：1 时的 重量（格令）	比价为 9：1 时的 重量（格令）
150	10.5	9	8
100	16	13.3	12
70	22.8	19	17.1
60	26.5	22.2	20
50	32	26.6	24
40	40	33	30
30	53	44	40
24	66	55	50
20	80	66	60
16	100	83	75
15	106.4	89	80
14	114	95	85.5
13 1/2	118	99	89
13	122	102	92

续表

钱币数量（枚）	比价为 12∶1 时的 重量（格令）	比价为 10∶1 时的 重量（格令）	比价为 9∶1 时的 重量（格令）
12	133	111	99
11	145	121	109
10	159.6	133	119.7
8	199	166	149
6	266	221	199
1 枚金币 =	1596 格令白银	1330 格令白银	1197 格令白银

西西里金本位

海德博士在《钱币史》第 153 页称，西西里首次制造金币在公元前 418 年—公元前 405 年，但西奥多·雷纳克①则认为金币于西西里推出的时间在公元前 440 年—公元前 420 年。

他林敦金币于稍晚时间引入西西里，在公元前 400 年前后。

叙拉古和盖拉的首批金币似乎是依据 15∶1 的比价。

早期的西西里金币对南意大利造币并无影响，直到阿加托克利斯的时代，即公元前 317 年—公元前 289 年，西西里金币才影响到南意大利。阿加托克利斯的金币重 90 格令。

公元前 411 年后，通行的比价似乎是 12∶1，但到公元前 3 世纪，白银升值至 10∶1，因此，6 枚重 113 格令的双德拉克马等于 1 枚阿加托克利斯金币，德拉克马的重量应为 56.5 格令。

---

① Theodore Reinach，公元 1860—1928 年，法国考古学家、数学家、律师、莎草纸文献学家、金石学家、历史学家、钱币学家、乐理学家、教授、政治家。——译者注

西西里金本位（金币重 90 格令）

钱币数量	比价为 12：1	比价为 10：1
100	10.5	9
90	12	10
80	13	11
50	21	18
44	24	20
40	27	22
30	36	30
20	54	45
18	60	50
16	67	56
14	76.5	64
9	120	100
8	135	112
7 1/2	144	120
7	155	128
1 金币	1080 格令白银	900 格令白银

罗马金本位

黄金以金锭的形式贮存在罗马的公共金库，首次做成钱币是在第一次布匿战争期间，当时国家迫切需要资金，导致罗马人动用其黄金储备。

当时白银对黄金的比价为 11：1。

公元前 217 年的金币属于罗马－坎帕尼亚序列，是依据《弗拉米尼亚法》由在坎帕尼亚与汉尼拔作战的将军们发行的。

普林尼（《自然史》第三十三卷第一百零三章）记载：

"金币的制造在银币之后 62 年，一个 1/24 盎司金币等于 20 个塞斯特提银币。"

这些金币发行于卡普阿。

有些金币正面为雅努斯①头像，背面为献祭的猪。其他金币带有面值标记，正面为战神马尔斯头像，背面为鹰在闪电上。带有VX字样的重3.4克＝52格令（？）

带有XXXX的重1.26克＝35格令

带有XX的重1.13克＝17.44格令

卡普阿造币厂的鹰图案可能是模仿自一种他林敦图案。

罗马黄金造币对南意大利城邦的影响要等到公元前205年后才开始显现。

比价为11∶1时，重106格令的奥里斯＝1166格令白银

双德拉克马的重量在106格令至112格令不等。

11枚重106格令的双德拉克马＝1奥里斯。

10枚重112格令的双德拉克马再加上1个德拉克马＝1奥里斯。

重106格令的罗马金币，公元前268年之后使用

数量	重量比价11∶1	重量比价10∶1	重量比价9 1/4∶1
100	11.17	10.6	9.8
90	12.9	11.7	10.6
80	14.5	13.25	11.92
60	19.4	17.6	15.9
50	23.2	21.2	19.08
30	39	35.3	31.8
20	58.5	53	47.7
11	97	88.3	79.5
12	106	96.36	86.72
10	117	106	95.4
9	134	121.7	106
	1170格令	1060格令	950格令

① Janus，罗马神话中的双面门神。——译者注

这一标准影响了韦利亚、克罗顿和尼亚波利。

更多信息可参阅《古代历史研究期刊》（第六卷，1906 年）中雷格林的一篇文章。这篇文章长 34 页，题为《论古代罗马和意大利币制》，其中列出了每个城邦斯塔特的平均和最高重量。看到平均重量时，我们必须谨记，钱币发行依据不同标准和不同比价，因此，这样的列表只能谨慎地使用。

希尔先生的《希腊和罗马钱币手册》（1899）是另一部有用的作品，其中包含了有价值的信息。

注：

G. F. 希尔先生这样解释钱币的正面和背面：

下半部分雕模放在铁砧上，生成我们所称的钱币正面；雕模的正面生成钱币的背面。直到公元前 4 世纪，背面雕模做得比钱坯的表面小，从而产生"阴刻"效果，钱币的边缘凸起，围绕图案。在希腊人世界的多数地方，上半部分雕模起初是方形的，因此，阴刻印痕也是八边形的。

到了稍晚的时代，上半部分雕模做得很大，覆盖了钱坯的整个表面，背面与正面的唯一区别仅仅在于表面一点轻微的凹陷。钱币学家习惯使用正面和背面的叫法，而不去管其技术上的含义。

表述之所以含糊，是因为在大多数后期钱币上，头像处于正面。因为头像通常以比背面图案更深的浮雕手法来呈现，对雕模的磨损也相应的更大，因此，有头像的雕模置于铁砧上，从而可以从在其下面和环绕其边缘的铁砧获得更多支撑。

多数钱币学家因此养成了一种难以摒弃的习惯，认为有头像的一面一定是正面，除非阴刻印痕非常深，而在西西里，印痕通常较浅。

译者附录

一、历史年表及货币史年表

古希腊时期	时间（公元前）	事件
公元前6世纪	-600 年	拉奥斯、波塞冬尼亚、马西利亚、卡马里纳等城邦建立
	-584 年	富有的追求者离开锡巴里斯和锡里斯去向克里斯提尼的女儿求婚。此事件可见证这些城邦的财富
	-560 年	克罗顿和洛克里之间的萨格拉战役。雅典处于僭主庇西特拉图统治之下。锡里斯和锡巴里斯出现造币厂
	-550 年	锡里斯陷落
		克罗顿、卡乌洛尼亚、梅塔彭提翁、波塞冬尼亚、拉奥斯等城邦铸币厂开工
	-540 年	韦利亚城邦及其造币厂创立
	-533 年	毕达哥拉斯抵达克罗顿（存疑）
	-530 年	他林敦和利基翁的造币厂开工
	-527 年	雅典僭主庇西特拉图去世
	-510 年	锡巴里斯陷落
		雅典放逐希庇亚斯①
	-500 年	韦利亚钱币背面的狮子纹饰出现
		库迈造币厂开工

---

① Hippias，庇西特拉图之子。——译者注

古希腊时期	时间（公元前）	事件
公元前5世纪	-499 年	小亚细亚爱奥尼亚城邦暴动
	-490 年	马拉松战役
	-480 年	波斯大王薛西斯入侵希腊 卡乌洛尼亚、波塞冬尼亚和梅塔彭提翁阴刻设计扁平钱币时代终结。克罗顿飞鹰纹饰一面凸一面凹钱币时代终结。民主政体在大多数大希腊城邦崛起
	-478 年	众多雅典闻人造访叙拉古僭主希隆的宫廷
	-476 年	利基翁僭主阿纳契拉斯去世，希腊人逃往尼亚波利
	-460 年	尼亚波利造币厂开工。独特钱币
	-450 年	尼亚波利首次大量发行钱币
	-443 年	雅典人建立图里翁殖民地
	-440 年	雅典臻于极盛
	-436 年	他林敦推出骑士纹饰钱币
	-432 年	赫拉克利亚城邦建立
	-431 年	伯罗奔尼撒战争进入第一年
	-430 年	尼亚波利、克罗顿、潘多西亚推出青铜钱币
	-420 年	卢卡尼亚人入侵坎帕尼亚，攻陷卡普阿和库迈
	-400 年	继海利亚和潘多西亚之后不久，波塞冬尼亚推出天后赫拉头像钱币。波塞冬尼亚、拉奥斯、图里翁、康森提亚、利基翁、忒里那等推出青铜钱币。海利亚开始造币。坎帕尼亚钱币 CAMPANOΣ

古希腊 时期	时间 （公元前）	事件
公元前 4 世纪	−391 年	叙拉古僭主大狄奥尼西奥斯迎娶洛克里的朵丽丝
	−390 年	拉奥斯陷落。尼亚波利陷落。反叙拉古同盟成立
		赫拉克勒斯扼死巨蛇图案钱币出现
	−387 年	大狄奥尼西奥斯在卡乌洛尼亚和利基翁获胜
	−384 年	卡乌洛尼亚的迪康在体育竞技中夺魁
	−380 年	阿尔库塔斯君临他林敦
	−367 年	大狄奥尼西奥斯去世
	−356 年	布鲁提人的霸权崛起
	−350 年	梅塔彭提翁、韦利亚和努切里亚开始制造青铜币
	−344 年	斯巴达王阿希达穆斯三世抵达他林敦
	−340 年	诺拉对尼亚波利的影响。尼亚波利发行青铜币
	−334 年	伊庇鲁斯国王亚历山大抵达他林敦
	−330 年	亚历山大在波塞冬尼亚附近获胜
		他林敦和赫拉克利亚制造青铜币
	−302 年	克利奥尼穆斯抵达他林敦。联邦双德拉克马开始制造
	−300 年	洛克里开始发行青铜币
		波塞冬尼亚更名为帕埃斯图姆

古希腊时期	时间(公元前)	事件
公元前3世纪	-290 年	维纳斯城建立
	-283 年	他林敦人击溃罗马舰队
	-281 年	皮洛士在意大利登陆
		联邦双德拉克马停止发行
	-273 年	皮洛士离开意大利
	-272 年	他林敦成为罗马"结盟城邦"
	-279 年	尼亚波利发行德拉克马
	-268 年	罗马迪纳厄斯钱首次发行
	-261 年	第一次布匿战争第一年
	-260 年	迦太基人洗劫意大利城市
	-241 年	第一次布匿战争最后一年
	-235 年	在罗马统治下他林敦的艺术复兴
	-218 年	第二次布匿战争爆发
	-217 年	特拉西美诺湖战役①
	-216 年	坎尼会战
	-212 年	迦太基人占领他林敦
	-211 年	罗马人夺取卡普阿
	-204 年	汉尼拔在克罗顿战败
	-202 年	扎马战役,迦太基战败
	-201 年	第二次布匿战争最后一年

① Thrasimene,公元前 217 年 6 月第二次布匿战争期间,汉尼拔统率的迦太基军队全歼 3 万罗马大军,并击毙其主帅。——译者注

二、地名、族名和国名对照表

中文译名	原文	释义
阿尔甫斯	Alpheus	伯罗奔尼撒半岛中部的一条河流和这条河流河神的名字
阿尔戈斯	Argos	希腊城市，位于伯罗奔尼撒半岛东北部
阿坎瑟斯	Acanthus	位于今希腊马其顿中部
阿莱萨	Alaesa	西西里岛古城，位于该岛北部海岸
阿密克莱	Amyclae	位于斯巴达西南部
埃皮达罗斯	Epidaurus	位于希腊大陆部分东南端，传说中医神阿斯克勒庇俄斯的出生地
艾瑞克斯	Eryx	位于西西里岛西部的古城
奥诺羯利亚人	Oenotrians	源于希腊的南意大利古代民族
奥索尼亚	Ausonia	古希腊人对意大利南部的旧称
波凯提亚人	Peucetians	意大利南部普利亚（Puglia）地区古代民族
波皮利亚古道	Via Popilia	古罗马时期的公路，建于 Publius Popilius Laenas 担任执政官时期（公元前 132 年），故名。有两条公路叫这个名字，一条在北方，穿过今天的威尼斯，另一条在南部，卡普阿至利基翁
波塞冬尼亚	Poseidonia	大希腊城邦，临第勒尼安海，故址位于今意大利坎帕尼亚（Campania）大区萨莱诺（Salerno）省卡帕乔（Cappacio）
波提蒂亚	Potidaea	希腊城邦，位于马其顿哈尔基季基（Chalcidice）半岛，由哥林多殖民者创建
大数城	Tarsus	位于今土耳其安纳托利亚半岛东南部，使徒保罗的出生地
厄琉息斯	Eleusis	古希腊城市，位于雅典西北约 20 千米，历史上以厄琉息斯秘仪闻名，该秘仪可能传承自上古原始宗教
菲加利亚	Phigalia	位于希腊阿卡迪亚西南角
福凯亚	Phocaea	爱奥尼亚城邦，位于今土耳其安纳托利亚西岸

中文译名	原文	释义
海神之城他林敦	Colonia Neptunia Tarentum	他林敦别称
赫拉克利亚	Heracleia	大希腊城邦，遗址位于意大利南部塔兰托湾的波利科罗（Policoro）
基齐库斯	Cyzicus	小亚细亚希腊城邦，今土耳其安纳托利亚马尔马拉海东北海岸贝尔吉斯省（Balıkesir Province）
极北之地	Hyperborea	希腊神话中极北地区的神话国度，意为"北风神鞭长莫及之地"，阿波罗会在那里过冬
喀罗尼亚	Cheronia	位于希腊玻俄提亚。公元前338年，腓力二世率其顿军队在此地大败雅典和底比斯联军，确立了马其顿在希腊的霸主地位。亚历山大大帝亦在此役崭露头角
卡苏恩托河	Casuentus	今意大利南部巴森托（Basento）河
卡乌洛尼亚	Caulonia	大希腊城邦，至今意大利南部卡拉布里亚（Calabria）大区雷焦卡拉布里亚（Reggio-Calabria）省仍有同名城市，但古希腊城市的遗址实际上位于今日该省莫纳斯泰拉切（Monaserace）
科尔托纳	Cortona	位于今意大利托斯卡纳
科洛封	Colophon	小亚细亚西海岸爱奥尼亚联盟十二城邦之一，位于今土耳其安纳托利亚
克基拉岛	Corcyra	Corcyra，即科孚（Corfu）岛，爱奥尼亚群岛第二大岛屿，今属希腊
克罗顿	Croton	大希腊城邦，位于今意大利南部卡拉布里亚（Calabria）的克罗托内（Crotone），公元前710年由该亚殖民者建立
克尼多斯	Cnidus 或 Knidos	位于小亚细亚西南海岸，今土耳其境内
库尔诺斯	Cyrnos	今法国科西嘉岛
库迈	Cumae	大希腊城邦，希腊人在意大利大陆部分建立的第一个殖民城邦，故址在今意大利坎帕尼亚（Campania）大区那不勒斯省的巴科利（Bacoli）

续表

中文译名	原文	释义
拉奥斯	Laus	大希腊城邦，位于第勒尼安海岸，同名河流入海口，其遗址位于今意大利卡拉里亚（Calabria）大区科森扎（Cosenza）省圣玛利亚德尔切德罗（Santa Maria del Cedro）
拉吉	Tel Lachish	近东古城遗址，如今是以色列的一处国家公园
拉刻代蒙人的他林敦	Lacedemonium Trantum	拉刻代蒙系斯巴达的别称，他林敦由斯巴达人所建，故名
利基翁	Rhegium	大希腊城邦，今意大利卡拉布里亚大区雷焦卡拉布里亚，位于亚平宁半岛南部"靴尖"处，隔墨西拿海峡与西西里岛相望
卢卡伊翁山	Lykaion	拉丁语名Lyceus，位于希腊阿卡迪亚（Arcadia），曾是祭祀宙斯的圣山
洛克里/西风洛克里	Locri/Locri Epizephyrii	大希腊城邦，位于今意大利卡拉布里亚（Calabria）大区雷焦卡拉布里亚（Reggio – Calabria）省的洛克里（Locri）
马西利亚	Massillia	今法国马赛
迈德玛或迈斯玛	Medma/Mesma	大希腊城邦，故址位于今意大利卡拉布里亚（Calabria）大区雷焦卡拉布里亚（Reggio – Calabria）省的罗萨尔诺（Rosarno）
梅塔彭提翁	Metapontium	大希腊城邦，位于今塔兰托湾，遗址在今意大利南部马泰拉（Matera）省贝尔纳尔达（Bernalda）
门奈比人	Menapians	前罗马及罗马时代居住在高卢北部、今比利时境内的比利其（Belgae）人部落
米洛斯岛	Melos	爱琴海上的一个火山岛，在希腊大陆部分和克里特岛之间，卢浮宫著名的"米洛的维纳斯"即出土于该岛
密细亚	Mysia	位于今土耳其安纳托利亚西北部，马尔马拉海南岸
尼亚波利	Neapolis	大希腊城邦，位于今意大利那不勒斯（Naples）
帕埃斯图姆	Paestum	位于意大利坎帕尼亚大区
帕尔默尔	Pal Mol	大希腊城邦，故址在今意大利坎帕尼亚（Campania）大区萨莱诺（Salerno）省帕利努罗（Palinuro）
潘多西亚	Pandosia	大希腊城邦，故址一般认为位于卡拉布里亚（Calabria）的科森扎（Cosenza）

中文译名	原文	释义
佩拉斯吉人	Pelasgians	古典时代希腊作家对希腊和爱琴海原住民族的统称
皮克索斯	Pixus 或 Pixous	在今意大利南部坎帕尼亚大区波利卡斯特罗（Policastro）
萨贝利	Sabellian	罗马崛起前生活在今意大利中部和南部的古代民族，包括萨宾人。一说萨贝利人即萨莫奈人
萨莫奈人	Samnites	生活于意大利中部和南部的古代民族
萨提林	Satyrium	他林敦周边城镇
塞尔马	Therma	位于今希腊塞萨洛尼基附近
士麦那	Smyrna	今土耳其伊兹密尔（Izmir）
苏萨	Susa	波斯帝国首都，在今伊朗境内
他林敦	Tarentum	大希腊城邦，位于今意大利南部塔兰托（Taranto），大希腊唯一由斯巴达人建立的殖民城邦
忒里那	Terina	大希腊城邦，城址位于意大利圣尤菲米娅（Saint Eupemia）海湾北岸，据今日意大利卡拉布里亚（Calabria）大区卡坦扎罗（Catanzaro）省拉默奇亚泰尔默（Lamezia Terme）约20千米处
忒梅萨	Temesa	大希腊城邦，临第勒尼安海，故址尚未精确辨认，但21世纪以来的考古发现似乎表明其城址在今意大利卡拉布里亚大区科森扎省的阿曼泰阿（Amantea）
特里弗利亚	Triphylia	古地名，在伯罗奔尼撒半岛
图里翁，图里	Thurium, Thurii	大希腊城邦，位于意大利南部卡拉布里亚（Calabria）大区，临塔兰托湾（Golfo di Taranto），在锡巴里斯故址建立
韦利亚	Velia	大希腊城邦，故址位于意大利南部坎帕尼亚（Campania）大区萨莱诺（Salerno）省的阿谢亚（Ascea）
维纳斯城	Venusia	今意大利维诺萨（Venosa）
沃尔基	Vulci	伊特鲁里亚文明的一处重要、富庶的古城邦，位于蒂勒尼安海岸，罗马东北约80千米
希波尼昂	Hipponium	大希腊城邦，临第勒尼安海，今意大利卡拉布里亚大区维波-瓦伦提亚（Vibo Valentia）
希梅拉	Himera	位于西西里岛北岸

中文译名	原文	释义
锡巴里斯	Sybaris	大希腊城邦，位于塔兰托湾（Golfo di Taranto），克拉提斯（Crathis）河和锡巴里斯河之间，故址在今意大利卡拉布里亚（Calabria）大区科森扎（Cosenza）省卡萨诺阿洛约尼奥（Cassano allo Ionio）
锡里斯	Siris	大希腊城邦，位于同名河流的河口处，河流注入塔兰托湾，遗址具体位置已不可考
雅庇吉亚人	Iapygians	意大利南部普利亚（Puglia）地区古代民族
伊奥利亚列岛	Aeolian	位于西西里岛北侧的火山群岛
伊达山	Mount Ida	古希腊有两座伊达山，一处在克里特，另一处在小亚细亚、特洛伊附近
伊拉	Ira 或 Eira	位于伯罗奔尼撒半岛，第二次美西尼战争中美西尼人最后的要塞，固守十年后终被斯巴达人攻陷，留在当地的美西尼人均沦为斯巴达人的"黑劳士"（Helot，斯巴人共有的国家奴隶或农奴）
伊利里库姆	Illyricum	罗马行省，位于亚得里亚海东岸及内陆山区
伊利里亚	Illyria	巴尔干半岛西部，亚得里亚海东岸
伊特鲁里亚	Etruria	位于今意大利中部和科西嘉岛的古代文明，始于公元前12世纪，公元前6世纪臻于极盛，对罗马早期发展影响深远。后逐步被罗马吞并、同化
赞克雷	Zancle	今西西里岛墨西拿（Messina）

三、人名、神名对照表

中文译名	原文	释义
"独眼龙"法布里修斯	Gaius Fabricius Luscinus Monocularis	曾两度出任罗马执政官，以端方正直、不受贿买著称
"雷电"托勒密	Ptolemy Ceraunus	马其顿国王，公元前281年—公元前279年在位
"旅行家"狄奥尼西奥斯	Dionysius Periegetes	又称"亚历山大里亚的狄奥尼西奥斯"或"非洲的狄奥尼西奥斯"，以六步格诗体描述希腊和罗马人已知的世界

中文译名	原文	释义
"胜利者"塞琉古一世	Seleukos Nikator	公元前 358 年—公元前 281 年，"继业者"之一，塞琉古帝国开国之君
"围城者"德米特里	Demetrius Polio-cretes	公元前 337 年—公元前 283 年，马其顿安提柯王朝国王
"拯救者"安条克一世	Antiochus I Soter	塞琉古帝国君王，公元前 324 年—公元前 261 年在位
L．卢克瑞修斯·特里奥	Trio, L. Lucretius	罗马钱币制造者
阿庇安	Appian of Alexandria, 拉丁文名 Appianus Alexandrinus	公元 95—165 年，历史学家，希腊裔罗马公民，生于埃及亚历山大里亚，活跃于图拉真、哈德良和安东尼皇帝在位时期，著有《罗马史》（Historia Romana）
阿波罗多洛斯	Apollodorus	活跃于公元前 140 年前后雅典希腊文语法学家
阿波罗多洛斯	Apollodorus of Athens	公元前 180 年—公元前 120 年后，古希腊学者和语法学家。《书库》（Library，或古希腊文名 Bibliotheca）记录希腊神话，系后人对他的模仿和伪托，其真实作者不可知，一般称为"假阿波罗多洛斯"（Pseudo‐Apollodorus）
阿波罗尼德斯	Apollonides, 希腊文 Απολλ ωνιδης ο Νιχαευς	古希腊语法学家，生活在提比略皇帝时代
阿道夫·霍尔姆	Holm, Adolf	公元 1830—1900 年，德国历史学家
阿尔彻尔摩斯	Archermos	希俄斯岛的雕塑家，活跃于公元前 6 世纪中期
阿尔弗雷德大王	Alfred the Great	公元 849—899 年，盎格鲁‐撒克逊英格兰时期威塞克斯（Wessex）王国国王，公元 871—899 年在位
阿尔库塔斯	Archytas	公元前 428 年—公元前 347 年，毕达哥拉斯学派哲学家、数学家，曾七次当选他林敦大都督（Strategos，军事和政治领袖）
阿尔忒弥斯	Artemis	宙斯和勒托之女，阿波罗的孪生姐姐，月亮和狩猎女神
阿戈柔斯和诺弥俄斯	Agreus 和 Nomius	希腊神话中的两位牧神

续表

中文译名	原文	释义
阿格拉奥丰	Aglaophon	古希腊画家，生于塔索斯（Thasos）岛
阿格拉德斯	Ageladas of Argos	公元前6世纪晚期、5世纪早期的古希腊雕塑家，菲迪亚斯、米隆和波留克列特斯（Polykleitos）三位大师均曾是其弟子
阿格拉克里图斯	Agoracritus	公元前5世纪前后的雕塑家，菲迪亚斯的弟子
阿加托克利斯	Agathocles	叙拉古僭主，公元前317年或公元前316年至公元前289年在位
阿里翁	Arion	神话传说中的诗人和歌手，因歌声美妙，在海难中为海豚所救
阿伦斯	Ahrens, Franz Heinrich Ludolf	公元1809—1881年，德国文献学家
阿玛尔忒娅	Amalthea	海中仙女，以山羊形象出现，曾哺乳婴儿时的宙斯
阿弥墨涅	Amymone	希腊神话中埃及国王达奈俄斯（Danaus）之女，波塞冬的情人
阿敏塔斯三世	Amynthas Ⅲ	马其顿国王，腓力二世之父、亚历山大大帝之祖父，公元前369年前在位
阿诺德	Arnold, Thomas	公元1795—1842年，英国教育家、历史学家
阿齐拉一世	Archelaos Ⅰ	马其顿国王，以仁慈、有作为文明，曾改革军制、内政和商业
阿瑞斯	Ares	希腊神话中的战神，宙斯和赫拉之子
阿瑞斯泰俄斯	Aristaeus	阿波罗之子，以擅长养蜂著称
阿塞诺多罗斯	Athenodorus	斯多噶派哲学家，奥古斯都大帝的业师，与斯特拉波友情甚笃
阿瑟·桑邦	Sambon, Arthur	公元1867—1947年，法国历史学家、钱币学家
阿斯克勒庇俄斯	Aesculapius	阿波罗之子，医疗之神，手持蛇杖
阿斯帕齐娅	Aspasia	公元前470年—公元前400年，伯里克利的情妇、雅典社交场的名媛
阿特纳奥斯	Athenaeus	活跃于公元1世纪至2世纪的罗马帝国作家

续表

中文译名	原文	释义
阿希达穆斯三世	Archidamos Ⅲ	斯巴达王，公元前 338 年在援助他林敦的战争中阵亡
埃阿科斯	Aecus	希腊神话中的英雄，宙斯与埃癸娜（Aegina）的私生子，阿喀琉斯的祖父
埃福罗斯	Ephorus	约公元前 400 年—公元前 330 年，古希腊历史学家
埃克尔	Eckhel, Joseph Hilarius	公元 1737—1798 年，奥地利钱币学家
埃克克拉底	Echecrates	活跃于公元前 4 世纪前后的毕达哥拉斯学派哲学家
埃克罗厄斯	Achelous	河神
埃雷迪亚	Heredia, Jose - Maria de	公元 1842—1905 年，出生于古巴的法国诗人
埃米里乌斯	Lucius Aemilius Paullus	殁于公元前 216 年，两次当选罗马执政官。第二次布匿战争中，在坎尼会战中阵亡
埃佩奥斯	Epeios	希腊战士，特洛伊木马的建造者，《奥德赛》中提到"这匹木马，是雅典娜指点埃佩奥斯制成"
埃文斯	Evans, Sir Arthur John	公元 1851—1941 年，英国考古学家，爱琴海青铜时代文明研究的先驱，最著名的成就是对克里特岛诺索斯（Knossos）遗址的考古发掘
艾利安	Aelianus Tacticus	公元 2 世纪生活在罗马的希腊军事作家
艾利安	Claudius Aelianus	约公元 175—235 年，罗马作家、修辞学家
爱特拉	Aethra	法兰托斯之妻
安菲托斯	Amphietus	酒神的别名之一。在雅典，酒神节每年举办，这一称呼的含义为"年度"，在哥林多，节日三年举办一次，这一名称意为"每三年"
安泰俄斯	Antaeus	巨人，地母盖亚和海神波塞冬之子，只要双脚站在大地上即有无穷无尽的力量。后被赫拉克勒斯举在半空扼死
安提柯二世	Antigonus Ⅱ	马其顿安提柯王朝的第三代君王，公元前 283—239 年在位
安提帕特	Antipater of Sidon	公元前 2 世纪下半叶希腊诗人
安条克一世	Antiochus Ⅰ	"胜利者"塞琉古之子
奥弗贝克	de	公元 1826—1895 年，德国考古学家和艺术史学家

415

续表

中文译名	原文	释义
奥林匹亚丝	Olympias	马其顿王后、亚历山大大帝之母
奥诺马尔库斯	Onomarchus	福基斯首领，后被腓力二世俘获处死
巴赫西斯	Parrhasius	公元前 5 世纪前后来自以弗所的画家
巴克斯	Bacchus	酒神的罗马名字
巴力	Baal	古代西亚闪米特诸族信奉的神明，腓尼基的首要神明
巴门尼德	Parmenides	约公元前 6 世纪晚期至 5 世纪早期，"前苏格拉底"哲学家
拜占庭的斯蒂芬纽	Stephanus of Byzantium，拉丁文名 Stephanus Byzantinus	活跃于公元 6 世纪，著有一部重要的历史辞典，名为《民族志》（*Ethnica*）
邦伯理	Bunbury, Sir Edward Henry	第九任邦伯理准男爵，公元 1811—1895 年，英国律师、自由党政治家，著有历史地理专著
保萨尼亚斯	Pausanias	公元 2 世纪希腊旅行家、地理学家
贝克尔	Becker, Wilhem Adolf	公元 1796—1846 年，德国古典学者
本道夫	Bendorf, Otto	公元 1838—1907 年，德国考古学家
毕达哥拉斯	Pythagoras	古希腊哲学家、数学家、音乐理论家，毕达哥拉斯学派创建者
毕达哥拉斯教团	Pythagorean Brotherhood	毕达哥拉斯主义者组成的带有哲学和宗教色彩的秘密会社
波菲利	Porphyry	公元 234—305 年，罗马帝国新柏拉图主义哲学家
波菲利	Porphyry of Tyre	公元 234—305 年，罗马新柏拉图学派哲学家
波利艾努斯	Polyaenus 或 Polyenus	公元 2 世纪马其顿作家，著有《战略》（*Strategemata*），献给马可·奥里略（Marcus Aurelius）皇帝和韦鲁斯（Velus）皇帝，其时正值罗马帝国与安息帝国的战争
波利比乌斯	Polybius	公元前 200 年—公元前 118 年，古希腊政治家和历史学家
波鲁克斯	Pollux, Julius	公元 2 世纪希腊学者
波塞冬	Poseidon	海神
伯克	Boeckh, August	公元 1785—1867 年，德国古典学者、文物鉴定家

中文译名	原文	释义
勃奇	Birch, Samuel	公元 1813—1885 年，英国埃及学家和文物鉴定家
博斯图缪斯	Lucius Postumius Albinus	殁于公元前 216 年，公元前 3 世纪罗马将军，曾三次当选执政官。公元前 216 年在同高卢波伊（Boii）部落作战中阵亡，波伊人将其首级以黄金包裹，制成饮器
布朗歇	Blanchet, Jules Adrien	公元 1866—1957 年，法国钱币学家
布鲁恩	Brunn, Heinrich von	公元 1822—1894 年，德国考古学家
查士丁	Justin	公元 2 世纪罗马历史学家
达蒙	Damon	雅典乐理学家，伯里克利的老师和顾问
大狄奥尼西奥斯（Dionysius the Elder）或狄奥尼西奥斯一世（Dionysius I）	Dionysius I of Syracuse	公元前 432 年—公元前 367 年，叙拉古僭主
代达罗斯	Daedalus	希腊神话中的能工巧匠，克里特迷宫的建造者，略相当于中国传说中的鲁班
得墨忒耳	Demeter	大地女神
德·高朗日	Coulanges, Numa Denis Fustel, de	公元 1830—1889 年，法国历史学家
德·吕内公爵	Luynes, Honore Theodoric d' Albert de, Duc de Luynes	公元 1802—1867 年，第八代德·吕内公爵，法国贵族、学者、收藏家，曾在梅塔彭提翁遗址进行考古发掘
德拉古	Draco	公元前 7 世纪雅典的立法者，其法律以严苛著称
德摩斯悌尼	Demosthenes	伯罗奔尼撒战争期间的雅典将军，公元前 413 年卒于西西里远征
德摩斯悌尼	Demosthenes	公元前 384 年—公元前 322 年，雅典演说家、政治家、民主派领袖，坚定地反对马其顿的扩张，在亚历山大大帝死后会雅典组织抵抗运动，失败后自杀

续表

中文译名	原文	释义
狄奥多罗斯	Diodorus Siculus	公元1世纪希腊历史学家，著有《世界通史》（*Bibliotheca Historica*）
狄奥斯库洛伊兄弟	Dioscuri	希腊神话中宙斯与斯巴达王后丽达所生的孪生自卡斯托耳和波吕丢克斯
狄俄墨德斯	Diomedes	传说中的阿尔戈斯国王，特洛伊战争中的希腊英雄
狄俄倪索斯	Dionysus	酒神
狄翁	Dion of Syracuse	公元前408年—公元前354年，叙拉古僭主，大狄奥尼西奥斯的姻兄，柏拉图的弟子
迪亚戈拉斯	Diagoras	公元前5世纪的著名拳击手、奥运会冠军
地米斯托克利	Themistocles	公元前524年—公元前459年，雅典政治家、军事家，公元前480年，在萨拉米斯海战中指挥希腊舰队大败波斯海军，成为第二次希波战争的转折点，并开创雅典黄金时代。后遭雅典放逐，流亡波斯，客死小亚细亚
第欧根尼·拉尔修	Diogenes Laertius	活跃于公元前3世纪，为希腊哲学家立传
蒂迈欧	Timaeus	约公元前345年—公元前200年，来自南意大利洛克里的贵族，曾在其母邦出任要职，并可能是一位毕达哥拉斯学派哲学家，古希腊历史学家，见柏拉图《蒂迈欧篇》
蒂雅-赫柏	Dia Hebe	古希腊神话中司掌青春的女神，宙斯与赫拉之女，后来嫁给赫拉克勒斯，育有二子
丁道夫	Dindorf, Karl Wihelm	公元1802-1883年，德国古典学者
多利奥斯	Dorieus	图里翁反雅典党暴动的始作俑者，颇负盛名的运动员，曾在公元前428年和公元前424年的奥运会上荣膺自由搏击（Pankration）奖牌
俄刻阿诺斯	Oceanus	提坦巨神之一，大洋河（希腊人想象中环绕整个大地的巨大河流）河神，和其妻忒斯堤斯生育3000个儿子，成为所有河流的河神，以及3000个女儿，成为小溪、水潭等水体的仙女

中文译名	原文	释义
厄里斯	Eris	希腊神话中的不和女神，宙斯和赫拉之女，引起特洛伊战争的金苹果就是她留下的
厄洛斯	Eros	小爱神，即罗马神话中的丘比特（Cupid）
恩培多克勒	Empedocles	公元前 490 年—公元前 430 年，前苏格拉底哲学家，西西里阿克拉加斯（Akragas）城邦公民
法基欧拉提	Facciolati, Jacopo	公元 1682—1769 年，意大利字典编纂者和文献学家
法兰托斯	Phalanthus	斯巴达人，他林顿城邦的创建者
法内尔	Farnell, Lewis Richard	公元 1856—1934 年，英国古典学者，曾任牛津大学校长
菲迪亚斯	Pheidias	公元前 5 世纪雅典古典黄金时代最伟大的雕塑家
菲蒙诺艾	Phemonoe	荷马前时代诗人，传说是阿波罗之女、德尔斐的第一位阿波罗女祭司
冯·萨莱特	Sallet, Alfred von	公元 1842—1897 年，德国钱币学家
弗莱克森	Flecheissen, Carl Friedrich Wilhem Alfred	公元 1820—1899 年，德国文献学家和批评家
弗朗索瓦·勒诺尔芒	Lenormant, Francois	公元 1837—1883 年，法国亚述学家和考古学家，著有《大希腊》（La Grande Grece）
弗勒	Fowler, William Warde	公元 1847—1921 年，英国历史学家和鸟类学家，以对古罗马宗教的研究闻名，著有《希腊人与罗马人的城邦》（The City States of the Greeks and Romans）
弗雷泽	Frazer, Sir James George	公元 1854—1941 年，苏格兰社会人类学家和民歌研究学者，现代人类学的奠基者之一，在现代神话研究和比较宗教研究领域发展的早期阶段影响巨大
弗里德兰德尔	Friedlander, Eduard Julius Theodor Julius	公元 1813—1884 年，德国钱币学家
弗里基洛斯	Phrygillos	活跃于公元前 5 世纪的叙拉古钱币雕模师
福若	Forrer, Leonard	公元 1869—1953 年，瑞士出生的英国钱币学家和钱币商

中文译名	原文	释义
富特文格勒	Furtwangler, Adolf	公元 1853—1907 年，德国考古学家和艺术史学家。伟大指挥家威尔海姆·富特文格勒（Wilhelm Furtwangler）的父亲。他的孙子、威尔海姆之子 Andreas Furtwangler 也是考古学家和钱币学家
该撒利亚的优西比乌	Eusebius Caesariensis	公元 260 年或公元 275—339 年，巴勒斯坦该撒利亚主教，基督教历史之父
盖伦	Galen of Pergamon	公元 129—216 年，古希腊医学家、哲学家
格夫肯	Geffcken, Karl Heirich Johannes	公元 1861—1935 年，德国古典文献学家
格哈德	Gerhard, Friedrich Wilhelm Eduard	公元 1795—1867 年，德国考古学家
格莱斯顿	Gladstone, William Ewart	公元 1809—1898 年，英国政治家，曾四度出任首相
格里乌斯	Aulus Gellius	公元 125—180 年，拉丁语作家和语法学家
格罗特	Grote, George	公元 1794—1871 年，英国古典历史学家，著有《希腊史》（*The History of Greece*）
哈利卡纳索斯的狄奥尼西奥斯	Dionysius of Harlicarnasus	活跃于奥古斯都时代的希腊历史学家、修辞学家
海德	Head, Barclay Vincent	公元 1844—1914 年，英国钱币学家，曾任大英博物馆钱币和徽章部主任
海讷	Heyne, Christian Gottlob	公元 1729—1812 年，德国古典学者和考古学家，曾长期担任哥廷根州立暨大学图书馆馆长
海仙女	Nereids	又译涅瑞伊得斯，海神涅柔斯（Nereus）和水仙女多里斯（Doris）所生的 50 个女儿的统称
海辛瑟斯	Hyacinth	希腊传说中的美少年、阿波罗的情人，在从事运动时被铁饼击中死去，阿波罗将其溅落的血迹化为风信子。为期三天的风信子节是古斯巴达的一个主要节日

中文译名	原文	释义
贺拉斯	Horace	公元前 65 年—公元前 8 年，罗马诗人
赫尔曼	Hermann，Johann Gottfried Jakob	公元 772—1848 年，德意志古典学者和文献学家
赫克尔	Haeckel，Ernst Heinrich Philipp August	公元 1834—1919 年，德国动物学家
赫拉	Hera	天后
赫拉克勒斯	Heracles	宙斯之子，希腊神话中最著名的半人半神英雄，死后化身神祇
赫拉克利亚的宙克西帕斯	Zeuxippus of Heracleia	大希腊艺术家，其故事见柏拉图《普罗泰戈拉篇》
赫利俄斯	Helios	希腊神话中的太阳神
赫希基乌斯	Hesychius of Alexandria	公元五六世纪希腊语法学家
黑月女神赫卡忒	Hecate	提坦女神，主管暗夜、巫术、魔法、招魂术等
亨利七世	Henry Ⅶ	公元 1458—1509 年，英格兰国王，1485—1509 年在位
霍诺留	Honorius	西罗马皇帝，公元 393—423 年在位
加德纳	Gardner，Percy	公元 1846—1937 年，英国古典考古学家和钱币学家
简·艾伦·哈里森	Harrison，Jane Ellen	公元 1850—1928 年，英国古典学者、语言学家
杰文斯	Jevons，Frank Byron	公元 1858—1936 年，英国学者
卡德摩斯	Cadmus	希腊神话中的英雄，原为腓尼基王子，创建忒拜城并成为国王
卡尔普尔尼乌斯	Gaius Calpurnius Piso	Calpurnia，罗马共和国及帝国时代的一个显赫贵族氏族。Gaius Calpurnius Piso 第二次布匿战争期间，公元前 216 年在坎尼被俘
卡伦达斯	Charondas	西西里卡塔尼亚的立法者，生平不详，据传是毕达哥拉斯的弟子

续表

中文译名	原文	释义
卡山德	Cassander	亚历山大大帝的"继业者"（Diadochi）之一，公元前305年—公元前297年为马其顿国王
卡图鲁斯	Catullus, Gaius Valerius	约公元前87年—公元前54年，古罗马诗人
卡瓦拉里	Cavallari, Francesco Saverio	公元1809—1896年，意大利建筑师、画家、教授、考古学家
凯派尔·克莱文	Craven, Keppel	公元1779—1785年，英国旅行家，业余爱好者协会（Society of Dilettanti，英国贵族和学者组成的会社，资助对古希腊和罗马艺术的研究）创始人
康茂德	Commodus, 即Lucius Aurelius Commodus Antonius	罗马皇帝，公元180—192年在位
克拉提努斯	Cratinus	公元前519年—公元前422年，雅典戏剧作家
克拉佐门奈的阿那克萨哥拉	Anaxagoras of Clazomene	约公元前500年—公元前428年，古希腊哲学家、科学家，出生于小亚细亚，将哲学带到雅典，并影响了苏格拉底的思想
克兰纳厄斯	Cranaus	传说中的雅典第二任国王
克里昂米尼	Cleomenes	古希腊雕塑家，生平不详，老普林尼曾提到他创作的一组缪斯
克里昂米尼二世	Cleomenes Ⅱ	斯巴达王
克里昂忒斯	Kleanthes	又作Cleanthes，哥林多艺术家，生平不详
克利安德里达斯	Cleandridas	斯巴达将军。曾被指控收受伯里克利的贿赂，撤回了在阿提卡的斯巴达军队。在同卢卡尼亚人的争斗中战功彪炳，其后图里翁人和他林敦人交战时，受命出任图里翁军队的将军
克利奥尼穆斯	Cleonymos	斯巴达王子和佣兵首领
克罗伊策	Creuzer, Georg Friedrich	公元1771—1858年，德国文献学家和考古学家

续表

中文译名	原文	释义
刻瑞斯	Ceres	古罗马神话中掌管农业和谷物的女神，与希腊神话中的得墨忒耳相对应
肯尼斯·弗里曼	Freeman, Kenneth J.	
孔科耳狄亚	Concordia	罗马神话中的和谐女神
库柏勒	Cybele	小亚细亚弗里吉亚人（Phrygians）信奉的地母
库里乌斯·登塔图斯	Dentatus, Manius Curius	生年不详，卒于公元前 270 年，罗马名将，曾四度出任执政官
昆图斯·费边·古尔格斯	Quintus Fabius Gurges	罗马政治家，公元前 292 年、公元前 276 年和公元前 265 年出任罗马执政官
拉埃维努斯	Laevinus, Publius Valerius	公元前 280 年任罗马执政官
拉奥墨冬	Laomedon	特洛伊国王
拉保德伯爵	Laborde, Comte Louis – Joseph – Alexandre de	公元 1773—1842 年，法国文物鉴定家、政治家、作家
拉科尼亚	Laconia	拉刻代蒙（Lacedaemoina）的别名，即斯巴达
拉克坦提乌斯	Lucius Caecilius Firmianus Lactantius	公元 250—325 年，早期基督教作家，曾为罗马君士坦丁大帝的顾问
拉特格博	Rathgeber, Johann Georg Christian	公元 1800—1875 年，德意志艺术史学家
来古格士	Lycurgus	活跃于公元前 8 世纪的斯巴达立法者
兰贝格伯爵	Lamberg – Sprinzenstein, Anton Franz de Paula Graf von	公元 1740—1822 年，奥地利外交官和艺术品收藏家，在那不勒斯担任外交官期间收藏了超过 500 件古希腊花瓶，捐献给维也纳艺术历史博物馆（Kunsthistorosches Museum）；其绘画收藏，包括提香、伦勃朗、委拉斯凯兹等大师的画作，捐献给维也纳艺术学院
郎	Long, Andrew	公元 1844—1912 年，苏格兰诗人、小说家、文艺批评家，以收集民间传说和童话知名

续表

中文译名	原文	释义
劳尔·罗歇特	Rochette，Desire Raoul	公元 1790—1854 年，法国考古学家
雷金纳德·斯图亚特·普尔	Poole，Reginald Stuart	公元 1832—1895 年，英国考古学家、钱币学家、东方学家
李奇微	Ridgeway，William	公元 1858—1926 年，英国古典学者，剑桥大学迪斯尼考古讲习教授
里贝	Liber	罗马神话中的酒神，相当于狄俄倪索斯
里克	Leake，William Martin	公元 1777—1860 年，英国文物鉴定家和地形学家
利比亚	Lybia	古希腊神话人物，埃及公主，利比亚地名即源于她
利革亚	Ligeia	塞壬之一，名字意为"清调"
留基伯	Leucippus	公元前 5 世纪哲学家，率先提出了原子论
留西波斯	Lysippus	又作 Lysippos，公元前 4 世纪古希腊伟大雕塑家，是古典时代向希腊化时代过渡时期承上启下的大师。曾任亚历山大大帝的御用雕塑师。威尼斯圣马可大教堂的青铜骏马据传是他的作品
罗德岛的阿波罗尼奥斯	Apollonius of Rhodes	公元前 3 世纪上半叶古希腊诗人、学者
罗德岛的帕奈提乌斯	Panaetius	公元前 185 年—公元前 110/109 年，斯多噶派哲学家，将该学派哲学介绍给罗马人
罗林森	Rawlinson，George	公元 1812—1902 年，英国学者、历史学家、基督教神学家，曾将希罗多德《历史》译成英文
罗马女神	Roma	象征罗马城邦和罗马国家的拟人化女神
罗斯	Wroth，Warwick William	公元 1858—1911 年，英国钱币学家和传记作家，曾任大英博物馆钱币和徽章部高级副主任
罗雪尔	Roscher，Wilhelm Heinrich	公元 1845—1923 年，德国古典学者，长于希腊和罗马神话研究
吕哥弗隆	Lycophron	希腊化时代悲剧诗人，出生于哈尔基斯（Chalcis），生活在埃及亚历山大里亚

中文译名	原文	释义
马戈	Mago	迦太基舰队司令，公元前 392 年在西西里被狄奥尼修斯击败，被迫签订合约
马克罗比乌斯	Macrobius Ambrosius Theodosius	活跃于公元 5 世纪早期的罗马作家
马提亚尔	Marcus Valerius Martialis	公元 1 世纪至 2 世纪初罗马诗人，出生于西班牙
马宙斯	Mazeus	波斯阿契美尼德王朝贵族从，曾在波斯大王阿尔塔薛西斯三世、大流士三世，及亚历山大大帝麾下供职
米林根	Millingen，James	公元 1774—1845 年，荷兰裔英国考古学家和钱币学家
米隆	Myron of Eleutherae	活跃于公元前 5 世纪中期的雅典雕塑大师，《掷铁饼者》的原创者
米泰亚德	Miltiades	又称小米泰亚德（Miltiades the Younger），公元前 550 年—公元前 489 年，雅典将军，公元前 490 年领导希腊军队取得马拉松战役的伟大胜利。战后他派遣菲迪皮德斯从马拉松长跑回雅典报捷，即为今日马拉松赛跑之滥觞
米歇尔·P. 弗拉斯托	Vlasto，Michel P.	法国钱币收藏家
缪勒	Muller，Karl Otfried	公元 1797—1840 年，德意志学者、斯巴达的仰慕者，现代希腊神话研究的开创者
摩罗西亚的亚历山大	Alexander the Molossian	约公元前 370 年—公元前 331 年，亚历山大大帝的舅父，应他林敦之邀率军转战意大利，支援当地希腊人与蛮族作战
莫斯霍斯	Moschus	生于叙拉古，活跃于公元前 2 世纪前后，古希腊田园诗人
穆瑞	Murray，Alexander Stuart	公元 1841—1904 年，苏格兰考古学家，以在塞浦路斯的考古发现闻名
尼布尔	Niebuhr，Barthold Georg	公元 1776—1831 年，丹麦—德意志政治家、银行家、历史学家，以研究罗马史见长，著有《罗马史》
尼普顿	Neptune	罗马神话中的海神

中文译名	原文	释义
涅琉斯的苗裔	Neleidae	波塞冬之子涅琉斯（Neleus）的后裔，通常指涅琉斯之子涅斯托耳，或涅斯托耳之子安提洛科斯（Antilochus）
涅斯托耳	Nestor	《荷马史诗》中的希腊英雄，皮洛斯（Pylos）国王，年高德劭，以睿智闻名，1939 年开始发掘的"涅斯托耳王宫"（Palace of Nestor）是关于迈锡尼文明的最重大考古发现之一
努玛	Numa Pompilius	公元前 753 年—公元前 673，传说中罗马的第二任国王，罗慕洛的继承者
欧庇安	Oppian	公元 2 世纪罗马诗人，约活跃于马可·奥理略皇帝和康茂德皇帝时期
欧弗拉诺尔	Euphranor	公元前 4 世纪中期古希腊艺术家，希腊艺术家中唯一一位同时长于雕塑和绘画
欧里庇得斯	Euripides	公元前 480 年—公元前 406 年，与埃斯库罗斯和索福克勒斯并成为古希腊三大悲剧大师，一生共创作 92 部作品，至今有 17 部传世
欧律斯透斯	Eurystheus	传说中迈锡尼国王，遣赫拉克勒斯完成十二伟业
欧纳塔斯	Onatas	活跃于希波战争时期的雕塑家
帕尔忒诺珀	Parthenope	塞壬之一，名字意为"贞音"
帕拉斯	Pallas	河神特里同（Triton）之女，智慧女神雅典娜少女时代的挚友，在游戏中被误杀，雅典娜为纪念她亦采用她的名号，称帕拉斯–雅典娜
帕勒斯	Pales	罗马神话中牧人和畜群的保护神
帕罗斯的阿尔塞罗库斯	Archilochus of Paros	公元前 680 年—公元前 645 年，生于爱琴海上的帕罗斯岛，古希腊最早的抒情诗人，与荷马齐名
帕纳埃诺斯	Panaenus	古代雅典画家，雕塑家菲迪亚斯的兄弟
帕佩	Pape, Johann Georg Wilhelm	公元 1807—1854 年，德国古典文献学家和词典编纂者
帕皮里乌斯	Lucius Papirius Cursor	罗马执政官

中文译名	原文	释义
派顿	Paton，William Roger	公元 1857—1921 年，翻译家，曾将大量古希腊文本和诗歌翻译成英文
派伊	Pais，Ettore	公元 1856—1939 年，意大利古代史学家、拉丁文金石学家、政治家
潘	Pan	希腊神话中的牧神
沛乐然	Pellerin，Joseph	公元 1684—1783 年，曾任法国海军文官长，钱币学先驱
佩里安德	Periander	公元前 7 世纪哥林多僭主，古希腊"七贤"之一
佩利	Paley，Frederick Apthorp	公元 1815—1888 年，英国古典学者
佩特罗尼乌斯	Gaius Petronius Arbiter	公元 27—66 年，罗马朝臣、抒情诗人、小说家，后被尼禄皇帝赐死
皮洛士	Pyrrhus	伊庇鲁斯国王和名将，罗马的劲敌
皮特里	Petrie，Sir William Matthew Flinders	公元 1853—1942 年，英国埃及学家
品达	Pindar	公元前 518 年—公元前 438 年，古希腊抒情诗人，被后世尊为抒情诗人之首，作品对后市欧洲文学影响深远
珀耳塞福涅	Persephone	希腊神话中众神之王宙斯与大地女神得墨忒耳的女儿，冥界的王后
普布利乌斯·科尔内利乌斯·鲁菲努斯	Publius Cornelius Rufinus	罗马政治家，公元前 290 年和公元前 277 年两度出任执政官
普拉克西特列斯	Praxiteles	公元前 4 世纪雅典雕塑家
普罗泰戈拉	Protagoras	诡辩派哲学家，柏拉图《普罗泰戈拉篇》提到他
普洛塞庇娜	Proserpina	罗马神话中冥界的王后，相当于希腊神话中的珀耳塞福涅
瑞亚	Rhea	希腊神话中十二位提坦巨神之一，时光女神，第二代神后，宙斯之母
萨巴最俄斯	Sabazius	原为弗里吉亚和色雷斯的骑士神和天父神，后与狄俄倪索斯混淆，成为酒神的化身之一

中文译名	原文	释义
萨摩斯的杜里斯	Duris of Samos	公元前 350 年—公元前 281 年之后，古希腊历史学家，曾一度为萨摩斯的僭主
塞尔维乌斯	Servius	公元 4 世纪罗马拉丁语文法学家
塞壬	Siren	希腊神话中人首鸟身的女怪物，她们是河神埃克罗厄斯（Achelous）和斯忒洛珀（Sterope）的女儿，经常飞降在礁石之上，以美丽的歌声引诱过往船只上的水手，致使船只触礁
塞沃尔	Thirwal，Connop	公元 1797—1875 年，英国主教、历史学家，著有《希腊史》（History of Greece）
赛克斯	Sikes，Edward Ernest	公元 1867—1940 年，英国古典学者
色拉西布洛斯	Thrasybulus	公元前 440 年—公元前 388 年，雅典将军、民主派领袖，伯罗奔尼撒战争后领导雅典重建民主政体
色诺芬尼	Xenophanes	约公元前 570 年—公元前 475 年，哲学家、神学家、诗人、社会和宗教批评家
史密斯	Smith，Sir William	公元 1813—1893 年，英国字典编纂家
士麦那的比翁	Bion of Smyrna	活跃于公元前 100 年前后的古希腊田园诗人
司徒尼茨卡	Studniczka，Franz	公元 1860—1929 年，波兰裔德国古典考古学家
斯库拉和卡律布狄斯	Scylla 和 Charybdis	希腊神话中，斯库拉（Scylla）是吞噬水手的女海妖，卡律布狄斯（Charybdis）是她对面的大旋涡，分踞墨西拿海峡两侧，船只经行时唯有严格恪守中道方能安全通过，稍有偏离则船毁人亡。《奥德赛》中俄底修斯曾经受此考验
斯库拉克斯	Scylax of Carynda	公元前 6 世纪晚期和公元前 5 世纪早期的希腊探险家和地理学家，曾受波斯大流士一世之托探寻印度河的源头
斯珀西波斯	Speusippus	公元前 408 年—公元前 339 年，古希腊哲学家，柏拉图的外甥，柏拉图逝世后主持柏拉图学院（Academeia）
斯特拉波	Strabo	公元 1 世纪古希腊历史学家、地理学家
斯特西克鲁斯	Stesichorus	公元前 630 年—公元前 556 年，被认为是西方第一位伟大的抒情诗人
斯托比亚斯	Stobaeus，Joannes	公元 5 世纪马其顿学者，精选整理大量古希腊文献

中文译名	原文	释义
苏拉	Lucius Cornelius Sulla Felix	公元前 133 年—公元前 78 年，罗马将军和政治家，曾两度出任执政官，并曾任独裁者
索理努斯	Solinus, Gaius Julius	公元 3 世纪早期的拉丁语语法学家和词典编纂者
他林敦的亚里士多塞诺斯	Aristoxenus of Tarentum	公元前 375 年—公元前 335 年，古希腊逍遥派（Peripatetic）哲学家，亚里士多德的弟子，其作品，出一部关于音乐的专注，其余均已失传
塔奎尼乌斯 . 苏培布斯	Lucius Tarquinius Superbus	罗马王政时代第七位，也是最后一位国王，公元前 509 年被革命推翻，罗马由此进入共和国时代
塔拉斯	Taras	海神波塞冬和当地一位宁芙仙子所生之子
泰姬	Tyche	机缘女神
泰荣	Theron	卒于公元前 473 年，西西里阿克拉加斯（Acragas）僭主
陶洛米尼乌姆的蒂迈欧	Timaeus of Tauromenium	公元前 345 年—公元前 250 年，古希腊历史学家，生于西西里的陶洛米尼乌姆，即今陶尔米纳（Taormina）
陶马斯	Thaumas	希腊神话中的海神
忒奥克里托斯	Theocritus	公元前 3 世纪叙拉古田园诗人
忒弥斯	Themis	提坦巨神之一，司法律和正义，常见形象为左手持剑，右手持天平，蒙上双眼，象征法律面前人人平等
特洛古斯·庞培乌斯	Trogus Pompeius	公元前 1 世纪前后罗马历史学家
提比略	Tiberius	公元前 42 年—公元 37 年，罗马帝国第二任皇帝，公元 14—37 年在位
帖撒罗尼迦的优斯塔修斯	Eustathius of Thessalonica	12 世纪希腊学者，东正教帖撒罗尼迦大主教，曾注释《荷马史诗》
瓦莱里乌斯·马克西穆斯	Valerius Maximus	罗马作家，记录历史上的奇闻轶事，生活在提比略皇帝时代
瓦罗	Marcus Terentius Varro	公元前 116 年—公元前 27 年，古罗马学者和作家
威尔克	Welcker, Friedrich Gottlieb	公元 1784—1868 年，德意志古典文献学家和考古学家

中文译名	原文	释义
维莱伊乌斯·帕特尔库鲁斯	Velleius Paterculus	罗马历史学家，约公元前 19 年—公元 31 年，著有《历史》（Historiae），记述自特洛伊战争结束至莉薇娅（Livia Drusa Augusta，奥古斯都大帝之妻）于公元前 29 年崩殂的罗马历史
维塞勒	Wieseler, Friedrich	公元 1811—1892 年，德国古典考古学家和文献学家
西吉努斯	Hyginus, Gaius Julius	公元前 64 年—公元前 17 年，拉丁文作家，奥古斯都大帝的解放奴隶
西利乌斯·伊塔利库斯	Silius Italicus	公元 28—103 年，罗马政治家、演说家、诗人
西莫尼德斯	Simonides of Ceos	公元前 556 年—公元前 468 年，古希腊抒情诗人，诗人巴库利德斯的叔父
西姆努斯	Pseudo – Scymnus	公元 1 世纪古希腊民族志学者和地理学家
希波达莫斯	Hippodamus	米利都人，图里翁的建设规划和监理者。此前曾规划设计了比雷埃夫斯（Piraeus），后来又规划设计了罗得（Rhodes）。据推测，他是阿里斯托芬的喜剧《鸟》中的戏谑对象之一
希波克拉底	Hypocrates	古希腊医圣
希俄斯岛的西姆努斯	Scymnus of Chios	公元前 2 世纪希腊地理学家
希尔	Hill, Sir George Francis	公元 1867—1948 年，曾任大英博物馆图书馆馆长
希罗多德	Herodotus	古希腊历史之父
小庞培	Sextus Pompeius Magnus Pius	公元前 67 年—公元前 35 年，罗马共和末期将领，"伟大的"庞培（Gnaeus Pompeius Magnus）幼子，与屋大维争雄，兵败被杀
修达斯	Suidas Thessalius	古希腊历史学界，曾著有色萨利的历史
许葵厄亚	Hygeieia	医神阿斯克勒庇俄斯之女，现代英语"卫生"（hygene）及相关词汇即源于这一名字

续表

中文译名	原文	释义
叙拉古的安条克	Antiochus of Syracuse	公元前 5 世纪古希腊历史学家
叙拉古的希罗	Hiero I of Syracuse	公元前 5 世纪叙拉古僭主
殉教者犹斯定	Justin Martyr	公元 2 世纪基督教护教士之一，公元 165 年在罗马殉教，被天主教会尊为圣徒
雅努斯	Janus	罗马神话中的双面门神
杨布利科斯	Jamblichus 或 Iamblichus	约公元 250—330 年，新柏拉图主义哲学家
伊阿科斯	Iacchus	希腊神话中的一位次要神祇，在厄琉息斯秘仪中具有一定重要意义
伊巴密浓达	Epaminondas	忒拜的将军和政治家，以睿智和美德著称，曾创新步兵战法，大败斯巴达，建立忒拜的霸业，其军事革新对马其顿王腓力二世影响深远
伊布科斯	Ibycus	公元前 6 世纪下半叶希腊琴歌诗人，大希腊利基翁公民
伊里斯	Iris	希腊神话中的彩虹女神和诸神的使者
伊利昂	Ilium	特洛伊的别称
伊索克拉底	Isocrates	公元前 436 年—公元前 338 年，雅典雄辩家，古希腊修辞学家、著名演说家
攸里梅敦	Eurymedon	伯罗奔尼撒战争期间的雅典将军，公元前 413 年卒于西西里远征
尤利比亚德	Eurybiades	斯巴达将领，第二次希波战争期间曾指挥希腊海军
原始神	Protogonus	法涅斯（Phanes），又称原始神（Protogonus），由俄耳甫斯教引入希腊神话，生育和产生新生的神
约翰·邓肯	Duncan, John	公元 1805—1849 年，苏格兰旅行家
战神雅典娜	Pallas Promachos	意为"在前线战斗"，雅典娜的别名之一，表明雅典娜作为引领战士投入战斗的战神地位
芝诺	Zeno of Elea	公元前 490 年—公元前 430 年，哲学家
宙克西斯	Zeuxis	画家，赫拉克利亚人，活跃于公元前 5 世纪
佐纳拉斯	Zonaras, Joannes	公元 12 世纪拜占庭编年史作家和神学家

四、度量衡、官名和其他专有名词

中文译名	原文	释义
"胜利女神"银币	Victoriate	
《波伊廷格古地图》	*Tabula Peutingeriana*	罗马帝国时代的道路交通图，涵盖欧洲（除伊比利亚半岛和不列颠诸岛）、北非、亚洲的部分地区，包括中东、波斯、印度等。现存文本为公元 13 世纪的羊皮纸抄本，可能复制自奥古斯都大帝时代的古地图。因最早为公元 16 世纪德意志收藏家 Konrad Peutinger 收藏得名，后归哈布斯堡皇室收藏，现珍藏于维也纳奥地利国家图书馆
《萨布洛夫收藏》	*Sammlung Sabouroff*	萨布洛夫（Peter Alexandrovich Saburov，公元 1835—1918 年），俄国外交官和收藏家，其收藏的古希腊花瓶和其他文物后出售给柏林文物收藏（Antikensannlung Berlin，世界现存最重要的古典艺术收藏之一），由富特文格勒编制目录
《尤里乌斯自治城市法》	*Lex Julia Municipalis*	公元前 45 年颁布
阿波罗运动会	Ludi Apollinares	
阿斯	As	罗马铜币，1 阿斯 = 1/10 迪纳厄斯
奥波	Obol	古希腊重量及钱币单位，1 奥波 = 1/6 德拉克马
奥里斯	Aureus	古罗马的一种金币，相当于 25 个迪纳厄斯银币，公元前 1 世纪开始制造，直到公元 4 世纪被苏勒德斯金币所取代
白盾兵	Leukaspides	马其顿步兵的一个兵种
惨胜	Cadmean Victory	古希腊文，指两败俱伤的胜利，其典故指忒拜的创立者、腓尼基王子卡德摩斯遣人取水，取水者被守护水源的恶龙全部杀死
船舰装饰	Aplustre	古希腊和罗马舰船尾部翘起的装饰性末端，通常为鸟羽状

中文译名	原文	释义
达玛雷提翁	Damareteion	公元前 5 世纪 60 年代叙拉古发行的一款十德拉克马银币,据传说为叙拉古僭主盖隆(Gelon)在希梅拉战役战胜迦太基人以迦太基人的赔款所造,以其妻达玛雷忒(Damarete)命名
大都督	Strategos	古希腊城邦的军事和政治领袖的头衔,也是现代希腊陆军的最高军衔,相当于上将
大流克	Darics	波斯帝国金币,自大流士大帝时期开始铸造,每枚约重 8.4 克,含金量 95.83%
迪纳厄斯	Denarius,复数 denarii	罗马银币
第三次神圣战争	The Third Sacred War	公元前 356 年—公元前 346 年,即福基斯人与近邻同盟(Amphictyonic League)之间的战争,马其顿国王腓力二世帅同盟军队击败福基斯人,奠定了马其顿的霸业。其间,福基斯人曾占领了德尔斐圣地,掠夺阿波罗圣殿宝藏以充军费
雕模	Die	古希腊打制钱币的工艺,雕模分为两部分,分别为正背面图案,作为钱坯的金属板夹在两部分雕模中间,雕模固定在铁砧上,以锤子击打雕模上部,制成钱币。承受锤子击打的部分称为上雕模(upper die),通常为钱币背面图案,靠近铁砧固定的部分为下雕模(lower die),通常为图案更加繁复的正面
多多纳的神谕	Oracle of Dodona	位于伊庇鲁斯的宙斯神谕处,希罗多德指此处为希腊最古老的神谕,直至基督教兴起,这里一直是全希腊最重要的宗教中心之一
丰饶之角	Cornucopia	古希腊神话中象征食物和丰饶,通常为羊角状
歌舞队	Thiasi	在祭神仪式上载歌载舞的信徒
格令	Grain	重量单位,1 格令 = 0.065 克
赫拉克利亚铜表法	Tabulae Heracleenses	内含有关赫拉克利亚城市规制的拉丁文铭文,现珍藏于那不勒斯博物馆

中文译名	原文	释义
琥珀金	Electrum	一种天然的金银合金，最早的钱币即由吕底亚人用琥珀金打造
继业者	Diadochi	亚历山大大帝崩殂后瓜分帝国的马其顿将领及其后继者
监察官	Censor	古罗马的高级官职，负责进行人口普查、维护公共道德、监督政府财政，每五年由 500 人会议选举出两名，只有担任过执政官的人才有资格参选
结盟城邦	Civitas Foederata	罗马治下享有最高度自治权的城邦或社区，名义上保持独立，通过条约与罗马结成永久同盟，实际上将外交权力让渡给罗马
近邻同盟	Amphictyonic	由雅典、色萨利等十二个毗邻城邦组成的宗教性组织
克托尼俄斯	Chthonic	冥界诸神的统称
刻耳柏洛斯	Cerberus	希腊神话中看守冥界入口的恶犬，生有三个头
库迈女先知	Cumaen Sybil	在库迈执掌阿波罗神谕的女祭司
拉丁公民权	Ius Latii 或 ius Latinum	罗马人给予被征服地区居民的公民权，介于完整的罗马公民权和无公民权之间，因最早授予诸拉丁部落，故名。具体包括贸易权（ius commercii）、婚姻权（ius connubii），以及迁徙权（ius migrationis）
勒吉鲁斯湖战役	Battle of Lake Regillus	公元前 496 年，创建伊始的罗马共和国于此役击败拉丁同盟，粉碎了王政复辟企图。传说狄奥斯库洛伊兄弟化身为两名青年骑士与罗马人并肩作战
连队	Enomotia	斯巴达正规军的最小编制，由 30 ~ 50 名战士组成
罗盘草	Silphium	古代世界的一种著名草药，产于北非的昔兰尼（今利比亚境内），可用作堕胎药，现已灭绝
马头鱼尾怪	Hippocamp	
迈那得斯	Maenad	酒神狄俄倪索斯的女性追随者，即"酒神的狂女"
梅陶罗河战役	Metaurus, Battle of	第二次布匿战争中，公元前 207 年罗马军队在此击败从西班牙驰援的汉尼拔的弟弟哈斯德鲁巴（Hasdrubal），使得兄弟二人会师的战略构想破灭，孤军作战的汉尼拔最后只得选择撤军回非洲

中文译名	原文	释义
美第奇的维纳斯	Venus de Medici	古希腊的一尊青铜雕塑的罗马时代的大理石复制品,现珍藏于佛罗伦萨乌菲齐美术馆。纽约大都会艺术博物馆也有一尊同一题材的罗马复制品
农神节	Saturnalia	古罗马年底祭祀农神萨图尔努斯(Saturnus)的盛大节日,通常在 12 月 17—24 日
奇特拉琴	Cithara	古希腊和罗马的一种弦乐乐器,类似里拉琴,现代"吉他"一词即由此派生出来
奇同	Chiton	古希腊常见服饰,通常为矩形羊毛或亚麻面料,贴身包裹
青少年	Epheboi	古希腊城邦中指男性少年及其社会地位
群岛联盟	Nesiotic	爱琴海上基克拉泽斯(Cyclades)群岛各城邦组成的联盟
塞斯特提	Sestertius,复数 sestertii	罗马共和国时代为小型银币,帝国时代为青铜币,约相当于 1/4 迪纳厄斯
神谕女	Paythian	德尔斐阿波罗圣殿的女性大祭司
双耳爵	Kantharos	古希腊的一种双耳高脚容器,通常为陶制,可用作祭祀的礼器和日常器皿,也可用以饮酒
斯泰特	Stadion 或 stadium,复数 stadia	古希腊和罗马的距离单位,1 斯泰特约等于 185 米,英语中"体育场"(stadium)一词即源于此
他连得	Talent	古代希腊和中近东重量单位。一阿提卡(Attic)他连得折合 6000 德拉克马,约合 26 千克白银
调酒罐	Krater	希腊的一种大型容器,用以混合酒和水。古希腊的习俗是不饮用纯酒,而是要兑水,以体现节制的美德,调酒罐即用于此目的,通常为陶制,双耳阔口
腕尺	Cubits	古代长度单位,成年人手臂从手肘到中指顶端的长度,为 45~55cm
翁法洛斯圣石	Omphalos	意为"肚脐",一种用于宗教祭祀目的的圆形石器,象征大地的中心
小粒六棱大麦	Hordeum hexastichum sanctum	

续表

中文译名	原文	释义
伊苏斯战役	Battle of Issus	公元前333年，亚历山大大帝在小亚细亚的伊苏斯击溃波斯国王大流士三世。这是亚历山大大帝东征中的第二场重要战役
意大利国家科学院	Lincei	
殖民长官	Oekist	希腊城邦指定的领导殖民活动的人，被授权选择新的定居点，并在初创时期指引殖民地事务

五、文献和期刊名对照

中文译名	原文	释义
《阿尔彻尔摩斯的尼姬》	*The Nike of Archermos*	赛克斯著
《阿伽门农》	*Agamemnon*	埃斯库罗斯作品
《埃涅阿斯纪》	*Aeneid*	维吉尔著
《埃涅阿斯与家宅保护神》	*Aeneas und die Panaten*	克劳森著
《不再以言语表述的德尔斐神谕》	*De Pythiae Oraculis*	普鲁塔克著
《辞源》	*Onomasticon*	波鲁克斯著
《大埃阿斯》	*Ajax*	索福克勒斯作品
《大希腊：风光与历史》	*La grande Grece, paysages et histoire*	弗朗索瓦·勒诺尔芒著
《大希腊与毕达哥拉斯》	*Grossgriechenland und Pythagoras*	拉特格博著

中文译名	原文	释义
《俄耳甫斯颂歌》	*Orphic Hymns*	87 首宗教短诗，创作于希腊化时代晚期或罗马早期，基于俄耳甫斯教派（Orphism）教派的信仰体系。俄耳甫斯教派是一个神秘主义教派，自称其教义传承自神话传说中的音乐家、诗人和英雄俄耳甫斯（Orpheus）
《反维勒斯》	*In Verrem*	西塞罗著
《菲利比历史》	*Historiae Philippicae*	查士丁著
《菲洛克忒忒斯》	*Philoctetes*	索福克勒斯作品
《斐德若篇》	*Phaedrus*	柏拉图著
《吠陀》	*Veda*	婆罗门教和现代印度教最重要、最基本的经典，最早可追溯至公元前 2000 年前。写作《吠陀》的时代被称为"吠陀时代"，所使用的语言比梵语更古老，称为吠陀梵语
《福音的准备》	*Praeparation evangelica*	该撒利亚的优西比乌著
《复仇女神》	*Eumenides*	埃斯库罗斯作品
《公民大会妇女》	*Ecclesiazusae*	阿里斯托芬著
《古代城市》	*La cite antique*	德·高朗日著
《古代历史研究期刊》	*Klio，Beitrage zur alten Geschichte*	
《古代钱币知识》	*Doctrina numorum veterum*	埃克尔著作
《古代他林敦城邦》	*De civitate veterum Tarentinorum*	鲁道夫·洛伦兹著
《古代他林敦的宗教画谜与艺术》	*De rebus sacris et artibus veterum Tarentinorum*	鲁道夫·洛伦兹著
《古代西西里钱币》	*Coins of Ancient Sicily*	希尔著

续表

中文译名	原文	释义
《古代希腊和罗马度量衡文献》	*Scriptores metrologici graeci et romani*	赫尔茨著
《古他林敦的起源》	*De origine veterum Tarentinorum*	鲁道夫·洛伦兹著
《古希腊和罗马词典》	*Dictionnaire des Antiquites Grecques et Romaines*	法国古典语言学家 Charles Victor Darember（公元 1817—1872 年）和法国考古学家 Edmond Saglio（公元 1828—1911 年）合著
《古希腊纪念碑》	*Antike Denkmaler zur griechischen Gotterlebre*	缪勒和维塞勒著
《古希腊钱币上的雕模师签名》	*Les signatures de Graveurs sur les monnaies grecques*	福若著
《古希腊学校》	*The Schools of Hellas*	弗里曼著，讲述公元前 600 年至公元前 300 年古希腊教育理念与实践
《国际钱币学考古期刊》	*Journal international d' archiologie numismatique*	
《黑斯廷斯圣经辞典》	*Hastings' Dictionary of Bible*	共 5 卷，公元 1898—1904 年出版，英国学者 James Hastings（公元 1852—1922 年）主编
《花瓶彩绘上的尼姬》	*Nike in der Vasenmalerei*	保罗·纳普著
《记忆无忧》	*Liber Memorialis*	拉丁文古书，以简要的索引记录上古至图拉真皇帝时期的历史，应为学生记忆知识要点所备，作者 Lucius Ampelius 生平不详

中文译名	原文	释义
《剑桥希腊研究大全》	*Cambridge Companion to Greek Studies*	
《金属通货与重量标准的起源》	*The Origin of the Metallic Currency and Weight Standard*	李奇微著
《酒神的女信徒》	*Bacchae*	欧里庇得斯晚年的作品，约创作于公元前 5 世纪晚期其寄居马其顿宫廷之时，隐喻人性中理性、文明的一面与酒神精神多代表的直觉的一面的冲突
《考古发掘新闻》	*Notizie degli Scavi*	
《考古学报》	*Archaeologische Zeitung*	
《库瑞涅，一位古希腊女神：考古与神话学研究》	*Kyrene, eine altgriechische Gottin, archaologische und mythologische Untersuchungen*	弗兰茨·司徒尼茨卡著
《历史上的希腊钱币》	*Historical Greek Coins*	希尔著
《论古代罗马和意大利币制》	*Zum alteren Romischen und Italischen Munzwesen*	雷格林著
《论天》	*De Coelo*	亚里士多德著作
《论至善与至恶》	*De Finibus bonorum et malorum*	西塞罗著
《吕西斯特拉特》	*Lysistrata*	欧里庇得斯作品

中文译名	原文	释义
《冥神之歌》	*Song of Proserpine*	雪莱著
《南意大利古代钱币考》	*Recherches sur les anciennes monnaies d'Italie meridionale*	桑邦著
《尼各马可伦理学》	*Ethica Nicomachea*	亚里士多德著作
《农事诗》	*Georgicon*	维吉尔作品
《女神，一个古代理想人像故事的设计》	*Die Goettin, Entwurf der Geschichte einer antiken Idealgestalt*	弗朗茨·司徒尼茨卡著
《帕罗斯编年史》	*Parian Chronicle*	古希腊编年史，刻在大理石板上，记载公元前 1582—公元前 299 年的历史，出土于希腊帕罗斯（Paros）岛
《普罗泰戈拉篇》	*Protagoras*	柏拉图著
《七十士译本》	*Septuagint*	新约时代希伯来圣经的通用希腊语译本，估计于公元前 3 世纪至公元前 2 世纪在埃及亚历山大里亚完成，据传由犹太人 12 个支派每个支派排出 6 位文士、共计 72 人完成，故名
《祈援女》	*The Suppliant*	埃斯库罗斯作品
《钱币史》	*Historia Numorum*	海德著
《钱币学回顾》	*Memoires numismatique*	
《钱币学年鉴》	*Numismatic Chronicle*	
《钱币学评论》	*Revue numismatique*	
《钱币学期刊》	*Zeitschrift fur Numismatik*	

续表

中文译名	原文	释义
《钱币学通报》	*Numismatic Circula*	
《上帝之城》	*Dei civitate Dei*	圣奥古斯丁著
《神谱》	*Theogony*	赫希俄德著
《圣经武加大译本》	*Biblia Vulgata*	又名《拉丁通俗译本》，公元 5 世纪的《圣经》拉丁文译本
《胜利女神雅典娜的宗教形象》	*Kultusbild der Athene Nike*	本道夫著
《他林敦骑士》	*The Horseman of Tarentum*	埃文斯著
《他林敦钱币研究随笔》	*Essai sur la Numismatique Tarentine*	
《忒奥克里托斯、比翁和莫斯霍斯》	*Theocritus, Bion, and Moschus*	A. 郎译成英文，收入"金色宝库丛书"（Golden Treasury Series）
《忒里那》	*Terina*	库尔特·雷格令著
《为巴尔布斯辩护》	*Pro Balbo*	西塞罗著
《希腊城邦古代钱币》	*Ancient Coins of Greek Cities*	米林根著
《希腊雕塑史》	*History of Greek Sculpture*	穆瑞著
《希腊和罗马神话词典》	*Lexikon der Griechischen und Romischen Mythologie*	罗雪尔著
《希腊徽章精选集》	*Choix de medailles grecques*	德·吕内公爵著

续表

中文译名	原文	释义
《希腊钱币》	*Numismata Hellenica*	里克著
《希腊钱币签名考》	*Notes sur les signatures sur les monnaies greques*	福若著
《希腊钱币上的雕模师签名考》	*Notes sur les signatures des graveurs sur les monnaies grecques*	福若著
《希腊人国家的宗教崇拜》	*The Cults of the Greek States*	法内尔著
《希腊人与罗马人的城邦》	*The City States of the Greeks and Romans*	弗勒著
《希腊文铭文大全》	*Corpus Inscriptionum Graecurum*	伯克主编
《希腊学研究通信》	*Bulletin de Correspondance Hellenique*	
《希腊研究期刊》	*Journal of Hellenic Studies*	
《希腊专有名词词典》	*Wörterbuch der griechischen Eigennamen*	
《希腊宗教研究导论》	*Prolegomena to the Study of Greek Religion*	简·艾伦·哈里森著

续表

中文译名	原文	释义
《新近发现的他林敦陶器》	*Recent discoveries of Tarentine terra – cottas*	埃文斯著
《学者期刊》	*Journal des Savants*	
《雅典钱币雕模师在意大利》	*Athenian Coin – Engravers in Italy*	雷金纳德·斯图亚特·普尔著
《意大利古代钱币》	*Les Monnaies antiques de l' Italie*	阿瑟·桑邦著
《英格兰皇家农业学会期刊》	*Journal of the Royal Agricultural Society of England*	
《哲学家的教条》	*De Placitis Philosoph*	普鲁塔克著
《致吕内公爵先生书简》	*Lettre a M. le Duc de Luynes*	劳尔·罗歇特著
《宗教史导论》	*Introduction to the History of Religion*	杰文斯著

六、希腊钱币所涉及部分神话人物及其关系

序号	关系	神名	姓名	责任	武器	象征物	备注
1	—	众神之王 人类之王	宙斯	第三任神王、主神，掌管天界	雷霆（独眼巨人打造），奎斯（赫菲斯托斯打造）	雄鹰、橡树、公牛、山峰	
2	父亲		克罗诺斯	时间的创力和破坏力的结合体			父亲：天神乌拉诺斯 母亲：地神盖亚 姐姐：宁芙女神
3	母亲		瑞亚	掌管岁月流逝			
4	兄弟	海之王丰收神	波塞冬		三叉戟	圣兽海豚	
5	兄弟	地狱之王	哈迪斯		双叉戟		
6	堂兄		普罗米修斯				死亡之神伊阿佩托斯之子
7	姐姐	灶神，家神	赫斯提亚			火焰	
8	妻子（表姐）	智慧女神	墨提斯				儿女：雅典娜
9	妻子（姨妈）	正义女神	忒弥斯				时序三女神
10	妻子（表姐）	海洋女神	欧律诺墨				美惠三女神
11	妻子（二姐）	丰产,农林女神	德墨忒尔				泊尔塞福涅
12	妻子（姨妈）	记忆女神	摩涅莫绪涅				九缪斯女神
13	妻子（表姐）	暗夜女神	勒托				阿尔忒弥斯、阿波罗
14	妻子（三姐）	天后	赫拉	嗅一朵奇花生下阿瑞斯，只管战斗，主要敌人是雅典娜		杜鹃	完美女性的形象，忠贞妻子的典范，妇女的保护神，除阿佛洛狄西之外最美的女神

续表

序号	关系	神名	姓名	责任	武器	象征物	备注
15	10个外遇						
16	女儿		雅典娜	宙斯和墨提斯之女，雅典的守护神		橄榄枝	将母亲吃掉，从父亲头颅中诞生。集智慧、美貌、战争于一身
17		狩猎女神野兽的保护神	阿尔西弥斯	给大地带来朝露、雨水、冰霜			
18		科学、艺术女神的总称	缪斯女神	传说中有九个神：克利俄，欧忒耳珀，塔利亚，墨耳波墨涅，忒耳普西科瑞，厄拉托，波吕许谟尼亚，卡利俄珀，乌拉尼亚			
19		光明之神	阿波罗	宙斯和勒托之子，主管音乐和竖琴		竖琴、弓箭、冠冕	
20	儿子	火神、铁匠和木匠的保护神	赫准斯托斯	宙斯和赫拉之子，温和、爱好和平的神，在天上地上，同样能得众望			
21	?		安泰	海神波塞冬和大地母神盖亚之子，一接触到大地就能汲取大地的力量	以杀人为乐，大英雄赫拉克勒斯，让他双脚离地，勒死在空中		
22	?	爱情和美丽的女神	阿佛洛狄西	植物之母，最美的女神			大海中的泡沫里诞生